LE GUIDE
des professionnels du
RECRUTEMENT

GWENOLE GUIOMARD

LE GUIDE des professionnels du RECRUTEMENT

Avec la collaboration d'Agathe Vovard et Alcyone Wemaere

6e édition

Les Éditions du Management

L'Expansion

ISBN 978-2-910987-41-1

Table des matières

tion de Guides professionnels

Une collection coéditée par le Groupe Express-Roularta et les Éditions du Management

Et aussi

Le Guide des
abinets de Conseil en Management
JEAN-BAPTISTE HUGOT
560 pages • 49 €
8e édition juillet 2007

Le Guide des
Professionnels du Recrutement
GWENOLE GUIOMARD
512 pages • 1220 cabinets • 38 €
6e édition décembre 2008

Le Guide des cabinets
d'Audit et d'Expertise-comptable
CAURA BARZCZ ET HUBERT KERNEÏS
362 pages • 87 structures • 49 €
4e édition juin 2008

Le Guide des sociétés de
Capital-Investissement
JEAN-BAPTISTE HUGOT ET
JEANPHILIPPE MOCCI
528 pages • 130 structures • 67 €
7e édition juillet 2008

Le Guide des cabinets
d'Avocats d'Affaires
CAURA BARZCZ
546 pages • 130 premiers cabinets • 67 €
4e édition avril 2006

Le Guide des **SSII**
SYLVIE LEPONT
420 pages • 80 premières sociétés • 49 €
2e édition mai 2006

Le Guide des organismes de
Formation Continue
MARTINE DORIAC
500 pages • 94 premiers organismes • 49 €
3e édition avril 2005

Entrer et travailler dans le
Conseil et l'Audit
ISABELLE FAGOTA ET
JEAN-BAPTISTE HUGOT
350 pages • 19 €
Sortie : 4 janvier 2007

Pratiques, Fiables, Indépendants.

Avertissement

Nous vous remercions de la confiance que vous nous témoignez en vous portant acquéreur de ce guide.

Cet ouvrage est un guide et non un annuaire. C'est-à-dire qu'il est le résultat d'un travail d'enquête mené en toute indépendance par les auteurs, journalistes spécialisés, qui donnent leur opinion, et non une liste (payante ou non) d'auto-déclarations.

Cette sixième édition a été réalisée minutieusement, avec un double souci d'exhaustivité dans le nombre des cabinets présentés, au regard des critères retenus, et d'impartialité dans les appréciations portées.

Il va de soi que toutes les structures (plus de mille !) n'ont pas fait l'objet d'une enquête. Seules les 120 premières en ont bénéficié. Les autres sont répertoriées en fin d'ouvrage.

Il se peut que des cabinets aient été « oubliés ». Dans ce cas, nous vous prions de bien vouloir nous en excuser et de nous le signaler.

Par ailleurs, vous, entreprises clientes ou candidats ayant eu affaire à ces professionnels, vous avez pu vivre des expériences qui pourraient venir utilement conforter ou infléchir notre opinion. N'hésitez pas à nous en faire part pour la prochaine édition.

Les Éditions du Management
7, rue Pestalozzi
75005 Paris
Tél. : 01 43 36 25 19
Fax : 01 43 36 60 19
www.editionsdumanagement.com

L'Expansion
29, rue de Châteaudun
75009 Paris
Tél. : 01 75 55 42 64
Fax : 01 75 55 13 67
www.lexpansion.com

Introduction

Pourquoi un guide des professionnels du recrutement ?

Ce guide est né de deux constats.

1/Il n'existait pas d'ouvrage indépendant sur ce marché

Tout d'abord, le recrutement est considéré par l'ensemble des entreprises comme une action essentielle de leur développement. Il n'y a qu'à ouvrir un journal économique pour lire « qu'il n'y a d'importants que les Hommes » dans l'entreprise. Alors, même s'il y a loin du discours aux actes, il nous a paru essentiel de rédiger un ouvrage indépendant, pertinent - et volontiers impertinent - sur ce monde du recrutement. Et plus spécifiquement sur le recrutement des cadres en France.

De plus, il n'existe (en dehors de celui-ci), sur le marché français du recrutement, aucun ouvrage indépendant. Ceux existant sont soit des annuaires d'adresses, soit un recueil autodéclaratif de présentations de sociétés. Aucun n'est écrit par un auteur indépendant.

Il nous a semblé alors important d'expliquer aux entreprises et aux candidats comment fonctionne ce marché en France. Celui-ci est singulier à plus d'un titre. Tout d'abord, le nombre de cadres est assez important (trois millions d'individus). En 2007, selon l'Apec (Association pour l'emploi des cadres), 201 000 « managers » ont été recrutés et les prévisions pour 2008 sont de l'ordre de 210 000. Du jamais vu. Pour mémoire, le nombre de cadres recrutés en 2006 était de 180 000, 171 300 en 2005, 140 000 en 2003, 190 000 en 2001 et 70 000 en 1993...

Du côté recrutement, il existe aujourd'hui une grande diversité d'acteurs sur ce marché: les cabinets de recrutement et de chasse de têtes bien sûr, mais aussi les sociétés d'intérim, les sites Internet de recrutement, les services « emplois » des établissements d'enseignements supérieurs, et aussi des organismes publics et associatifs comme l'ANPE et l'Apec. Cette dernière faisant office de pièce centrale en diffusant près de 80 % des offres par l'un de ses services.

2/Une profession méconnue et mal aimée

« Viandards », « marchands de CV », « négriers » : certains n'hésitent pas à qualifier vertement les intermédiaires du recrutement. Le grand public accuse ces entreprises ou ces associations de mépriser le candidat ou de spolier les entreprises avec des honoraires très élevés. Le but de ce livre est aussi de réhabiliter les « intermédiaires » de qualité en expliquant comment ils recrutent pour leurs clients. Comment ils se font payer. Comment ils élaborent leurs tarifs. Son objectif est aussi de signaler les mauvaises pratiques.

En somme, ce guide a donc pour ambition d'expliquer le recrutement à la française.

Pour cela, il faut délimiter notre champ d'investigation.

Dans cet ouvrage, lorsque nous parlons de professionnels du recrutement, nous faisons référence à l'ensemble des conseillers extérieurs travaillant dans le domaine du recrutement.

Nous avons tout d'abord recensé les 120 premiers cabinets de recrutement français. Ces derniers peuvent utiliser soit la technique de recherche d'emploi dite d'annonce (ils diffusent une petite annonce sur Internet ou dans la presse et effectuent un tri dans les réponses), soit la technique dite d'approche directe (la « chasse de têtes », ils vont à la recherche de la perle rare, généralement en poste quelque part, en essayant de la localiser par leurs propres moyens : carnets d'adresses, annuaires divers, etc.), soit la recherche par Internet (ils surfent sur la toile à la recherche de CV), soit ils combinent les différentes techniques. Nous avons croisé ces informations avec différents classements. Celui de la lettre d'information américaine *Executive Recruiter News* nous a indiqué les 20 premiers cabinets de chasse mondiaux. La plupart ont un bureau en France.

Nous avons également fait le point sur les services publics et associatifs spécialisés dans le recrutement: Apec, ANPE, Apecita. Ils permettent aux entreprises, pour des sommes modiques, de trouver les collaborateurs dont elles ont besoin. Ces services prennent de plus en plus d'importance. Un exemple: en 1998, l'Apec diffusait environ 40 % des offres d'emplois cadres en France. En 2008, ce chiffre atteint les 80 %.

Nous avons aussi répertorié les sites Internet de recrutement, les sociétés d'intérim et de management de transition spécialisées dans l'encadrement, ainsi que les services emplois et carrière des grandes écoles et universités.

Notre champ d'investigation s'occupe donc des recrutements, de toutes les formes de recrutement, mais rien que du recrutement.

Que recouvrent ces activités ?

Il s'agit de l'ensemble des activités destinées à faciliter la recherche et l'embauche de salariés.

Elles peuvent prendre des formes variées. Une recherche peut être « complète ». Il s'agit alors, pour le professionnel choisi, de livrer - peut-on dire « clé en main »? - les trois meilleurs candidats pour un poste précis. Cela suppose qu'il ait auparavant bien compris le besoin de l'entreprise et le profil du poste. Il lui faudra définir les critères de l'employé idéal, arrêter une technique de recherche (vaut-il mieux passer une petite annonce, effectuer une chasse, utiliser Internet, mixer les deux techniques?), sélectionner et rencontrer les candidats, et faire, in fine, un choix sur un individu précis. Bien entendu, cette démarche peut être suivie par partie.

Ce guide exclut toutes les activités connexes au recrutement: conseil en management, outplacement (où il s'agit de faire sortir un salarié de l'entreprise-cliente et non de le faire entrer), conseil en gestion de carrières et bilans professionnels, études économiques, coaching... Bien entendu, certaines sociétés peuvent exercer plusieurs de ces activités à la fois. Dans ce cas-là, nous avons isolé l'activité conseil en recrutement, tout en signalant ces prestations.

Le conseil en recrutement est un secteur important par son poids économique. Malheureusement, nous ne disposons d'aucun chiffre officiel. L'Insee a bien tenté de cerner le marché, mais les codes d'entreprises ne sont pas tous les mêmes et certains chiffres intègrent des activités d'outplacement ou de conseil en management. Bref, il faut s'en tenir à des approximations que l'on peut tenter de rendre cohérentes.

La seule certitude est que la profession, après la crise de 2001 à 2003, connaît - ou a connu - des jours fastueux. La crise a été violente. En deux ans, de 2001 à 2003, le chiffre d'affaires de la profession est passé de 505 M€ à 318,5 M€, soit une baisse du CA de 37 %.

En 2007, le chiffre d'affaires total de la profession approche, selon nous, 1,1 milliard € (sociétés d'intérim, dans leurs activités de recrutement, incluses). Car les 120 premiers cabinets du marché (analysés dans ces pages) représentent un chiffre d'affaires total de 825 M€. On peut considérer que parmi les 880 autres cabinets, de taille inférieure, répertoriés à la fin du guide, la moitié ne compte qu'un consultant, et l'autre moitié deux consultants, ce qui fait 1 320 professionnels. Comme on estime qu'un consultant réalise en moyenne 200 000 € de chiffre d'affaires par an, on aboutit à un chiffre d'affaires global de 1,09 milliard € (1 320 X 0,2 M€ + 825 M€).

De son côté, le Syndicat du Conseil en Recrutement/Syntec donne pour ses 145 membres (dont aucune société d'intérim) un chiffre d'affaires de 373 M€ en 2007 (contre 290 M€ en 2005).

Concernant le nombre total de cabinets de recrutement en France, il est de 1 000 environ. C'est tout au moins le nombre de sociétés que nous avons répertoriées (*cf. le dernier chapitre du livre*). Bon nombre de ces cabinets ne réalisent que très peu de missions. Selon les comptages des professionnels, environ 450 cabinets publient au moins une petite annonce par an. Il existe donc une multitude de petits cabinets, souvent unipersonnels, travaillant peu. Et utilisant le recrutement comme un produit d'appel pour vendre du conseil ou de la formation.

Quant aux effectifs, notre propre comptage, pour les 120 premiers cabinets du marché analysés dans ces pages, donne 4400 consultants en recrutement (hors donc les personnels administratifs ou les professionnels d'autres disciplines). Avec les 1 320 estimés précédemment travaillant dans de petites structures, on aboutit à un effectif total de 5 720 consultants.

Enfin, nos 120 premiers cabinets (y compris donc les sociétés d'intérim faisant du recrutement) ont mené 60 000 missions en 2007, soit un montant moyen d'honoraires par mission de 13 700 €. Ce qui porterait le nombre total de recrutements menés par les cabinets privés, à 79 200 (sans compter donc l'Apec et l'ANPE).

L'impact des cabinets de recrutement va au-delà de ces chiffres somme toute modestes. En effet, les cabinets de recrutement sont en charge des postes stratégiques des entreprises. Ils ne recrutent que les cadres de haut niveau, les responsables et dirigeants, voire les administrateurs de société.

Par ailleurs, les spécialistes estiment que, selon les tensions régnant sur le marché du travail, ces professionnels du recrutement réalisent entre un dixième et un tiers des embauches de cadres en France. Le reste est accompli par les entreprises elles-mêmes, en direct. Nos chiffres confirment cette estimation. Le pourcentage est dans le haut de la fourchette depuis 2004 du fait des difficultés à recruter. La crise économique de 2008-2009 pourrait le faire redescendre.

C'est pourquoi bon nombre de cabinets souhaitent aujourd'hui s'attaquer à ce marché vierge des entreprises ne faisant jamais appel aux cabinets de recrutement. Ils auront fort à faire. Car le recrutement par un service extérieur a encore beaucoup de mal à s'imposer dans notre pays. Une explication ? Certains estiment qu'est en cause le mode de nomination de dirigeants des entreprises françaises, caractérisé par la cooptation, la domination des grandes écoles et l'esprit de corps. « Le copinage des anciens des grandes écoles constituent notre principal concurrent », se plaignait, anonymement, le dirigeant d'un des principaux cabinets de chasse de tête français.

Mais l'arrivée sur le marché des spécialistes de l'intérim avec leur rapidité et leur connaissance des PME-PMI devrait augmenter la part des intermédiaires dans les opérations de recrutement.

De plus, à côté de ces cabinets spécialisés et des intérimaires, existent aussi des services publics ou associatifs qui gèrent également de nombreux recrutements. Ces derniers correspondent généralement à des niveaux hiérarchiques inférieurs : cadres débutants à cadres moyens. Comme la plupart de ces organismes ne font pas payer leurs conseils, il est difficile d'évaluer financièrement leurs contributions. Par contre, ils comptabilisent le nombre de missions qu'ils traitent chaque année. L'Apec a diffusé, en 2008, 273000 annonces de recrutement à destination des cadres. Ces postes « gérés » ne sont pas forcément « pourvus », ou peuvent l'être par d'autres biais ou par les entreprises en direct.

Il est également difficile, pour la même raison, de dresser un bilan chiffré des postes émanant des services emplois des grandes écoles-universités. Bon nombre de d'offres d'emploi passent par plusieurs canaux (Apec, ANPE, école, cabinet de recrutement) avant de toucher le candidat idéal.

L'apport de la sixième édition

La sixième édition du Guide, deux ans après la précédente, a permis - c'est bien le moins - de mettre à jour les données factuelles (chiffres, dirigeants, tarifs...). Pour chaque présentation de société, la partie la plus qualitative, et la plus subjective, à savoir « Notre opinion », a été entièrement réécrite pour tenir compte de l'évolution de l'entreprise.

Cette nouvelle édition contient aussi de nouvelles structures. Il s'agit de : 1001talents, Active recruitment, AltigaPharma, Bossfield, CT Partners, Elzéar, Exec avenue, Executivesonline, Multiposting, Prisme, procadres, RST Conseil ou Thconseil.

À l'inverse, quelques cabinets ont disparu de ces pages : soit parce qu'ils ont cessé leur activité (et/ou parce que nous avons perdu leurs traces et/ou que nous n'avons pas réussi à les retrouver), soit parce que la diminution de leur activité et de leur effectif les a fait sortir de notre panel ; soit parce qu'ils n'ont pas répondu à nos demandes. Ce sont Airelles et Associés, Proway, Winner, Xcell Manager.

Les objectifs de cet ouvrage

Nous poursuivons deux objectifs.

1/Etre exhaustif

La profession est composée, nous l'avons vu, de nombreux intervenants. Quoi de semblable entre un chasseur de tête percevant

300 000 € par an (il en existe) et un spécialiste de l'intérim dont le salaire annuel atteint péniblement les 25 000 € bruts. Quoi de semblable entre un portail de recrutement sur Internet et un responsable stage d'une école de commerce. Il existe aussi une kyrielle de petites structures. Mais nous n'avons voulu écarter personne. C'est pourquoi nous proposons en fin d'ouvrage la liste de tous les cabinets opérant sur le marché français que nous avons pu identifier, classés par département.

Ceci étant dit, seules les structures les plus importantes en taille (celles qui possèdent la surface minimale de quatre consultants en recrutement), ont fait l'objet d'une enquête. Néanmoins, nous nous sommes autorisés à déroger à « notre règle des quatre » pour signaler un professionnel particulièrement compétent et reconnu ou un cabinet bien installé sur sa niche.

Au total, ces « grands » cabinets retenus sont au nombre de 120. Nous avons vu (*cf. page 14*) qu'ils représentent ensemble un chiffre d'affaires de 825 M€, soit 80 % du chiffre d'affaires de la profession, pour 60 000 missions menées en 2007 par 4 400 consultants. Autant dire que cet échantillon est largement représentatif de la profession.

Nous avons également souhaité réaliser une - modeste - étude de marché sur chaque secteur analysé. Ainsi, nous expliquons comment fonctionne le recrutement par intérim, par Internet ou via les services « emplois » des grandes écoles.

2/Être impartial

Nous avons réalisé nous-mêmes notre propre tri selon ce critère de taille. Puis nous avons interviewé en face à face le ou les responsables de chaque structure. Ces derniers n'ont exercé aucun contrôle sur le contenu des présentations. Aucun commentaire n'est lié de près ou de loin à l'achat d'espace publicitaire. Dans le secteur du recrutement, très lié au monde de la « communication » (un mot poli pour dire achat d'espace), cette façon de faire indépendante dérange. Nous assumons pourtant ce parti-pris car nous travaillons pour nos lecteurs.

À qui s'adresse ce guide ?

Quatre publics sont concernés :

1/les entreprises

Ces dernières y trouveront des informations utiles sur la pratique du recrutement, le secteur et les cabinets qui le composent, avec pour chacun leurs spécialités, leurs tarifs et leur façon de travailler.

2/les demandeurs d'emploi et les salariés souhaitant changer d'entreprise.

Ces derniers pourront ainsi mieux cibler leurs interlocuteurs. Chaque structure est analysée en fonction de sa spécialité et de son mode de recrutement. Par exemple, les chasseurs de têtes ne recrutent que des profils de très haut niveau : inutile de leur envoyer une candidature spontanée si on vise moins de 75 000 € par an.

3/les professionnels du recrutement eux-mêmes

Ils pourront, par l'examen des positions de leurs concurrents, améliorer la leur. C'est un moyen aussi de préparer des coopérations, des rapprochements, voire des transferts.

4/les candidats au métier

Étudiants, jeunes diplômés, cadres d'entreprise. La profession de recruteur-chasseur de têtes fait rêver. Nous indiquons, lorsque recrutement il y a, le nombre de consultants que le cabinet souhaite embaucher en 2009-2010.

Comment a été réalisé ce guide ?

Journalistes spécialisés dans l'emploi et les ressources humaines, les auteurs se sont appuyés sur leur connaissance du secteur du recrutement. De plus, ils ont examiné, pour chaque structure :

- son image et sa réputation,
- l'opinion de candidats,
- l'avis des professionnels du secteur (concurrents, anciens consultants...),
- ses comptes sociaux
- les renseignements fournis par les intéressés eux-mêmes.

Cette dernière source a fait l'objet d'une procédure rigoureuse :

1/Sélection des structures figurant dans ce guide.

Pour les cabinets de recrutement, nous avons effectué un tri, en retenant, nous l'avons vu, que les cabinets de quatre consultants en recrutement et plus. Certains cabinets de cette taille peuvent néanmoins être absents de ces pages : c'est que nous n'avons pas réussi à les repérer. N'hésitez pas à nous contacter si c'est votre cas.

À l'inverse, certains cabinets plus petits ont été retenus, quand leurs spécificités ou leur notoriété les rendaient incontournables dans ce guide. C'est notre bien modeste fait du prince.

2/Chaque structure (à travers généralement son dirigeant) a fait l'objet d'une interview durant entre 30 minutes et deux heures. Au cours de cet entretien, un questionnaire normalisé a été rempli par les soins de l'auteur. Certains cabinets ont refusé de répondre à certaines questions, d'autres ont purement et simplement refusé de nous recevoir (nous l'avons dans ce cas signalé dans notre commentaire).

Pour les quelques sociétés de taille significative qui n'ont délibérément pas répondu, mais sur lesquelles nous avons pu réunir quelques informations, nous avons opté pour une attitude cohérente avec notre souci d'exhaustivité : elles font quand même l'objet d'une présentation, même si, par la force des choses, celle-ci reste succincte. Pour les autres, de taille moindre, pour lesquelles aucune information n'a pu être obtenue, nous les avons passées sous silence.

Constat intéressant : ce défaut de communication masque souvent un problème interne : crise d'identité, problèmes financiers, restructurations, etc. Il faut aussi noter que certains « recruteurs » n'ont toujours pas l'habitude de répondre à des questions posées de façon indépendante. Ces spécialistes de l'évaluation ont parfois un certain mal à se faire évaluer…

3/Rédaction des présentations d'entreprise, en toute indépendance et, bien sûr, sans contrôle des intéressés.

Quelle crédibilité accorder aux chiffres déclarés ?

Certains professionnels du recrutement sont enclins à surestimer leurs chiffres d'activité. Les taux de croissance comme les chiffres d'affaires sont parfois difficiles à contrôler. Nous avons systématiquement examiné leurs comptes annuels. Problèmes : ceux-ci ne sont pas toujours publiés, et lorsqu'ils le sont, des activités annexes (formation, conseil en management, activités internationales) peuvent parfois s'y mêler.

Il a donc fallu faire confiance à nos interlocuteurs. Mais cette confiance n'est pas aveugle. Des ratios ont été appliqués entre le nombre de consultants annoncés, le nombre de missions indiqué et le chiffre d'affaires (il faut aujourd'hui tabler sur 200 000 € de CA par consultant).

Comment lire les présentations des cabinets ?

Les présentations individuelles des cabinets reprennent un certain nombre de rubriques figurant dans le questionnaire normalisé rempli par les cabinets. Toutes ne sont pas reproduites. Seules les informations significatives ont été reprises.

Nous vous proposons de passer en revue ces différentes rubriques pour vous aider à les interpréter ensuite.

Rubriques	Commentaires
Création	*Il s'agit toujours de la date de création en France. Pour les cabinets internationaux, il est fait mention dans le commentaire de la date de création originelle.*
Responsable	*Il s'agit le plus souvent du PDG ou du gérant de la société. Dans les groupes ayant plusieurs activités, il s'agit du responsable chargé du recrutement.*
Consultants	*Pour les petites structures, la rubrique consultant est exhaustive. Tous les noms des consultants sont indiqués (lorsque la société a accepté*

	de nous les donner). Pour les plus grosses structures (au-dessus de dix consultants), nous avons précisé le nom des consultants actionnaires ou dirigeant une unité.
Effectif	*Il s'agit du nombre total de consultants permanents en recrutement. Ne comprend pas l'effectif de consultants dans d'autres domaines, ni celui des chargés ou des assistants de recherche (back-office), ni celui du personnel administratif.*
CA	*Il s'agit du chiffre d'affaires en recrutement de l'année 2007 (total HT des honoraires perçus).*
Organisations professionnelles	*Le Syndicat du Conseil en Recrutement /Syntec est la seule organisation professionnelle française. L'AESC est une association professionnelle américaine de chasseurs de têtes qui a créé, début 1997, une branche européenne. On indique aussi sous cette rubrique si le cabinet est certifié Iso ou qualifié OPQCM/ISQ. La mention OPQCM désigne systématiquement la qualification de la structure dans le domaine du recrutement (l'Office qualifiant par domaine, parmi les treize domaines qu'il comporte). Cf. le chapitre sur les organisations professionnelles.*
Spécialisation sectorielle	*Sont indiqués ici les secteurs de prédilection des cabinets, lorsqu'ils représentent plus de 20 % des missions. Si le cabinet est généraliste, la rubrique n'est pas renseignée.*
Spécialisation fonctionnelle	*De la même façon, ne sont mentionnées que les fonctions représentant au moins 20 % des postes à pourvoir.*
Profils recherchés	*Indique le profil des candidats intéressant le cabinet. Cela peut aller de l'employé percevant moins de 23 000 € bruts par an à un dirigeant touchant plus de 160 000 €*

Recrutement par approche directe et/ou par annonces

Indique le pourcentage de missions réalisées par la technique considérée : annonces ou par approche directe

Notre opinion

Le jugement est, ici, subjectif. Vous n'êtes pas obligé de le partager. De plus, cette opinion peut être, à la marge, influencée par la qualité de l'accueil que nous avons reçu. Et force est de constater que plus du tiers des cabinets a un accueil téléphonique déplorable : « vous n'avez qu'à rappeler », « les consultants sont débordés », « je n'ai pas le temps de prendre un message » sont les quelques réponses que nous avons pu entendre. Nous estimons que cette façon de faire témoigne de l'arrogance qui peut régner dans cette profession. Si ce mauvais accueil fait partie des aléas du métier de journaliste et auteur, il est probable qu'il ne nous est pas uniquement réservé. Celui des candidats - voire des clients - est-il vraiment meilleur ? Ceci précisé, il ne s'agit pas ici d'exprimer un jugement de valeur. La présence dans ce guide présuppose, en général, le professionnalisme de l'intéressé, qui est, de surcroît, difficile à évaluer dans l'absolu. Et ce pour au moins deux raisons :

1- un cabinet est une réunion de consultants. Une très bonne structure peut être desservie par un mauvais consultant. L'inverse est aussi vrai. Il existe de très bons consultants travaillant dans une société de piètre niveau.

2- l'efficacité d'une mission tient aussi à l'implication du client. Certaines entreprises s'attachent les services du cabinet sans véritablement vouloir embaucher ou sans savoir exactement ce qu'elles veulent.

Dans ce cas-là, soit le cabinet a repéré les dysfonctionnements de son client et refuse la mission, soit cette dernière court tout droit à l'échec.

Enfin, nous ne considérons pas avoir une haine, comme nous l'a déclaré un cabinet qui nous a intenté un procès pour diffamation (qu'il a perdu), pour les professionnels du recrutement. Nous estimons seulement, à l'instar d'un guide gastronomique, que notre devoir est de renseigner en âme et conscience nos lecteurs. Si le ragoût est rance, nous le précisons. Si les plats sont copieux, nous l'écrivons.

Références *vérifiables auprès des clients : signifie que le cabinet met à la disposition de ses futurs clients des noms de DRH ou de dirigeants ayant déjà travaillé avec lui, avec la possibilité de contacter les intéressés pour les demander leur opinion sur le cabinet en question.*

Nous précisons le nombre de missions officiellement effectuées par le cabinet. Ce chiffre est purement indicatif dans la mesure où de nombreux cabinets ne tiennent pas ce comptage. La mention « estimation » signifie que le chiffre indiqué résulte de nos propres calculs, et qu'il n'engage pas le cabinet.

Tarifs *Nous indiquons ici les tarifs-planchers. Il s'agit ici d'une indication. Les cabinets de recrutement sont des commerçants. À ce titre, ils sont sujets aux lois de l'offre et de la demande. Les sommes indiquées ici sont alors susceptibles d'être revues à la baisse. Elles constituent cependant des seuils en dessous desquels le cabinet rechigne à descendre… officiellement.*

Règlement *Donne les échéances de règlement le plus souvent demandées, sachant qu'ici aussi, plus encore peut-être que pour les tarifs, tout est négociable.*

La typologie du conseil en recrutement en France

Le terme de cabinet de recrutement désigne, pour le grand public, une profession qu'il juge un peu mystérieuse, mais relativement homogène. Or, il s'avère que ces idées reçues sur le métier sont largement infondées. Tout d'abord, la profession a tendance, aujourd'hui, à s'ouvrir et à communiquer. De plus, force est de constater que l'exercice de ce métier recouvre des réalités très différentes. Qu'ont en commun un cabinet international exerçant son métier par approche directe (chasse de têtes) et un consultant parisien travaillant dans sa cuisine avec un téléphone et un fax. Il y a aussi peu de liens entre une association comme l'Apec qui réalise quasi gratuitement une recherche d'emploi et un cabinet comme Egon Zehnder qui ne démarre pas une chasse en dessous de 50 000 € d'honoraires.

Il nous paraît donc utile de faire un état des lieux, de planter le décor, en dressant une typologie du secteur en France.

Définition du conseil en recrutement

Il s'agit de l'ensemble des procédures permettant à un cabinet tiers de faciliter le recrutement d'un ou de plusieurs candidats pour une entreprise. Les méthodes pour y parvenir sont variées. L'étendue des activités dépend également de l'entreprise-cliente. Le recrutement peut être effectué dans son entier. Il s'agit alors en amont de l'embauche d'analyser les véritables besoins de l'entreprise, de définir le poste à pourvoir, puis de sélectionner les candidats, de suivre leur embauche, voire de concevoir la politique salariale. Certains cabinets étendent encore plus en aval leurs interventions, en réalisant des diagnostics sociaux, du coaching de dirigeants en matière sociale… D'autres se proposent de prendre en charge purement et simplement la direction des ressources humaines. Une entreprise peut utiliser toute ou en partie cette palette.

Quelle part des recrutements passe par ces professionnels ?

Selon l'Apec, en 2007, 20 % des cadres ayant changé d'entreprises dans l'année ont trouvé du travail grâce à un cabinet. Ils étaient 8 % en 2003. Ces taux sont à comparer aux relations personnelles qui ont contribué pour 31 % des cadres à un changement d'employeur (43 % en 2003) ou à la montée d'Internet qui a favorisé 36 % des recrutements de cadres en 2007 contre 15 % en 2003. (*Source : Apec. Enquête Apec Mobilité des cadres 2008*).

Les réponses faites par les cadres au chômage confirment que les cabinets ne s'adressent que très peu aux demandeurs d'emplois. Les cabinets ont permis un recrutement pour 3 % de cadres sans emploi.

Segmentation des cabinets de recrutement

La taille et la diversité du secteur rendent nécessaire une segmentation. On peut en concevoir plusieurs.

- **L'implantation géographique**

Elle permet de repérer les cabinets à vocation régionale. Ces derniers sont le plus souvent de taille modeste. Ils s'adressent à une clientèle de PME-PMI dans la mesure où la plupart des grandes entreprises françaises ont leur siège en Ile-de-France. L'activité recrutement est en général, pour ces cabinets très généralistes, une activité parmi d'autres. Ils font souvent aussi du conseil en management, de la formation, des bilans de compétence et de carrières, des audits sociaux… Ils sont également généralistes dans le recrutement, en étant capables de recruter aussi bien les dirigeants d'une usine que les ouvriers et agents de maîtrise devant y travailler.

Les autres cabinets se répartissent entre les nationaux et les internationaux.

Les cabinets nationaux sont essentiellement des cabinets parisiens. Mais il existe, au moins, deux structures en France (Managing et

RH Partners) qui sont « nationales » et dont le siège est en région.

Les cabinets internationaux, souvent d'origine anglo-américaine, s'appuient sur une organisation mondiale. Ils servent une clientèle de grands groupes, eux-mêmes internationaux. Bien entendu, la plupart des cabinets de recrutement se disent aujourd'hui internationaux. Tout le monde ou presque se targue d'avoir des correspondants à Hongkong ou New-York. En pratique, peu sont encore capables de mener une mission dans une langue étrangère, à plus de cinq cents kilomètres des Champs-Élysées. Le caractère international d'une firme demande donc à être vérifié.

- **La distinction entre approche directe et annonce**

Historiquement, les spécialistes de l'approche directe - les fameux « chasseurs de têtes » - vivaient dans un monde totalement séparé de ceux qui travaillaient dans l'annonce. Les premiers se considéraient comme l'élite de la profession alors que les seconds étaient considérés par les premiers comme des recruteurs de second plan. Au cours des années fastes (1970-1990), de plus en plus de cabinets d'annonces se sont positionnés sur le créneau des chasseurs de têtes (les spécialistes de l'approche directe). Car la chasse rapporte beaucoup plus qu'une annonce (le rapport est de 1 à 4) pour un travail qui n'est pas forcément beaucoup plus important.

Tant et si bien que la crise des années 1991-1993 puis celle de 2001-2004 ont frappé une profession où la frontière entre l'approche directe et l'annonce était devenue difficile à cerner. Dans les années 80 sont aussi arrivés sur le marché des groupes britanniques qui mêlent traditionnellement les deux façons de travailler.

Cette distinction, qui correspondait bien à une réalité il y a vingt ans, est donc devenue aujourd'hui très artificielle. Internet ne fait que la pousser, un peu plus, dans les oubliettes de l'histoire. Et cela pour plusieurs raisons :

1- le client souhaite désormais embaucher dans des délais de plus en plus courts. Bon nombre de cabinets mettent en place une recherche mixte mêlant approche directe, Internet et annonce. L'important, pour eux, est de parvenir à un résultat rapide et de qualité. Qu'importe la technique utilisée.

2- de plus en plus de cabinets récusent cette distinction. Des spécialistes de l'annonce se sont lancés avec succès dans l'approche directe. Et bon nombre de chasseurs de têtes, même parmi les plus prestigieux, Korn Ferry et sa branche Futurestep ou H. Neumann, par exemple, possèdent en leur sein des filiales d'annonce, généralement au travers de sociétés ou d'enseignes distinctes, ou travaillent avec Internet pour créer des mégabases de données-CV. Et même si les chasseurs jurent leurs grands dieux que l'activité est totalement séparée, l'entreprise-cliente a de plus en plus de mal à faire la distinction. On voudrait, pour notre part, que l'on puisse nous expliquer comment on peut, effectivement, séparer les deux activités quand ce sont les mêmes consultants qui s'en occupent…

3- l'avenir est à la mixité. Avec Internet, de nombreux cabinets proposent désormais deux ou trois techniques de recherche d'emploi. Le choix de l'un ou de l'autre dépend maintenant du candidat recherché. L'époque n'est plus au snobisme : un chasseur de têtes peut « s'abaisser » à faire de l'annonce ou traquer sa proie sur Internet. La grande majorité des cabinets spécialisés en approche directe ne fait plus la fine bouche devant une mission en annonce. Leur motivation est triviale : ils ont peur de se voir prendre un client par un concurrent tous terrains.

À noter tout de même que certains font de la résistance. De grands cabinets (Russell, Spencer Stuart ou Egon Zehnder) refusent obstinément de faire de l'annonce. Et le revendiquent. On peut estimer que cette position découle plus d'une réflexion marketing que d'une véritable séparation entre les deux métiers. Car il est vrai qu'il existe encore un marché de la chasse pour les très grands groupes, ces derniers n'acceptant pas de voir dans les mêmes salles d'attente un futur PDG et un spécialiste du programme qualité ou un quelconque ingénieur. Mais cela n'a plus rien à voir avec des différences de métier. Le protocole et la préséance prennent le pas sur toute autre considération.

- **La classification selon les fonctions de l'entreprise**

De nombreux cabinets se sont spécialisés par fonction de l'entreprise. Certains ne recrutent, par exemple, que des responsables des ressources humaines, dont ils connaissent tous les métiers et les filières. Idem pour la fonction commerciale, le juridique et fiscal, l'informatique… (*cf. notre index par fonction de l'entreprise*).

- **La classification selon les secteurs d'activité**

  Bon nombre de cabinets sont des spécialistes d'un secteur déterminé : la finance, la pharmacie, le luxe, etc. (*cf. notre index sectoriel*). Cela leur permet d'avoir une connaissance étendue dudit marché. Ils y connaissent les hommes clés mais aussi les enjeux économiques et stratégiques. Ce qui permet de réaliser un recrutement avec les meilleures chances de réussite. Le revers de la médaille est la difficulté de trouver des candidats, sans les débaucher chez un autre client du cabinet, ce qui est une pratique officiellement proscrite par la profession (qui propose le off-limit, par lequel le cabinet s'interdit de chasser chez ses clients pour une durée donnée, ce qui limite ses possibilités de croissance).

- **Les cabinets généralistes**

  De nombreux cabinets refusent de se spécialiser. Soit pour des raisons économiques : il n'y a pas assez de missions pour un cabinet spécialiste dans sa région ou dans un secteur donné. Soit pour des raisons inhérentes à leur métier, comme c'est le cas pour les chasseurs de têtes. En travaillant dans de trop nombreuses entreprises d'un même secteur, ils en viendraient à débaucher des cadres chez leurs clients, ce qui est déontologiquement interdit. Ce peut être aussi un choix « philosophique ». Certains estiment qu'un recruteur se doit d'être généraliste. C'est la grandeur du métier que de pouvoir travailler dans tous les secteurs de l'économie. Cela est de l'intérêt du recruteur, qui agrandit ainsi son champ de chasse, comme de celui de l'entreprise-cliente.

  Signalons enfin que certains cabinets - notamment les grands - se présentent comme multi-spécialistes. Ils concilient alors les avantages du cabinet spécialisé - qui connaît parfaitement un domaine - avec ceux du généraliste (pluralité des métiers et développement des activités).

- **L'intrusion des sociétés d'intérim**

  La loi Borloo de janvier 2005 a profondément modifié la donne du monde de l'intérim. Cette disposition légale a permis (ou, plus exactement, a rendu légal) le fait pour un spécialiste du travail temporaire de réaliser des recrutements en contrat à durée indéterminée et de recevoir des honoraires pour cela. Dans la terminologie des sociétés d'intérim, cela s'appelle du « placement ».

Aujourd'hui, il n'y a plus un seul intérimaire à ne faire que de l'intérim. Tous proposent aujourd'hui à leurs clients un panaché composé de missions en intérim et de placement en contrat à durée indéterminée.

Cette loi a officialisé une pratique largement répandue : réaliser des recrutements en CDI en les faisant commencer par une période d'intérim. De leur côté, les cabinets de recrutement sont autorisés à faire des missions d'intérim. Cela va considérablement rapprocher les deux métiers.

- **Le management de transition**

L'intérim de cadre et le management de transition sont deux services visant, grosso modo, le même but : permettre à une entreprise de remplacer momentanément un responsable. Mais tandis que l'intérimaire réalise une mission chez un client en étant un salarié en contrat à durée déterminée de l'agence d'intérim, le « manager de transition » est, à l'instar d'un consultant, un salarié en contrat à durée indéterminée de son cabinet, envoyé en mission chez un client, qui paye des honoraires à la journée au cabinet de conseil. Avantage pour le client : les consultants sont des CDI recrutés avec soin, que l'on forme et qu'on met sur des missions. Leurs compétences sont a priori supérieures à celles des intérimaires. Mais ils sont plus chers. Le coût de la journée avoisine celui d'un consultant d'un cabinet d'audit ou de conseils. Soit de 1000 à 2000 €. D'autres spécialistes du management de transition disposent d'un volant de consultants free-lance qu'ils placent en CDI chez leurs clients en prenant au passage des honoraires de mise en relation.

Conseils aux entreprises recruteuses

Vous avez décidé de recruter. On ne peut que vous en féliciter. Reste à savoir quel canal utiliser ? Recruter en interne ? En externe ? En intérim ? Utiliser un chasseur de tête, l'Apec ou Internet ?

1. Le coût d'un recrutement

De nombreux spécialistes de la question s'entendent pour estimer que le coût d'un recrutement en interne ou via un cabinet de recrutement s'équivaut. Selon Jean-Marie Peretti, professeur à l'Essec et à l'IAE de Corte, « un recrutement interne, c'est-à-dire réalisé de bout en bout par une entreprise, lui coûte de 12000 à 13000 €. C'est le temps passé par les salariés de la fonction ressources humaines et les managers. Il y a en moyenne quatre entretiens par embauche. Conclusion : effectuer un recrutement en interne ou le faire faire par un tiers est équivalent financièrement. La différence ne réside ensuite que sur des critères de qualité. Alors l'entreprise doit se demander si ses équipes le font mieux qu'un tiers ».

Bien évidemment, le coût du recrutement évoluera selon le nombre de recrutements à effectuer, le degré d'autonomie du salarié, sa position hiérarchique. « Un salarié devant disposer d'une large autonomie coûte plus cher à recruter qu'un cadre devant disposer de compétences précises sans autonomie, poursuit Peretti. Dans le premier cas, l'entreprise devra se soucier de la personnalité du candidat. C'est plus long à évaluer. Le coût du recrutement est donc plus élevé ».

Olivier Bomsel, chercheur au Centre d'économie industrielle de l'École Nationale Supérieure des Mines de Paris (CERNA), a, lui, mené une très intéressante étude sur le coût du recrutement. « Imaginons qu'une entreprise souhaite recruter un cadre moyen dont le salaire brut est de 38 000 € par an, écrit-il dans La numérisation du recrutement. Pour cela, elle a recours à une petite annonce qu'elle publie dans un quotidien national et un hebdomadaire spécialisé. Nous supposons que la firme reçoit 100 réponses, qui seront triées par un responsable du recrutement. Ce pré-tri permettra de retenir 15 candidats, les 85 autres recevront une lettre leur exposant le motif du refus. Ces 15 candidats s'entretiendront avec le responsable du recrutement. Les 5 candidats retenus devront ensuite s'entretenir avec le futur supérieur hiérarchique du poste à pourvoir. Enfin, 2 candidats seront sélectionnés pour passer l'entretien final qui aura lieu avec le responsable du recrutement, le supérieur hiérarchique et le responsable du service. Lors de cet entretien final, les candidats devront passer un test de mise en situation. Quatre salariés sont nécessaires pour effectuer ces tâches : une secrétaire, le responsable recrutement, le supérieur hiérarchique et le responsable du service ». (*Source : La numérisation du recrutement, par Olivier Bomsel et Patrick Doucet, chercheurs au Centre d'économie industrielle, de l'École Nationale Supérieure des Mines de Paris (CERNA), décembre 2001*).

Bomsel arrive donc à un coût de 9 000 €. Aujourd'hui, une entreprise « avertie » n'utilisera plus la petite annonce presse mais la PA sur Internet. Le coût est alors de 500 € via un Job board à la place des 6 100 € par la presse. Mais le nombre de CV sera plus important. Bref, on peut aujourd'hui tabler sur un recrutement en interne dont le coût tourne autour de 5 000 €. « C'est un ordre de grandeur avec lequel je suis d'accord, commente Peretti. Mais il faut aussi prendre en compte le coût d'un échec. Des études américaines montrent que l'intervention d'un tiers dans le recrutement favorise la réussite de l'intégration du salarié. Or, le coût d'un recrutement raté peut avoisiner les 80 000 € ». « Je suis parfaitement d'accord, conclut Marc Salez, de l'Association nationale des directeurs financiers et de contrôle de gestion (DFCG) Ile-de-France. Le coût le plus élevé est celui de l'intégration du candidat. C'est un coût caché : il y a le salaire du salarié, sa formation technique pour intégrer un poste comme l'apprentissage d'un logiciel mais aussi la formation environnementale : où se situent les verrous de l'entreprise, d'où viennent les informations, qui fait quoi ?

Selon moi, le coût d'une intégration ratée peut atteindre les 30 000 €. Un indicateur pertinent pour connaître la qualité d'un recrutement est le taux de turn-over des recrutés. Ce taux avoisine les 15 à 20 % dans une entreprise ». Il est de l'ordre de 10 % si l'on confie son recrutement à un tiers. Conclusion : utiliser les services d'un cabinet de recrutement ne coûte pas plus cher que d'effectuer le recrutement soi-même. Par contre, les probabilités de rater un recrutement sont plus faibles si le travail est effectué par un tiers que s'il est réalisé en interne.

Le cas particulier de l'intérim

Pour l'entreprise, l'intérim est un moyen de trouver rapidement une ressource de qualité pour un coût finalement compétitif. Les sociétés de travail temporaire prennent une marge, appelée coefficient. Il est compté en chiffres. 1 équivaut au salaire, 0,6 aux charges patronales et 0,3 concerne les frais de gestion. Avec un coefficient de 1,9, les entreprises de travail temporaire ne gagneraient pas d'argent. S'ajoute donc leur marge, qui est comprise entre 0,4 et 0,8 selon la difficulté de la mission, le nombre de missions confiées et leur... notoriété ou leur fibre commerciale. C'est cette partie du coefficient qui peut être négociée.

Les coefficients annoncés sont donc compris entre 2,3 et 2,8. Prenons l'exemple d'une mission pour un cadre qui sera payé 50 000 € bruts par an. Pour ce salaire et un coefficient de 2,5, cela coûtera à l'entreprise sur un an le salaire (1 soit 50 000 €), les charges sociales (0,6 soit 30 000 €), les charges de l'entreprise de travail temporaire (0,3 soit 15 000 €) et la marge de l'entreprise (0,6 soit 30 000 €). Cela signifie qu'une entreprise peut essayer un cadre six mois pour 15 000 € (30 000 € par an divisés par deux) et l'embaucher par la suite. Coût de l'opération : 15 000 €. L'intérim devient alors compétitif par rapport au recrutement par des cabinets de recrutement.

2. Pourquoi les professionnels sont autant décriés ?

Si les professionnels du recrutement peuvent apporter une plus-value importante aux entreprises, ils demeurent souvent méconnus (si ce n'est à travers les annonces d'emploi de la presse pour ceux qui en font) et parfois mal considérés. Beaucoup de phénomènes peuvent expliquer ce désamour :

A/Les professionnels du recrutement sont payés - parfois très cher - pour faire un tri. De ce fait, ce sont des spécialistes du refus, du « non ». Un cabinet de recrutement peut recevoir près de 400 candidatures spontanées par semaine. Dans le meilleur des cas (la plupart ne le font pas), il vous retournera par courrier une réponse qui sera, dans 99 % des cas, négative. Certains professionnels de l'approche directe contactent plus de cinquante personnes pour un seul poste à pourvoir. Bref, il y a beaucoup d'appelés et un seul élu. Cela crée inévitablement des rancœurs.

B/La profession forme un ensemble relativement jeune, extrêmement mouvant, avec peu de capitaux et beaucoup d'entreprises microscopiques. On comptait un peu moins de 1 000 cabinets à l'issue de la crise de 1991-1994. On en dénombrait 1 400 en 2001. Ils sont, en 2008, environ 1 000 à véritablement travailler dont 450 ayant diffusé une offre de recrutement via un média. Ces coups de yo-yo déstabilisent les clients et n'améliorent pas l'image de marque de la profession.

C/Certains « professionnels » se permettent de faire « tout et n'importe quoi ». On peut s'improviser recruteur du jour au lendemain. Les tarifs demandés connaissent des envolées spectaculaires. Certains ont, de nouveau, perdu tout sens de la mesure en créant des cabinets avec des sièges sociaux pharaoniques, voitures de fonction, déjeuners d'affaires gargantuesques. Il s'agit de montrer à tout le monde que la profession est importante. La crise de 2001-2003 avait, encore une fois, ramené la profession a plus d'humilité, plus de professionnalisme, plus de travail effectif et moins d'arrogance. Mais, le retour des beaux jours relance cette arrogance et beaucoup de jeunes cabinets sont venus sur ce marché pour faire de l'argent rapidement.

De plus, cette profession souffre d'un déficit d'accueil. En tant que journaliste, nous nous sommes présentés aux 120 premiers cabinets de recrutement de la place. Une petite majorité de cabinets offre un accueil digne de ce nom. Beaucoup trop demandent systématiquement de rappeler. « Vous êtes demandeur, vous n'avez qu'à rappeler si vous voulez joindre notre dirigeant », nous a répondu l'un d'entre eux. Ces façons de faire ne seraient pas graves si elles ne s'adressaient qu'aux journalistes. Mais nous sommes persuadés que ces derniers, qui entrent dans le plan de communication des entreprises, sont, dans l'ensemble, mieux traités que les candidats!

Cela signifie que les cabinets, malgré leurs dires (« les candidats sont nos futurs clients »), traitent encore souvent avec désinvolture leur « matière première ». Cela signifie aussi qu'une entreprise pourra embaucher, via un cabinet, un collaborateur qui aura été maltraité. L'image de l'entreprise en pâtira. Pourtant, cette dernière aura versé parfois plus de 40 000 € pour cette embauche sujette à caution dès le départ.

D/La profession est toujours « ouverte » Aucun diplôme n'est exigé et les investissements matériels sont négligeables. Tout le monde peut encore se prévaloir du titre de chasseur de têtes ou autre spécialiste du recrutement. De plus, il y a trop de consultants « commerciaux » qui intègrent ce secteur car ils savent que l'argent peut couler à flot. À chaque crise, ces « spécialistes » plient bagages pour vendre d'autres produits. L'un d'entre eux nous a précisé qu'il pourrait vendre des oranges en Espagne quand le besoin s'en ferait sentir. Ces dirigeants de cabinets ont pour technique de s'autoproclamer grand connaisseur d'un secteur. Au gré des aléas de l'économie, ils s'improvisent spécialiste du secteur en forme. Les clients s'en rendent compte et estiment, à juste raison, qu'on se moque d'eux.

E/Les informations extérieures publiées par la profession sont rares : pas de statistiques officielles et une organisation professionnelle (Syndicat du conseil en recrutement/Syntec) représentant environ 40 % de la profession (en chiffre d'affaires) mais 14 % en nombre de structures, sachant que la plupart des leaders du secteur n'en font pas partie !

F/Beaucoup d'entreprises ne recourent jamais aux professionnels du recrutement (les trois quarts, nous l'avons vu). Et lorsqu'elles le font, le bouche à oreille fait souvent office de seule méthode de sélection des cabinets.

Or, la diversité des structures et des hommes, les différences de coûts et de moyens, devraient pousser les entreprises à professionnaliser leur démarche, à un tri en connaissance de cause.

Il reste, si l'on a réussi à vous convaincre de l'intérêt d'utiliser un cabinet de recrutement, à faire le bon choix. La décision est d'autant plus importante qu'un mauvais recrutement peut coûter extrêmement cher à votre entreprise. Il faut donc procéder avec méthode. Voici dix conseils qui vous aideront à séparer le bon grain de l'ivraie.

1. Recenser vos besoins pour définir votre partenaire idéal

Il n'existe pas de professionnel du recrutement idéal dans l'absolu. Tout dépend des besoins de votre entreprise. Plusieurs facteurs sont à prendre en compte.

- L'importance du salarié que vous souhaitez recruter. Plus ce dernier est essentiel à la bonne marche de votre entreprise, plus il faudra prendre de soin à le recruter. Le milieu du recrutement est comparable à celui de la mode. Il y a tout d'abord la haute couture représentée par les cabinets spécialisés dans l'approche directe (la chasse de têtes). Leurs recherches sont effectuées « sur-mesure ». Les candidats sont alors des dirigeants ou des spécialistes de haut niveau, leur profil professionnel est rare et leur rémunération dépasse 110 000 € par an. Il faut un spécialiste pour dénicher cet oiseau rare. En contrepartie, le recrutement vous coûtera relativement cher, au moins 16 000 € pour une chasse en France réalisée par un petit cabinet. Mais certains peuvent descendre jusqu'à 10 000 €. Les « divas » du métier ne travaillent pas à moins de 50 000 € (tout au moins pas officiellement).

  Il y a ensuite le prêt-à-porter de luxe représenté par les cabinets de recrutement spécialisés dans l'annonce, Internet ou la chasse de moyen niveau. Ces recherches conviennent parfaitement pour des cadres de bon niveau percevant entre 50 000 et 100 000 € par an. Le système de l'annonce est idéal pour ce type de population. Mais une chasse peut s'avérer obligatoire pour trouver un expert ou un spécialiste rare. Une telle recherche vous coûtera entre 4 600 et 23 000 €.

  Il y a enfin le prêt-à-porter grand public pour des salariés dont le salaire varie entre 20 000 et 50 000 €. On peut ici faire appel à un cabinet spécialisé en annonce ou à une entreprise de travail temporaire, utiliser les services d'un site Internet ou ceux de l'ANPE, de l'Apec, de l'Apecita, les services emplois des grandes écoles et universités (*cf. le chapitre qui leur est consacré*). L'intérêt des quatre dernières solutions est la quasi-gratuité du service. Pour de nombreux postes d'employés-techniciens-agents de maîtrise, cadres débutants ou cadres moyens, ces techniques suffisent amplement. Mais vous pouvez toujours passer par un cabinet si votre trésorerie est resplendissante.

- L'importance du cabinet. Il faut bien évaluer la taille du cabinet dont vous avez besoin. Un cabinet d'une dizaine de consultants peut ne pas convenir à une PME. Comme un cabinet de trop petite taille peut s'avérer incapable de traiter vos demandes de recrutement tant en quantité qu'en qualité.

Ce premier tri fait, il restera en lice plusieurs cabinets. Reste à choisir le bon. Celui avec lequel vous serez en confiance.

2. Instaurer avec le consultant des relations de confiance...

Recruter un collaborateur exige pour un cabinet de bien connaître son client, ce qui suppose une totale confiance entre les parties.

Cette confiance ne se décrète pas. C'est pour cette raison qu'il faut prendre du temps pour bien connaître le cabinet.

Plusieurs conseils à ce sujet:

- Contactez tout d'abord téléphoniquement le cabinet. La façon dont le standard vous recevra est très symbolique de la façon dont un cabinet respecte ses candidats. Il vous arrivera de constater que l'accueil n'est pas toujours très bon. Refusez de travailler avec un cabinet qui vous reçoit mal.

- Demandez une brochure du cabinet. Cette dernière peut vous apprendre beaucoup de chose: la transparence du cabinet, le nom des consultants, leurs formations, les spécificités de la structure. Certains refusent de faire parvenir cette brochure pourtant considérée comme la base de toute... communication.

- Demandez au cabinet quelques références précises de clients et contactez-les. C'est la meilleure façon de savoir, entre entrepreneurs de la même branche, si le cabinet tient les promesses qu'il affiche.

- N'hésitez pas à demander une micro-étude sur votre entreprise, un « brief » dans le jargon du métier. Ce mémoire vous permet de savoir si le cabinet et le consultant qui travailleront avec vous ont une bonne compréhension de votre entreprise. Cela vous permet aussi de voir si le cabinet travaille vite et bien.

- Lorsque vous êtes arrivé au point où il reste quelques cabinets en lice, déplacez-vous pour visiter ses locaux. « Sentez les murs ».

- Prenez ensuite contact avec le consultant qui traitera votre affaire. Là encore, il faut le rencontrer. C'est avec lui que toutes les négociations se dérouleront, pas avec le « cabinet ». Si le courant ne passe pas, renoncez.

3. ... destinées à durer

Il y a divers niveaux de relation qui peuvent se nouer entre une entreprise et un cabinet de recrutement. Soit la collaboration est censée durer longtemps, soit cette dernière sera a priori éphémère.

Dans le premier cas, il faut mettre sur pied une relation de confiance, car le cabinet traitera l'ensemble ou une bonne partie de vos recrutements. Vous ne pouvez pas vous permettre de mentir, ou de vous servir d'un cabinet comme d'un parapluie en interne. La transparence doit être totale et vous devez montrer et expliquer au cabinet tous les rouages de votre entreprise, sa stratégie, ses évolutions prévues.

Si la relation est vouée, a priori, à être éphémère, cela signifie que vous n'avez pas eu le temps de bien gérer ce nouveau recrutement. L'embauche doit se faire dans l'urgence. Il faut alors faire face le plus rapidement possible à votre besoin. Vous ne pourrez donc pas tester votre interlocuteur autant que vous le souhaiteriez. Il faudra alors être prudent et ne pas trop attendre de cette nouvelle relation. Mais si cela se passe bien, cette rencontre éphémère peut déboucher sur un partenariat de longue durée.

4. S'assurer de la qualité du cabinet

Toute personne peut, du jour au lendemain, s'octroyer le titre de spécialiste du recrutement. C'est, à la fois, une des grandeurs et une des servitudes du métier. Grandeur car cela permet d'insuffler dans le milieu tous types de profils, de parcours universitaires et professionnels, pour le plus grand bonheur des clients. Servitude car cela ouvre parfois la porte à tous les abus et à tous les manques de qualité.

La prise en compte de certains critères peut vous éviter de trop grands désagréments même si l'on ne peut être certain de la qualité d'un cabinet que… lorsqu'on l'a essayé.

Ces critères sont :

- **l'ancienneté du cabinet**

La profession du recrutement a connu une crise sévère entre 1991 et 1994 et une autre entre 2001 et 2004. À chaque fois, pendant ces années, la moitié ou presque des cabinets a disparu. Ceux qui ont réussi à surmonter ces épreuves sont a priori solides. L'ancienneté est donc un gage de qualité. Pour paraphraser Churchill, on peut tromper quelqu'un longtemps, on peut tromper beaucoup de monde peu de temps, il est très difficile de tromper tout le monde tout le temps. La longévité d'un cabinet présume de sa qualité. Cela prouve que les clients sont satisfaits, qu'ils reviennent, et que le bouche à oreille fonctionne bien.

- **le taux de fidélisation des clients**
  Bon nombre de cabinets font état du taux de fidélisation de leurs clients (c'est-à-dire le pourcentage d'entreprises retravaillant avec eux après une mission). Ce taux, quoique difficilement vérifiable, est intéressant. Il permet de constater que les meilleurs clients d'un cabinet le restent souvent pendant dix ou quinze ans.

- **le faible turn-over des consultants**
  Là encore, c'est un bon indicateur (malheureusement peu vérifiable), qui est cependant rarement demandé. Les réponses ou les silences sont alors tout à fait intéressants. Nos commentaires, pour chaque cabinet, peuvent alors vous être d'un grand secours. Nous signalons à chaque fois qu'il y a eu hémorragie des consultants d'une édition à l'autre.

- **l'appartenance à un syndicat professionnel**
  Le Syndicat du Conseil en Recrutement/Syntec en France et l'organisation américano-asiato-européenne AESC font des efforts importants pour s'assurer que leurs membres respectent une certaine déontologie. L'appartenance à ce type d'organisation est donc un bon point. Cela signifie aussi que le cabinet appartenant à une telle organisation a accepté qu'un tiers regarde son travail, ses comptes, ses méthodes. C'est bon signe.

- **la certification ISO**
  Cette certification ISO est aussi un gage de qualité même s'il est plus difficile de normaliser un travail de conseil que la fabrication de boulons. Malgré ce handicap originel, la certification montre que le cabinet a sacrifié beaucoup de son temps (près de deux ans) et de son argent pour décrocher le précieux certificat. Cela veut aussi dire que l'équipe du cabinet s'est penchée sur ses méthodes et

a mené une réflexion approfondie sur son métier. C'est un signe notable de sérieux, même si la rigueur du service n'est pas forcément synonyme de pertinence.

- **la qualification OPQCM/ISQ**

  Là encore, mais peut-être à moindre degré que la certification, la qualification atteste de la volonté du cabinet de se plier à une démarche qualité, et de travailler à améliorer sa façon d'exercer.

  La qualification OPQCM/ISQ prend en compte des critères stricts (*cf. présentation de l'Office*) : l'ancienneté, la solidité financière, l'exercice à titre principal de la profession de conseil, l'indépendance juridique, le professionnalisme des intervenants, la qualité des interventions (attestée par les clients), et le respect de la déontologie. La qualification dure trois ans, et doit être renouvelée à ce terme, en reprenant la procédure.

  Un conseil : demandez à votre cabinet si sa qualification porte bien sûr le… recrutement. L'OPQCM/ISQ a en effet distingué treize domaines de qualification, dont l'un est, depuis 1997, le recrutement seul.

- **la norme Afnor**

  La norme NF recrutement est la dernière norme en date. Le Syndicat du Conseil en Recrutement/Syntec vient de la développer. Au fur et à mesure, les cabinets de recrutement vont pouvoir être « audités » pour obtenir cette certification.

5. Choisissez entre un spécialiste ou un généraliste

C'est un éternel débat. Faut-il choisir un spécialiste ou un généraliste ? Les positions de chacun sont tranchées : les généralistes estiment que l'important est d'arriver à comprendre rapidement une entreprise, sa « philosophie », sa façon de travailler, pour trouver les meilleurs candidats. La connaissance du secteur ou de la fonction s'apprend alors très vite.

Les spécialistes considèrent qu'il est crucial de bien connaître un secteur ou une fonction pour trouver les meilleurs candidats.

On ne tranchera pas ici un débat qui recouvre souvent un pur positionnement marketing. C'est au client de répondre à la question de fond : la compréhension de mon entreprise est-elle plus importante que la connaissance d'un secteur ou d'une fonction ?

Selon la réponse, on s'orientera vers l'un ou vers l'autre. À noter cependant que de plus en plus de cabinets optent pour une approche de multispécialistes, qui cherche à concilier les deux approches. Mais fuyez comme la peste les spécialistes d'un jour ou d'une année qui changent de « spécialités » selon que le secteur recrute en masse ou ne recrute plus.

6. Apprenez à bien connaître votre consultant.

On ne le répétera jamais assez. Une entreprise peut s'attacher les services du cabinet le plus réputé : elle travaillera, in fine, avec un individu. C'est le rouage essentiel du cabinet. Il faut oublier alors le prestige de l'enseigne, le prix du m^2 de bureau, le confort des fauteuils. Il ne reste plus devant vous qu'un ou - c'est plus rare, mais cela se développe - qu'une consultante. Pour pouvoir bien le juger, il faut examiner plusieurs points :

- **Comment est-il rémunéré ?**

La question est cruciale. Elle détermine, selon nous, la façon dont travaille le consultant. Deux types de politiques s'opposent, et il existe une multitude de situations entre les deux.

La première politique est basée sur une rémunération fixe élevée (représentant au moins 80 % du salaire total). Les consultants ne sont pas rémunérés sur les missions qu'ils ramènent, ni sur les candidats qu'ils placent. Ils ne seront pas tentés de « faire de l'abattage ». Cela veut aussi dire que les tensions entre consultants seront moins fortes puisque personne ne travaille directement pour soi-même. Vous aurez alors plus de chance de travailler avec une équipe et non une troupe de mercenaires. Il est évident que cette politique paraît la plus à même de générer des consultants de qualité, posés, ayant le temps de travailler.

La seconde politique consiste à rémunérer les consultants en proportion du chiffre d'affaires qu'ils font. Dans ce cas, nous estimons - bien que certains cabinets jurent leurs grands dieux qu'un management particulièrement pointu empêche les travers de la méthode -, que les consultants vont être naturellement enclins à garder les missions pour eux, à en accélérer le déroulement, à cacher certains détails, certains éléments pour conclure rapidement et en solitaire leur contrat.

Les tenants de cette politique salariale rétorquent que leurs consultants vont travailler du mieux possible pour préserver la réputation et donc la pérennité de leurs cabinets, qui est leur gagne-pain. Le danger est que les consultants salariés de cabinets qui ne leur appartiennent pas aient tendance à pratiquer la politique de la terre brûlée. Ce dévoiement est favorisé par la cotation en bourse de certains cabinets. Il faut faire maintenant toujours plus. La qualité est la première chose qui pâtit de ce type de précipitations.

Bien entendu, le jugement doit être nuancé quand les consultants sont actionnaires de leur cabinet. Leurs fortunes personnelles sont alors en jeu et cela limite fortement les abus.

- **Comment se déroule son avancement ?**

  Il est intéressant de demander à un consultant sur quoi est basé son avancement professionnel. Quels sont les indicateurs que privilégie le cabinet pour promouvoir ses troupes ? Là encore, il faut plutôt éviter les systèmes qui favorisent exagérément le chiffre d'affaires ramené. D'autres systèmes existent. Chez Spencer Stuart France, la satisfaction du client intervient directement dans la notation du consultant, dans son avancement et sa rémunération. Chez Russell Reynolds associates, la qualité et l'esprit d'équipe entrent directement en compte dans le calcul des rémunérations et l'avancement des consultants. Ce sont deux exemples à suivre et un type de cabinet à privilégier.

7. S'assurer de la stabilité financière de son cabinet

Un cabinet peut connaître des problèmes de trésorerie. Cela n'est pas grave en soi. Toute entreprise peut, un jour ou l'autre, traverser ce type de difficultés. Par contre, cela peut avoir des conséquences néfastes sur la façon dont le cabinet traite vos missions. Tout comme un consultant souhaitant développer son salaire, une entreprise dans le besoin peut être tentée d'accélérer le rythme des missions et proposer rapidement des candidats. Ce guide vous aidera à connaître les chiffres d'affaires sur plusieurs années, le nombre de missions réalisées pendant ce même laps de temps, le prix moyen d'une mission, le nombre de consultants... À moins de 80 000 € de chiffre d'affaires par consultant (160 000 € en chasse de têtes), vous pouvez vous interroger sur la santé financière du cabinet.

8. Choisir un cabinet dont la culture se rapproche de la vôtre

Il est important pour la qualité de vos relations avec le consultant que sa culture soit proche de la vôtre. Certains cabinets jouent les « divas », d'autres sont plus pragmatiques, d'autres plus en relation avec l'industrie, d'autres plus en phase avec les milieux tertiaires...

9. S'impliquer dans la procédure de recrutement

De nombreux cabinets reprochent aux entreprises de ne pas assez s'impliquer dans le recrutement de leurs personnels. En effet, elles ont parfois tendance à considérer que, puisqu'elles paient un spécialiste, elles n'ont plus rien à faire. C'est une erreur et le plus sûr moyen de rater les embauches. Il faut que l'entreprise s'implique dans la procédure de recrutement, et à tous les échelons du processus.

- Il faut préciser au cabinet, et cela dans la plus parfaite transparence, les raisons du recrutement (les circonstances par exemple du départ de l'ancien titulaire du poste), l'historique de la création du poste...

- Il faut ensuite exiger du cabinet des points réguliers sur l'avancement de la mission. C'est le meilleur moyen de s'assurer que tout se passe comme prévu.

- Évitez aussi d'utiliser le cabinet de recrutement comme un bouclier ou un parapluie. « De nombreuses entreprises utilisent nos services alors qu'elles ne souhaitent pas réellement recruter », se plaignent de nombreux cabinets. Elles cherchent en réalité à régler des problèmes internes entre actionnaires, entre le dirigeant et son état-major... S'engager dans cette voie est une perte de temps et d'argent. Et les cabinets expérimentés se rendront rapidement compte de l'imposture.

10. Payer le juste prix

Le conseil en recrutement a un prix. Pendant les années fastes, les cabinets proposent des tarifs peu cartésiens. Nous sommes dans des années fastes...

En annonce, les tarifs démarrent à 4 000 € la mission et vont jusqu'à 10 000 €. Ce rapport d'un à trois est souvent dû à la localisation géographique du cabinet (les professionnels des petites villes sont moins chers que ceux des grandes métropoles). Il faut souvent ajouter à ce forfait le coût de l'annonce et les frais occasionnés par sa diffusion dans les journaux (comptez au moins 4000 € en plus mais seulement 500 € via Internet).

En approche directe, le forfait-plancher débute à 10000 € pour culminer à 50000 €. La plupart des cabinets utilisent la règle du tiers: leurs honoraires représentent 33 % du salaire annuel brut du candidat.

Les professionnels justifient le niveau de leur forfait-plancher, et les éventuels écarts par rapport aux confrères, par leurs frais fixes: des loyers élevés pour ceux arborant une adresse prestigieuse, un personnel nombreux (secrétaires, assistants de recherche), un réseau à l'étranger... Sans oublier le « prix » de l'enseigne que certains n'hésitent pas à faire payer cher. Elle peut recouvrir un réel plus, en termes de réseau international, de professionnalisme, d'effectif en assistants de recherche, de travail fourni... Mais parfois des clients se prêtent au jeu du prestige, et recourent à un cabinet-diva pour toutes sortes de - mauvaises - raisons: se protéger en cas d'échec (je ne suis pas responsable de la nomination d'un tel, car c'est le cabinet le plus prestigieux du Monde qui a effectué le choix), ne pas déroger aux bonnes manières et rester entre établissements prestigieux... Il peut s'agir simplement pour un dirigeant préparant sa succession de faire appel à des consultants renommés parce qu'il les juge seuls dignes de s'occuper de son poste. L'orgueil, l'estime de soi, l'arrogance tiennent alors lieu de politique tarifaire. Sachez que les cabinets de recrutement, en bon professionnel de l'âme humaine, connaissent vos travers. À l'heure où l'on porte aux nues les rois du *cost-killing*, il serait dommage de perdre 80000 € pour travailler avec une enseigne prestigieuse alors qu'un bon professionnel vous fera la même chasse pour 20000 €.

En matière de modalités de paiement, la pratique la plus courante en chasse de têtes est le règlement par tiers: un tiers à la signature de la mission, un tiers à la présentation des candidats et un tiers à la signature du contrat de travail. Pour l'annonce, le paiement s'effectue généralement en deux fois: une moitié au début de la mission et le reste à la signature du contrat de travail.

Il existe aussi d'autres modalités. Le « contingency », qui est peu pratiqué en France (seulement par quelques structures gérées par des débutants, de jeunes loups ou des Britanniques ou les… trois), consiste à payer une très faible partie des honoraires en début de mission (parfois aucun) et de ne rémunérer le cabinet qu'en cas de succès. Généralement, l'entreprise-cliente confie la mission à plusieurs cabinets. Avec l'idée que ce sera le meilleur - ou le plus rapide ? - qui gagnera.

Dernier point : que se passe-t-il si le candidat recruté ne reste pas ?

Quel que soit le motif de son départ (qu'il soit de son fait ou de celui de son employeur - il n'a pas fait l'affaire), le cabinet de recrutement est tenu de procéder, à ses frais, à son remplacement. Cette garantie n'est pas, bien entendu, éternelle. Elle court, en fait, pendant toute la période d'essai de la nouvelle recrue, c'est-à-dire entre trois et douze mois en général. Voilà l'usage. Le reste est une question de négociation avec le cabinet.

Conseils aux candidats

En recherche d'emploi ou souhaitant changer d'entreprise, vous voulez contacter un cabinet de recrutement ou vous êtes appelé par un cabinet de recrutement. Plusieurs conseils sont à suivre.

1. Ciblez votre professionnel du recrutement

La plupart des cabinets de recrutement sont à la recherche de candidats de haut niveau. Le profil idéal est presque toujours le même : 30 à 45 ans, un niveau d'études élevé, une expérience réussie dans le secteur de prédilection du cabinet ou correspondant à la mission en cours, sans oublier le trilinguisme et les qualités personnelles : dynamisme, facilité d'accès, capacité d'écoute, etc.

Bref, les cabinets recherchent des êtres exceptionnels. Pour être plus précis, ils recherchent ce que leurs clients (les entreprises) exigent.

C'est pourquoi un candidat potentiel devra toujours bien cibler les candidatures spontanées qu'il envoie. Certains cabinets reçoivent plus de 400 candidatures par semaine alors qu'ils s'occupent, tout au plus, de 100 missions par an. Lorsque votre rémunération ne dépasse pas les 70 000 € par an, rien ne sert, par exemple, d'envoyer son CV à un chasseur de têtes qui ne recrute, par définition, que des cadres de très haut niveau. Sauf si vous êtes un expert dans les domaines les plus recherchés : informatique, hautes technologies, finance, etc. Rien ne sert non plus de disperser vos candidatures. Il faut identifier les cabinets qui sont spécialisés dans votre secteur ou votre fonction. Certaines branches comme le BTP, la santé ou la communication sont traités par très peu de professionnels, qu'il faut alors repérer. Ce guide vous aidera à le faire. En résumé, il ne sert à rien d'envoyer votre candidature à plus de 20 cabinets. Au-delà, vous perdez votre temps et votre argent.

D'autres secteurs et fonctions intéressent la majorité des cabinets : les commerciaux ou les ingénieurs. Il est alors intéressant de contacter les cabinets généralistes comme les spécialisés.

Les cabinets spécialistes de l'annonce n'ont pas non plus les moyens de gérer un flot de candidatures spontanées. Ils recrutent surtout par petites annonces diffusées dans la presse ou sur Internet. Contactez donc les cabinets lorsque l'annonce paraît. Rien ne sert d'envoyer une candidature spontanée.

Restent les cabinets mixtes (chasse + annonce + Internet). Il est toujours intéressant d'envoyer des candidatures spontanées à ce type de structure, qui peuvent et savent gérer ces CV. Avec votre accord, ils garderont en mémoire votre curriculum pendant environ deux ans. En cas de besoin, on pourra vous contacter…

2. Un cabinet ne vous donnera que ce qu'il a !

Les cabinets ne sont pas les maîtres d'œuvre du recrutement. Ils agissent comme conseil auprès de leurs clients. Ils ne sont donc pas responsables des attentes de ces derniers ni des compétences demandées. Agissez avec le cabinet comme avec un prestataire de services. Si vous convenez aux attentes de leurs clients, ils vous épauleront. Dans le cas contraire, il ne faut pas en attendre grand-chose. Notez que le cabinet est en obligation de vous expliquer, s'il y a demande de votre part, pourquoi vous n'avez pas été retenu. C'est toujours très intéressant de discuter avec un consultant sur les causes d'un l'échec. Même si cela est parfois désagréable.

À noter aussi que, contrairement aux dires de la profession, beaucoup de cabinets ne se donnent même pas la peine de répondre aux candidatures spontanées.

3. Un cabinet de chasse vous contacte : réagissez sans précipitation

Un cabinet spécialisé en approche directe peut être conduit à vous contacter. Réjouissez-vous. Cela signifie que l'on vous considère comme un professionnel important dans votre domaine. Écoutez attentivement ce que l'on vous dira et réfléchissez avant de décider de la suite à donner. Si vous ne souhaitez pas quitter votre entreprise, dites-le. Il faut jouer franc jeu avec un consultant. Il vous en saura gré et pourra, on ne sait jamais, vous renvoyer un jour l'ascenseur. Si la proposition vous intéresse, n'hésitez pas à vous déplacer et à aller écouter ce que l'on vous propose. Cela ne coûte rien - la confidentialité est toujours respectée - et vous pourrez glaner de nombreuses informations sur votre secteur. Ensuite, si on vous propose un poste, il sera toujours temps d'accepter ou de refuser.

4. Un cabinet d'annonces vous répond : optez pour l'authenticité

Vous avez répondu à une annonce et l'on vous a contacté. Cette première approche est, de toute façon, est un point positif. Réjouissez-vous, mais sans vous enthousiasmer : les cabinets reçoivent beaucoup de candidats.

La première des choses est de se rendre à ce rendez-vous en temps et en heure. Si le cabinet vous reçoit avec beaucoup de retard, ne restez pas. Il n'est pas sérieux et son entreprise-cliente non plus.

Un candidat se pose souvent la question de la tenue à avoir. Dites-vous bien que le recruteur est un simple relais qui s'occupe peu de questions vestimentaires. Si votre garde-robe risque de ne pas convenir à son client, mais que votre profil est bon, le consultant vous le dira et vous pourrez ainsi rectifier le tir avant la rencontre avec l'employeur. Un seul conseil est à donner sur ce plan : toujours se vêtir en conformité avec le milieu professionnel dans lequel vous travaillez. Pas plus, pas moins.

D'autre part, le cabinet n'est pas votre futur employeur. Il est seulement chargé de faire les premiers tris. Soyez franc avec lui. Cela simplifiera beaucoup de choses.

Par ailleurs, il doit aller relativement vite. Les entretiens avec le candidat durent entre trente minutes et une heure. Pendant ce laps de temps, il faudra être concis et clair. Cela ne s'improvise pas. Il faut préparer l'entretien en repérant dans sa carrière les points forts, les points faibles et les raisons pour lesquelles vous penser convenir au poste. Pas la peine toutefois d'essayer de surpréparer l'entretien. Vous devez être naturel. C'est votre premier atout.

5. Refusez toute tentative de déstabilisation

Tous les cabinets vous le diront : ils respectent les candidats avec ferveur. Cependant, certains « professionnels » continuent à essayer de déstabiliser les candidats : questions sur la vie privée, sur la pratique religieuse, sur la sexualité, etc. Si un cabinet a ce type d'attitude, n'acceptez pas son jeu. C'est un piètre « spécialiste » et ses entreprises-clientes ne valent pas beaucoup mieux que lui. D'autre part, n'hésitez pas à dénoncer ce type de pratique à son syndicat professionnel, s'il est membre de l'un d'entre eux. Si vous avez le nom de l'entreprise pour qui il travaille, envoyez un courrier signalant comment vous avez été traité. Il n'y a plus aucun professionnel pour défendre ce genre de comportements. Ils sont donc plus faciles à combattre. La bataille pour que ces pratiques disparaissent passe aussi par les candidats.

6. Vous êtes demandeurs d'emploi ou âgé de plus de cinquante ans : cela va être difficile

Les cabinets de recrutement sont payés pour trouver le candidat qui a le plus de chance de satisfaire leurs clients. Ils sont donc extrêmement conservateurs, tout comme les entreprises. Ils ont peur des demandeurs d'emploi de plus de six mois et des cadres de plus de cinquante ans même si cela évolue doucement. On espère instamment, on va bien, nous aussi et vous aussi, finir par avoir plus de cinquante ans !, que cette façon de faire va changer. Quelques initiatives se développent. Mais la société française et donc son recrutement sont encore très élitiste et très conservateurs. Conclusion : les mentalités évolueront doucement.

7. L'intérêt de l'intérim

Pour les candidats, l'intérim peut servir de tremplin. Chez Page par exemple, près du tiers des cadres intérimaires sont embauchés. Cela leur permet aussi de diversifier leurs expériences dans différents secteurs. La prime de précarité versée aux intérimaires est aussi un moyen d'améliorer leurs fins de mois. En effet, le salaire d'un intérimaire est celui du cadre qu'il remplace auquel il faut ajouter 10 % d'indemnité de fin de mission et 10 % de congés payés. Enfin, les entreprises de travail temporaire ont mis en place un accès aux « complémentaires maladie » pour les intérimaires et un système de caution pour les prêts ou le logement.

8. Vous avez été recruté : restez en contact avec le cabinet

Un cabinet vous a permis d'être embauché par une entreprise. Ne coupez pas pour autant les ponts avec lui. Contactez le régulièrement. Passez voir les consultants. Déontologiquement, ils ont l'obligation de ne plus vous recruter tant que vous restez dans votre nouvelle société. Cela ne fait rien. Il est toujours intéressant de se tenir au courant de son secteur. Les consultants apprécient aussi d'avoir un retour de l'entreprise, de votre secteur. Cet échange de bons procédés pourra vous servir.

Associations et organisations professionnelles

ACCT - Association du Club des Chasseurs de Têtes

2, rue Robert Planquette
75018 Paris
Tél. : 06 64 14 42 04
infos@clubchasseursdetetes.fr
www.clubchasseursdetetes.fr

Création décembre 2007
100 membres

Responsables Stéphane Lévy, président fondateur
Guillaume Préau, vice-président
Alex Nguyen, trésorier
Perrine Elkrief, secrétaire

Notre opinion

Quelle bonne idée! Stéphane Lévy, 39 ans, consultant en recrutement, a souhaité monter une association pour les opérationnels du recrutement, les soutiers, les sans-grade, mais aussi les consultants et autres partners. Les patrons peuvent, eux, aller siroter tranquillement leur champagne au Syntec ou du bourbon à l'AESC. Les consultants ne disposaient pas de lieu de réflexion et de lobbying. Voila qui est fait et bien fait. L'Association du Club des Chasseurs de Têtes accueille déjà une centaine de membres et il y a fort à parier que le nombre devrait grandir.

Elle a trois missions : l'échange de bonnes pratiques, la formation de ses membres via des réunions mensuelles sur un thème professionnel (comme comment optimiser le binôme consultant-chargé de recherche) et la promotion de la profession. Elle est ouverte à tous les consultants en recrutement et aux chargés de recherche travaillant dans un cabinet de recrutement, une société de services en ingénierie informatique (SSII), une société d'intérim ou en indépendant. Bref, l'association ratisse plus large que ne laisse supposer son appellation très connotée approche directe…

Pour devenir membre, le candidat doit payer 20 euros pour son adhésion. Il peut alors participer à des réunions mensuelles, on l'a indiqué, et disposer d'un site internet pour échanger idées et autres problèmes. Une newsletter est réalisée tous les mois. Enfin, l'ACCT souhaite lancer chaque année un prix du meilleur consultant en recrutement. Vu les ego de la profession, il y a des chances pour que le Landerneau du recrutement se passionne - et s'agace - pour ce classement.

AESC - Association of Executive Search Consultants

12 E. 41st Street, 17th Floor
New York, NY 10017, USA
Tél. : +1 212-398-9556
Fax : +1 212-398-9560
aesc@aesc.org
www.aesc.org
www.bluesteps.com

AESC Europe :
Rue Washington 40
1050 Bruxelles - Belgique
Tél. : 00 32 2 627 0540
Fax : 00 32 2 627 0549
europe@aesc.be

Création

1996
51 cabinets (globaux, européens ou indépendants) membres présents en Europe, avec un total de 360 bureaux et 1 900 consultants. Seuls les cabinets de recrutement par approche directe sont membres de l'AESC.

Responsables

Vincent Swift (Transearch International), président Asie/Pacifique
Anders Borg (Penrhyn International), président Europe
W. Carl Lovas (Ray & Berndtson), président Amériques

Secrétariat : Peter Felix, CEO Monde
Christophe de Callataÿ, directeur Europe

Membres en France

Acteurop/The Amrop Hever Group, Lyon
Boyden, Lyon, Paris
CEO Search - Jean-Michel Beigbeder & Partners, Paris
CTPartners, Paris
Eric Salmon & Partners, Paris

Euromedica Group, Paris
Eurosearch Consultants France, Paris
Exec Avenue/Mercier & Partners, Paris
Heidrick & Struggles, Paris
Korn/Ferry International, Paris
Lang et Associés/Penrhyn International, Paris
Leaders Trust International, Paris
Signium International, Paris
Singer & Hamilton, Paris
Meridian, Paris
Neumann International, Paris, Strasbourg
People in Health France, Paris
Ray & Berndtson, Paris
RT&A/The Amrop Hever Group, Paris
Russell Reynolds Associates, Paris
SIRCA, Paris
Spencer Stuart, Paris
Stanton Chase International, Paris, Lyon
Transearch International, Lille, Paris

Notre opinion

Créée en janvier 1997, cette structure est la branche européenne de l'association américaine AESC, la plus vieille association de chasseurs de têtes des Etats-Unis créée en 1959. Ses buts : définir et promouvoir la qualité des spécialistes en approche directe, améliorer la notoriété du secteur, aider les membres à améliorer leur professionnalisme, jouer un rôle de groupe de pression auprès des pouvoirs publics et permettre aux membres de se rencontrer et de travailler ensemble.

C'est pourquoi l'AESC Europe a adopté une charte déontologique. La branche européenne comprend aujourd'hui 51 membres représentant, à quelques exceptions près (Egon Zehnder par exemple), les plus grandes sociétés de chasse de têtes du Vieux Continent.

Le chiffre d'affaires des membres de l'AESC était en 2007 de 10,6 milliards de dollars. « Les cabinets européens ont réalisé 3,5 milliards de dollars, commente Christophe de Callataÿ, le directeur Europe. La Grande-Bretagne, la France et l'Allemagne en représentent la moitié et la part de la France seule 12 % ».

Pour faire partie de ces happy few, un cabinet doit adhérer au code éthique et des pratiques professionnelles mis en place par l'AESC. De plus, il faut être recommandé par deux membres existants, remplir un formulaire et se faire auditer par l'association. Le ticket d'entrée est calculé selon le nombre de consultants. Cela va de 2 233 $ par an pour un consultant à 11 723 $ par an pour 10 consultants, avec un maximum de 111 650 $.

Pour cette modique somme, l'AESC permet à ses membres de disposer d'un important réseau de chasseurs de tête. L'association organise aussi une conférence par an. Ces réunions sont l'occasion d'échanger sur des thèmes liés à l'approche directe de dirigeants comme « la gouvernance d'entreprise » ou « le rôle d'un non executive director ». À cela s'ajoutent trois réunions par an pour évoquer des problèmes plus terre à terre des cabinets : le positionnement des cabinets, le prix de la mission, comment interviewer un candidat, développer sa stratégie de recherche, etc.

Pour une entreprise, l'affiliation d'un cabinet permet de s'assurer d'un minimum de garantie. C'est un gage de qualité. N'est pas membre de l'AESC qui veut. Il y a une procédure d'agrément stricte et onéreuse. Les cabinets membres de l'AESC doivent adhérer à nos codes éthiques et aux meilleures pratiques de la profession.

À noter enfin que l'AESC dispose pour les candidats percevant plus de 80 000 € par an du site Internet bluesteps.com. Ce site permet aux dirigeants de l'ensemble de la planète de déposer leur candidature et d'être repéré par les plus grands chasseurs de tête. Pour faire partie du « club », les impétrants doivent verser une somme allant de 200 à 300 €. « Cela permet à ces candidats de se faire connaître par les meilleurs chasseurs d'Europe », concl[illegible] Callataÿ.

ANDRH - Association Nationale des Directeurs des Ressources Humaines

91, rue de Miromesnil
75008 Paris
Tél. : 01 56 88 18 28
Fax : 01 56 88 18 29
www.andrh.fr
@andrh.fr

Création 1947 sous le nom de ANDCP (Association Nationale des Directeurs et Cadres de la fonction Personnel)

4 800 adhérents

Responsable Charlotte Duda, présidente

Notre opinion

L'Association Nationale des Directeurs et Cadres de la fonction Personnel est née en 1947 et a changé de nom en 2007 pour devenir l'ANDRH (Association Nationale des Directeurs des Ressources Humaines). Il s'agit ici d'une question sémantique et de la volonté d'utiliser le vocabulaire moderne pour designer le responsable du personnel devenu directeur des ressources humaines. C'est plus chic.

Comme l'ANDCP, l'ANDRH a pour fonction de réunir les responsables de personnel pour confronter leurs expériences et étudier ensemble les problèmes humains qui se posent dans la vie des entreprises. L'association compte aujourd'hui plus de 4 500 adhérents répartis en 80 groupes régionaux comprenant chacun de 20 à 160 DRH et cadres de la fonction ressources humaines.

L'ANDRH a créé également un département juniors pour accueillir les jeunes pousses de la fonction ressources humaines.

Pour les inciter à rejoindre l'Association, l'ANDRH leur offre 50 % du montant de la cotisation, et ce jusqu'à leur 30e anniversaire.

L'ANDRH entend être à la fois:

- une association d'échanges et de formation au service de ses adhérents en vue d'améliorer leur professionnalisme.

- le promoteur de la contribution de la fonction RH à l'amélioration des performances des organisations publiques et privées par la gestion des ressources humaines.

- une instance de propositions pour les pouvoirs publics et les partenaires sociaux.

Afin de suivre l'évolution des disciplines de la fonction ressources humaines et d'étudier leur prospective, l'ANDRH met en place des commissions thématiques (stress, gestion de la diversité, compétences, éthique, rémunération...). Lorsqu'un sujet (aménagement et réduction du temps de travail, épargne salariale, retraites...) requiert une étude urgente, des groupes d'études spécialisés sont formés. Des échanges avec des personnalités du monde politique, économique, syndical, culturel, sont aussi régulièrement organisés.

L'ANDRH édite un certain nombre de publications:

- La revue *Personnel*, diffusée à 5 000 exemplaires, dans laquelle paraissent des articles signés par les plus grands spécialistes des questions de personnel.

- *Les Cahiers*, supports de travaux des groupes et des commissions.

- L'annuaire des adhérents qui, disponible en fin d'année, comporte les coordonnées professionnelles des membres de l'association.

- Des ouvrages de références destinés aux DRH, conçus en collaboration avec des maisons d'édition.

En matière de formation, l'ANDRH organise, seule ou en partenariat, des stages et des journées d'études sur des thèmes spécifiques au travers de son centre de perfectionnement: le CEDIP (Centre d'Etudes pour la Direction du Personnel). Par ailleurs, elle définit des programmes de perfectionnement et d'enseignement de la fonction ressources humaines dans de nombreuses écoles (dont l'École Nouvelle d'Organisation Économique et Sociale), universités ou instituts (Cesi et Entreprise & Personnel).

ISQ - Intellectual Services Qualification
OPQCM - Office Professionnel de Qualification des Conseils en Management

73-77, ruc de Sèvres
92514 Boulogne-Billancourt Cedex
Tél. : 01 46 99 14 55
Fax : 01 46 99 14 56
isq-opqcm@isqualification.com
www.opqcm.com

Création 1979, changement de nom en 2008 pour ISQ (Intellectual Services Qualification)
Association à but non lucratif

500 entreprises qualifiées, dont 61 en recrutement

Responsables Dominique Rivière, président
Christine Anceau, déléguée générale

Notre opinion

L'ISQ, organisme professionnel de Qualification des entreprises de prestations de Services Intellectuels, a remplacé l'OPQFC depuis le 18 juin 2008. Mais c'est toujours une association régie par la loi du 1er juillet 1901. Tout comme feu l'OPQFC, l'ISQ a pour mission de délivrer des certificats de qualification professionnelle en France et à l'étranger aux personnes morales ou physiques en profession libérales dans le domaine des prestations de services intellectuels, telles que le conseil en management, recrutement, études de marchés, relations publiques, informatique et que la formation professionnelle continue et d'une manière générale de toutes prestations rentrant dans le champ des prestations intellectuelles.

Rentre également dans sa vocation la délivrance de certificats de références, la fourniture de services aux qualifiés, clients et autres...

Aujourd'hui 1 300 structures sont qualifiées, dont 800 relevant du secteur de la formation professionnelle continue-OPQF et 500 du conseil en management-OPQCM.

L'OPQCM (Office Professionnel de Qualification des Conseils en Management), qui comprend une branche recrutement, fait partie de l'ISQ. Son comité est en charge de la qualification des conseils, études et recrutement. Créé en 1979 à l'initiative de deux syndicats professionnels, Syntec et CICF (Chambre des Ingénieurs Conseils de France), avec le soutien du ministère de l'Industrie, l'OPQCM compte aujourd'hui 500 qualifiés, dont 61 sont des cabinets de conseil en recrutement (dont la moitié est implantée en régions). Les autres domaines couverts (qui sont au nombre de 17 au total) sont : le marketing et commercial, les ressources humaines, le management de projets, les achats, le conseil en systèmes d'information, etc.

La qualification est attribuée au terme d'une procédure d'admission stricte, reposant sur :

1) des critères de recevabilité : ancienneté juridique de la structure (deux ans au minimum), expérience professionnelle des dirigeants dans le conseil (5 ans), chiffre d'affaires conseil à un niveau significatif ;

2) des critères d'appréciation du professionnalisme : compétences individuelles et collectives des consultants, justification des ressources, satisfaction des clients, respect du code de déontologie de l'OPQCM...

Aucune condition de taille ni d'appartenance syndicale n'est requise.

Les cabinets de conseil en recrutement et autres, en création et de moins de deux ans d'ancienneté peuvent postuler à la qualification probatoire qui se concrétise par la délivrance d'un certificat de capacité. Autre nouveauté : les appels clients par sondage. En effet, l'OPQCM vérifie la qualité des prestations délivrées et la fiabilité des informations reçues. De plus, tout nouveau postulant fera l'objet d'un face-à-face sur site, entre le dirigeant du cabinet et un instructeur OPQCM.

Le label porte sur un ou plusieurs domaines d'activité parmi les 17.

Les qualifications sont accordées pour trois ans, et sont renouvelées à la demande du bénéficiaire sur examen d'un nouveau dossier.

L'annuaire des conseils qualifiés est consultable sur le site Internet www.opqcm.com

Il existe également une version papier. L'édition 2008 est disponible sur demande auprès du secrétariat de l'ISQ.

Voici la liste des 31 cabinets de recrutements ayant reçu la qualification fin 2008. Avec leurs bureaux régionaux, cela donne en tout 61 entreprises qualifiés en recrutement.

Actiforces (Tours)
ADH Conseil (Villiers Les Nancy)
Adito Développement (Lyon)
Al Conseil (Issy-Les-Moulineaux)
Algoé Executive (Écully)
Alpha Conseil (Castres)
AMT Conseil (Annemasse)
B Sigrist Conseil (Mulhouse)
BACF (Nantes)
Brain Search Consultants (Bordeaux)
Cabinet Blique Actimum (Nancy)
Cabinet Marie-José Guillome Baud
Cara 2022/RH Taillandier (Caraïbes Abymes)
Cegos (Issy-Les-Moulineaux)
Chantal Geller & Associes (Écully)
CHP (Issy-Les-Moulineaux)
Cystemid (Mérignac)
Digit Compétences (Paris)
DMF (Chantilly)
European Search Group (Paris)
Expansial (Bordeaux)
Favereau & Associés (Paris)
FC Conseil (Paris)
Fraissinet & Associés
Inter Missions (Roissy-en-France)
Jean Louis Ferrein & Associés (Paris)
Jean Michel Cathala Conseils Bouguenais
Monique Levy Conseil (Bordeaux)
Performen S Ressources Humaines (Savigny)
PGA Consultants (Paris)
Projective (Clermont-Ferrand)
RH Logistic (Lyon)
Rivière Consulting
Scoreman Consultants (Aix-en-Provence)
Senanque (Paris)
Société Nouvelle Catalys - Catalys Conseil Le Rheu
Staff Consultants Group (Strasbourg)

PRISME -Professionnels de l'Intérim, Services et Métiers de l'Emploi

56, rue Laffitte
75320 Paris Cedex 09
Tél. : 01 55 07 85 85
Fax : 01 55 07 85 86
http://prisme.eu

Création 2006 pour le Prisme, dénommé SETT précédemment
600 adhérents (CA des membres : 21 milliards € en 2007)

Responsable François Roux, délégué général

Notre opinion

Le Prisme (PRofessionnels de l'Intérim, Services et Métiers de l'Emploi) est un syndicat professionnel extrêmement puissant. Avec son nom fleurant bon les organisations secrètes à la James Bond, le Prisme est le nouveau nom (depuis 2006) du SETT (Syndicat des Entreprises du Travail Temporaire). Un changement de nom qui s'explique avant tout par la possibilité des intérimaires de faire du placement depuis la loi Borloo de fin 2004. C'est le symbole de la volonté d'ouverture de la profession … et de son appétit. Un appétit féroce qui risque de faire des dégâts dans le recrutement voire dans la formation.

En effet, depuis la mi-2008, le Prisme a souhaité rebaptiser les sociétés d'intérim en « agences d'emploi ». Ce qui laisse d'immenses opportunités à ces sociétés d'intérim disposant de capitaux importants. Cette nouvelle appellation, qui sonne très service public, va leur permettre de proposer, comme l'ANPE, du recrutement, du conseil, de la formation, des ressources humaines…

Le Prisme est aussi un modèle de syndicat professionnel. Contrairement au Syndicat du conseil en recrutement/Syntec, il représente, avec ses 600 adhérents répartis dans 6 400 agences, 90 % de la profession (contre à peine 15 % pour le Syntec Recrutement). Presque tout le monde y est. Les très gros comme Adecco, Manpower ou Védior et les plus petits comme le Nantais Abalone. Bref, le Prisme fédère l'ensemble de la profession et peut exercer pleinement son rôle de lobbyiste.

Ses adhérents font donc désormais, outre l'intérim, du placement, de l'accompagnement des demandeurs d'emploi, du portage salarial et dans un avenir très proche « beaucoup plus », glisse, sibyllin, François Roux, 53 ans, le délégué général. Cet ancien directeur général de l'Agefos PME a été recruté à ce poste via un chasseur de têtes...

C'est ainsi que l'intérim devrait s'intéresser bientôt à la prescription de formation.

Pour devenir l'un des 600 membres du syndicat, l'entreprise candidate doit remplir un dossier et verser une cotisation minimale de 1 000 euros par an pour un chiffre d'affaires inférieur à 1 666 667 €. Jusqu'à 16 098 735 €, elle est de 0,06 % du chiffre d'affaires.

En 2007, les adhérents du Prisme ont réalisé 45 000 recrutements alors qu'il partait de 0 en 2005. C'est dire la puissance de feu de la profession et sa marge de progression. Il y a fort à parier que de nombreux cabinets de recrutement seront absorbés à moyenne échéance pour cette profession aux dents longues. 80 % des agences d'intérim proposent un service de recrutement des cadres, sachant que l'intérim sert aussi souvent de sas à un emploi permanent.

Syndicat du Conseil en Recrutement/SYNTEC

3, rue Léon Bonnat
75016 Paris
Tél. : 01 44 30 49 90
Fax : 01 40 50 73 57
sg@syntec-recrutement.org
www.syntec-recrutement.org

Création 1976, fusion avec la CSNCR en mars 1998 et avec l'Aprocerd en 2000
145 membres (CA des membres : 373 M€ en 2007)

Responsables Maryvonne Labeille (Labeille Conseil), présidente
Jean-Paul Brette (Hudson), Rose-Marie Ponsot (Mercuri Urval), Catherine de Verdiere (Bonnel Conseils Associés), vice-présidents
Dominique Bienfait (Bienfait & Associés), secrétaire général
Alexandre Lemahieu (Pierre Lemahieu Conseil), secrétaire général adjoint
Matthieu Tezenas du Montcel (Integra), trésorier
Philippe Nasciet (Light Consultants), trésorier adjoint
David Ifrah, délégué général
Julien Bénatar et Agnès Duverne, chargés de mission

Notre opinion

Enfin. Le Syntec Recrutement a enfin décidé de se moderniser et de se rajeunir. L'un peut aller avec l'autre, et c'est ici le cas. De façon hautement symbolique, Maryvonne Labeille, dirigeante de Labeille Conseil, a été élue présidente du syndicat en 2007 avec un groupe d'administrateur dont le plus jeune a 31 ans.

Depuis, un vent de fraîcheur souffle sur la profession. Tout d'abord, le Syntec a enfin mesuré tout l'intérêt de s'ouvrir au plus grand nombre. La volonté de Labeille est donc de doubler au plus vite le nombre des adhérents. Il faut dire que le Syntec n'accueille que 140 membres, soit moins de 15 % de l'ensemble de la profession. Il faut préciser aussi que les poids lourds de la profession n'en faisaient pas partis. « Nous voulons intégrer le maximum de structures, explique Labeille. Nous avons aménagé nos statuts pour permettre à l'ensemble de la profession de faire partie du syndicat ».

Comme une bonne nouvelle n'arrive jamais seule, le Syntec souhaite désormais se faire connaître du grand public et a ainsi organisé des journées d'aide au premier emploi à destination des jeunes diplômés. Bref, il entend être au cœur de la cité et faire entendre sa voix. C'est pourquoi la structure promeut le CV universel et la non-discrimination dans le recrutement.

On est donc bien loin des pratiques du Syntec historique qui passait plus de temps à organiser des cocktails pour faire et défaire des présidents.

Aujourd'hui, le nombre d'adhérents est de 145 et le chiffre d'affaires des membres est en expansion. Il est passé de 220 M€ en 2001 à 373 M€ en 2007.

Pour rejoindre Syntec Recrutement, les cabinets candidats doivent remplir un dossier et se faire auditer par des membres du syndicat. Le droit d'entrée est de 1 100 € et la cotisation annuelle oscille entre 1 200 € et 8 000 €, selon le nombre de consultants et le CA.

Quelques cabinets ont quitté ce syndicat professionnel du fait de ces coûts qu'ils jugeaient trop élevés. C'est à notre avis une erreur dans la mesure où la profession va devoir se serrer les coudes pour résister aux pressions émanant des professionnels du travail temporaire.

Il existe aussi d'autres raisons de se syndiquer au Syntec. Pour certains, cet organisme permet, dans sa fonction centrale d'achat, d'abaisser le coût de certains produits ou de certains services comme l'assurance professionnelle. Pour d'autres, il permet aux professionnels de se rencontrer et d'échanger. Le syndicat organise aussi des formations sur les problèmes juridiques de la profession (comme la possibilité d'utiliser les tests) ou des sujets très pratiques comme la gestion des logiciels de recherche de candidats. Un service de conseils juridiques est compris dans l'adhésion, afin de renseigner les membres sur les 35 heures, la convention collective, etc. Enfin, une dizaine de commissions travaillent sur des sujets aussi variés que l'Internet, la diversification professionnelle... À noter enfin que le Syntec Recrutement dispose, enfin, d'antennes régionales à Aix-en-Provence, Bordeaux, Lille, Lyon, Nancy, Poitiers et Toulouse.

Les services emploi des grandes écoles et des universités

« Les services emploi des grandes écoles sont nos principaux concurrents ». La phrase, souvent répétée par les professionnels du recrutement, recouvre, en France, une désagréable réalité. Dans un pays malade de ses réseaux « grandes écoles », la cooptation et l'esprit de corps tournent à plein régime. Il faut s'en alarmer.

Mais aussi s'en servir car, financièrement, il peut être intéressant, pour recruter de jeunes et moins jeunes diplômés, d'utiliser les services emplois de leurs universités et des grandes écoles. L'idée est aussi de recruter la crème de la crème. Et donc de définir quels sont les meilleurs établissements français. Une question à laquelle il est très difficile de répondre. En effet, il n'existe pas d'organisme indépendant chargé, comme en Grande-Bretagne, d'évaluer les universités et les grandes écoles.

Reste alors, pour parvenir à ce classement, à tenir compte des palmarès concoctés par les journaux. Ces derniers rivalisent d'imagination pour sortir ces marronniers journalistiques. Ces hit-parades sont réalisés par des journalistes et sont contestables dans la mesure où l'on calcule ici, très souvent, la notoriété de l'école plus que la qualité de son enseignement. Cette façon de faire très franco-française est perverse puisqu'elle offre une prime aux écoles les plus anciennes et permet difficilement aux jeunes structures de se faire une place au soleil. Cette situation protège donc l'establishment de l'enseignement supérieur. Tout au moins en France. Car elle les fragilise dans la compétition internationale. En effet, comme les établissements d'enseignement supérieur français ont toujours refusé de se faire auditer par un organisme étatique de contrôle, ils n'ont pas développé une culture du résultat. Tant et si bien que les classements étrangers en matière d'universités ou de grandes écoles relèguent les universités françaises en queue de peloton... Nous utiliserons donc les classements franco-français et celui de l'université chinoise de Shanghaï pour essayer d'y voir plus clair.

Quoi qu'il en soit, les classements, même s'ils sont très imparfaits et s'ils sont soumis à la pression des annonceurs, demeurent le seul juge de paix du système. Nous les prendrons donc en compte.

Nous vous indiquerons les établissements et les sites Internet de ces structures. Dans les grandes écoles, les services « emploi » mis en place sont importants en effectif, et très efficaces. Presque toutes les écoles disposent désormais de ce type de service. Tant et si bien que l'absence d'un tel département devient presque le signe d'une piètre qualité d'un cursus. À HEC, neuf permanents gèrent les carrières des étudiants et accueillent les entreprises. Reims Management School en compte huit et l'École Centrale de Paris quatre.

L'université s'est aussi lancée dans l'aventure. Mais avec beaucoup de retard et une moindre efficacité. La plupart d'entre elles ne possèdent que des structures embryonnaires, quand elles existent. Nous vous indiquons malgré tout les meilleures universités de France selon le classement de l'université Jiao Tong de Shanghai.

À noter enfin un avantage appréciable : l'ensemble de ces services est gratuit pour les entreprises.

Les « meilleures » universités françaises

L'Université Jiao Tong de Shanghai classe depuis 2003 les universités mondiales selon un savant calcul. Ce dernier laisse la part belle à la qualité des formations et aux réussites des chercheurs de chaque université. Il analyse les principales universités mondiales. Ces institutions sont classées selon de nombreux critères comme le nombre de prix Nobel et de médailles Fields parmi les chercheurs (cela intervient pour 20 % dans la note finale), le nombre de chercheurs les plus cités dans leurs disciplines (également 20 % de la note), les articles publiés dans les revues scientifiques Nature et Science (toujours 20 % de la note), les articles indexés dans Science Citation Index, et Arts & Humanities Citation Index (encore 20 %), la performance académique au regard de la taille de l'institution (10 % de la note) et le nombre de prix Nobel et de médailles Fields parmi les anciens élèves (10 % dans la note finale).

23 établissements français figurent dans le *Top 500* du classement de Shanghai 2008. La France se classe au 7e rang mondial. Elle perd une place par rapport au classement de 2007, désormais devancée par la Suède.

En 2008, l'université Paris 6 se classe 42e établissement mondial suivi de l'université Paris 11 (49e) et de l'Ecole normale supérieure de (73e).

Sept établissements français se placent dans les 200 premières universités mondiales, 14 dans les 300, 17 dans les 400 et 23 dans les 500.

Voici, en outre, le classement des 10 premières universités européennes en 2008 :

Cambridge (Royaume-Uni)
Oxford (Royaume-Uni)
University College London (Royaume-Uni)
Swiss Fed Inst Tech – Zurich (Suisse)
Imperial College London (Royaume-Uni)
Manchester (Royaume-Uni)
Paris-VI (UPMC) (France)
Copenhague (Danemark)
Utrecht (Pays-Bas)
Paris-XI (France)

Pour mémoire, nous vous indiquons aussi le dernier classement franco-français des universités (un tel classement semble tabou en France, car peu de journaux abordent ce sujet). Il est issu d'une étude parue en 2007 et réalisée par l'Institut Montaigne, un club de réflexion plutôt classé droite libérale.

Voici les cinq meilleurs établissements universitaires en sciences dures :

1 ENS Lyon
2 ENS Paris
3 Institut de physique du globe de Paris
4 École centrale de Lyon
5 Observatoire de Paris

Les cinq meilleurs établissements universitaires en sciences de la vie :

1 Collège de France
2 Insa Toulouse
3 Institut Curie de Paris
4 ENS Paris
5 Université d'Evry-Val d'Essonne

Les cinq meilleurs établissements universitaires en sciences de l'homme et de la société :

1 IEP Paris
2 Collège de France
3 ENS Paris
4 Université Toulouse-I Sciences sociales
5 Université Paris-I Panthéon-Sorbonne

Les « meilleures » écoles de commerce et de management

Ce classement est issu d'une enquête du magazine *Le Point* de février 2008. Il reflète le hit-parade intuitif de tous recruteurs. Reste qu'il n'a rien de scientifique. Il n'y a pas d'évaluation officielle de ces écoles.

1/ HEC
1, rue de la Libération. 78 351. Jouy-en-Josas Cedex
Tél. : 01 39 67 70 00 - www.hec.fr

2/ Essec
Avenue Bernard Hirsch B.P. 50 105. 95021 Cergy-Pontoise Cedex. Tél. : 01 34 43 30 00. www.essec.fr

2/ ESCP-EAP
79, avenue de la République 75543 Paris Cedex 11
Tél. : 01 49 23 20 00. www.escp-eap.net

4/ EM Lyon
23, avenue Guy de Collongue. 69134 Ecully Cedex
Tél. : 04 78 33 78 00. www.em-lyon.com

5/ Edhec
58, rue Port. 59800 Lille. Tél. 03 20 15 45 00. www.edhec.com

6/ Grenoble Ecole de Management
12, rue Pierre Sémard. BP 127. 38003 Grenoble Cedex 01
Tél. : 04 76 70 60 60. www.grenoble-em.com

7/ Audencia école de commerce de Nantes
8, route de la Jonelière. BP 31 222. 44312 Nantes Cedex 3
Tél. : 02 40 37 34 34. www.audencia.com

8/ ESC Rouen
1, rue du Maréchal Juin - BP 215. 76825. Mont-Saint-Aignan Cedex. Tél. : 02 32 82 57 00. www.esc-rouen.fr

9/ ESC Toulouse
20, bd Lascrosses. BP 7010. 31068 Toulouse Cedex 7
Tél. 05 61 29 49 49. www.esc-toulouse.fr

10/ Euromed Marseille
Domaine de Luminy. BP 921. 13288 Marseille Cedex 9
Tél. : 04 91 82 78 00. www.euromed-marseille.com

D'autres journaux publient d'autres classements. Cela ne change pas la hiérarchie aujourd'hui quasi immuable en ce qui concerne les cinq premiers.

Dans le classement du magazine *Challenges* du 16 décembre 2007

HEC Paris, l'ESSEC Paris et l'ESCP-EAP Paris arrivent en tête. Suivent EM Lyon, l'Edhec Lille et Nice, Audencia Nantes, Grenoble école de management, Euromed Marseille, l'ESC Rouen et l'ESC Toulouse. Ce palmarès a été établi à partir de l'évaluation des écoles selon la sélectivité, l'ouverture internationale, les moyens financiers ou encore le salaire moyen des diplômés en début de carrière.

Les meilleures écoles d'ingénieurs en France

Ce classement des écoles d'ingénieurs, après une classe préparatoire, provient de l'hebdomadaire *Le Point* de février 2007. À noter la sur-représentation (7 établissements sur 10) des établissements franciliens symbolisant Paris et le désert français.

1 École des mines de Paris
2 École polytechnique - Palaiseau
3 Télécom Paris
4 École des ponts
5 SUPAERO
6 ENST Bretagne
7 ESPCI
8 École Centrale de Lyon
9 École Centrale de Paris
10 École des Mines de Saint-Etienne

À titre de comparaison, un autre classement a été élaboré par *Le Nouvel Économiste*, en mars 2006, selon les notes données par des spécialistes des ressources humaines. En clair, c'est le classement du qu'en dira-t-on. Les professionnels des RH ne connaissant pas forcément bien les cursus de formation en France et notamment le maquis des écoles d'ingénieurs (près de 300 !)… Mais il a son importance puisque cela représente les écoles les plus connues de France et qu'il sert aux entreprises à définir leurs grilles de salaires…

On retrouve à la première place l'Ecole Polytechnique, suivie de l'Ecole Centrale de Paris (2e), l'Ecole des Mines de Paris (3e), l'Ecole Nationale des Ponts et Chaussées (4e), Supélec (5e), Supaéro (6e), Télécom Paris (7e), Agro de Grignon (8e), l'Ecole Nationale des Arts et Métiers (9e) et l'Insa de Lyon (10e).

Les sites Internet de recrutement

La révolution Internet a eu lieu. Et elle a profondément modifié les rapports entre les entreprises et les candidats. Pour passer une annonce de recrutement, l'intérêt d'une entreprise à utiliser la presse papier devient très relatif. Pour moins de 500 €, une entreprise ou un cabinet de recrutement peut diffuser une PA qui sera vue par plus de personnes qu'une annonce diffusée par des journaux. Leur tirage maximum ne dépasse pas en France les 900 000 exemplaires, soit un public d'au maximum 3,6 millions de personnes. La seule Apec affiche 1,3 million de visiteurs uniques en juin 2008… Et c'est gratuit…

Plus grave encore pour la presse, les rendements (le nombre de CV reçus suite à une annonce) des annonces Internet sont, selon les dires des cabinets de recrutement, aussi bons que ceux de la presse. Bref, pour un coût près de dix fois moindre, la PA par Internet obtient les mêmes résultats que la PA des journaux. Ces phénomènes entraînent des réactions en chaîne.

Conclusion : les entreprises passent de moins en moins par les journaux pour diffuser une annonce d'emploi, au profit de l'Internet. Et aujourd'hui, 36 % des offres d'emploi de cadres sont pourvus via Internet contre 15 % en 2003 (source : Enquête Apec Mobilité des cadres 2008).

Parallèlement, la guerre entre les sites Internet consacrés au recrutement (jobboard en anglais) continue. On ne compte plus, aujourd'hui, que trois sites généralistes privés et deux sites généralistes public et associatif. Il y en avait une dizaine en 2001. Exit Email-job, Jobpilot, Jobline, fusion de Cadremploi, de Cadresonline et de Keljob…

Par ailleurs, les sites spécialisés poussent comme champignons après la pluie. Il existe des centaines de sites spécialisés, qui peuvent aussi être d'excellents vecteurs pour des offres d'emplois. Par choix délibéré (ils fourniraient à eux seuls la matière d'un guide entier), nous ne les avons pas chroniqués. Enfin, les entreprises et les cabinets de recrutement peuvent aussi visiter les groupes de discussion pour trouver des candidats.

Alors comment faire son choix ? Nous avons dégagé quelques conseils aux entreprises recruteuses et aux candidats.

Les conseils aux entreprises

1/Connaître les internautes-candidats

Pour choisir son site, un recruteur doit se mettre à la place du candidat et tester les sites, les moteurs de recherche. Très rapidement, vous vous apercevrez que certains sites fonctionnent mieux que les autres. Si l'on considère ce critère de la qualité du moteur de recherche, les spécialistes indépendants s'accordent pour dire que le moteur de Adenclassified/Cadremploi/Keljob en privé et celui de l'Apec en public sont ce qui, pour l'instant, se fait de mieux.

Une entreprise doit donc connaître les spécificités de chaque site, son « lectorat ». Ainsi, les cadres visitant Cadremploi sont plus vieux que ceux surfant sur Monster, mais moins ciblés géographiquement que ceux préférant Régionsjob.

Il faut aussi adopter son annonce aux internautes. Sur Internet, des mots clés sont à mettre en avant. Exemple : si une entreprise n'indique pas le salaire d'une annonce, le rendement de cette dernière peut baisser de 20 à 50 %. Enfin, le premier critère d'un internaute recherchant un travail est la fonction. Mais le second est la région du poste. Parfois, cela passe même en premier.

2/Cibler les sites généralistes

Pour une entreprise en recherche d'un candidat, les grands sites comme Apec.fr, Anpe.fr, Cadremploi, Monster, Régionsjob sont donc des passages obligés. Autre point : un recruteur ne doit pas mettre tous ses œufs dans le même panier. Il y a beaucoup de mouvements dans ce secteur. Le mieux est de ne signer que des contrats courts de six mois maximum sur deux sites généralistes. De plus, cela ne sert à rien de s'abonner à plus de deux bases de CV. Pour faire son choix entre les sites généralistes, pour savoir quel site choisir pour passer son offre d'emploi, visitez la base de CV du site. Existe-t-il des CV correspondant à votre annonce? Si oui, le site est pertinent.

3/Une mise à jour régulière des CV

Il est important de privilégier les sites dont les CV sont régulièrement mis à jour. Pour disposer de renseignements fiables, il faut demander au site quelle procédure de mise à jour de CV il assure. Ces sites généralistes sont aussi spécialisés par fonction. Mais les spécificités fonctionnelles ou sectorielles sont souvent aléatoires et varient au cours du temps...

4/Finir son marché en choisissant les sites spécialisés adéquats

Quel que soit votre secteur ou votre métier, il existe un site spécialisé qui va le traiter. C'est à vous de le dénicher. Car au-delà des grands sites généralistes, le candidat que vous recherchez peut se trouver sur un site communautaire. Vous devez donc avoir à disposition un panel de petits sites dans son secteur et sa fonction. Il faudra aussi aller voir aussi du côté des news groups (groupe de discussion). La région est aussi un critère important pour les internautes. Un site « régional » est aussi à prendre en compte. Une entreprise devra donc aussi travailler avec des sites spécialisés permettant d'avoir moins de candidatures mais des CV de meilleures qualités.

5/La durée de vie d'une annonce

L'annonce sur Internet a une durée de vie d'un mois. Après, les internautes ne la voient plus. La première semaine, le taux de retour est important. La seconde, il baisse, la troisième, il monte, la 4e il baisse de nouveau et se termine. C'est pourquoi les spécialistes préconisent de réaliser une campagne tous les mois ou tous les deux mois.

6/Le coût des annonces et leur négociation

Trois types de coût d'annonces cohabitent.

Les sites les plus chers affichent un prix de diffusion d'une annonce compris entre 500 € et 700 €. Cela ne vaut le coup que si les retours sont pertinents. Le moyen de gamme diffuse une annonce pour un prix compris entre 150 et 300 €. Ce sont en général des sites spécialisés. Ils sont plus agressifs commercialement. Certains sites proposent des prix inférieurs à 150 € et il est possible que certains sites proposent de vous passer des annonces gratuitement. En général, ces sites ne vivent pas du recrutement. Leur politique est d'attirer, via des offres d'emploi, des internautes pour générer du trafic.

Autre problème : les rabais. Dans ce monde impitoyable, tous les rabais sont possibles. Tant et si bien que les prix affichés ne veulent pas dire grand-chose. Selon les spécialistes, tout se négocie, avec des rabais pouvant atteindre les 70 % !

On peut aujourd'hui démontrer qu'il est plus intéressant financièrement et voire qualitativement de placer son budget de publicité de recrutement sur Internet. Un exemple : une entreprise veut recruter 200 commerciaux dans toute la France. L'action classique d'utiliser la presse quotidienne régionale coûtera environ 80 000 € pour une publicité à 4 000 € dans 20 journaux. Si l'on utilise Internet, cela coûtera environ 20 000 à 30 000 € pour un rendement au moins égal.

7/À quel retour faut-il s'attendre ?

Évidemment, le retour de CV après une annonce est un point primordial. Malheureusement, certains retours découragent le recruteur. Ce dernier peut se retrouver devant 600 à 1 000 CV avec une efficience de 2 à 3 %.

Selon les spécialistes, un bon rendement, c'est 10 bonnes candidatures avec 3 bons CV et une candidature retenue. 19 est le nombre moyen de CV arrivant dans les 15 jours suivant le dépôt de l'offre. En dessous de 10 CV, le site n'est pertinent que s'ils sont particulièrement bien ciblés. Au-delà de vingt, vous pouvez estimer que le rendement est acceptable.

Les conseils aux candidats

1/Évaluez la notoriété du site

Plus le site est connu, plus il génère un trafic important de candidats, mais aussi de recruteurs. Pour calculer la notoriété d'un site, voici une petite astuce : allez sur Google.fr et inscrivez le nom du site. Google vous indiquera le nombre de liens vers ledit site. Au-dessus de 15 000 liens, le site est bien référencé. Mais il faut aussi vérifier qu'il a noué des partenariats avec des sociétés reconnues et correspondant bien à la cible. Il faut aussi choisir des sites à forte audience. Ces derniers se prévalent d'au moins 8 millions de pages vues par mois. En deçà, ce n'est pas un site assez important. Car les recruteurs massifient leurs investissements et les concentrent dans quelques sites. Ils ont donc fait leurs choix. Ils s'attachent aux plus gros. Faites comme eux !

2/Commencez par un site généraliste...

Il faut privilégier les gros sites généralistes. En 2008, cinq sites dominent le marché : Apec.fr, Anpe.fr, Monster.fr, Regionsjob et Cadremploi.fr/Keljob. Ce sont des sites que vous devez visiter en permanence. Vous devez aus[illegible] réduisez les risques de passer à [illegible]

Pour choisir entre deux sites, e[illegible] proposées. Est-ce qu'elles vous concernent ? Est-ce qu'elles vous intéressent ? Pour établir un jugement, utilisez la base de données du jobboard. Vous jugerez ainsi de la qualité de son moteur de recherche et de la qualité de sa nomenclature des fonctions et des secteurs proposés. Ensuite, si tout cela vous satisfait, déposez votre CV sur le site en question. Vous pourrez aussi utiliser un assistant de recherche qui traquera, pour vous, les offres vous convenant. Ce robot pourra aussi les envoyer dans votre boîte à lettres électronique.

3/...Mais ne négligez pas les sites spécialisés

À côté des gros jobboards existent de tous petits sites ultra-spécialisés dans votre domaine. Il faut alors se débrouiller pour en dénicher deux ou trois et se référencer auprès d'eux. Pour trouver ces sites, allez sur un moteur de recherche du type Google.

4/Inscrivez-vous sur un méta-moteur

Visiter les sites généralistes importants est suffisant. Choisissez de préférence des sites qui proposent un système d'alerte par e-mail (push). N'hésitez pas non plus à utiliser un méta-moteur (tel que Keljob - *cf. présentation d'Adenclassifieds*), et à aller sur un site spécialisé dans votre secteur. Ce dernier devra vous donner toute l'information sur l'actualité de votre secteur et sur les entreprises.

5/Préférez la recherche par critère à celle par mot-clé

La méthode par mot-clé est plus rapide : on n'a pas à s'attarder sur plusieurs menus déroulants. Pour la recherche par critère, ne prenez pas de rubriques trop précises qui restreindraient les résultats. De la même façon, ne vous attardez pas sur un moteur de recherche ayant trop peu de détails dans le secteur et la fonction recherchés.

6/Affichez votre CV sur le bon site

Pour cela, il va vous falloir remplir un dossier. L'opération peut prendre de 10 à 45 minutes… Si vous arrivez au bout, car encore faut-il que vous « entriez » bien dans les cases. C'est un exercice délicat pour les profils atypiques.

Groupe ADENCLASSIFIEDS

1-3, rue Lafayette
75009 Paris
Tél. : 01 76 62 32 00
www.cadremploi.fr
www.keljob.com
www.cadresonline.com
www.webcible.com
www.cmonjob.fr
www.public-rh.com

Création	2006 SA au capital de 6 487 521 €
Groupe	Figaro
Responsables	Pierre Conte, président Thibaut Gémignani, directeur général
Effectif	462 salariés dont 216 commerciaux
CA	50,2 M€ (CA consolidé)

Notre opinion

Souvenez-vous, c'était en septembre 2006 : deux des mastodontes du secteur du recrutement sur internet (Cadremploi et Keljob) avaient fusionné. Dans la foulée, en octobre 2006, était né le Groupe Adenclassifieds (au nom moins explicite mais plus concis que feu Cadremploi-Keljob-Explorimmo). Le groupe Figaro en détient directement et indirectement (via les sociétés Publiprint et Sicce) 59,95 % du capital. Adenclassifieds aime à se présenter comme « le leader incontesté » des offres d'emploi diffusées sur internet en France. Il faut dire qu'avec ses sites Keljob, Cadremploi (dont Public-RH) et Cadresonline (racheté en janvier 2008), tous classés dans le Top 5 des sites Emploi privés les plus fréquentés

(Médiamétrie, juillet 2008), le groupe a quelques arguments forts.

« Que de chemin parcouru depuis deux ans ! », s'enthousiasme Thibaut Gémignani, le directeur général du groupe. « Nos sites sont de véritables références pour les internautes et nos clients business to business y voient des valeurs sûres et de qualité. La fusion a été un succès », affirme l'ancien dirigeant de Cadremploi.

Historiquement, Cadremploi a été créé en 1990 par une cinquantaine de cabinets de recrutements. C'était, jusqu'en 1996, un spécialiste monomaniaque de ce bon vieux Minitel (3617 CADREMPLOI). Quant à Keljob, lancé en juillet 2000, il avait su s'imposer sur un marché des sites de recherche d'emploi, en plein rétrécissement.

Aujourd'hui, le groupe dispose d'un métamoteur avec Keljob et de plusieurs sites de recrutements classiques avec Cadremploi, et désormais Cadresonline, pour améliorer son positionnement cadres, Cmonjob pour le recrutement des employés, techniciens, agents de maîtrise, le site Webcible pour les métiers spécialisés comme les nouvelles technologies de l'information ou les commerciaux, et enfin Public-RH pour les métiers du secteur public avec.

L'idée de ce méga groupe ? « Couvrir toutes les attentes des candidats et des recruteurs. Pour cela, nous proposons des services aux entreprises comme Cvaden et Cvmail », explique Gémignani.

Pour 500 € par mois, Cvmail gère les candidatures via un logiciel dédié. Quant à Cvaden, c'est la petite nouveauté lancée par le groupe en octobre 2008. Ce produit transversal, présenté comme « le plus abouti du groupe », offre aux recruteurs, via une seule plateforme, l'accès aux bases de CV de Keljob et Cadremploi, soit pas moins d'1,8 million de CV. Une prestation facturée 1 000 euros pour 24 heures.

Disposer d'un maximum de marques dédiées aux recrutements semble donc être la stratégie choisie. Sachant que les sites sont régulièrement revus et améliorés. Ainsi de nouvelles versions des sites Cadremploi, Keljob et Public-RH ont été mises en ligne en 2008.

En pratique

Cadremploi :
Coût pour la diffusion d'une offre : 790 € pour 4 semaines.
Nombre d'offres d'emploi en juin 2008 : 90 000
Nombre de visiteurs uniques en juin 2008 : 3,6 millions

Keljob :
Coût pour la diffusion d'une offre : 690 € pour 4 semaines.
Nombre d'offres d'emploi en juin 2008 : 90 000
Nombre de visiteurs uniques en juin 2008 : 2,8 millions
Cvaden (Cadremploi + Keljob)
Consultation de CV : 1 000 € pour 24 heures
Nombre de CV dans la CVthèque : 1,8 million

Cadresonline :
Coût pour la diffusion d'une offre : 660 € pour 5 semaines
Nombre de CV dans la CVthèque : 178 064
Nombre d'offres d'emploi en juin 2008 : 4 400
Nombre de visiteurs uniques en juin 2008 : 1,09 million

ANPE.FR

Adresse de votre ANPE sur le site
www.anpe.fr

Création 1997
Établissement public

Responsable Christian Charpy, directeur général

Notre opinion

L'ensemble des services de l'ANPE et de son site Internet est gratuit. C'est la première bonne nouvelle. L'autre bonne nouvelle est la notoriété et le trafic de ce site. Pour zéro franc par mois, le recruteur comme le candidat disposent d'un des principaux sites de recrutement de la Toile française. Maintenant, le candidat peut ainsi découvrir les quelque 220 000 offres présentes en moyenne chaque jour sur le site. Il peut aussi recevoir dans sa boîte aux lettres électroniques les offres d'emplois l'intéressant, par un système « push » aussi performant que ceux de la concurrence. « anpe.fr » donne aussi de très bonnes informations sur le droit du travail, les différents contrats possibles (apprentissage, etc.). Les candidats peuvent déposer leurs CV on line.

Pour les entreprises, même type d'informations, ainsi que la possibilité de déposer « on line » une offre d'emploi à n'importe quelle heure du jour et de la nuit 365 jours par an. anpe.fr propose aux recruteurs une CVthèque pour l'ensemble de la France toujours pour zéro euro.

L'ANPE propose également des sites spécialisés à destination des professionnels et artistes du spectacle avec www.culture-spectacle.anpe.fr et aux personnes souhaitant travailler à l'étranger avec www.emploi-international.org.

En pratique

Coût pour la diffusion d'une offre : 0 euro
Consultation de la CVthèque : 0 euro
Nombre de CV dans la CVthèque : 640 000
Nombre d'offres d'emploi en juin 2008 : 220 000
Nombre de visiteurs uniques en juin 2008 : 9 millions

APEC.FR

51, boulevard Brune
75014 Paris
Tél. : 01 40 52 20 00
Fax : 01 45 39 86 31
www.apec.fr

Création 1998

Responsable Jacky Chatelain, directeur général

Notre opinion

Le portail Apec.fr est un passage obligé de tout cadre en recherche d'emploi ou toute entreprise souhaitant en recruter.

Le site est divisé en trois entités. La première, cadres.apec.fr, s'adresse aux cadres. La seconde, jd.apec.fr, concerne les jeunes diplômés. La troisième, recruteurs.apec.fr, est dédiée aux entreprises qu'elle aide à gérer leur recrutement.

Les points forts d'Apec.fr sont nombreux. Pour les candidats, ce site propose des emplois de cadres particulièrement bien ciblés, puisque l'Apec découpe le marché du travail des cadre en 12 fonctions et de nombreuses sous-sections. Bref, quand on recherche un travail d'attaché de presse, on ne reçoit pas des offres de chef de pub ou de journalistes…

Apec.fr permet aussi de créer un bureau en ligne pour recevoir les offres par e-mail, postuler en ligne, publier son CV dans la Candid@pec. Le site est aussi le meilleur endroit de France pour prendre connaissance en ligne du marché du travail tant au niveau des salaires, des perspectives d'emploi dans telle ou telle région ou dans tel ou tel secteur. Dans ce domaine, il n'y a pas, à notre connaissance, meilleure expertise que l'Apec. L'association propose aussi « Apecnext » créé en 2006. Il s'agit d'un programme d'informations et de conseils personnalisés pour préparer son avenir professionnel. Cette fonction, assez simple, permet aux cadres en poste ou en recherche d'emploi et aux jeunes diplômés d'avoir accès à des informations et des conseils personnalisés pour préparer leur avenir professionnel. Ce programme s'adapte à l'évolution de leurs besoins et aux changements qui interviennent dans leur situation professionnelle. Il les suit tout au long de leur carrière.

Côté entreprises, l'Apec est donc, malheureusement pour la concurrence privée, particulièrement efficace. Depuis le début 2002, l'agence a créé un site dédié à l'entreprise: www.recruteurs.apec.fr, qui est aussi accessible par www.apec.fr. Ce sous-site est destiné aux entreprises et aux cabinets de recrutement. Il offre une palette de services gratuits: gestion de tout le processus de recrutement via Internet (conception de l'annonce, diffusion), relation avec les candidats par Internet (gestion des candidatures en ligne). Un consultant Apec accompagne l'entreprise tout au long de ce recrutement.

En pratique

Coût pour la diffusion d'une offre: 0 euro, mais cotisations patronale et salariale obligatoires pour toute entreprise faisant travailler au moins un cadre en France.
Consultation de la CVthèque: 0 euro
Nombre de CV dans la Cvthèque en juillet 2008: 138 000
Nombre d'offres d'emploi en juin 2008: 26 670
Nombre de visiteurs uniques en juin 2008: 1 304 485

MONSTER

110-114, rue Jules-Guesde
92300 Levallois-Perret
Tél. : 01 41 06 20 20
Fax : 01 41 06 20 01
info@monster.fr
www.monster.fr

Création	1999 SA au capital de 47 740 €
Groupe	Monster Worldwide
Responsables	Andrea Bertone, PDG Bruno Brémond, DG
Effectif	220 salariés
CA	50 M€

Notre opinion

Après l'appétit pantagruélique du Monstre ces dernières années, une petite phase de digestion s'imposait. On se souvient du rythme effréné des coups de fourchette du site de recrutement. Cela lui avait valu de multiplier par 5 son CA en deux ans (pour atteindre, en 2005, les 50 millions d'euros). Après avoir absorbé Jobline en 2001 puis Jobpilot en 2004, Monster jetait, en 2005, son dévolu sur Emailjob, alors n° 2 du secteur. « Une grosse acquisition », de l'aveu de Bruno Brémond, le directeur général de Monster, qui a rendu nécessaire « une phase de consolidation ».

Pas question de dormir sur ses lauriers pour autant. Monster a donc cherché à élargir son rôle traditionnel de jobboard pour séduire boîtes d'intérim et cabinets de recrutement. Il a ainsi développé une base de CV qui peut leur être vendue : « Cela représente une grosse partie de notre CA », indique d'ailleurs Brémond.

En 2003, Monster a quitté le groupe TMP pour voler de ses propres ailes. Il a emporté avec lui TMP, l'agence de conseils. Alors que les divisions recrutement sont devenues Hudson (voir présentation dans la partie Cabinets de recrutement).

En 2008 comme en 2006, Monster fait toujours partie des leaders du recrutement par Internet. C'est aussi le plus connu : selon un récent sondage, 38 % des candidats citent spontanément Monster quand on leur demande quels sites d'emploi ils connaissent. Il est aussi présent sur l'ensemble de la planète. Un atout de taille à l'heure de la mondialisation du marché de l'emploi des cadres.

À noter que le site s'apprête à connaître, début 2009, « son évolution la plus importante depuis sa création ». Au menu : toute une palette d'outils supplémentaires ; à commencer une nouvelle technologie pour le moteur de recherche. Une formule « Audience plus » a été pensée pour les recruteurs afin de donner plus de visibilité à leur annonce : il s'agit d'un plan média organisé sous la forme d'une bannière sur différents sites ciblés. « Une réponse à ceux qui trouvent que les sites d'emploi donnent beaucoup de volume et peu de qualité », résume Brémond. Monster Video (annonce d'emploi filmée) et Monster Mobile (diffusion d'une annonce par SMS) sont aussi en voie de développement.

Les entreprises peuvent toujours profiter d'un outil de gestion des candidatures, gratuit dès que le client passe au moins trois annonces par an (coût : 990 € pour les trois annonces). Ce « Monster Office HR » est une plateforme permettant au client-recruteur de gérer, depuis son ordinateur, tous les aspects d'une candidature. Monster propose aussi en France des chaînes thématiques avec des portails régionaux (car il s'est beaucoup développé hors Ile-de-France) et des chaînes sectorielles dédiées à l'hôtellerie, la santé ou le secteur public de l'emploi.

Monster permet aussi d'afficher – c'est son fonds de commerce - une offre d'emploi pendant 60 jours pour 690 €. Il y a deux ans, cela coûtait 595 €. Tout augmente…

Pour les candidats, le site propose une série de services des plus classiques (dépôt de CV…). À noter que les candidats vont bientôt pouvoir profiter de « Career Passing », outil d'auto-évaluation qui passe notamment par la comparaison avec les profils de candidats similaires. Mais l'avantage concurrentiel indéniable de Monster réside encore beaucoup dans la possibilité de rechercher un emploi dans les 27 pays où est il présent. Autre atout, et pas des moindres : le site propose plus de 50 000 offres d'emploi chaque mois !

En pratique

Coût pour la diffusion d'une offre : 580 €
Consultation illimitée de la CVthèque : 3 000 € pour un mois
Nombre de CV dans la CVthèque : 3,6 millions
Nombre d'offres d'emploi en juin 2008 : 54 000
Nombre de visiteurs uniques en juin 2008 : 4,2 millions

MULTIPOSTING.FR

5, rue d'Uzès
75002 Paris
Tél. : 01 40 13 53 88
contact@multiposting.fr
www.multiposting.fr

Création	2007 SARL au capital de 60 000 €
Responsables	Gautier Machelon et Stéphane Le Viet
Effectif	6 personnes
CA	0,3 M€

Notre opinion

Voici une petite entreprise Internet qui pourrait faciliter la vie de nombreux recruteurs. L'idée est celle de deux jeunes entrepreneurs : Gautier Machelon (28 ans, DESS en management de l'innovation de l'université Paris 9) et Stéphane Le Viet. Machelon a débuté sa carrière dans le private equity pour bifurquer vers le recrutement (Heidrick & Struggle).

L'idée de Multiposting est de faire gagner du temps aux entreprises dans l'écriture de formulaires de recherche de candidats sur des sites internet de recrutement comme Monster ou Cadremploi. Pour 30 euros pour une annonce à multiposter (250 € pour 10 annonces), l'entreprise se charge d'envoyer aux sites ciblés le formulaire.

Elle souhaite aussi conseiller les recruteurs sur les sites les plus pertinents puisque son système permet de connaître le nombre de CV reçus pour une offre d'emploi sur un site précis. « Nous sommes donc en mesure de conseiller nos clients sur les meilleurs sites à choisir pour une candidature donnée, explique Machelon. Cela leur fait gagner du temps et de l'argent ».

Aujourd'hui, Multiposting travaille avec trois types de clients : les entreprises (50 % du chiffre d'affaires), les cabinets de recrutement (25 %) et les agences d'intérim (25 %).

RÉGIONSJOB

Le Moulin du Comte
20, rue Jules Vallès
35000 Rennes

Tél. : 02 23 44 80 44
Fax : 02 23 44 80 45
contact@regionsjob.com
www.regionsjob.com
www.parisjob.com

Création 2000
SAS au capital de 168

Responsables Guillaume Semblat, directeur général
Jérôme Armbruster, DG adjoint
Gwenaelle Quenaon-Hervé, directrice de la communication
Roland Tresca, président

Effectif 117 salariés

CA 14 M€

Notre opinion

Pour se représenter la formidable croissance de Régionsjob, le plus éloquent est de s'en remettre aux chiffres. De 2004 à 2007, le chiffre d'affaires du groupe est passé de 1,7 M€ à 14 M€. Quant au nombre de salariés, il a tout bonnement quadruplé passant de 27 à 117. Jusqu'alors, dans la terrible lutte qui se déroule entre les jobboards, le site d'origine bretonne faisait figure de rat des champs face aux rats des villes, tels que Monster et autres Cadremploi-Keljob. Mais depuis septembre 2007, Régionsjob s'est mis au défi d'aller, à son tour, conquérir la région Ile-de-France où se concentre près des deux tiers des cadres en France. En association avec le groupe Amaury (50,1 % du capital), s'est donc créé Parisjob. En toute logique, le site francilien dépasse déjà en termes de trafic les autres sites régionaux du groupe mais, début de l'aventure oblige, la marge de progression reste significative.

Outre Parisjob, Régionsjob dispose de sept sites dédiés, dans le

Nord (www.nordjob.com), l'Est (www.estjob.com), le Sud-Ouest (www.sudouestjob.com), Rhône-Alpes (www.rhonealpesjob.com), la Provence-Alpes-Cote d'azur (www.pacajob.com), le Centre (www.centrejob.com) et l'Ouest (www.ouestjob.com).

C'est justement à Rennes qu'a débuté la saga Régionsjob. Après avoir lancé www.ouestjob.com, Guillaume Semblat, le dirigeant-fondateur (il a usé ses fonds de culottes comme dirigeant d'une SSII, dans une société d'Intérim et il a décroché un magistère en développement des ressources humaines de l'université de Lille 1) a pris son bâton de pèlerin pour essayer de trouver des investisseurs. Il n'est pas allé très loin puisque le groupe Le Télégramme s'est très rapidement joint à l'équipe. Depuis 2007, le groupe de presse breton possède 82 % du capital, *Le Monde* et *Le Nouvel Observateur* 12 % et les fondateurs (qui conservent la direction opérationnelle de l'entreprise) 6 %.

Le principe de base de Régionsjob est d'être un site généraliste sur tous les secteurs, toutes les fonctions d'une entreprise en région. Un concept malin puisque, selon les spécialistes, le choix géographique pour un travail intervient en seconde position derrière le choix du métier. « Pour une entreprise, le principal intérêt de déposer une offre sur notre site est de toucher des internautes ayant réfléchi à leur projet professionnel. Ils savent qu'ils veulent travailler dans une région donnée. Nous avons donc une approche communautaire qui cible mieux les candidats que les autres sites faisant le pari du volume » explique Semblat.

Une carte de la proximité jouée à fond puisqu'un outil de géolocalisation, grâce auquel le candidat peut cibler sa recherche dans un périmètre donné, a été mis en place. Autre nouveauté : les Regionsjobcafés que l'on retrouve sur chaque site région. Il s'agit d'une interface informative et ludique qui met à disposition des candidats toute une palette d'outils. Cela va du « fil info » sur la conjoncture de l'emploi dans la région à la « météo des offres », en passant par des fiches métiers participatives ou encore des blogs...

En pratique

Coût pour la diffusion d'une offre : 550 € pour 4 semaines
Consultation de la CVthèque : 400 € pour un jour, 2 000 € pour un mois
Nombre de CV dans la CVthèque : 390 000
Nombre d'offres d'emploi en juin 2008 : 32 000
Nombre de visiteurs uniques en juin 2008 : 2,1 millions

Services publics et associatifs de l'emploi

PÔLE EMPLOI ANPE - Agence Nationale Pour l'Emploi

4, rue Galilée
93198 Noisy-le-Grand Cedex
Tél. : 01 49 31 75 00
Fax : 01 43 04 95 52
www.anpe.fr

Création 1967
3,7 millions d'offres recueillies en 2007

Responsable Christian Charpy, directeur général

Effectif 28 458 agents

Notre opinion

La façon de travailler de l'Agence national pour l'emploi devrait être profondément modifié par la fusion qui va se produire, début 2009, entre l'ANPE et l'Assedic. Le nouvel objet devrait vraisemblablement s'appeler « Pôle Emploi ». Le but de la manœuvre selon Nicolas Sarkozy, son promoteur, est d'offrir une meilleure prise en charge des chômeurs. Et donc de permettre un retour plus rapide à l'emploi. Dans le document adopté lors du conseil d'administration du 9 septembre 2008, le principe d'un entretien unique lors de l'inscription du demandeur d'emploi a été approuvé. De même, chaqu'un d'entre eux aura un interlocuteur unique pour le suivre. Trois parcours types – selon le degré d'exclusion du demandeur d'emploi - ont été définis. L'objectif est de concentrer les moyens sur ceux qui en ont le plus besoin. Le Pôle Emploi devrait aussi être beaucoup plus actif dans la prospection auprès des entreprises. Le syndicat majoritaire de l'ANPE, le SNU (Syndicat National Unitaire), conteste la réforme et estime que les deux organismes scindés permettaient aux demandeurs d'emploi de bénéficier d'un meilleur suivi et une meilleure indemnisation. Pour le syndicat, tout est fait pour que les chômeurs

« acceptent n'importe quel emploi au plus vite, même s'il n'a rien à voir avec leurs compétences ou leurs projets ».

Les services aux entreprises

L'ANPE propose aux entreprises (c'est l'une des missions des agences) d'effectuer des recrutements de candidats. Dans cette optique, les conseillers ANPE peuvent définir le poste, le mode de recherche (anpe.fr, en agence), la recherche, la sélection et l'intégration du salarié. L'ANPE propose alors plusieurs niveaux de services à l'entreprise.

Les agences de l'ANPE s'engagent à :

1- tenir compte des besoins de l'entreprise

C'est-à-dire définir le nombre de candidats que l'entreprise désire rencontrer, définir la zone géographique de la recherche…

2- faire connaître l'offre d'emploi

Soit par affichage dans les quelque 1 300 points d'implantation de l'ANPE en indiquant ou non, les coordonnées de l'entreprise, soit en effectuant une recherche par fichiers et critères spécifiques, soit dans certains médias (anpe.fr, supports régionaux), soit en participant à des forums emplois organisés par l'ANPE.

3- réagir rapidement

Une entreprise peut contacter son agence locale par fax, téléphone, mail. Elle peut s'y rendre ou demander à un conseiller de se déplacer. L'employeur peut aussi accéder à l'Agence 24 heures sur 24, 7 jours sur 7, via le site anpe.fr, sur lequel elle peut déposer ses offres directement en ligne ou consulter la banque de profils.

4- offrir un service à la carte

L'ANPE propose plusieurs services. Elle peut effectuer une présélection des candidatures, envoyer une sélection de CV ou organiser une rencontre avec les candidats dans les locaux de l'agence ou envoyer les candidats dans l'entreprise…

5- former et informer

L'ANPE propose des méthodes pour évaluer les candidats sur du concret comme la méthode de recrutement par simulation (MRS) qui évalue les candidats non pas sur leurs diplômes mais sur leurs aptitudes réelles, vérifiées grâce à des tests. Les évaluations en milieu de travail préalable au recrutement (EMTPR) permettent aux entreprises de tester, sans engagement, le candidat en situation de travail dans l'entreprise, avant de l'embaucher. L'action de formation préalable à l'embauche (AFPE) permet aux entreprises de former un candidat pour le rendre parfaitement opérationnel. Le conseiller ANPE oriente et accompagne les entreprises dans le choix du dispositif d'adaptation, le repérage de l'organisme de formation et le montage du dossier. L'objectif étant d'adapter les compétences des demandeurs aux exigences du poste.

Elle apporte aussi des conseils sur les aides à l'embauche : contrat initiative emploi, aide dégressive à l'employeur, contrat de professionnalisation. D'autres services innovants comme SCAM (service de contacts automatisés multimédias), permet au conseiller d'envoyer automatiquement une information à de nombreuses personnes en moins d'une heure, par fax, SMS, message vocal ou e-mail (par exemple une invitation à un forum, ou une offre qui doit être pourvue dans les heures suivantes dans le cas de l'hôtellerie-restauration).

6- gratuité des services

Tous les services de l'ANPE sont gratuits...

Les services aux candidats

Tout le monde peut postuler pour les offres d'emploi, qu'il soit au chômage ou en activité.

La nouvelle gestion des candidats est en cours d'élaboration. Mais elle ne devrait reposer sur des éléments déjà existants.

Tout d'abord, pour pouvoir s'offrir les services de l'ANPE, il faut s'y inscrire. Depuis 2006, une fois la démarche effectuée, le candidat suit un « Projet personnalisé d'accès à l'emploi » (PPAE). Il s'agit d'améliorer l'accompagnement de tous les demandeurs d'emploi dans leur recherche. Un entretien mensuel est instauré, ensuite, avec un conseiller. Ces rencontres ont pour objectif de mettre sur pied un projet professionnel : analyser une situation, identifier ses atouts et ses compétences puis imaginer des actions pour retrouver du travail. Le chômeur peut ensuite participer à divers ateliers. Ces cours durent environ quatre heures et ont pour thèmes : « Utiliser le téléphone », « Communiquer par votre image », « Savoir utiliser son réseau », etc. Il peut aussi suivre des préparations d'argumentaire en anglais ou des simulations d'entretien enregistrées en vidéo.

Les demandeurs d'emploi disposent en outre d'un site Internet (www.anpe.fr) doté d'un service « push » et d'un espace personnel. Ces services sont aussi pratiqués à l'Apec. Mais l'ANPE se distingue en deux points: les aides au déplacement (0,10 € au kilomètre si la distance aller-retour du rendez-vous professionnel est de 50 kilomètres au minimum) et des agences spécialisées sur des secteurs précis. C'est le cas pour les journalistes, les commerciaux, les professionnels de la formation, les professions du spectacle, celles de l'hôtellerie, du tourisme, des transports ou encore pour les jeunes, les saisonniers, les handicapés, etc. Les cadres disposent également d'antennes particulières.

En contrepartie du PPAE, les chômeurs doivent mener une démarche active pour trouver du travail, se rendre aux convocations et rendez-vous. Une nouvelle procédure de radiation des chômeurs a été mise en place en 2006. Elle devrait se durcir. Elle introduit une gradation des sanctions pour les demandeurs d'emploi indemnisés. En effet, toute personne qui refuse un emploi pour la première fois ou qui n'en a pas assez cherché peut voir baisser son indemnité de 20 % pour deux à six mois; la deuxième fois, de 50 %. Et au troisième refus d'emploi, l'indemnité est supprimée. Le demandeur d'emploi peut contester une recherche d'emploi jugée insuffisante en produisant des photocopies de candidatures envoyées ou des relevés de démarches sur Internet. Mais si au bout de six mois, ses recherches sont infructueuses, l'ANPE lui proposera de redéfinir son projet afin d'envisager une réorientation et d'accepter des offres de plus en plus éloignées de son profil.

Les nouveaux Espaces Emploi International créés en décembre 1999 et développés en 2001-2002 sont d'autres exemples de l'amélioration de la qualité des services rendus.

Enfin, l'ANPE a mis en place des agences ou des équipes spécialisées sur des secteurs professionnels: le commerce, la formation, les professions du spectacle, l'hôtellerie-restauration, le tourisme, les transports…

En pratique

Adresses des bureaux spécialisés des Espaces Cadres: *consulter le site de l'Agence*

APEC - Association Pour l'Emploi des Cadres

51, boulevard Brune
75689 Paris Cedex 14
Tél. : 01 40 52 20 01
Fax : 01 40 44 40 94
www.apec.fr

Création	1966, association
Responsable	Gabriel Artero (président de la fédération de la métallurgie CFE-CGC), président
Postes offerts	273 000 offres publiées entre septembre 2007 et août 2008. Cela représente 39 % d'augmentation par rapport à la période juin 2006 à mai 2007.
Effectif	640 consultants en recrutement et gestion de carrière

Notre opinion

L'Apec, créée en 1966, est une association loi 1901 gérée par les partenaires sociaux. Ses produits d'exploitation annuels 2007 étaient de 131,6 M€. 70 % de ces produits proviennent d'une taxe obligatoire payée par chacun des 3 millions de cadres français du privé et chaque entreprise faisant travailler ce dit cadre.

Elle compte 890 collaborateurs, dont 640 sont consultants professionnels en recrutement et gestion de carrière, répartis dans 46 centres.

« Pour 2010, précise Jacky Chatelain, le directeur général, nous allons poursuivre et intensifier nos deux missions historiques : la mise en relation des candidats avec les entreprises et le conseil aux candidats. Nous allons donc nous concentrer sur les missions traditionnelles de l'Apec et éviter de nous diversifier ».

Services aux entreprises

Toute entreprise privée ayant dans son personnel un cadre, et cotisant donc à une caisse de retraite cadre, peut bénéficier des services de l'Apec. Les offres de l'association peuvent aussi être accessibles à des non-cotisants. Une participation aux frais est alors demandée.

« Les consultants de l'Apec, précise le service de presse, conseillent et accompagnent les entreprises pour les aider à définir leur besoin de recrutement et les profils recherchés (rédaction des offres, présélection des candidats...) ». L'association organise également des formations au recrutement permettant ainsi à des opérationnels de se former aux process et aux méthodes de recrutement: "Réussir vos recrutements", "Perfectionnement à la conduite de l'entretien de recrutement", "Recrutement accompagné" et "Réussir vos recrutements en interne".

L'Apec développe également pour les entreprises un ensemble de services consacré aux problématiques de mobilité interne. Elle conçoit et met en œuvre des dispositifs RH sur mesure pour impulser la mobilité interne au sein de l'entreprise, accompagner le changement ou fidéliser les collaborateurs: « Conduire l'entretien d'orientation et de mobilité interne », « Pourquoi et comment mettre en place un entretien annuel? », « Intégrer et valoriser l'entretien professionnel ». De même, l'Apec peut intervenir au niveau des cadres de l'entreprise pour les accompagner individuellement dans leur évolution professionnelle et les aider à choisir une orientation, élaborer un projet professionnel ou optimiser la prise de nouvelles fonctions: « Bilans de compétences », « Bilans d'orientation », « Prise de poste »...

Les consultants de l'Apec analysent le besoin des entreprises qui recrutent, rédigent l'offre qui sera diffusée, analysent les candidatures reçues et adressent au recruteur celles qui correspondent à sa demande. Bien entendu, ce service peut être rendu totalement ou partiellement.

Début 2002, l'Apec a lancé un site destiné aux entreprises et aux cabinets de recrutement (www.recruteurs.apec.fr). Le site offre une palette de services gratuits: gestion de tout le processus de recrutement via Internet (conception de l'annonce, diffusion), relation avec les candidats par Internet (gestion des candidatures en ligne), utilisation des CV stockés et actualisés par l'Apec et contenu éditorial consacré aux recrutements. Un consultant Apec accompagne l'entreprise tout au long de ce recrutement.

Services aux candidats

Tout le monde peut répondre à une offre d'emploi de l'Apec. Reste cependant que ces offres concernent exclusivement les cadres et que les services de l'association s'adressent uniquement à cette catégorie professionnelle. Ainsi, en 2008, 600 000 cadres ont recouru à ses services.

Par contre, si un candidat veut bénéficier des services de l'Apec (conseils, informations, etc.), il lui faut obligatoirement s'y inscrire. Les frais d'inscription sont nuls, mais il faut posséder certaines « qualités ». Pour un salarié en activité, il lui faudra cotiser ou avoir cotisé à une caisse de retraite « cadres ». Pour les jeunes diplômés, il faut avoir décroché un diplôme de niveau Bac +4 depuis moins d'un an.

De juin 2007 à mai 2008, 273 000 offres ont été publiées, soit une progression de + 39 % par rapport à la période juin 2006-mai 2007. Selon l'Apec, cela représente près de 80 % des offres cadres diffusés en France.

80 % de ces offres d'emploi portent sur des rémunérations annuelles oscillant entre 30 000 et 80 000 €. Le salaire médian d'une offre est de 42 000 €. À noter : l'association encourage l'employeur à toujours préciser le montant de la rémunération pour un poste donné. C'est la moindre des choses. Pourtant elle est un des seuls « cabinets de recrutement » à le faire systématiquement...

Toutes les offres sont consultables dans les centres et points Apec.

Fin 2006, l'association a modifié les parutions de son magazine *Courrier Cadres*. Il est ainsi passé mensuel pour le rédactionnel. Tarif du mensuel : 3,50 € au numéro, 38,5 € par an. En 2007, *Courrier Cadres* a été primé par la Commission Européenne au concours du journalisme européen pour une enquête sur la discrimination dans le recrutement (2e prix européen et 1er prix français décernés aux auteurs de l'enquête, l'excellente Marie-Madeleine Péretié et Adeline Trégouët). Le rédactionnel de ce magazine est, en effet, toujours très soigné, surtout dans la nouvelle formule. Mais le ton reste trop consensuel. Il est rarissime d'y trouver des critiques de la sacro-sainte entreprise. Ici, point de commentaires désagréables sur telle ou telle société. À *Courrier Cadres*, les trains arrivent à l'heure et on est heureux dans l'entreprise. Qu'on se le dise.

Un hebdomadaire, *Les offres de courrier Cadres*, était destiné aux personnes à la recherche d'un nouveau poste. Il proposait quelques pages de rédactionnels et 3 000 à 4 000 offres d'emploi par numéro. Comme nous l'avions subodoré dès 2006, ce journal a malheureusement été arrêté fin 2007.

Le site Internet de l'Association diffuse aussi toutes les annonces sur www.apec.fr.

L'Apec offre une série de services aux adhérents de l'association :

1- conseiller

Les consultants de l'Apec ont pour mission de conseiller les cadres inscrits à l'association. Ils ont compétence pour les informer en matière de formation, d'évolution de carrière ou de stratégie sur l'évolution de carrière. L'Apec met régulièrement sur pied des réunions de travail sur l'ensemble de ces thèmes.

2- informer

L'Apec a aussi une mission d'information. Elle publie, outre Courrier Cadres, une série de collections thématiques sur les fonctions (fiches fonction sur la comptabilité, les ressources humaines, etc.), les secteurs (fiches secteurs comme l'agroalimentaire, la banque-assurance, etc.) et les régions (21 fiches).

L'Apec fait enfin office d'observatoire de l'emploi des cadres en publiant des études sur les prévisions de recrutement des entreprises, sur le moral des troupes, le marché de l'emploi…

En pratique

L'Apec possède 46 centres où l'ensemble de ses services est proposé.
Adresses des Centres Apec : consulter le site de l'association www.apec.fr
En 2008, l'Apec s'est associé avec LinkedIn, l'un des leaders mondiaux des réseaux professionnels. « Désormais, comme le signale le communiqué de presse, les cadres français ont la possibilité d'entrer en contact avec plus de 19 millions de personnes à travers le monde grâce à la puissance du réseau LinkedIn et aux conseils de l'Apec ».

APECITA - Association Pour l'Emploi des Cadres, Ingénieurs et Techniciens de l'Agriculture et de l'agroalimentaire

1, rue Cardinal Mercier
75009 Paris
Tél. : 01 44 53 20 20
Fax : 01 45 26 20 80
apecita@apecita.com
www.apecita.com

Création 1954, association
16 500 postes proposés en 2008

Responsables Jean-Marie Blin, président
Philippe Pelvet, directeur

Notre opinion

Le recrutement des cadres est au beau fixe. La preuve : l'Apecita souffre aussi du manque de candidats. « Les entreprises nous confient des missions, précise Philippe Pelvet, son directeur. Mais nous avons du mal à trouver des salariés intéressés. Nous élargissons alors nos recherches et proposons d'aller chercher les candidats là où ils sont. C'est-à-dire sur les jobbaords ».

Créée en 1954, l'Apecita a pour mission de proposer des emplois dans les secteurs touchant de près ou de loin l'agriculture, l'agroalimentaire et l'environnement. En 2008, elle a proposé à ses 15 000 « inscrits » quelque 16 500 offres. Pour la première fois depuis 1990, l'association dispose donc de plus d'offres que de candidats.

Cette pénurie (relative) de candidats l'a conduite à proposer aux entreprises plus de sur-mesure. Et aussi plus de services et conseils en gestion prévisionnelle des emplois, si bien que l'association peut s'occuper d'un recrutement de A jusqu'à Z.

L'Apecita dispose d'un site Internet. Il est de qualité et on peut y consulter les annonces en ligne.

Services aux entreprises

Toutes les entreprises du secteur concerné peuvent en bénéficier.

L'association propose ainsi aux entreprises une sorte de recrutement clef en main. Pour 700 à 3 000 €, les « consultants » de l'Apecita proposent le service Sycomore (Système concerté des mises en œuvre du recrutement). Ce nom de figuier égyptien désigne une aide au recrutement complète que ne renieraient pas certains cabinets de recrutement. Les consultants « déchargent l'entreprise-cliente de toute la partie administration du recrutement, indique Pelvet, lunettes vissées sur le front. Ils font la définition du poste, déterminent le profil du candidat, diffusent l'offre, trient les candidats, effectuent le choix de la short-list et réalisent l'entretien avec les candidats ». L'Apecita a réalisé ainsi 150 Sycomores en 2007 contre 50 en 2005.

Elle peut ainsi proposer aux employeurs un fichier de 15 000 candidats (il y en avait 20 000 en 2003). D'où le recours à d'autres biais comme les Monster et autres Keljob.

Ce nouveau service permet également d'ajouter du beurre dans les épinards et d'améliorer les compétences des consultants de l'Apecita.

Ces derniers offrent d'autres services. Ils peuvent effectuer une analyse du poste, se chargent de la diffusion de l'offre (par son site et son magazine bihebdomadaire, *Tribune Verte*, tiré à 7 000 exemplaires et lu par 50 000 lecteurs) et présélectionnent les candidats. Ce service est gratuit pour les entreprises, même si les sociétés du secteur doivent payer 0,06 % du salaire brut de leurs cadres. Les charges patronales sont de 0,036 % et les charges incombant aux salariés sont de 0,024 % du salaire.

Une entreprise peut aussi vouloir mettre en avant son offre d'emploi en payant pour un emplacement privilégié dans *Tribune Verte*. Cela lui coûte alors, pour une demi-page, 1 200 €, tarif 2008.

Si une entreprise veut recruter vite et utiliser le fichier des 15 000 inscrits à l'Apecita, l'association se charge de faire le tri pour 120 € pour un nombre de CV compris entre un et 25 CV.

L'Apecita organise également des journées de rencontre avec les candidats. On leur présente, en une demi-journée, une quinzaine de postulants. Cela leur coûte 500 euros la rencontre.

Services aux candidats

L'Apecita étoffe, là aussi, ses services. Pelvet souhaite par exemple développer des bilans de compétences. Ce service a démarré début 2008 et l'association est agréée par certains organismes paritaires collecteurs agréés (Opca) comme le FafCA, Opca 2 ou Vivea.

Pour bénéficier de l'ensemble des services de l'Apecita, le candidat doit s'inscrire. Pour se faire, il faut « s'intéresser aux métiers liés à l'agriculture ». Pour être membre et pouvoir répondre aux petites annonces, il vous en coûtera 34 € pour la formule Pass'emploi, qui vous donne droit à l'accès total au site www.apecita.com et aux noms des employeurs, à l'abonnement de trois mois au magazine *Tribune Verte*, à un guide (*Trouver un emploi*) et à un entretien personnalisé avec un conseiller. 80 % des 15 000 inscrits de l'Apecita optent pour cette formule.

Vous avez aussi la possibilité de vous abonner uniquement à la *Tribune Verte.* Six mois d'abonnement - c'est le temps moyen pour trouver un emploi grâce à l'association - coûte alors 52 €. Enfin, le listing des postes à pourvoir est disponible dans les locaux des délégations régionales de l'Apecita.

L'Apecita a développé des ateliers de recherche d'emploi où l'association expliquera, par le menu, comment trouver un travail.

Elle propose aussi à ses adhérents, en groupe de dix personnes maximum, des ateliers collectifs d'aide à la recherche d'emploi, aide à l'entretien, la négociation salariale. Ce sont des ateliers de trois heures. Il y en a un par mois par délégation.

Enfin, elle dispose d'une sous-partie sur www.apecita.com, portant sur les formations du secteur.

L'association a proposé 16 500 postes en 2008. Ce nombre était de 14 000 en 2006, 12 000 en 2003 et 15 000 en 2001. 35 % des missions concernaient des postes de niveau Bac +4 et plus, 66 % les Bacs +2 (BTS-DUT-DTA) et 25 % des offres de niveau Bac et moins.

Les salaires proposés oscillent entre 13 000 € et 46 000 €. Le salaire brut médian des offres proposées est de 18 300 €.

En pratique

Pour les entreprises : toutes les offres sont consultables sur www.apecita.com.
Pour les candidats : l'Apecita dispose de 80 correspondants départementaux et de 14 délégations régionales.

Cabinets de recrutement et de chasse de têtes

1001TALENTS

7, rue Henri Barbusse
92300 Levallois-Perret
Tél. : 01 42 70 34 12
contact@1001talents.com
www.1001talents.com

Création	2004 SARL au capital de 7 625 €
Responsable	Thierry Verdier, gérant
Consultants	noms NC
Effectif	13 consultants en recrutement
CA	0,5 M€

➤ **Recrutement par approche directe** 95 %

Spécialisation sectorielle

Hautes technologies (60 % du CA) et services, dont les études de marché (40 %)

Profils recherchés

Cadres à cadres supérieurs

Notre opinion

La structure de ce cabinet de recrutement est très particulière. Thierry Verdier, le gérant-directeur général et fondateur, a souhaité s'appuyer sur des consultants « indépendants ». Cela signifie que chacun d'entre eux travaille selon la méthode du cabinet, mais qu'ils sont soit travailleur indépendant, soit en entreprise unipersonnelle.

Ce schéma a des avantages. Chaque consultant est un entrepreneur. Il travaille pour lui et doit se débrouiller pour faire rentrer des missions et les traiter au mieux pour que ses affaires se développent. Cela a aussi des inconvénients. Dans ce type de structure, le consultant, ne disposant pas d'un fixe à la fin du mois, peut être amené à précipiter les recrutements ou placer un candidat moyen pour conclure une mission. C'est le risque. « Il faut être vigilant sur ces points, concède Verdier. Et faire attention à ce que la qualité des consultants soit constante. Pour cela, nous signons avec eux un contrat très précis avec les obligations du cabinet vis-à-vis des clients et des candidats ». 1001talents fonctionne donc avec des contrats entre l'entreprise et ses 13 consultants. Cela s'assimile à une franchise. Dans ce cadre, lorsqu'une mission est facturée, le consultant perçoit 60 % de la somme et le cabinet 40 %.

Pour Verdier, ce système est également intéressant car les consultants ne perdent pas de temps en transport puisque tout leur back-office est sur Internet. Cela permet aussi d'abaisser les coûts des missions. Une chasse est ici facturée en forfait-plancher à 8 000 euros, soit un tarif extrêmement attractif. En effet, la plupart des concurrents proposent des chasses commençant à 15 000 euros.

L'autre point fort du cabinet est la numérisation des procédures de recrutement. « Nous avons éliminé le papier de nos procédures, précise Verdier avec fierté. Tout est informatisé dans notre système informatique. Il permet d'accuser réception à tous nos candidats et d'aller plus vite ».

Pour le reste, le processus de recrutement est classique. Il débute par un entretien téléphonique avec le candidat suivi par un questionnaire très précis qui valide les compétences, le comportement, les capacités d'organisation du candidat. « Nous détaillons et certifions toutes ces qualités-compétences et les illustrons par l'exemple ».

1001talents est un cabinet de chasse de têtes spécialisé dans les hautes technologies et les services, avec un point fort dans le secteur des études de marché.

Il propose aussi de l'évaluation de cadres et s'apprête à lancer une activité de prérecrutement. Dans ce cadre, il conseillera les clients dans la rédaction des annonces, leur publication voire l'administration et la gestion des candidatures. Ils souhaitent aussi proposer une externalisation totale de leurs recrutements.

Pour le futur, Verdier souhaite se développer. Il a « embauché » de nombreux consultants au 3e trimestre 2008. Il espère ainsi développer son chiffre d'affaires alors que la crise se profile à l'horizon. Ces deux secteurs de prédilection (hautes technologies et services aux entreprises) pourront lui permettre d'affronter les vents mauvais. C'est tout au moins le pari de ce cabinet.

En pratique

Références

Liste vérifiable auprès des clients
60 missions par an

Tarifs

Forfait-plancher à 8 000 €
Règlement : de 20 % à 33 % en début de mission et le reste à la signature du contrat de travail

ACCETIS International

16, rue Trézel
92300 Levallois-Perret
Tél. : 01 47 56 28 00
Fax : 01 47 56 28 40
contact@accetis.com
www.accetis.com

Création	1989 SAS au capital de 500
Responsable	François Frantz, fondateur et dirigeant
Consultants	noms NC
Effectif	14 consultants à Paris et 170 dans le monde
CA	5 M€ en France et 10 M€ à l'étranger
	Syndicat du Conseil en Recrutement/Syntec

➤ **Recrutement par approche directe** 100 %

Spécialisation sectorielle

Automobile (40 % du CA en France), BTP, grande consommation, aéronautique, collectivités territoriales, nouvelles technologies et santé.

Profils recherchés

Cadres moyens à dirigeants

Notre opinion

Le temps passe, Accetis prospère et François Frantz, son charismatique patron, n'en finit plus de revoir ses ambitions à la hausse. Toujours très recentré sur sa spécialité, l'approche directe, Frantz, qui préconise d'« aller là où on est fort », a mis sa devise en application. Résultat, 21 bureaux dans le monde, dont dernièrement la Roumanie et le Mexique. Ces bureaux sont des filiales majoritaires, les autres actionnaires étant les managers locaux de ces entités. Chez Accetis, tout est prévu pour l'avenir : « Car se forcer à essayer de dire ce qu'on va faire, c'est un élément contributif à faire ce qu'on dit. » Aussi ce cabinet ouvre des bureaux dans « deux pays par an », avec en ce moment le Maghreb et Dubai, avant prochainement l'Ukraine, la Russie et l'Inde. Un développement hors des frontières hexagonales qui lui a permis d'augmenter considérablement et régulièrement son chiffre d'affaires, passant de 4 M€ en 2004 à 9 M€ en 2006 puis 15 M€ en 2007. L'objectif 2012 est de 20 M€ en croissance organique et 30 M€ avec acquisition. Car Frantz ne compte pas s'arrêter en si bon chemin : « Notre stratégie consiste à ouvrir des bureaux partout dans le monde afin de créer un réseau intégré qui nous permette de proposer la même qualité de prestations à Shanghai ou à Munich ». Avec toujours un seul pilote dans l'avion, comme aime à le rappeler le bouillonnant fondateur d'Accetis, et un modèle à suivre, celui de la structure madrilène : « Nous y avons particulièrement bien développé les fondamentaux de ce que nous souhaitons mettre en place par la suite. Le bureau de Madrid compte 22 consultants, et se partage entre trois activités : le middle management, l'executive search et le conseil en RH. C'est à cet équilibre que nous aspirons et nous allons reproduire le modèle dans les autres pays ».

À ce titre et depuis maintenant douze mois Accetis International France utilise sa maîtrise du travail en réseau pour proposer deux services complémentaires au recrutement par approche directe : la mobilité interne et externe (outplacement) et l'amélioration de la performance collective.

L'accent est mis également sur la motivation des troupes et l'esprit corporate. « Nous fonctionnons comme une grosse multinationale, avec corporate meetings, séminaires de formation, mid year, formations au business development, sales and marketing meetings. Ce type de rencontres permet aussi que tout le monde - chargés de recherche, consultants et country managers - se connaisse. Cela facilite les synergies », explique Frantz.

Côté méthodologie, sa philosophie n'a pas bougé d'un iota depuis la création d'Accetis : le marché du recrutement se trouve dans les entreprises, et non chez les confrères recruteurs. « Les cabinets n'effectuent que 25 à 30 % du recrutement. Les entreprises en réalisent donc plus de 70 % par elles-mêmes. C'est dans ce vivier que nous puisons ».

Dans une profession qui cultive le secret de la rémunération encore plus jalousement que celui du chiffre d'affaires, Frantz a aussi une idée de la bonne politique de rémunération : celle qui incite le recruteur à travailler pour son entreprise et non pour lui-même. La part de pourcentage de chiffre d'affaires et de fixe varie selon les pays mais la philosophie reste la même : « éviter les mercenaires ou les fonctionnaires tout en développant l'esprit réseau », explique Frantz. Pour cela, un leader de chaque spécialité sectorielle est désigné au niveau mondial, pour faire de l'activation et de l'animation de réseau entreprises et candidats.

En pratique

Références

Liste vérifiable auprès des clients
Nombre de missions : 320 par an

Tarifs

25 à 28 % de la rémunération annuelle du candidat et 28 à 33 % s'il s'agit d'une chasse internationale

Autres implantations en France

27, rue de la Villette 69003 Lyon - Tél. : 04 26 84 53 52
Contact : Patrick Amoros

21, rue Pierre Dupont 44100 Nantes - Tél. : 02 40 86 03 79
Contact : Maud Potet

3, Quai Kléber - Tour Sébastopol 67000 Strasbourg
Tél. : 03 88 23 71 53 - contact : Francis Moritz

ACTENCIA

4, rue Foucault
75116 Paris
Tél. : 01 44 17 83 30
Fax : 01 45 02 11 75
contacts@actencia.fr
www.actencia.fr

Création	1972 SA au capital de 38 112 €
Responsable	Olivier Klein, président
Consultants	Fabienne Ricard, directeur associé Laurent Verglas, directeur associé Bernard Chaix, directeur associé Bertrand de Prémonville, directeur associé Antoine de Sainte-Marie, directeur associé
Effectif	5 consultants
CA	1,5 M€ en recrutement 1,5 M€ en formation-conseil
	Syndicat du Conseil en Recrutement/Syntec

➤ **Recrutement par approche directe** 100 % pour Paris
➤ **Recrutement par annonces** 50 % pour Rouen

Profils recherchés

Essentiellement cadres dirigeants, experts

Notre opinion

Qui se souvient encore qu'Actencia est né d'une sécession du groupe Capfor ? Pas les clients, en tout cas, qui ont « complètement oublié » selon Olivier Klein, président du cabinet. « Capfor et Actencia ont une image très différente : eux sont surtout connus en région pour leur approche par annonces. Tandis que nous, nous procédons à 99 % par chasse ». Rappelons que l'ex-bureau parisien de Capfor vole de ses propres ailes depuis 2005. Réalisant auparavant plus de 50 % du CA total du groupe (*cf. présentation de Richelieu/Capfor*), Klein avait fait un pari mesuré en quittant le réseau.

Actencia recrute uniquement des cadres supérieurs et des experts : « Notre cœur de métier, c'est 80 000 euros et plus ». Klein tient à ce que tous les consultants soient généralistes. Très souvent, les missions sont conduites à quatre mains par deux consultants : « Cela permet des regards croisés sur les candidats ». Il souhaiterait embaucher de nouveaux consultants si des candidats intéressants se présentent. Ici, le respect du client et du candidat sont des priorités. À noter, qu'Actencia dispose aussi d'un bureau à Rouen, animé par Eléonore Blanchet.

Le CA global d'Actencia est de 3 M€ (1,5 M€ en recrutement et 1,5 M€ en formation-conseil). Car, une filiale « tout à fait indépendante » est adossée au cabinet, il s'agit d'Actencia Evolution. Cette entité se consacre à l'outplacement et au coaching des cadres supérieurs et des dirigeants. Elle a ses propres consultants. C'est qu'Olivier Klein a un avis très tranché sur la question : « Pour des raisons idéologiques, une vraie muraille de Chine sépare les deux activités. Ce sont des biorythmes différents : l'outplacement est un marathon tandis que la chasse est une course de rapidité. »

Afin de poursuivre sa croissance, Actencia entend nouer des partenariats à l'étranger. Des pourparlers sont en cours avec plusieurs réseaux internationaux.

En pratique

Références

Liste vérifiable auprès des clients
80 missions par an

Tarifs

Forfait-plancher en approche directe de 15 000 € et en annonce de 6 000 €
Règlement : un tiers du forfait au début de la mission, un tiers à la présentation des candidats et un tiers à l'intégration

Autre implantation

4, rue de Fontenelle 76000 Rouen - contacts@actencia.fr

ACTIVE RECRUITMENT

5 bis, rue Christiani
75018 Paris
Tél. : 01 45 96 03 34 (entreprises)
et 01 42 23 19 58 (candidats)
Fax : 01 42 46 15 56
rho@active-recruitment.com
www.active-recruitment.com

Création	2004 SARL au capital de 6 000 €
Responsable	Philippe Souterbicq, gérant
Consultants	Sihem Aubertin Séverine Lauret Stéphanie Souleyrac Philippe Souterbicq
Effectif	4 consultants
CA	0,35 M€

- **Recrutement par sourcing internet** 80 %
- **Recrutement par approche directe** 20 %

Spécialisation sectorielle

Hôtellerie-tourisme-restauration : 100 %

Profils recherchés

Techniciens jusqu'à cadres dirigeants

Notre opinion

Philippe Souterbicq, le gérant d'Active Recruitment, est tombé tout petit dans le monde de l'hôtellerie-tourisme-restauration. À la sortie de ses études (Essec), après un passage dans la communication (ORC) et le transport (DHL), il a travaillé pour le groupe hôtelier Envergure (Kyriad).

« Après avoir été directeur des ventes, j'ai souhaité monter un site Internet consacré aux professionnels du tourisme et de l'hôtellerie. Très rapidement, mes clients m'ont demandé de diffuser des offres d'emploi puis d'effectuer des recrutements. Active Recruitment était né ».

Le cabinet, lancé en 2004, effectue des recrutements pour des missions concernant des cadres de haut niveau, et aussi pour des opérationnels percevant moins de 100 000 bruts par an. La méthode d'AR en chasse est simple mais efficace. Les consultants du cabinet font une analyse du CV, un entretien d'une heure, la rédaction d'une lettre de motivation et une mise en situation (assessment center). « Tous les candidats que nous interviewons reçoivent en fin d'entretien un premier débriefing de leurs candidatures », indique Souterbicq.

Monomaniaque du secteur de l'hôtellerie-tourisme-restauration, AR possède plusieurs atouts pour une entreprise-cliente. C'est tout d'abord une connaissance très fine de ce secteur. De plus, il possède avec Active Tourism un site Internet (www.active-tourism.eu) pour recueillir les curriculum vitae des candidats. Le cabinet peut ainsi s'appuyer sur une Cvthèque de 15 000 professionnels de ce secteur. Enfin, pour améliorer leurs connaissances de ces professions, il publie une newsletter évoquant les différents changements de postes des différents acteurs de ce secteur.

L'avenir de AR semble radieux. Tout au moins pour Souterbicq. Le dirigeant souhaite lancer une structure équivalente à Londres puis en Belgique, Italie, Espagne et Allemagne. Voire sur la Pologne. « En 2012, annonce-t-il, nous devrions avoir doublé de volume en France avec l'ouverture d'un deuxième bureau dans le sud de la France ».

En pratique

Références

Liste vérifiable auprès des clients
135 missions par an

Tarifs

Forfait-plancher représentant 14 % du salaire annuel brut du candidat

ADDILL, PUPIER, JOUVE & Partners

10, place Vendôme
75001 Paris
Tél. : 01 53 45 66 31
Fax : 01 53 45 66 51
addill@addill.com
www.addill.com

Création	2000 SARL au capital de 8 000 €
Responsable	Pierre Pupier
Consultants	Pierre Pupier (agrégatif en philosophie) Daniel Jouve Marie-Agnès Gallais-Wattinne
Effectif	3 consultants et 2 chargés de recherche (estimation)
CA	1,3 M€ (estimation 2005)

➤ **Recrutement par approche directe** 100 %

Profils recherchés

Cadres dirigeants

Notre opinion

« On ne communique pas ». Que se passe-t-il chez Addill, Pupier, Jouve & Partners ? Alors que le cabinet avait, par le passé, accédé à nos sollicitations, il a cette fois fermement refusé de répondre à nos questions sans la moindre explication. Une attitude d'autant plus déroutante qu'une rubrique médias (pas tout à fait à jour il est vrai…) figure sur son site internet. Lorsque nous avions rencontré Daniel Jouve et Pierre Pupier en 2005, Addill envisageait de grandir rapidement : « Nous pourrions intégrer un consultant tous les 24 mois. On pourrait aussi ouvrir un bureau en Asie. Mais nous souhaitons une croissance mesurée en intégrant des gens sereins. Nous ne recherchons pas de loups aux dents longues. Nous travaillons sur le long terme », confiait alors le duo. De toute évidence, il en a été autrement. On sait ainsi que l'un des consultants, au moins, s'en est allé. Fabien Delime a créé, en 2007, son propre cabinet : Delime Executive Search.

Créé en 2000 par Pierre Pupier, diplômé en philosophie dont la carrière avait débuté dans la vente de produits financiers, Addill avait été rejoint par Jouve en 2003. Pourquoi cette figure de la chasse de tête française avait-elle alors accepté de rejoindre cette nouvelle structure ? Le mystère reste entier. Peut-être s'agissait-il tout simplement de la rencontre de deux personnalités. Selon Jouve, tous les deux « partagent la même manière de voir les choses. Nous n'aimons pas faire de commercial et notre travail est d'accompagner le candidat ».

La rencontre du jeune loup avec le vieux lion en somme ? C'est plus complexe. Lors de notre entretien il y a deux ans, le jeune président de 35 ans parlait de son métier avec sagesse, tandis que Daniel Jouve (67 ans et une carrière longue comme un jour sans pain), ancien de Russels et de Jouve & Associés, endossait le rôle de sage tutélaire. Addill faisait alors figure d'alliance de deux sagesses à une génération d'intervalle.

Le créneau d'Addill ? Proposer une chasse de dirigeants à l'ancienne en accompagnant l'entreprise-cliente et en la conseillant.

Généraliste en fonction et en secteur, Addill se targuait en 2005 d'apporter des solutions fouillées et argumentées. Pour les candidats, Addill disait aussi assurer un service de qualité.

En pratique

Références

40 missions par an (chiffre 2005)

Tarifs (2005)

33 000 € en forfait plancher et 33 % de la rémunération annuelle du candidat

ADECCO EXPERTS

59, boulevard Malesherbes
75008 Paris
Tél. : 01 77 69 12 12
Fax : 01 77 69 12 13
www.adecco.fr

Création	1997
Responsable	Christophe Catoir, directeur du réseau Adecco Experts
Consultants	noms NC
Effectif	150 consultants
CA	50 M€ (estimation 2008)
	Prisme

- **Intérim** 50 %
- **Recrutement** 50 %

Spécialisation fonctionnelle

Finance, informatique/télécoms, ingénierie et vente/marketing

Profils recherchés

Middle management

Notre opinion

Trois ans après l'entrée en vigueur de la loi de cohésion sociale de Jean-Louis Borloo en janvier 2005 qui lui permet désormais de proposer des CDD et des CDI, Adecco a décidé de mieux structurer son offre cadres. Depuis début 2008, la marque Adecco Cadres a disparu et été remplacée par Adecco Experts. Cette nouvelle filiale est composée de 21 bureaux régionaux spécialisés, dédiés au recrutement dans quatre secteurs : finance, informatique/télécoms, ingénierie et vente/marketing. À la tête de l'ensemble : Christophe Catoir, 35 ans, un pur produit maison, qui est dans le groupe depuis 13 ans (il était notamment directeur des activités recrutement CDI). « Dans le système précédent, il n'y avait pas de réseau, pas de management national des activités de recrutement ni de base de données unique », justifie le jeune directeur.

La filiale du groupe de travail temporaire utilise des processus de recrutement classiques de petites annonces et de consultation de fichiers. Pas de chasse de tête, qui est dévolue à la filiale Alexandre Tic. Adecco Experts annonce des délais de traitement des missions de 24 heures à 6 semaines: « Nous faisons tout pour réduire les délais pour éviter que les candidats ne s'échappent. »

Flairant l'air du temps, Adecco Experts veut en effet mettre ces derniers au cœur du processus de recrutement. Le désormais célèbre « candidat roi » se voit donc proposer gratuitement tests d'évaluation en amont des entretiens et autres web rendez-vous de recrutement.

Reste à savoir si toute cette nouvelle stratégie va s'avérer payante. Comme ses homologues du travail temporaire, Catoir se montre très réticent à dévoiler le moindre chiffre, arguant de la restructuration récente de janvier 2008. Il se dit toutefois « certain de réaliser en 2008 un chiffre d'affaires de plus de 50 M€ », soit 2,4 M€ par agence en moyenne. Impossible également de connaître le chiffre d'affaires en intérim. Catoir annonce aussi « un nombre de missions en croissance ». Pourquoi tant de mystère?

Adecco Experts envisage d'ouvrir une dizaine de nouvelles agences spécialisées d'ici la fin 2008, et recrute « de nombreux consultants », souligne, confiant, son directeur. Il envisage également d'investir sur d'autres segments de marché, comme celui des seniors pour lesquels « les cabinets de recrutement sont moins sollicités ».

En pratique

Références : 10 000 missions par an (chiffre 2006)

Tarifs

Recrutement: entre 16 et 30 % de la rémunération annuelle brute, en fonction du profil, de la pénurie… Intérim: coefficient entre 2,1 et 3,5
Règlement: tous les mois

Autres implantations

Lille, Strasbourg, Mulhouse, Nantes, Versailles, Tours, Orléans, Lyon, Grenoble, Marseille, Nice (Sophia Antipolis), Toulouse et Bordeaux.

AD HOMINEM INTERNATIONAL

5, avenue Percier
75008 Paris
Tél. : 01 56 43 23 00
Fax : 01 56 43 23 01
accueil@ad-hominem.com
www.ad-hominem.com

Création	1998 SA au capital de 45 734 €
Responsable	Gilles de Mentque, président
Consultants	noms NC
Effectif	18 consultants en France et 7 en Espagne
CA	3 M€ en France et 1 M€ en Espagne

- **Recrutement par approche directe** 75 %
- **Recrutement par annonces** 25 %

Spécialisation fonctionnelle

Finance-gestion-comptabilité (20 %), marketing-commercial (20 %), banque (20 %), ingénieurs (20 %)

Profils recherchés

Cadres débutants (2 ans d'expérience) à cadres dirigeants

Notre opinion

Ad Hominem est un cabinet créé en 1998 par Gilles de Mentque, un ancien de Michael Page. Il a pour actionnaire le groupe BPI, l'une des premières sociétés européennes de conseil en ressources humaines (outplacement, conduite du changement, gestion des compétences...).

Comme Michael Page, c'est un cabinet multifonctions (banque-finance-comptabilité, juridique-fiscal, marketing-commercial...). « Nous nous sommes bien développés du côté de l'executive, explique de Mentque, et avons de plus en plus recours à l'approche directe. Avec le temps et la plus grande maturité de nos consultants, nous avons tendance à traiter des postes plus seniors. » Le cabinet est également sollicité pour des jobs qui connaissent des pénuries (informatique, métiers techniques et ingénieurs au sens large), et pour les profils juniors (de 0 à 3 ans d'expérience), qui sont aussi des candidats « plus exigeants, notamment quant à leur rémunération, car ils ont plus d'opportunités ».

Les délais de réponse sont « plutôt courts, car il s'agit la plupart du temps de remplacements et non de créations de poste et les clients sont en demande de personnes disponibles de suite » explique le patron d'Ad Hominem, qui se targue d'ailleurs d'une réactivité à toute épreuve. Dans les faits, la structure est aujourd'hui suffisamment développée pour tenir ses promesses tout en conservant une taille humaine de bon aloi.

D'ailleurs, de Mentque, qui recherche de nouveaux collaborateurs notamment pour les profils ingénieurs, ne souhaite pas se développer au-delà de 30 personnes. La meilleure façon selon lui de maintenir la qualité de la prestation est de garantir une forte déontologie : « Ce sont des questions de déontologie qui ont motivé mon départ de Michael Page et la création du cabinet, glisse-t-il. C'est dire si ce sujet m'est cher ! Nous nous interdisons notamment de traiter les dossiers de candidats travaillant chez nos clients, même s'ils répondent à nos annonces. L'identité de notre client et toute information confidentielle ne sont divulguées qu'avec son autorisation expresse ».

Les points forts d'Ad Hominem résident ainsi dans une vision du cabinet « plutôt comme une structure d'artisanat de qualité qu'une industrie », et dans le nombre de chargés de recherche (une quinzaine) sur lesquels peuvent s'appuyer les consultants. De Mentque insiste aussi sur la confiance : « Si on ne sait pas faire, on le dit et on ne prend pas la mission. »

À l'international, le cabinet peut s'appuyer sur les contacts du groupe BPI. Les partenariats sont particulièrement développés avec l'Italie, l'Europe de l'Est et la Belgique.

En pratique

Références

Liste vérifiable auprès des clients
350 missions par an

Tarifs

Honoraires basés sur 20 % à 25 % de la rémunération brute du candidat. Règlement : un tiers au début de la mission, un tiers à la présentation des candidats et un tiers à l'intégration

Autre implantation

Espagne : 5, Plaza de la Independencia 28001 Madrid
Tél. : 00 34 91 575 00 89
Responsable : Francisco Munoz Cobo

ADVANCERS EXECUTIVE

Viaduc des Arts
11, rue Hector Malot
75012 Paris
Tél. : 01 43 42 44 40
Fax : 01 43 42 44 19
contact@advancers-executive.com
www.advancers-executive.com

Création	2002 SAS au capital de 21
Responsable	Wilhelm Laligant, directeur général
Consultants	noms NC
Effectif	9 consultants
CA	3 M€
	Syndicat du Conseil en Recrutement/Syntec

- **Recrutement par approche directe** 70 %
- **Recrutement par annonces** 30 %

Spécialisation fonctionnelle/sectorielle

Vente/marketing (33 % des missions), informatique (25 %), ressources humaines/juridique (15 %), santé (14 %) et mode/luxe (13 %)

Profils recherchés

Middle, middle plus et top management

Notre opinion

Comme tous ses concurrents de l'intérim, le groupe Vedior France a son cabinet de recrutement. En octobre 2002, Wilhelm Laligant a été recruté pour créer Advancers Executive. Enfin, insiste son bon chic, bon genre directeur général, ce cabinet n'est qu'une « filiale complètement indépendante » et ne propose pas les services d'une agence de travail temporaire. Il recrute en effet pour des profils percevant annuellement entre 60 000 et 150 000 € - du « middle, middle plus et top management » selon l'expression de Laligant, adepte des anglicismes - et de plus en plus souvent par le biais de l'approche directe. Certaines practices, parmi les cinq que compte Advancers Executive (sales/marketing, IT, ressources humaines/juridique, santé et mode/luxe) ne fonctionnent même qu'en chasse pure. « Nous sommes de plus en plus spécialisés sur des microniches, dans le domaine de la santé notamment », précise Laligant. D'ailleurs, l'avenir des cabinets passe selon lui par leur spécialisation et leur capacité à présenter des candidats très rapidement. Pour Advancers Executive, il faut compter en moyenne 35 jours de délai de traitement pour une mission.

Ce cabinet présente aussi des résultats satisfaisants : « Plus de 3 M€ de chiffre d'affaires en 2007 », contre 630 000 € lors du premier exercice en 2003. Et les ambitions sont grandes : doubler de taille dans les deux ans, mais « sans jamais devenir un Michael Page » non plus. Pour l'instant, le cabinet compte neuf consultants (il est donc de toute façon très loin d'un Page...). Ce nombre devrait passer à 12 à la fin 2008.

Particularité d'Advancers Executive mise en avant par son directeur général : l'équipe compte deux chargés de recherche pour un consultant. Il est certain que tout le monde ne se paye pas ce luxe. Et même s'il refuse l'étiquette Vedior, Laligant reconnaît les avantages d'appartenir à un grand groupe. Chaque semaine est dressé un « progress report », c'est-à-dire un état de la mission détaillé avec les candidats reçus, leur profil, ceux qui ont été vus par les entreprises, qui restent à voir, etc. « C'est un vrai plus pour le client qui fait souvent le reproche de payer un acompte et de ne plus avoir de nouvelles des cabinets pendant trois à quatre semaines », souligne Laligant, expert-comptable et ancien auditeur passé par... la production cinématographique - « Il n'y a pas de voie tracée pour faire du conseil en recrutement ; c'est toujours un peu un hasard. »

Enfin, cerise sur le gâteau, le cabinet se situe au cœur du 12e arrondissement de Paris, dans un « petit hôtel particulier » de...

500 m². Le hall d'entrée/salle d'attente vaut à lui seul le détour, avec sa cheminée et ses poutres apparentes. « Il est vrai que nous avons un positionnement un peu bobo. Notre adresse n'est pas classique mais très bien desservie, mieux même que la précédente ». Advancers Executive était en effet auparavant sis près de la Place de l'Étoile. Et une petite pique en passant pour les concurrents sans imagination qui se bousculent dans les artères chics du Triangle d'or.

En pratique

Références

260 missions par an

Tarifs

25 % de la rémunération annuelle brute du candidat
Règlement : Un tiers au début de la mission, un tiers à la présentation du candidat et un tiers à l'intégration. Modulable en fonction de la mission, de la practice et de la localisation.

Autres implantations

18, avenue Maréchal de Saxe 69006 Lyon
Tél. : 04 37 24 50 50 - Fax : 04 37 24 50 60
lyon@advancers-executive.com

Rome, Milan et Turin

AGORA SEARCH

7, rue Auber
75009 Paris
Tél. : 01 53 30 78 78
Fax : 01 53 30 78 79
info@agorasearch.com
www.agorasearch.com

Création	1995 SAS au capital de 37 000 €
Responsables	Jean-Yves Bernard (DESS gestion et maîtrise de droit), président Jacques Fauroux, associé Luce Nordon (EFAP), associée
Effectif	12 consultants + 2 consultants spécialisés en conseil
CA	6 M€ en recrutement 0,5 M€ en conseil
	Syndicat du Conseil en Recrutement/Syntec

➤ **Recrutement par approche directe** 90 %
➤ **Recrutement par annonces** 10 %

Spécialisation sectorielle

Hautes technologies (40 % du CA), assurance/banque/finance (25 %), distribution (25 %) et autres (industrie, pharmacie, textile, etc.) (10 %)

Notre opinion

Agora est un cabinet généraliste qui fonctionne plutôt bien malgré quelques changements notables. Le chiffre d'affaires est en progression : 3,5 M€ en 2003, 4,7 M€ en 2005 et 6,5 M€ en 2007. En revanche, les résultats de 2008 ne devraient pas être aussi favorables, au vu du départ en début d'année de deux des quatre associés : Fabrice de Saint-Sauveur et Sandrine Humphrey partis « en bons termes » créer une nouvelle société : Spirit… rachetée d'ailleurs par Manpower. Jean-Yves Bernard, le peu loquace président de la structure, n'envisage pas de remplacer ces associés, mais est en revanche « toujours à la recherche de consultants, notamment pour le secteur de l'industrie où nous sommes moins présents pour l'instant ». Quelques tentatives de nouvelles activités ont également été abandonnées rapidement : un produit de formation baptisé the Grid, et une structure spécialisée dans l'intérim de cadres dirigeants, Agora Management.

Le cabinet compte trois entités : Agora Search, dédiée à la recherche de dirigeants (profils percevant 50 000 € brut par an et plus). Les deux autres structures juridiques sont Agora Search Solutions, spécialisée dans le conseil en ressources humaines (coaching, évaluation, accompagnement collectif), et Escot, qui s'occupe du recrutement en nombre de non-cadres et de jeunes cadres. « Cinq consultants se consacrent à cette activité qui s'est développée en 2007 et 2008. Nous souhaitons également renforcer le pôle conseil et recherchons un partenaire », précise Bernard.

Ce dernier insiste aussi sur une politique maison très axée sur les chargés de recherches puisqu'Agora en compte 15. « Nous sommes abonnés à tous les systèmes existants, actionnaires de Cadremploi.fr, et inscrits aux candidathèques d'écoles et à tous les systèmes de gestion de candidatures sur Internet, mais ça ne suffit pas. Malgré tous les outils de sourcing existants, le secret de la réussite passe encore et toujours par la chasse traditionnelle ». À ce process de recrutement de qualité s'ajoute une méthode de sélection par étapes avec un point écrit à chaque stade.

Pour la petite histoire, Bernard avait racheté Agora (alors filiale du groupe Egor) en 1995, après y avoir été consultant. Il a été aussi associé d'Amrop/Hommes et Entreprises (1992-1995).

En pratique

Références

Liste vérifiable auprès des clients ; 300 missions par an

Tarifs

Forfait plancher de 13 000 € pour l'approche directe ou 27 % du salaire brut par an

Règlement : un tiers au début de la mission, un tiers à la présentation des candidats et un tiers à l'intégration. Les frais d'annonce et de déplacement des consultants et des candidats sont facturés.

AIMS INTERNATIONAL France

59, boulevard Exelmans
75016 Paris
Tél. : 01 47 43 18 18
Fax : 01 47 48 96 63
contact@aims-france.com
www.aims-france.com

Création	1994 SARL au capital de 38 000 €
Réseau	AIMS (Associates for international Management Search)
Responsables	Catherine Brossard Pierre-Étienne de Moustier
Consultants	noms NC
Effectif	10 consultants
CA	2,5 M€ en recrutement 0,7 M€ en coaching-formation
	Syndicat du Conseil en Recrutement/Syntec

- **Recrutement par approche directe** 65 %
- **Recrutement par annonces** 35 %

Spécialisation sectorielle

Automobile (18 %), services (17 %), informatique-high-tech-télécoms (12 %), grande consommation-distribution (11 %), industries (10 %), luxe-textile-mode (10 %)

Profils recherchés

Cadres moyens à cadres dirigeants en France et à l'international

Notre opinion

Nous avions laissé AIMS International France à Levallois-Perret. Les voici installés dans le seizième arrondissement dans des locaux plus spacieux et avec une vue peuplée de grands arbres. On se souvient qu'en 2006, PM Ressources Humaines, membre du réseau AIMS (Associates for International Management Search) était devenu AIMS France, ses dirigeants Catherine Brossard et Pierre-Etienne de Moustier, restant propriétaires de l'entité mais sous une bannière désormais internationale, dans un souci de lisibilité.

Présent dans 52 pays avec 650 collaborateurs répartis dans 92 bureaux, AIMS est devenu un réseau international non intégré capitalistiquement. Cela signifie que certains cabinets s'échangent fréquemment des missions alors que d'autres se connaissent à peine.

Le cabinet français est passé de sept à onze consultants : ceux qui étaient déjà là le sont toujours. Quant aux « nouveaux », il s'agit de consultants seniors, qui affichent tous une expérience significative en entreprise, « notre leitmotiv », souffle Moustier. L'équipe de back-office est consistante : cinq assistants de recherche et six assistantes administratives. « On a beaucoup investi sur les outils de sourcing et sur la formation des équipes au web-tracking. Cela a optimisé le délai de production des missions », explique Moustier. Le cabinet dispose aussi d'une précieuse base de données de 48 000 noms, « un outil important qui contribue à 7 % de nos recrutements ». À quand une base de données internationale alors ? « On n'y croit pas du tout. C'est bien plus rapide de se passer un coup de fil ! ». Présenté comme « le premier réseau international d'approche directe », AIMS International vise les dix milliards d'euros de CA au niveau du groupe. « On est à la moitié du chemin », confie Moustier.

AIMS France réalisait en 2005 un CA de 1,9 M€, il a atteint en 2007 2,5 M€ pour la seule activité recrutement. Le cabinet se veut avant tout généraliste : du luxe au high-tech en passant par l'automobile. Le secteur banques et assurances s'est développé avec l'arrivée d'un consultant. Par ailleurs, tout ce qui est lié à l'activité juridique est devenu « significatif ». Les missions à l'international représentent 20 % du chiffre d'affaires. Parmi les clients, on trouve autant d'entreprises multinationales (un tiers) que de grandes entreprises françaises (un tiers), ou de PME-PMI (un tiers). Les candidats recherchés, quant à eux, ont plutôt désormais un profil top management (cadres et dirigeants).

Pas de recrutement sans conseil, c'est aussi la philosophie de Moustier. Le cabinet offre un panel de services: évaluation, bilan professionnel, conseil et développement en RH, audit… Le département coaching, créé et animé par Brossard, titulaire d'un DESS psychologie clinique et pathologique, s'est également développé, puisque l'activité représente aujourd'hui 8 % du chiffre d'affaires.

Une des fiertés de Moustier reste le faible taux de reprise de missions: 2-3 sur l'année. Il y voit un gage de sérieux et de qualité.

En pratique

Références

Liste vérifiable auprès des clients
300 missions par an

Tarifs

Forfait correspondant à 20-28 % de la rémunération du candidat en annonce, 28 à 35 % en chasse.
Règlement: un tiers du forfait est dû au début de la mission, un tiers à la présentation des candidats et un tiers à l'intégration.

ALAIN GAVAND Consultants

57, avenue Franklin Roosevelt
75008 Paris
Tél. : 01 44 50 11 99
Fax : 01 44 50 11 98
agcp@gavand-consultants.com
www.gavand-consultants.com

Création	1987 SA au capital de 185 000 €
Responsable	Alain Gavand, PDG
Consultants	Alain Gavand (DESS de psychologie), directeur de l'agence Rhône-Alpes Christine Guey (DESS en psychologie), directrice de l'agence Est Virginie Guichard (DESS en psychologie, IAE), directrice de l'agence Bourgogne Centre Champagne Ardennes Laurent Hyzy (DESS en psychologie), directeur de l'agence Ile-de-France
Effectif	15 consultants
CA	2,9 M€ en recrutement 0,2 M€ en coaching et conseil RH Syndicat du Conseil en Recrutement/Syntec, Iso 9001 version 2000

➤ **Recrutement par approche directe** 60 %

➤ **Recrutement par annonces** 40 %

Spécialisation fonctionnelle

RH, production, systèmes d'information, marketing/commerce, achats et logistique, direction générale

Profils recherchés

Cadres supérieurs et dirigeants

Notre opinion

Alain Gavand se présente comme un idéaliste. Il veut combattre toutes les formes de discriminations à l'embauche, « pas seulement faire [son] métier, mais faire évoluer les pratiques ». Ses collègues sont à ses yeux bien trop frileux sur le sujet. Le combat est louable et nous le soutenons. Même et surtout dans un pays où le système chargé de sélectionner les élites est corseté dans des conventions, des préjugés et une endogamie d'un autre âge.

Joignant le geste à la parole, Gavand préside l'association de lutte contre les discriminations à l'embauche dans les cabinets de recrutement « À compétence égale ». Il a créé la structure en 2006 et applique ses principes dans son cabinet. Il a ainsi conçu sa propre charte baptisée « Recrutement et diversité », avec dix points à respecter afin de s'assurer que les pratiques de sélection ne sont pas discriminatoires. Le cabinet produit également un rapport annuel sur la lutte contre les discriminations dans ses activités de recrutement.

Dans la même veine, il a lancé en 2006 une activité de conseil en diversité, « pour accompagner les entreprises dans la mise en place d'une stratégie et d'une politique de lutte contre les discriminations ». Elle consiste par exemple à former les RH et les managers à cette thématique.

Cependant, sa témérité ne va pas jusqu'à s'installer en banlieue, là où les populations discriminées sont les plus nombreuses, et les plus à même de venir atténuer les effets du papy-boom. il préfère la proximité des Champs-Élysées.

Tous les processus de sélection font l'objet d'un examen semestriel dans le cadre de la norme Iso 9001, dont il est l'un des rares détenteurs en France dans sa profession. De même chaque client peut, en fin de mission, remplir un questionnaire qualité sur la prestation engagée. Et fait rare : les candidats ont aussi leur questionnaire de satisfaction.

Au niveau de la pratique professionnelle du cabinet, tous les consultants sont salariés avec un fixe équivalent à 80 % de leur rémunération, le reste étant fonction de leurs résultats propres.

« Ce ne sont pas des commerciaux, souligne Gavand. Ils sont entièrement mobilisés sur leurs missions et ne font pas de prospection ».

Comptant une centaine de clients réguliers (75 % des missions concernent des clients déjà « actifs » selon Gavand), le cabinet recrute des profils de salaires compris entre 50 000 € et 150 000 €.

Les outils de sélection psychologique utilisés sont essentiellement NeoPi, chargé d'évaluer la personnalité, CTA et Swift (pour vérifier l'esprit d'analyse et l'aptitude au raisonnement) et des mises en situation et autres jeux de rôle.

Publiées sur Internet, les annonces représentent pour le cabinet une dépense de 80 000 € annuels.

Côté coaching, l'activité a légèrement baissé, à cause de la bonne santé du marché du recrutement, passant de 0,6 M€ de CA en 2005 à 0,2 M€ en 2007. Les missions consistent le plus souvent dans l'accompagnement d'un candidat appelé à occuper des fonctions managériales. Plusieurs méthodes sont éprouvées lors de missions de 6 mois, dont le coût varie entre 8 000 € et 10 000 €.

Signe de bonne santé, le nombre de missions en recrutement a presque doublé en deux ans. Elles se font aussi un petit peu plus souvent en approche directe. Pour l'avenir, Gavand voit grand, avec des perspectives de recrutement au beau fixe. Il envisage une croissance de 25 % par an dans les années à venir.

En pratique

Références

Liste vérifiable auprès des clients
250 missions en recrutement par an

Tarifs

Plancher de 8 500 € et une moyenne de 9 000 € en annonce. Plancher de 18 000 € et une moyenne de facturation de 17 000 € en approche directe.
Règlement :
40 % au début de la mission, 30 % à la présentation des candidats, 30 % à l'intégration du candidat. Les frais d'annonce, de déplacement des consultants et des candidats sont facturés en sus.

Autres implantations

Direction et agence conseil RH - 62, rue de la Boétie 75008 Paris
Tél. : 01 44 50 11 99 - Fax : 01 44 50 11 98
agcbo@gavand-consultants.com

Agence Bourgogne Centre Champagne-Ardenne : Résidence le Mazarin, 10 avenue du Maréchal Foch 21000 Dijon. Tél. : 03 80 41 48 88 Fax : 03 80 41 84 74 - agcd@gavand-consultants.com

Agence Est : 7, square Saint-Amour 25000 Besançon Tél. : 03 81 50 56 56 - Fax : 03 81 53 61 41 - agcb@gavand-consultants.com

Agence Rhône-Alpes : Immeuble de Dalpierre, 194 bis, rue Garibaldi 69003 Lyon. Tél. : 04 37 49 92 73 - agcl@gavand-consultants.com

ALEXANDER HUGHES
MANAGERS by Alexander Hughes

57, boulevard de Montmorency
75016 Paris
Tél. : 01 44 30 22 00
Fax : 01 42 88 33 95
info@alexanderhughes.com
www.alexanderhughes.com

Création 1978
SA au capital de 38 000 €

Réseau Asia Europe America International Search

Responsable Maurice Rozet

Consultants Alexander Hughes France :
André Bourg, Bernard Chaix, Jean-Baptiste Gagliardi, Emmanuel Grados, Claire Jouffroy, Denis Mrejen, Julien Rozet, Maurice Rozet, Michel Rosset, Patrick Semtob

Managers by Alexander Hughes :
Arnaud de Bonneville, Christian Coffinet, Brigitte Chirié, Céline Duhayot, Jérôme d'Estève, Annie Nail-Guillossot, Carole Lonhienne, Nicolas Rossi, Jean Rouxel, Thibaud Saulière, Thierry Sohm

Bureau de Lyon : Élizabeth Thomas-Gache

Effectif 22 consultants en France, 109 ailleurs

CA 12 M€ en France et 28 M€ ailleurs

Syndicat du Conseil en Recrutement/Syntec, OPQCM

➤ **Recrutement par approche directe** 100 %

Spécialisation sectorielle

Industrie (22 % des missions), banque-finance (22 %) et grande consommation (22 %)

Profils recherchés

Cadres dirigeants

Notre opinion

Année après année, Alexander Hughes se déploie. Tout en douceur et en silence (même si certains confrères se plaignent de l'agressivité commerciale de son dirigeant), il est devenu l'un des tout premiers réseaux intégrés européens de chasse de tête. Il est, en cela, comparable à une structure comme Neumann. C'est aussi aujourd'hui un cabinet très estimé par la concurrence tant et si bien que certaines grosses pointures du métier viennent faire leur marché de consultants chez eux. C'est dire si la profession apprécie la méthodologie de AH...

Car ce groupe est un tenant de l'industrialisation des processus du recrutement. À la manière du philosophe Thomas Hobbes, Maurice Rozet se méfie des hommes. Il a ainsi souhaité dresser des garde-fous pour améliorer la qualité du travail des consultants. Il a découpé le processus en fines lamelles et l'a informatisé. Ainsi, lorsque la procédure n'est pas respectée, un courrier électronique de rappel arrive à la direction, au patron du bureau et au consultant. « Si la short-list n'est pas présentée au client dans les six semaines, commente Rozet, nous recevons une alerte par email ». Ce qui pousse chaque consultant à suivre une procédure de recrutement précise. Et à chaque étape, il y a un contrôle qualité. Par exemple, une marche à suivre précise est à respecter avant de rechercher un candidat. Elle est vérifiée et le client est informé en temps réel. Cette rigueur et cette transparence sont, pour nous, un gage de qualité.

Cela explique, en partie, le remarquable développement de la structure. En France, le CA 2007 a atteint les 12 M€ contre 9 M€ en 2005 et 7,3 M€ en 2003. Mais c'est surtout en Europe que la progression est la plus forte, avec un CA hors France qui a dépassé en 2007 les 28 M€ contre 21 M€ en 2005 et 17 M€ en 2003. « Nous progressons peu en France, commente Julien Rozet, le fils de Maurice qui est appelé à prendre les commandes dans les prochaines années. Notre développement se fait à l'international. On a ainsi ouvert sept bureaux en deux ans (Serbie, Croatie, Bulgarie, Turquie, Dubaï, Liban et Portugal). De plus, les croissances en Allemagne, Italie ou Espagne dépassent les 25 % par an ».

Le groupe est aujourd'hui présent dans 40 villes d'Europe et dans 30 pays du Vieux Continent. Alexander Hughes est ainsi un cabinet de chasse de tête totalement intégré travaillant en Allemagne, Grande-Bretagne, Espagne, Belgique, Pays-Bas, Italie. Russie… Il dispose aussi d'un bureau à Lyon.

Au plan mondial, AH a mis sur pied des partenariats non-capitalistiques avec Nosal Partners aux Amériques (www.nosalpartners.com) et avec Strategic Executive Search (SES, www.sesasia.com) en Asie. Ces trois structures se sont associées pour créer le réseau Asia Europe America International Search (AEA), qui réunit d'ores et déjà 60 bureaux et 230 consultants, pour un chiffre d'affaires total de 110 M$. Ce qui le place au 8e rang des cabinets mondiaux, juste derrière Amrop.

Côté sourcing, AH s'appuie sur une base de données européenne que les bureaux alimentent et est organisé en une dizaine de secteurs (industrie, BTP, public et parapublic, etc.).

Alexander Hughes est le cabinet de chasse du groupe, pour les candidats au salaire dépassant les 110 000 € annuels. Une autre marque, Managers by Alexander Hughes, qui est en fait l'ancien CPM Search, est son équivalent (même procédure) pour les candidats au salaire variant entre 50 000 et 120 000 €.

« Notre jeu est en Europe, conclut Rozet père. Les deux tiers de nos affaires se déroulent hors de France. Dans trois ans, nous aurons quatre bureaux de plus et 220 consultants ». Avec cette force de frappe, Rozet père et fils espèrent générer 50 à 60 M€ de CA par an.

En pratique

Références

Liste vérifiable auprès des clients
320 missions par an en France et 1 200 dans le monde
AH s'engage à présenter quatre candidats dans un délai de six semaines.

Tarifs

Forfait-plancher de 39 000 € pour Alexander Hughes et de 24 000 € pour Managers by Alexander Hughes

Règlement : quatre mensualités d'un quart

Autres implantations

Managers by Alexander Hughes :

1, place Bellecour 69002 Lyon

Tél. : 04 72 56 37 37 - Fax : 04 72 56 37 38

Contact : Élizabeth Thomas (lyon@cpmsearch.fr)

À l'étranger :

40 bureaux en Europe : Brème, Barcelone, Madrid, Séville, Berlin, Bruxelles, Francfort, Londres, Milan, Rome, Turin, Moscou...

ALEXANDRE TIC

67, bd Malesherbes BP 206
75364 Paris Cedex 08
Tél. : 01 42 94 62 62
Fax : 01 42 94 62 63
webmaster@alexandretic.com
www.alexandretic.com

Création	1961, rachat en 1991 par le groupe Ecco devenu Adecco SA au capital de 194 960 €
Responsable	Marc Puyoulet, directeur général
Consultants	Olivier Bérenger : vente, marketing, événementiel Pascal Botella : ressources humaines Thierry Plet : finance, juridique, banque/assurance Régis Reboul : ingénierie et BTP Rafaël Vivier : information, technologie, consulting, audit, stratégie
Effectif	60 consultants
CA	2,8 M€

➤ **Recrutement par approche directe** 50 %

➤ **Recrutement par annonces** 50 %

Profils recherchés

Experts, cadres moyens à dirigeants

Notre opinion

Toujours beaucoup (trop ?) de changements chez Alexandre Tic, filiale du groupe de travail temporaire Adecco depuis 1991. Le dirigeant Jacques de Boissieu a été remplacé à la mi-2007 par Marc Puyoulet, un ancien auditeur passé par Michael Page où il était directeur général adjoint, qui avait rejoint Adecco en 2005.

La stratégie du groupe est, pour nous, pauvre observateur, peu évidente à comprendre. Qu'on en juge : les dirigeants ont décidé, au niveau mondial, d'effectuer les recrutements via la marque Ajilon, elle-même absorbée depuis par Altedia Drouot, la Business Line « Human Capital Solutions » du groupe. Par contre, on compte, en France, une autre branche du groupe qui réalise du recrutement, sous la marque Adecco Experts (*cf. présentation*). Mais, explique Puyoulet, il existe une véritable stratégie, extrêmement... claire : Adecco Experts est spécialisé dans l'intérim et le recrutement de cadres de premier niveau, et ne pratique pas de chasse de tête, contrairement à Alexandre Tic dédié à la recherche de cadres dirigeants. Altedia fait du conseil et de l'outplacement tandis qu'Alexandre Tic propose plutôt du coaching de prise de fonction et des bilans de carrières.

Quoi qu'il en soit, les ambitions d'Alexandre Tic sont immenses. Si le chiffre d'affaires 2007 est seulement de 2,8 M€, contre 3,2 M€ en 2005 et 3 M€ en 2006, le cabinet a embauché massivement début 2008, faisant passer le nombre de consultants de 15 à 60 ! Deux bureaux devraient également ouvrir à Toulouse et Strasbourg. Alexandre Tic recherche donc en permanence de nouveaux consultants, pour atteindre le nombre de 120 à 130 personnes en 2009. Et Puyoulet souhaite que son cabinet « fasse partie des majors du recrutement dans les dix ans à venir ». Rien que ça. « Nous essayons d'avoir notre propre originalité, en faisant partie d'un grand groupe, c'est-à-dire avec des moyens colossaux », justifie-t-il.

L'avenir dira si la stratégie d'Alexandre Tic, qui a une bonne image et est considéré par les professionnels comme une organisation dotée de spécialistes pointus, s'est avérée payante. On l'espère car cette prestigieuse marque mérite mieux qu'une valse de ses dirigeants et de ses consultants.

En pratique

Références

Liste vérifiable auprès des clients
Environ 200 missions par an

Tarifs

Forfait plancher de 20 000 € pour l'approche directe et de 8 500 € pour l'annonce.
Règlement : Un tiers au début de la mission, un tiers à la présentation du candidat et un tiers à l'intégration.

Autres implantations

Ile-de-France:
67, boulevard Malesherbes BP 206 75364 Paris Cedex 08
Tél.: 01 42 94 62 62 - Fax: 01 42 94 62 63
Contact: Marc Puyoulet - candidature.paris@alexandretic.com

Rhône-Alpes:
Le Danica - 17, avenue Georges Pompidou 69003 Lyon
Tél.: 04 72 68 12 20 - Fax: 04 72 68 12 21
Contact: Fabrice Salamon - candidature.lyon@alexandretic.com

Nord:
2, rue de Tenremonde 59800 Lille
Tél. 03 28 36 15 40 - Fax 03 28 36 15 41
Contact: Anne Bondu - candidature.lille@alexandretic.com

Ouest:
19, rue Jeanne d'Arc 44000 Nantes
Tél. 02 40 48 47 13 - Fax 02 40 89 16 54
Contact: Christophe Lesage - candidature.nantes@alexandretic.com

Sud Est:
5, place de la Joliette 13002 Marseille
Tél.: 04 26 84 57 26 - Fax: 04 26 84 57 31
Contact: Annie Barthes

ALPHÉE

3, rue de Vienne
75008 Paris
Tél. : 01 42 94 21 34
Fax : 01 42 94 13 38
alphee@alphee-rh.com
www.alphee-rh.com

Création	1986 SAS au capital de 49 000 €
Réseau	CFR Consulting Group
Responsable	Étienne Simonnet, directeur
Consultants	Anne-Marie Deblonde (maîtrise de lettres modernes et licence d'info-com) Karine Lefas (maîtrise de droit, Dauphine, Insead) Brigitte Olier (ESC Reims) Étienne Simonnet (ingénieur ENSCT, Sciences Eco) Michèle Touzet (psychologue, graphologue) Une consultante (sciences de la vie)
Effectif	6 consultants + 3 chargés de recherche
CA	1,2 M€ en recrutement
	Syndicat du Conseil en Recrutement/Syntec

- **Recrutement par approche directe** 80 %
- **Recrutement par annonces** 20 %

Spécialisation sectorielle

Industrie et services, nouvelles technologies, luxe et cosmétiques, VAD, sciences de la vie

Profils recherchés

Spécialistes, cadres dirigeants et supérieurs

Notre opinion

Le recrutement avant tout, telle est la devise d'Étienne Simonnet, directeur d'Alphée (Action pour La Promotion de l'Homme et l'Évolution de l'Emploi). Multiplier à tout prix les missions d'évaluation ou de coaching n'est pas la priorité de cet ancien d'Egor : ces activités représentent une part stable (10 %) du chiffre d'affaire du cabinet. Fin 2006, Simonnet a racheté AL Partners, spécialisé dans les NTIC et les télécoms. Les deux cabinets n'en font désormais plus qu'un, sous la marque Alphée. Un rachat d'activités et de clientèle qui a permis de conforter l'incursion d'Alphée dans le secteur des nouvelles technologies. Une autre empreinte d'AL Partners a inspiré Simonnet : le travail en régie avec la mise à disposition de consultants ponctuels auprès de certains clients. Outre les nouvelles technologies, l'industrie automobile reste un point fort d'Alphée à l'instar de la distribution, du crédit à la consommation et de tous les métiers de la vente à distance.

Côté consultants, pas de turnover. Un effet de l'autonomie qui leur est accordée ? Peut-être : « Ici chacun développe son propre portefeuille de clientèle ». Salariés, les consultants sont payés en fixe plus une part variable en fonction des résultats. Une nouvelle consultante a été recrutée en juillet 2008 pour développer le secteur santé et sciences de la vie.

Le cabinet, qui procède en exclusivité et dispose d'une base de données de plus de 7 000 noms, présente en général 2 à 5 candidats par poste et propose une clause de reprise d'un an après l'entrée en fonction. Comme d'autres cabinets, Alphée constate que les délais moyens d'un recrutement s'allongent.

Avec un chiffre d'affaires en hausse, Simonnet concède un point faible a priori paradoxal : « Notre manque d'agressivité commerciale ». Pendant positif de ce qu'il présente comme un défaut : l'accent mis sur le qualitatif. « C'est comme cela que nous sommes perçus d'ailleurs. »

En pratique

Références

Liste vérifiable auprès des clients ; entre 70 et 80 missions par an

Tarifs

De 15 000 € à 35 000 € - Règlement : un tiers en début de mission, un tiers à la présentation des candidats et un tiers à la signature du contrat.

ALTEDIA DROUOT

5, rue de Milan
75319 Paris Cedex 09
Tél. : 01 44 91 50 00
Fax : 01 44 91 50 01
paris@altedia-drouot.com
www.altedia.fr

Création	1999 SA au capital de 3 011 177 €
Groupe	Adecco
Responsable	Vincent Cornet, directeur général adjoint
Consultants	noms NC
Effectif	20 consultants
CA	4,4 M€

- ➤ **Recrutement par approche directe** 70 %
- ➤ **Recrutement par annonces** 25 %
- ➤ Autres activités (assessment, audit de management ou de compétences) 5 %

Profils recherchés

Cadres avec une première expérience à cadres dirigeants

Notre opinion

Le groupe Altedia, qui est géré depuis le départ pour l'Elysée de son fondateur, Raymond Soubie, par Philippe Kienast (président) et Xavier Lacoste (DG), ancien délégué général à la DGEFP, a regroupé son pôle recrutement, organisé auparavant autour d'Altedia Executive Search, dédié à la chasse, et d'Altedia Selection, dédié au recrutement par annonces, sous une même bannière : Altedia Drouot.

La crise semble désormais derrière Altedia Drouot, qui repart sur de nouvelles bases après un début de millénaire difficile. Jean-Louis Marques, qui avait contribué au rachat de Drouot-L'Hermine en 2000 et fait de la structure une success story du recrutement français, est aujourd'hui à la retraite et a passé la main à Vincent Cornet à Paris. Le chiffre d'affaires se développe peu malgré l'arrivée de deux consultants (4,4 M€ en 2007 et 4,3 M€ en 2005) dans un contexte extrêmement favorable. Qu'est ce que cela sera lorsque le marché se retournera…

Pourtant, pour Cornet, très optimiste, les mauvais jours sont derrière lui grâce à une stratégie de développement, en région surtout. Et à une croissance des activités d'accompagnement des entreprises sur leurs problématiques de recrutement : accompagnement de l'image employeur, formation des managers au recrutement via Dynargie, etc. Et pour asseoir le tout, le cabinet prévoit une augmentation de l'effectif de ses consultants de 15 à 20 % en 2008.

Altedia, racheté en mars 2005 par le groupe Adecco, le géant mondial du travail temporaire, a intégré fin janvier 2005 la Business Line « Conseil RH » d'Adecco et acquis les filiales française et espagnole de la société dans le domaine de l'outplacement (Lee Hecht Harrison en France et Career Management en Espagne). Il est également l'un des membres fondateurs du réseau Inac (International Network of Associated Consultants). « Les plus grandes recherches à l'international concernent l'Asie et l'Europe centrale, mais aussi de plus en plus l'Afrique du Nord », précise Cornet.

Bref, Altedia poursuit son développement à l'étranger tout en étoffant ses équipes dans les bureaux régionaux. Si celui de Reims a fermé ses portes, deux nouveaux ont vu le jour à Strasbourg et Nancy, et un autre est en cours d'ouverture à Aix-en-Provence.

En pratique

Références

Liste vérifiable auprès des clients
500 missions par an

Tarifs

Forfait plancher de 18 000 € en approche directe et entre 9 000 € et 11 000 € en annonce hors achat d'espace. Ces tarifs peuvent faire l'objet

de réduction dans le cas d'un accord-cadre.
Règlement : 40 % du forfait au début de la mission, 40 % à la présentation des candidats et 20 % à l'intégration

Autres implantations

Bordeaux Lac - 9, avenue Raymond Manaud - 33524 Bruges
Tél. : 05 57 92 60 00 - bordeaux@altedia-drouot.com

Bâtiment A2 - 83, rue de Luxembourg - 59777 Euralille
Tél. : 03 20 54 03 10 - lille@altedia-drouot.com

235, Cours Lafayette - 69006 Lyon - Tél. : 04 72 83 84 48 - lyon@altedia-drouot.com

15, quai Ernest-Renaud - BP 70319 - 44103 Nantes Cedex 4
Tél. : 02 40 73 68 30 - nantes@altedia-drouot.com

Espace Performance - Bât J - 35769 Rennes-Saint-Grégoire
Tél. : 02 99 23 14 33 - rennes@altedia-drouot.com

10, rue Claude Marie Perroud - BP 44768 - 31047 Toulouse Cedex 01 - Tél. : 05 62 30 12 00 - toulouse@altedia-drouot.com

20, rue Jules Rathgeber - 67100 Strasbourg - Tél. : 03 90 41 24 34 - strasbourg@altedia-drouot.com

10 Viaduc Kennedy - 54048 Nancy Cedex - Tél. : 03 83 30 28 28 - nancy@altedia-drouot.com

ALTIGA PHARMA

6, rue Louis Pasteur
92100 Boulogne-Billancourt
Tél.: 01 41 31 56 00
Fax: 01 41 31 55 99
ljube@altigapharma.com
www.altigapharma.com

Création	2006 SA au capital de 150 000 €
Responsable	Ludovic Jubé, président
Consultants-associés	Ludovic Jubé Valérie Charlon Brigitte Beau Sabrina Pinheiro
Effectif	4 consultants
CA	1 M€ en recrutement métiers des industries de la santé 2,7 M€ en prestations de services (mise à disposition de personnel pour des missions ponctuelles)

- **Recrutement par approche directe** 80 %
- **Recrutement par annonces** 20 %

Spécialisation sectorielle

Santé-pharmacie

Notre opinion

Winner n'est plus. Place à Altiga Pharma. Après le dépôt de bilan de leur cabinet durant l'été 2006, les salariés de Winner, Ludovic Jubé en tête, ont procédé au rachat (en partenariat avec le groupe Hominis) des activités recrutement et outsourcing de leur ex-cabinet spécialisé, on s'en souvient, dans les métiers de la santé. Tout ce petit monde (quatre consultants, tous issus de Winner) est allé s'installer à Boulogne-Billancourt dans la bien nommée rue

Louis Pasteur. Après avoir vécu cinq changements de noms et deux dépôts de bilan en dix ans, c'est peu de dire que l'équipe est soudée : « On forme un pack comme au rugby, nos péripéties ont renforcé nos liens », confie Jubé.

Ce médecin de formation voit le rapprochement avec Hominis comme un ticket gagnant-gagnant : « On s'adosse à une structure spécialisée en RH qui est aussi un groupe économiquement solide et en forte croissance. Grâce à nous, ils entrent dans l'univers de l'industrie pharmaceutique ».

Depuis qu'Altiga Pharma existe, c'est surtout l'activité outsourcing qui s'est développée, mais Jubé n'entend pas négliger le recrutement : « On est une société spécialisée dans le recrutement qui fait de l'outsourcing, pas l'inverse ». Le cabinet table sur une hausse de 35 % de l'activité recrutement pour 2008. Reste qu'avec un CA global de 3,7 M€, Altiga Pharma a encore une marge de progression certaine avant d'atteindre les 5,9 M€ que réalisait Winner en 2005.

Ici, tous les consultants sont associés et payés en fixe avec une variable qui n'est pas indexé au CA, histoire de ne pas seulement encourager les performances strictement financières. Chaque consultant est un spécialiste d'un ou plusieurs secteurs : « Cela lui permet d'être clairement identifié par les entreprises et candidats ». On trouve ainsi une spécialiste de la population médecins régionaux/pharmacovigilance, une autre de la population marketing/vente… En interne, cette organisation présente aussi des avantages car elle évite toute compétition entre les consultants : « Un labo peut ainsi travailler parallèlement avec untel pour la vente et untel pour les postes régionaux. Nous sommes complémentaires », martèle Jubé. Trois chargés de recherche épaulent les consultants. L'équipe compte aussi deux opératrices de saisie chargées de réactualiser une base de données de 80 000 noms, qui se veut l'un des points forts du cabinet. « Elle a vingt ans d'âge mais on ne l'a pas laissé vieillir », plaisante Jubé.

Le cabinet se dit très orienté candidats : « On passe beaucoup de temps à les conseiller, à leur expliquer les réponses, a fortiori lorsqu'elles sont négatives. C'est notre devoir de les informer », estime Jubé.

Des leçons ont-elles été tirées de l'expérience Winner ? Jubé assure que oui : « Winner a subi de plein fouet la baisse de l'externalisation des laboratoires. J'ai voulu me concentrer sur le bénéficiaire : le recrutement direct et la prestation intellectuelle ».

En pratique

Références

Environ 200 missions par an

Tarifs

20 à 25 % du salaire annuel brut du candidat pour les postes siège, au forfait pour les postes terrain

ANTHOS Ressources Humaines

62, boulevard Malesherbes
75008 Paris
Tél. : 01 53 04 89 10
Fax : 01 53 04 89 19
selection@anthos.fr
www.anthos.fr

Création	1994 SA au capital de 50 000 €
Réseau	Glasford International
Responsable	Hélène Peingnez, PDG
Consultants-associés	Hélène Peingnez Vincent Hoche, directeur associé, responsable de l'activité assessment et Développement RH Philippe Pascal, responsable de l'activité formation-coaching Romain Laué
Effectif	6 consultants
CA	0,8 M€ en recrutement 0,2 M€ en formation en formation et coaching 0,2 M€ en conseil

➤ **Recrutement par approche directe** 95 %
➤ **Recrutement par annonces** 5 %

Spécialisation sectorielle

Cosmétique, pharmacie, construction, énergie

Profils recherchés

Dirigeants, cadres supérieurs, experts

Notre opinion

Lâchés par leurs actionnaires, les salariés d'Anthos, et sa dirigeante Hélène Peingnez en tête, avaient racheté l'entreprise. C'était en 2004. Après avoir franchi ce cap difficile, le CA reprend des couleurs et affiche 0,8 M€ en recrutement pour 2007 (il était tombé à 0,4 M€ en 2005).

Désormais, 20 % du CA est réalisé à l'international. Il peut aussi bien s'agir de firmes étrangères cherchant à s'implanter en France que l'inverse. Anthos Ressources humaines dispose d'un facilitateur de poids : le réseau Glasford International (www.glasford.com) qui a fêté, en 2008, sa présence dans 30 pays ! Un réseau non intégré, mais chacun travaille dans son pays avec la même éthique.

Les deux tiers du CA se font en recrutement. Le reste est réalisé par le couple conseil et formation-coaching. Le cabinet entend d'ailleurs devenir un prestataire plus global. « En proposant du conseil élargi, nous offrons plus que du recrutement simple », s'enthousiasme Peingnez, ingénieur de formation, grecque d'origine et titulaire d'une thèse universitaire en gestion RH.

Anthos chasse les cadres supérieurs et dirigeants pour des postes dont le salaire va de 70 000 à 250 000 € annuels.

De plus en plus sollicité par les fonds de LBO, le cabinet se veut généraliste mais il a tout de même des secteurs de prédilection : les industries cosmétiques et pharmaceutiques mais aussi les services aux industriels (construction, énergie).

L'équipe s'est étoffée avec l'arrivée de deux consultants supplémentaires. Ils sont six désormais, et sans doute pour un certain temps : « On est dans une phase de stabilisation », reconnaît Peingnez.

En pratique

Références

Liste vérifiable auprès des clients (principalement des grands groupes internationaux). Plus de 50 missions par an

Tarifs

Toutes les missions sont forfaitées avec un prix plancher de 15 000 €
Règlement : 1/3 en début de mission, 1/3 à la présentation des candidats et 1/3 à la signature du contrat.

APTIMEN

22, rue Constantine
69001 Lyon
Tél. : 04 78 37 02 81
Fax : 04 78 38 30 46
contact@aptimen.com
www.aptimen.com

Création	1997 SARL au capital de 40 000 €
Responsable	Xavier de Lombares, PDG
Consultants	Xavier de Lombares (DESS CAAE, diplômé du centre d'études supérieures des transports-logistique) Baudouin Lelarge (ESCP), directeur associé Jean-Noël Debourdeau (DESS gestion des ressources humaines et relations du travail, diplômé du Centre interdisciplinaire de formation à la fonction personnel) consultant senior
Effectif	3 consultants
CA	0,37 M€

- **Recrutement par approche directe** 90 %
- **Recrutement par annonces** 10 %

Spécialisation sectorielle

Transports (60 % des missions), logistique (30 %), distribution et divers (10 %)

Profils recherchés

Cadres moyens à supérieurs

Notre opinion

« À nous deux Paris ! » Spécialisé dans les transports et la logistique, le cabinet Aptimen, basé à Lyon, a ouvert fin 2007 un bureau en Ile-de-France. Un retour aux sources, en fait, puisqu'il y a huit ans, la même aventure avait tourné court. Pour cette antenne parisienne, un consultant senior a été recruté. Terminées, donc, les interventions à Paris depuis Lyon. La décision est également stratégique : « cela constitue une bonne opportunité de nous diversifier » explique Xavier de Lombares, le PDG. Il faut dire que sur Lyon, le cabinet reste très connoté « transports-logistiques ». Une niche qui reste le cœur du métier d'Aptimen malgré quelques incursions dans les domaines de la pharmaceutique et de la gestion des déchets (Sita).

À terme, l'ambition de Lombares est de faire de l'antenne parisienne le bureau central du cabinet. L'intéressé n'a pas la folie des grandeurs pour autant : « On ne va pas se transformer en multinationale du recrutement ! ».

En attendant le CA du cabinet, dont la structure juridique est désormais une société par actions simplifiées, n'amorce qu'une légère remontée (450 000 € en 2003, 360 000 en 2006, 370 000 en 2007). Aptimen se veut malgré tout optimiste et, activités parisiennes aidant, table sur un CA de 430 000 € en 2008.

Procédant uniquement en exclusivité, de Lombares affirme souffrir de la concurrence de nouveaux cabinets pratiquant allégrement le contingency. C'est l'une des raisons pour lesquelles il n'adhère pas à un syndicat comme le Syntec « qui accepte n'importe qui ».

Pour ce qui est de sa façon de travailler, il utilise les services du même graphologue depuis le début. Fin 2006, le cabinet s'est doté d'un outil de gestion de candidatures informatisé « Recruteasy ». De quoi assurer facilement, avec un vivier de 5 420 CV, des missions de veille.

En pratique

Références

Liste vérifiable auprès des clients
40 missions par an

Tarifs

25 % à 26 % de la rémunération globale annuelle brute en approche directe (21 % pour un salaire supérieur à 86 000 € annuels bruts), avec un forfait-plancher de 11 000 €; 15 % (travail de veille) à 23 % de la rémunération globale annuelle brute en annonce, avec un forfait-

plancher de 9 500 €
Règlement : un tiers du forfait est dû au début de la mission, un tiers à la présentation des candidats et un tiers à l'intégration

Autre implantation
18, rue Pierre Guérin 75016 Paris
Tél : 04 78 37 02 81

ARGOS/Bernard Julhiet Group

1001, avenue de la République
BP 1049
59701 Marcq-en-Barœul
Tél. : 03 20 98 83 83
Fax : 03 20 72 42 65

Tour Pacific 11 cours Valmy
92977 Paris La Défense Cedex
Tél. : 01 40 99 23 00
Fax : 01 40 99 23 49
search@bernardjulhiet.com
www.bernardjulhiet.com

Création	1979 SA au capital de 152 400 €
Responsable	Stéphane Gomez
Consultants	Stéphane Gomez, Philippe Riley, Thierry Dereux, Jean-Jacques Meyer, Laurence Sauzey, Véronique Denant, Nathalie Colin, Sylvie Rivet, Jean-François Personne, Anne-sophie Radon, Gilles Jobert
Effectif	11 consultants et 8 chargés de recherche
CA	2,3 M€ en recrutement
	Syndicat du Conseil en Recrutement/Syntec

- ➤ **Recrutement par approche directe et mixte** 85 %
- ➤ **Recrutement par annonces** 15 %

Spécialisation sectorielle

Banque-finance, distribution, industries et services, nouvelles technologies

Profils recherchés

Cadres à dirigeants

Notre opinion

L'organigramme bouge décidément beaucoup chez Argos. Au 1er janvier 2008, Stéphane Gomez a pris les rênes de la branche recrutement du groupe Bernard Julhiet. Cet ex-directeur commercial d'un cabinet de recrutement spécialisé dans le secteur automobile succède à Jean-Jacques Baillon (appelé à d'autres responsabilités au sein du groupe), qui avait lui-même succédé à Thierry Dereux durant l'été 2006.

Le moins que l'on puisse dire est que le CA ne s'en porte pas mal pour autant: de 1 M€ en 2005, il est passé à 2,3 M€ en 2007 pour l'activité recrutement. Une croissance qui doit peut-être quelque chose au plan de relance du groupe repris par Alain Thibault en 2004. La maison-mère a ainsi annoncé une croissance de + 300 % sur la période 2004-2007. D'importantes opérations de croissance externe ont en effet été menées: le cabinet de conseil en management et développement personnel K Personna (en septembre 2005), puis du spécialiste de l'e-learning iProgress (en juin 2006) et enfin d'Insep Consulting, spécialiste du conseil en transformation managériale (en décembre 2006).

« Argos se développe beaucoup grâce au travail des autres filiales du groupe », reconnaît Gomez, persuadé que cet aspect « offre globale » est devenu un point fort aux yeux des clients. Ainsi, les primo-managers peuvent-ils bénéficier, via iProgress, d'une formation e-learning prise en compte dans le cadre du DIF. Autre exemple: un candidat a le bon profil pour un poste mais souffre de lacunes dans un domaine précis (conduite de négociations, gestion…). Un obstacle qui disparaît si le candidat reçoit la formation appropriée.

À travers sa réorganisation par filiales, « le groupe a gagné en lisibilité ». La seconde phase, celle du développement, ne fait que débuter: « On a une ambition très forte: doubler notre CA d'ici 2010 », explique Stéphane Gomez. Cela passe, selon lui, par « prendre la place que nous méritons à Paris ».

Des cabinets à Lille et Paris donc, un bureau à Amiens, une autre, récent, à Lyon. Un rayon d'action géographique en passe de s'étendre, puisqu'il est question d'ouvrir « de façon imminente » un bureau à Nantes. Pour autant, les onze consultants sont spécialisés par secteur d'activité plutôt que par zone géographique : « Cela permet un apport technique », explique Gomez. Les secteurs de prédilection d'Argos sont la banque et la finance, l'industrie et les services à l'industrie et encore les nouvelles technologies. Et s'il y avait un point optimiser ? Ce serait le sourcing, confesse Gomez : « Il faut que l'on soit de plus en plus rapide ».

Last but not least, Argos est signataire de la charte Diversité de la Halde.

En pratique

Références

Entre 170 et 180 missions par an

Tarifs

De 22 à 28 % de la rémunération brute annuelle en fonction de l'approche choisie.

Autres implantations

La Croix Rompue 518, rue St-Fuscien 80000 Amiens
Tél. : 03 22 89 50 18
Responsable : Jean-François Personne

41, Quai Fulchiron 69005 Lyon
Tél. : 04 78 38 31 77
Responsable : Jacques Vuarier

ARROWMAN EXECUTIVE SEARCH

23, rue d'Anjou
75008 Paris
Tél. : 01 45 22 09 40
contact@arrowman.eu
www.arrowman.eu

Création	2004
Responsables	Guillaume Thyss, associé-gérant Jean-Pierre Scandella, associé-gérant
Consultants	Jean-Pierre Scandella et Thierry Guibaud : IT télécoms médias Guillaume Thyss : services financiers Franck Pasquet : marketing technologie, médias et public et parapublic Marie-Jo Villegas : sciences de la vie et de la santé Anne Mazuel : distribution, services et grande consommation, luxe Benoît Andrade : industrie et environnement
Effectif	7 consultants et 7 chargés de recherche
CA	2,5 M€

➤ **Recrutement par approche directe** 100 %

Spécialisation sectorielle

Services financiers, IT télécoms médias, marketing technologie et médias, sciences de la vie et de la santé, distribution, services et grande consommation, industrie et environnement et public et parapublic

Notre opinion

Nouvelle adresse pour Arrowman, cette fois installé dans un impressionnant appartement haussmannien tout en boiserie « pour accueillir plus de monde ». Car deux consultants sont venus renforcer l'équipe début 2008. Le jeune cabinet, créé en 2004, se révèle donc à la hauteur de ses débuts prometteurs : « En quatre ans, nous sommes partis de zéro pour arriver à 2,5 M€ de chiffre d'affaire », constate avec satisfaction Guillaume Thyss, son jeune dirigeant.

La méthode Thyss n'est pas étrangère à ce résultat. Issu de la nouvelle vague du recrutement, il a une démarche plus pragmatique que celle de la génération précédente. Exemple : pour trouver ses deux nouveaux collaborateurs, Thyss a fait appel… à un cabinet de chasse de tête ! Cohérent, mais pas si évident pour nombre de ses confrères. « On s'est appliqué à nous-mêmes les règles que l'on prône », explique simplement Thyss.

Ici, les consultants sont des spécialistes de leur secteur. « Comment bien connaître la stratégie d'un secteur, des entreprises qui en font partie, de son client, si l'on est généraliste en tout ? » Pour seconder les consultants, le cabinet met le paquet sur les chargées de recherche : il y en a sept, soit autant que de consultants. Un ratio inhabituel (et onéreux !), mais Thyss dit vouloir « se donner les moyens de faire du bon boulot ».

Le respect du client et du candidat est présenté comme une ligne de conduite. « Notre génération n'a pas bénéficié des années d'or du recrutement. Celles où l'on ne touchait pas au téléphone pour faire venir le client. Nous nous sommes développés entre les crises. Nous savons que nous devons passer du temps avec le client et que l'on doit soigner les candidats ».

Le cabinet met aussi un point d'honneur à respecter le *off-limit*. « Notre *off-limit* (l'interdiction de chasser chez un client) est total. Certaines structures travaillent à la fois avec le Crédit Lyonnais, la Société générale et la BNP. Ce n'est pas sérieux. Nous assurons un *off-limit* pour nos clients. Cela signifie que nous ne chassons pas chez eux ».

Arrowman aspire plus que jamais à travailler avec les grands groupes qui, encore trop souvent, préfèrent les grosses structures : « Il y a une place à prendre. Les entreprises européennes ont besoin d'une alternative aux recruteurs d'origine anglo-saxonne ». Thyss le revendique : « Notre zone c'est l'Europe ». Mais plutôt que d'ouvrir des bureaux à l'étranger, il préférerait faire appel à des nationalités différentes à Paris « afin de concentrer les moyens et les gens au même endroit ». Mais ce n'est pas encore d'actualité et le jeune dirigeant ne veut pas brûler les étapes : « Quand on construit, on veut des murs qui tiennent ».

En pratique

Tarifs

Forfait plancher : 33 % du salaire brut par an du candidat et 25 000 € en Forfait plancher
Règlement : un tiers à la signature du contrat, un tiers à la présentation de la short-list et un tiers à la signature.

ARTEC SEARCH

24, avenue de la Grande-Armée
75017 Paris
Tél. : 01 53 58 80 00
Fax : 01 53 58 47 25
cabinet@artec-search.com
www.artec-search.com

Création	2001 SAS au capital de 40 000 €
Réseau	TranSearch International
Responsables	Alain Tanugi, président du groupe au niveau mondial Michel Sarfati et François Le Grin, directeurs associés
Consultants	Frédéric Bar Monique Boré Laurent Lethuilier François Le Grin Jocya Le Tartaise Michel Sarfati
Effectif	6 consultants
CA	1,8 M€
	À Compétences Égales

➤ **Recrutement par approche directe** 80 %
➤ **Recrutement par annonces** 20 %

Spécialisation sectorielle

Industrie, technologies, services, santé, distribution et biens de consommation

Spécialisation fonctionnelle

Marketing, vente, système d'information, ressources humaines, gestion, finance, production, recherche & développement

Profils recherchés

Cadres middle managers et spécialistes

Notre opinion

Artec Search est « l'entité » middle management du groupe d'Alain Tanugi, TranSearch. Alors que ce leader mondial de la chasse de tête intervient pour des missions dont les salaires dépassent les 130 000 €, Artec s'occupe des missions dont les émoluments oscillent entre 60 000 et 120 000 €.

Dans ce cadre, Artec Search apporte à ses clients une méthodologie forte intéressante de chasse de tête avec l'intervention de binômes composés d'un consultant et d'un chargé de recherche. Ce ratio (un consultant pour un chargé de recherche) est assez rare pour le mentionner. C'est un gage de qualité. Dirigé par Michel Sarfati et François Le Grin, Artec réalise à 90 % des missions en chasse sur cinq spécialités (practice dans le jargon anglicisant de tout (bon) chasseur) : hautes technologies, industrie, santé, grande distribution et services.

En 2011, les deux dirigeants souhaitent développer la structure en y faisant turbiner 10 consultants, associés à 10 chargés de recherche.

En pratique

Références

100 missions par an

Tarifs

Forfait plancher de 15 000 €
Règlement en trois versements

ATTITUDES

38, boulevard Henri Sellier
92156 Suresnes Cedex
Tél. : 01 41 18 61 00
Fax : 01 41 18 77 22
cazalot@attitudes.fr
www.attitudes.fr

Création	1993 SAS au capital de 100 000 €
Réseau	Talentup
Responsable	Christian Cazalot, PDG Nicolas Massy, DG
Consultants	noms NC
Effectif	13 consultants en recrutement
CA	2,4 M€ en recrutement 600 000 € en formation

- ➤ **Recrutement par annonces** 60 %
- ➤ **Recrutement par approche directe** 40 %

Spécialisation fonctionnelle

Fonctions commerciale (60 % des missions), technique (20 %), administrative et comptable (20 %)

Spécialisation sectorielle

Hautes technologies (20 % des missions), services (30 %), industrie (30 %), distribution (20 %)

Profils recherchés

Techniciens supérieurs, cadres et dirigeants

Notre opinion

« Délibérément généraliste », Attitudes intervient dans tous les secteurs économiques, à l'exception de la banque-finance-assurance et de l'industrie pharmaceutique. Cette dimension pluridisciplinaire a permis au cabinet de traverser bien des tempêtes. Elle va tout de même de paire avec une spécialisation dans le secteur high-tech qui a sa part dans la croissance de cabinet. « Nous avons toujours été très présents dans tout ce qui touche à internet et à la high-tech, notamment par le biais de Talentup, dont nous sommes l'un des membres historiques », explique Christian Cazalot, le PDG. Attitudes fait en effet partie de ce réseau de cabinets partageant bases de données de candidats et charte de déontologie (www.talentup.com).

« De plus en plus difficile », c'est ainsi que Cazalot qualifie la recherche de candidats. « Pour faire la différence, on met les moyens. Il s'agit de mener des investigations ». Le cabinet compte cinq chargés de recherche. Toutefois, « de plus en plus de missions se font en approche mixte: chasse, abonnements à toutes les CVthèques et aux réseaux en ligne, approche directe, indirecte... C'est la tendance du marché! », devise Cazalot. Une complainte qui ne l'empêche pas de mettre en avant la fidélité de sa clientèle et sa capacité à prospecter de nouveaux clients (une cinquantaine par an).

Les missions portent surtout sur la fonction commerciale (60 %) mais aussi sur la fonction technique (20 %) et la fonction administrative et comptable (20 %). Outre le recrutement classique, Attitudes s'adonne toujours au recrutement quantitatif: il s'agit de constituer, par exemple, une équipe complète de commerciaux pour la grande distribution. « Nous continuons à développer ce service car peu de cabinets le proposent », s'étonne Cazalot. La méthode ne change pas pour autant: tous les entretiens sont individuels.

Seconde activité phare d'Attitudes: la formation. Nicolas Massy, DG et associé fondateur du cabinet, suit de près ce pôle qui représente aujourd'hui 30 % du CA global. « On va mettre l'accent dessus, cela correspond à une demande », explique-t-il. Pour cette activité, le cabinet a recours à des consultants en free lance: « Cela représente 3 à 4 temps plein ». La cible? Les managers et les métiers de « relations clients » (vente B to B, vente en magasin, vente par téléphone). Le contenu du programme et les locaux sont fournis aux clients.

Peu enclin aux prévisions, Cazalot n'est pas connu pour ses excès d'optimisme. Aussi ne s'alarmera-t-on pas de l'entendre remarquer avec prudence que « les indicateurs économiques ne sont pas au top ».

En pratique

Références

350 missions

Tarifs

Forfait moyen compris entre 5 000 € et 8 000 €, en chasse pure : de 20 à 25 % du salaire annuel brut.
Règlement : négocié en début de mission avec le client (3 tiers ou 50-50 au choix).

AUSTIN KELLAS International

22, rue Jean Mermoz
75008 Paris
Tél. : 01 58 36 42 50
Fax : 01 58 36 13 33
contact@austin-kellas.com
www.austin-kellas.com

Création	1999 SARL au capital de 7 600 €
Responsables	Hubert de Préval, dirigeant fondateur
Consultants	noms NC
Effectif	6 consultants et 6 chargés de recherche
CA	1,2 M€ en recrutement et 104 000 € en bilan, évaluation, audit d'organisation, accompagnement et études de rémunération

➤ **Recrutement par approche directe** 100 %

Spécialisation sectorielle

Industrie, immobilier, santé, conseil/audit, banque/finance et services/environnement

Profils recherchés

Cadres seniors et dirigeants

Notre opinion

Le cabinet Austin Kellas International met en avant les valeurs du sport comme marque de fabrique (« fair-play, entraide, respect, vivacité et précision »). Jusque dans son image puisque sa plaquette représente un escrimeur qui pointe le candidat convoité de son fleuret. Et dans son nom qu'il a adopté il y a six ans (auparavant

Leaderman International) en référence à un chercheur qui a étudié les effets de l'altitude sur l'homme dans l'Himalaya, et à l'esprit pionnier pour Austin.

Mené par son dirigeant fondateur, Hubert de Préval, un cinquantenaire plutôt nonchalant, le cabinet est axé sur les postes de cadres seniors à dirigeants (minimum de 70 000 € annuels). Le chiffre d'affaires est en légère hausse : 1,3 M€ en 2007, contre 1,1 M€ en 2006, et 620 000 € en 2005.

Austin Kellas compte six consultants, avec chacun sa spécialité : industrie (énergie, biens d'équipements, chimie notamment), immobilier, santé, conseil/audit (conseil en organisation et audit externe, conseil en stratégie), banque/finance et services/environnement. De Préval refuse pourtant le qualificatif de généraliste pour le cabinet qu'il a créé et fait démarrer tout seul il y a bientôt dix ans. Il lui préfère celui de multispécialisé : « Nous sommes plusieurs spécialistes les uns à côté des autres et avons tous exercé des responsabilités dans le management d'entreprises et la direction de centres de profit. »

Surfant toujours sur la comparaison sportive, le dirigeant cite un esprit d'équipe développé, malgré un petit turn-over chez les consultants tout de même. Deux chargés de recherche ou deux consultants différents peuvent être assignés à la même mission, ou un consultant peut être appelé en renfort pour assister un collègue afin de valider un candidat.

Pour de Préval, ancien de Bouygues passé notamment par Michael Page, ce cabinet présente la particularité de proposer à ses clients un véritable cahier des charges : « Nous menons toute une démarche d'appréhension de l'entreprise, de l'infrastructure et du poste, pour délivrer un document très détaillé ». Le cabinet prône également un suivi des candidats, qui sont d'ailleurs plus de 44 000 dans la banque de données interne, même si d'autres sources classiques sont utilisées pour trouver la perle rare.

Comme son nom l'indique, Austin Kellas International travaille aussi à l'étranger. Il fait partie de World Search, un réseau de cabinets indépendants présent dans 27 pays et 20e réseau mondial selon de Préval, qui indique devoir 10 % de son chiffre d'affaires à des postes à l'international et travailler à 70 % pour des clients étrangers.

Quid de l'avenir et des projets ? Même s'il souhaite que « les gens soient épanouis, sur la même longueur d'ondes », pour que « personne ne soit surpris ou déçu une fois le candidat en poste », - et qu'il n'est « pas non plus là pour facturer des honoraires » -, de Préval cherche tout de même à augmenter le chiffre d'affaires. Ce qui n'est pas incompatible avec les « valeurs » du sport d'ailleurs. Pour cela, il mise sur l'international. Il prévoit également de recruter un ou deux consultants supplémentaires dans les services et de développer les activités de bilan de compétences, d'évaluation, d'audit d'organisation, d'accompagnement et d'études de rémunération, que le cabinet assure déjà en interne.

À noter : Austin Kellas organise des soirées mensuelles regroupant cadres en recherche d'emploi et chefs d'entreprises - clientes ou non. Pour permettre à ces personnes de « développer leur réseau, d'échanger informations et opportunités ».

En pratique

Références

120 missions par an

Tarifs

Forfait plancher à 15 000 €
Entre 25 % et 33 % de la rémunération annuelle brute du candidat en fonction de la difficulté, du type de poste, du secteur, etc.
Règlement : Un tiers au début de la mission, un tiers à la présentation du candidat et un tiers à l'intégration.

BIENFAIT et Associés

3, avenue de Ségur
75007 Paris
Tél. : 01 40 62 98 12
Fax : 01 45 55 62 39
info@bienfait-associes.com
www.bienfait-associes.com

Création	1992 SARL au capital de 100 000 €
Responsable	Dominique Bienfait, gérant
Consultants	Dominique Bienfait (ICG, mastère de droit allemand) Michel Duvail (DESS en gestion des ressources humaines), associé Nathalie Lavergne (DESS ressources humaines, Essec) Nicole Darriet (ingénieur Télécom)
Effectif	4 consultants + 2 consultants externes (Pierre Coeroli et Charles Cixous) et 3 chargés de recherche
CA	1 M€ en recrutement et 300 000 € en conseil en ressources humaines
	Syndicat du Conseil en Recrutement/Syntec, Norme NF Service Afnor

- **Recrutement par approche directe** 80 %
- **Recrutement par annonces** 20 %

Spécialisation sectorielle

Assurance (60 %) et sanitaire-médico-social (30 %)

Profils recherchés

Cadres dirigeants (50 %), cadres supérieurs et moyens

Notre opinion

Chez Bienfait et Associés, la déontologie n'est pas un vain mot. Le cabinet est certifié par l'Afnor. Secrétaire général de Syntec Recrutement depuis 2004, Dominique Bienfait, le gérant, croit d'ailleurs dur comme fer à la certification NF Service : « C'est un moyen de rendre plus transparents nos méthodes et nos outils ». Ardent pourfendeur de l'opacité, Bienfait distribue systématiquement un questionnaire qualité en fin de mission à client et candidat. Des consultants aux chargés de recherche, l'ensemble des collaborateurs du cabinet a été sensibilisé à la diversité par le biais d'une formation : chacun repérant ses éventuels préjugés à travers des mises en situation. Confié à un cabinet tiers, un bilan diversité (sur les critères d'égalité selon le sexe et l'origine réelle ou supposée des candidats) est également mené chaque année. Comment s'étonner, dès lors, que Bienfait soit responsable de la commission Éthique du Syntec ?

Ancien DG de l'assurance et toujours administrateur d'une compagnie d'assurance, Bienfait chasse d'abord sur ce terrain de prédilection. Cela ne l'empêche pas de rester à l'affût : ainsi, depuis quelque temps, s'intéresse-t-il au secteur sanitaire et médico-social. Un micromarché (il s'agit notamment de trouver des directeurs d'établissements pour personnes âgées ou handicapées) « porteur », selon Bienfait.

L'activité conseil en RH, pilotée par son associé Michel Duvail, a été fortement relancée : « L'activité recrutement est cyclique. Comment lisser ces cycles ? En faisant aussi du conseil en RH, ce qui passe bien lorsqu'on est un cabinet de niches comme nous », justifie Bienfait.

Refusant les procédés de contingency et travaillant en exclusivité, le cabinet alimente sa base de données de 24 000 noms par tous les moyens disponibles, web-tracking compris. Quant au site web du cabinet, il fournit, au grand étonnement de Bienfait lui-même, 9 % des candidatures. Le cabinet évite en revanche la presse (si ce n'est pour sa communication institutionnelle), trop chère, et préfère cadremploi.fr.

Avec trois chargés de recherche, un assistant et un gestionnaire base de données, le back-office s'est bien étoffé. C'est que, dans un contexte de pénurie de cadres, « la recherche devient plus difficile ». La chasse classique reprend donc force et vigueur et même des postes de commercial ou de chargé d'étude statistiques sont recrutés par ce biais. À cet égard, considérant qu'il est souvent plus ardu de trouver un poste spécifique comme celui de responsable du système d'information qu'un DG (« ce ne sont pas les plus gros salaires qui sont les plus difficiles à trouver »), le cabinet applique un pourcentage d'honoraires supérieur sur les postes les moins élevés. Une mission dure en moyenne 8 semaines. Le cabinet propose en général 3 à 4 candidats par poste et présentait un taux d'échec de 2 % en 2007.

En pratique

Références

Liste vérifiable auprès des clients
60 missions par an
Outils utilisés : Sosie, Performanse, 360°, MBTI

Tarifs

Forfait plancher de 14 000 € en approche directe
Règlement : 50 % du forfait au début de la mission et 50 % à l'embauche

BOSSFIELD STRAMMER

Tour Ariane
5, place de la Pyramide
92088 Paris La Défense 9
Tél. : 01 55 68 10 19
Fax : 01 55 68 10 00
contact@bossfield.com
www.bossfield.com
contact@strammer.com
www.strammer.com

Création	2005
Responsable	Wieger Mensonides, team manager
Consultants	Xavier Bezio : BTP, énergie Nicolas Constans : assurance, pharmacie Olivier Leroy : board et direction commerciale Wieger Mensonides Caroline Minetti : finance
Effectif	6 consultants
CA	1,1 M€

➤ **Recrutement par approche directe** 95 %

➤ **Recrutement par annonces** 5 %

Spécialisation sectorielle

Banque d'investissement, assurances, BTP, matériel médical (cabinet Strammer) et direction commerciale

Profils recherchés

Cadres à cadres dirigeants

Notre opinion

Bossfield est un jeune cabinet de recrutement créé en 2005 par Wieger Mensonides, 43 ans, d'origine néerlandaise, au physique de déménageur. Ce dirigeant - diplômé de l'EM Lyon - a roulé sa bosse en Europe pour des entreprises comme Adecco, Renault ou Décathlon. Il a appris à « manager », recruter, encourager, recadrer. Bref, toute une série de compétences qui lui ont servi, après un bref passage chez Opteaman (*cf. présentation*), à lancer son propre cabinet.

Bossfield se veut une structure de chasse (95 % des missions) à l'ancienne. Avec des consultants spécialisés en banque d'investissement, BTP, assurance, direction commerciale et santé. La chasse développée par Mensonides est réalisée dans les règles de l'art. C'est-à-dire que les consultants définissent des entreprises cibles avec leur client. Ils identifient ensuite des candidats reconnus pour leurs qualités. Ces derniers sont, ensuite, approchés et les consultants tentent de leur vanter les mérites du poste et de l'entreprise recherchant un candidat. « En annonce ou via les réseaux, les chasseurs de têtes repèrent toujours les mêmes 20 % de candidats qui savent se placer et qui sont en recherche active, précise Mensonides. Par contre, les cadres dont on n'entend jamais parler, qui sont promus tous les deux ans tant leurs performances sont bonnes, ceux qui bossent bien et qui sont très appréciés par leurs équipes, sont plus difficiles à repérer. Pour cela, il faut réaliser une vraie chasse à l'ancienne. C'est notre spécificité ». La méthode Bossfield consiste aussi à rencontrer longuement le candidat et à identifier ses points forts et ses points faibles. « Cela nous permet de définir un axe de formation pour améliorer certaines de ses compétences. Ainsi, nos candidats peuvent perdurer dans leur nouvelle entreprise ».

Bossfield est aussi un cabinet qui promeut ces consultants. Ainsi, Mensonides a pour ambition de les faire entrer au capital de l'entreprise. Il dispose, en outre, d'un outil informatique très performant pour repérer les points forts et les points d'amélioration du candidat. Même technicité pour faciliter la tâche des consultants et des chargés de recherche via une informatisation de toutes les missions.

Pour le futur, Mensonides souhaite ouvrir des filiales à l'étranger, et essaimer ses pratiques. Joignant le geste à la parole, Bossfield a pris des parts dans Strammer (« encore plus solide » en allemand). Ce cabinet de chasse de tête est dirigé par David Mercier. Ancien de TMP-Saniteam, il a fondé Strammer en 2008 avec deux consultantes spécialisées (Anne-Sophie Nicolaï et Claire Chevalier). Strammer est ultra-spécialisé dans le recrutement pour le matériel médical. Mercier et son équipe recrutent, avec la façon de faire de Bossfield, des membres de comité de direction, du marketing, de la vente, du juridique ou de la qualité des entreprises fabricant du matériel allant de la seringue au bloc opératoire. Strammer devrait constituer, à terme, la branche santé de la superstructure Bossfield.

En pratique

55 missions de recrutement par an pour Bossfield
30 missions pour Strammer

Tarifs

Pour Bossfield, tarif plancher de 10 000 € en annonce et de 15 000 € en chasse.
Pour Strammer, 15 000 € pour un recrutement via la base de données et 25 000 € via l'approche directe.

Autre cabinet

Strammer : même adresse, tél. : 01 55 68 11 49

BOYDEN

1, rond-point des Champs-Élysées
75008 Paris
Tél. : 01 44 13 67 00
Fax : 01 44 13 67 13
boyden@boyden.fr
www.boyden.fr

Création 1971
SA au capital de 44 000 €

Responsable Marc Lamy, PDG

Consultants Boyden consumer and retail : Marie-Pierre Guilbert (ESC Nantes)
Boyden luxury and selective brands : Anne Raphaël (ESCP, MBA à Atlanta)
Boyden finance : Marc Lamy (ESC Rouen, MBA), Antoine Kamphuis (Essec)
Boyden industry : Christine Alibert et Michel Sauzay (HEC)
Boyden life sciences and biotechnology : Geneviève Grandjean (médecin, EM Lyon)
Boyden board of directors : Marc Lamy
Boyden technology : Pierre Fouques du Parc (Supelec, Insead)
Boyden tax & legal (juridique et fiscal) : Frédéric d'Antin (DESS en droit)

Effectif 9 consultants

CA 5,7 M€

AESC

➤ **Recrutement par approche directe** 100 %

Profils recherchés

Cadres supérieurs et dirigeants

Notre opinion

Chez Boyden, où l'on fait de la chasse de têtes depuis plus de 60 ans, tout va pour le mieux. Le chiffre d'affaires est en constante hausse : 5,7 M€ en 2007, contre 5 M€ en 2006 et 4,5 M€ en 2005. Et deux nouveaux consultants ont été recrutés pour remplacer les plus âgés partis en retraite : Anne Raphaël a rejoint l'équipe en mars 2008 et Pierre Fouques du Parc en avril. Particularité du cabinet : à leur entrée, les consultants s'engagent en effet à ne pas rester au-delà de leur 66e année sauf si un vote à la majorité simple des partenaires leur propose de rester.

Boyden continue également de développer et d'hyperspécialiser ses départements. Industry et life sciences sont par exemple désormais séparés. Pour compléter son panel, le cabinet devrait recruter de nouveaux consultants en tax and legal, industry, assurance et media and leisure (les libellés d'activité sont en anglais ici...). Pourtant Marc Lamy, le sémillant PDG, ne voit pas l'avenir en rose et a l'honnêteté de le dire. Dans le meilleur des cas, 2008 devrait être égale à 2007, mais « le plus probable est qu'il soit inférieur de 20 % ».

L'organisation de Boyden France est particulière : il s'agit d'une addition de petites sociétés unipersonnelles, détenues par chacun des consultants, qui sont sous-licenciés. Boyden France assure la cohésion de l'ensemble, mais chacun, à la manière d'indépendants en profession libérale, est responsable de ses affaires. Cela permet aux clients de travailler avec des consultants directement responsables de leur activité. Et pour Lamy, c'est l'une des meilleures idées de sa vie, qui lui permet de « travailler avec des entrepreneurs et non des salariés » : quand l'activité marche bien, les consultants sont très contents, et quand ce n'est pas le cas, pas besoin d'aller leur tirer les bretelles puisqu'ils sont responsables de leur centre de profit...

Au niveau mondial, le réseau Boyden est une association non capitalistique et non intégrée de cabinets qui partagent le même nom. Ce sont des indépendants réunis sous une forme de franchise.

En pratique

Références
Liste vérifiable auprès des clients
140 missions par an

Tarifs
Forfait-plancher de 36 000 €
Règlement en trois mensualités

Autres implantations
Dans 46 pays

BOYDEN INTERIM MANAGEMENT

1, rond-Point des Champs-Élysées
75008 Paris
Tél. : 01 44 13 67 00
Fax : 01 44 13 67 13
fournier@boyden.fr
www.boyden.com

10, place Charles Béraudier
69003 Lyon
Tél. : 04 26 68 70 37
Fax : 04 26 68 70 38
rene.charmasson@boyden.fr

Création	1998 SAS au capital de 39 000 €
Responsables	René Charmasson, président de Boyden Intérim Management Marc Lamy, président de Boyden France
Consultants	noms NC
Effectif	2 consultants
CA	3 M€
	Prisme

➤ **Management de transition**

Profils recherchés

Cadres dirigeants et supérieurs

Notre opinion

Boyden Interim Management - qui a abandonné début 2008 le nom de Boyden Interim Executive pour s'harmoniser au niveau mondial - semble avoir réussi son pari. En 1998, quand Gérard Fournier a ouvert cette filiale d'intérim du prestigieux cabinet de chasse de tête Boyden France, il n'y avait pas grand monde pour parier sur cette activité. Fournier a persévéré. Depuis, il a quitté la société, poussé au départ par l'âge limite de 66 ans fixé par Boyden (*cf. présentation*). Il a été remplacé par un pionnier du management de transition, René Charmasson, qui en fait depuis 1995 et a été lui-même manager de transition. « Nous ne sommes pas bien nombreux à avoir plus de dix années d'expérience au moment où beaucoup de personnes découvrent ce métier », souligne l'intéressé. Le cabinet est d'ailleurs en train de recruter un troisième consultant.

BIM fait donc de l'intérim comme Manpower. Mais c'est une société d'intérim un peu spéciale. Ici, les intérimaires ne sont pas vraiment des dactylos: rémunérés entre 90 000 € à 160 000 € par an, ils pourraient même devenir un jour vos patrons! Le cabinet s'est constitué un vivier de spécialistes de haut niveau (ils ont en général de 40 à 50 ans, ont eu un accident de parcours et veulent se relancer). Ce fichier comprend 7 000 noms: des financiers, des directeurs généraux, des spécialistes du marketing et de la vente, des experts de l'industrie (directeurs d'usine, de département, spécialiste de la logistique), des DRH... On y trouve également des directeurs des systèmes informatiques.

Le cabinet se maintient, avec 3 M€ de CA en 2007, contre 2,9 M€ en 2005. Les demandes actuelles concernent des postes de direction générale, de direction de filiales et de supply chain.

Chaque candidat est classé selon ses compétences: gestion de crise, spécialiste du changement, expertise pointue, pratique de l'international... La société s'appuie sur une « garde rapprochée » d'environ 1 000 managers, « qui se renouvellent en permanence et dont certains ont fait de l'intérim management leur métier », précise Charmasson.

Le coût de ces missions n'est pas négligeable. Le cabinet prend une marge d'environ 28 % - « entre 25 et 30 % selon la durée de la mission », précise Charmasson. Prenons par exemple une mission de six mois sur la base d'un salaire annuel de 100 000 €. La rémunération de BIM sera de 28 000 €. Le coût total pour le client sera de 28 000 € pour BIM + 50 000 € de salaires + 50 % de charges, soit 103 000 €. Si on compare cette somme au coût d'un recrutement classique (le salaire, les charges et 33 % de la rémunération allant au cabinet de recrutement), auquel il faut parfois ajouter le « golden parachute » (en général un an de salaire), il peut être intéressant d'essayer un cadre de haut niveau de cette façon. On peut aussi comparer aux honoraires des consultants en management, qui atteignent facilement 2 000 € par jour.

À noter enfin que BIM a arrêté son activité de veille de talents pour affiner son SAV : « Nous avons une réputation de sérieux. Cela ne signifie pas que nous ne rencontrons pas de difficultés sur certaines missions mais l'important est de faire tout ce qu'il faut pour qu'elles se déroulent au mieux, ce qui passe par la qualité du suivi ». Aussi les missions comportent obligatoirement un plan d'action, et une comparaison avec les objectifs fixés est réalisée au minimum tous les quinze jours au début de la mission, puis tous les mois par la suite.

Côté projets, Charmasson souhaite que Boyden Interim Management demeure dans le top 3 des cabinets de référence, développe des accords cadres avec de grands groupes et poursuive son développement à l'international. « Près de 20 % des missions concernent l'international », indique à ce sujet Charmasson : mise à disposition de managers français (par exemple pour du management de crise industrielle) ou de managers locaux (par exemple pour des restructurations, des cessions d'activité, etc.). En revanche, le but du cabinet n'est pas de voir se multiplier le nombre de missions (50 en 2007). « Il y a deux manières de faire : essayer de prendre tout ce qui passe, ou privilégier la qualité et les missions de haut niveau. Nous avons choisi la deuxième option. »

Le cabinet semble toutefois souffrir quelque peu de la concurrence : « dans les années pionnières, en 2001-2005, le plus difficile était de trouver des missions, pas des candidats, souligne Charmasson. Aujourd'hui, c'est plutôt l'inverse qui se produit. »

Ses bureaux sont situés en bas des Champs-Élysées, à deux pas de la présidence de la République française, dans un magnifique écrin en sous-sol.

En pratique

Références

50 missions par an

Tarifs

Les tarifs varient selon la durée de la mission : de 2,4 pour les missions courtes à 2,1 pour les missions de 18 mois.
Règlement : tous les mois

Groupe CAPFOR

90, avenue des Champs-Élysées
75008 Paris
Tél. : 01 56 43 50 05
Fax : 01 56 43 50 06

5A, rue Claude Chappe
69370 Lyon
Tél. : 04 37 64 28 30
Fax : 04 78 35 31 61
contact@capfor.com
www.capfor.com

Création	1972 SA au capital de 38 112 €
Responsables	Édouard Siméon, PDG, responsable de l'Île-de-France et de l'international Jacques Crochet : Atlantique-Nantes Philippe Dalle : Toulouse Bruno Le Nestour : Quimper Jean-Marc Bury : Lyon
Effectif	12 consultants en recrutement (+ 8 en formation-conseil)
CA	2,7 M€ en recrutement 1,8 M€ en conseils, bilan, coaching…
	Syndicat du Conseil en Recrutement/Syntec

➤ **Recrutement par approche directe** 80 %
➤ **Recrutement par annonces** 20 %

Spécialisation sectorielle

Énergies renouvelables, transports, logistique, second œuvre du bâtiment, distribution

Profils recherchés

Cadres moyens à cadres dirigeants

Notre opinion

Groupe Capfor et non plus Richelieu Capfor : c'est officiel, la fusion, qui remonte à 2003, du groupe Capfor avec Richelieu, société spécialisée dans le conseil en ressources humaines (aide au recrutement des cadres et dirigeants, audit de structure, conseil en organisation ou le bilan de compétences) est digérée.

Par contre, le coup de tonnerre qu'a constitué la sécession du bureau parisien (qui réalisait plus de 50 % du chiffre d'affaire total) a laissé des traces. Depuis le 1er janvier 2005, Olivier Klein, ancien dirigeant de Capfor Paris, dirige Actencia (*cf. présentation*). « Ce besoin d'indépendance est classique dans les métiers que nous faisons », philosophe Jean-Marc Bury, dirigeant de Capfor Lyon. Reste que, trois ans après, seule une simple adresse lie encore Capfor à la capitale : « Paris, c'est compliqué », tranche Bury. D'ailleurs, signe qui ne trompe pas : le PDG du groupe, Édouard Siméon, pourtant responsable de l'Île de France, est, lui aussi, basé à Lyon : « C'est notre plus gros cabinet, naturellement j'y suis ».

Inutile de dire que ce départ a eu des conséquences économiques : en 2004, Capfor affichait un chiffre d'affaires de 3 M€ en recrutement et 3 M€ en formation-conseil, mais sans le bureau parisien, les chiffres ont baissé à 4,5 M€ en 2007. Le cabinet de Lyon fait figure de « navire amiral » du groupe avec 1,2 M€ de CA (dont 70 % en recrutement). Lyon vise 1,5 M€ pour 2008 en mettant l'accent sur le développement de la formation.

À l'échelle du groupe, le chiffre d'affaires se répartit à 60-40 entre le recrutement et les autres prestations : bilans d'évaluation, outplacement, coaching, bilans de compétence, accompagnement au changement, stratégie et formation (en technique de vente principalement).

Roland Roux de Chavanes, qui s'occupait de l'international, a quitté la société. Depuis, « personne n'a vraiment pris la relève à l'international », note Bury pour qui cette activité relève désormais de l'anecdotique. Édouard Siméon dit pourtant songer à des implantations en Afrique de l'Ouest et du Nord.

Capfor possède toujours une cellule dédiée au conseil : si « Capfor

Évolution » a été absorbée par le groupe, Capfor Consulting a, quant à lui, survécu en tant qu'entité propre.

Apport de la fusion, une charte déontologique très stricte et spécifique au groupe, concernant les process à mettre en œuvre pour un recrutement de qualité, a été mise en place. Lorsque le candidat est reçu, un mémoire de carrière, s'apparentant à un bilan de son expérience, de ses hauts faits, ainsi que ses motivations vis-à-vis de l'entreprise et de ce qu'il pourrait lui apporter, lui est demandé. Ce mémo de six pages permet d'évaluer la capacité à rédiger en français et sa motivation réelle. « Les candidats sont très sollicités et on a tendance à moins s'impliquer. Pour ne pas perdre notre temps et celui de nos clients, on préfère savoir tout de suite s'ils ont un projet réel. L'investissement dans le rédactionnel est un bon révélateur », explique Bury

Le business a beau s'être recentré sur la région Rhône-Alpes, le groupe ne reste pas figé pour autant. Si les bureaux de Montpellier ou de Poitou Charentes ont fermé leurs portes, de nouvelles implantations ont vu le jour à Aix-en-Provence, Nancy et … l'Île Maurice. Surtout, Capfor souhaite avoir un point de chute à Lille : « C'est un endroit où l'on n'est pas et où l'on devrait être ».

En pratique

Références

Liste vérifiable auprès des clients, nombre de missions non communiqué

Tarifs

Forfait plancher en approche directe de 10 000 € et en annonce de 5 000 €

Règlement : la moitié du forfait au début de la mission, un quart à la présentation des candidats et un quart à l'intégration

Autres implantations

Capfor Atlantique :
Immeuble Idaho, Bât. B BP 31507 1, rue du Château de l'Éraudière
44315 Nantes Cedex 3 - Tél. : 02 40 18 77 77 - Fax : 02 40 18 77 88
Contact : Jacques Crochet (competence@capforatlantique.com)

Capfor Bordeaux :
Bureau du Lac 2 6, rue René Cassin Triopolis 2 33049 Bordeaux Cedex
Tél. : 05 56 69 97 24 - Fax : 05 56 69 96 81
Contact : Alain Philippe (bordeaux@capfor.com)

Capfor Bourgogne :
31, rue de la Dautine 89500 Marsangy
Tel : 03 86 96 91 53 - Fax : 03 86 96 91 53
Contact : Philippe Zourabichvili (bourgogne@capfor.com)

Capfor Centre Est :
La City, BP 1995 25020 Besançon
et 6, rue du Rhône 90000 Belfort
Tél. : 03 81 25 02 03 - Fax : 03 81 81 48 68
Contact : Jean Babouot (centre-est@capfor.com)

Capfor Croissance :
Centre d'Affaires Delta 4, bd de Creac'h-Gwen 29000 Quimper
Tél. : 02 98 53 07 08 - Fax : 02 98 53 07 68
Contact : Bruno Le Nestour (croissance@capfor.com)

Capfor Sud Ouest :
Imm. Cap Wilson 81, bd Lazare-Carnot 31000 Toulouse
Tél. : 05 62 27 59 00 - Fax : 05 62 27 59 01
Contact : Philippe Dalle (phd.toulouse@capfor.com)

Capfor Provence :
350 av. J-R G. Gauthier de la Lauzière 13856 Aix en Provence Cedex 3
Tél. : 04 42 38 00 00 - Fax : 04 42 24 00 97
Contact : Frédéric Casabianca (fcasabianca@capfor.com)

Capfor Nancy :
4, rue Piraux Immeuble Thiers 54048 Nancy
Contact : Peggy Ostheimer (postheimer@capfor.com)

Capfor Madagascar :
BP 12013 Tananarive 101 Madagascar
Tél. : 00 261 20 22 590 65 - Fax : 00 261 20 22 590 66
Contact : Michel Siméon (capfor@blueline.mg)

CHANTAL BAUDRON S.A. ELECTRE

61, boulevard Haussmann
75008 Paris
Tél. : 01 47 42 58 20
Fax : 01 47 42 02 56
cbsa@chantalbaudron.fr
www.chantalbaudron.fr

Création	1980 SAS au capital de 40 000 €
Responsable	Chantal Baudron, PDG
Consultants	Chantal Baudron, Dominique Letamendia, Isabelle Lavielle, Caroline Taylor, Martine Landry, Delphine Mathieu, Valérie Carré, Roxane de la Morandière, Maud Dutheil-Besset
Effectif	9 consultants
CA	2,2 M€
	Syndicat du Conseil en Recrutement/Syntec

- **Recrutement par approche directe** 95 %
- **Multimédia** (approche directe, Internet, annonces) 5 %

Spécialisation sectorielle

Luxe-mode-beauté (40 %), nouvelles technologies de l'information et de la communication (12 %), communication (8 %)

Spécialisation fonctionnelle

Marketing-vente-création (40 % du CA)

Profils recherchés

Cadres moyens à dirigeants

Notre opinion

Si Chantal Baudron aime à présenter son cabinet comme « à vocation généraliste », celui-ci est d'abord connu comme l'un des tout premiers cabinets parisiens spécialisés dans le luxe. Près de la moitié du CA se fait sur ce secteur. Mais le cabinet chasse aussi pour les métiers de la haute technologie-informatique/multimédia et de la communication. En termes de fonctions, Baudron se veut, là encore, généraliste (avec toutefois 40 % de son CA dans le marketing, la vente et la création).

Passé de 1,5 M€ en 2005 à 2,2 M€ en 2007, le CA semble vouloir poursuivre son ascension : le cabinet table ainsi sur une hausse de 20 % en 2008. Stratégie payante, conjoncture favorable ? L'intéressée reconnaît avoir encore du mal à démêler sa part de responsabilité dans cette augmentation. « Le nombre d'appels spontanés a augmenté », note simplement Baudron qui y voit le résultat d'un « travail de qualité » et d'une aptitude à « savoir exploiter les occasions ».

Ces bons résultats la confortent dans sa vision très arrêtée de la profession : « A contrario de l'approche anglo-saxonne, j'estime que notre métier ne consiste pas seulement à valider des compétences ou un savoir-faire. Puisqu'il s'agit d'intégrer la culture d'une entreprise, le savoir-être aussi est important. D'où l'intérêt que nous portons à l'étude de la personnalité du candidat », explique Baudron. C'est donc tout sauf un hasard si quatre des neuf consultants sont psychologues de formation (à commencer par Chantal Baudron elle-même). « De la même façon, il me semble que les cabinets de recrutement sont de plus en plus prestataires et de moins en moins conseil. Or, j'ai toujours pensé que c'est l'aspect conseil qui donnait sa valeur ajoutée à un recruteur », renchérit-elle.

Passée de sept à neuf, l'équipe (100 % féminine !) de consultantes est épaulée par un back-office comptant désormais six chargées de recherche. Ainsi, déchargées de la partie sourcing, les consultantes sont « plus productives ».

À noter que la structure reste dédoublée. La marque Chantal Baudron s'occupe du middle management, pour des postes évoluant entre 50 000 et 100 000 €, ce qui traduit une montée en gamme : il y a deux ans encore, la fourchette allait de 40 000 et 65 000 €. Au-delà de 100 000 €, c'est la marque Electre qui s'occupe des cadres dirigeants et « repreneurs-managers » pour les sociétés de capital-investissement.

Chez Baudron, les consultants sont payés sous forme de fixe auquel s'ajoutent des primes lorsque la production est supérieure à un certain pourcentage du salaire. « Nos consultants ne sont pas des développeurs commerciaux. Leur rôle est de fidéliser les clients et de travailler sur la qualité de réception des candidats ». Une philosophie récompensée par la réputation de sérieux et d'efficacité dont jouit ce cabinet.

En pratique

Références

120 missions par an

Tarifs

Forfait plancher de 15 000 € en approche directe et de 12 000 € en recherche « multimédia » (annonce, approche directe sur des entreprises ciblées et Internet).
Règlement : 50 % du montant au début de la mission, 30 % à la présentation des candidats et 20 % un mois après cette présentation

CROSSWAY MANAGEMENT

42, avenue Kléber
75116 Paris
Tél. : 01 56 90 16 16
Fax : 01 56 90 16 17
mailbox@crossway-management.com
www.crossway-management.com

Création	1994 SA au capital de 100 000 €
Responsable	Pascal Daoglio, PDG, consultant
Consultants	noms NC
Effectif	4 consultants et 3 chargés de recherche
CA	0,8 M€
	Syndicat du Conseil en Recrutement/Syntec

- **Recrutement par approche directe** 95 %
- **Conseil, évaluation** 5 %

Spécialisation sectorielle

High-tech et télécoms, industries, grande consommation, banque-finance-assurance, pharmacie-cosmétologie

Profils recherchés

Experts, cadres supérieurs et dirigeants/profils internationaux

Notre opinion

Moins de missions pour un chiffre d'affaire équivalent. Comment Crossway Management en est arrivé à cette équation ? « Nous avons moins cherché à croître qu'à consolider », résume Pascal Daoglio, le PDG. Après avoir fortement progressé en 2005, le CA de Crossway Management se maintient, depuis, à 800 000 euros. « Je préfère la durée », assure cet ancien du Celsa qui veut garder les pieds sur terre malgré la fusée de Tintin qui trône dans son bureau. Moins de missions donc, mais davantage pour des postes seniors.

Caractéristique du cabinet : il est de plus en plus axé sur les missions internationales. Elles représentent désormais 60 % de l'activité. La cible : les sièges européens ou mondiaux et les filiales de multinationales basées en Europe. Malgré tout une part significative (40 %) de l'activité reste hexagonale : « On fait les deux ! », martèle Daoglio.

Tous Français, les consultants opèrent depuis Paris exclusivement. Daoglio refuse en effet pour l'instant la sous-traitance et préfère que ses consultants se déplacent pour rencontrer les candidats : « Il faut que l'on reste agile ».

Les qualités appréciées par le dirigeant de Crossway pour faire le métier de chasseur : « développer du business tout en étant capable de bien évaluer les candidats, et de satisfaire nos clients ». On s'en serait douté…

Les assistants de recherche sont trois aujourd'hui. Ils travaillent sur une base de données de 45 000 noms (dont 7 000 internationaux). Cela permet au cabinet de s'engager sur un délai de présentation des candidats de 4 à 6 semaines en France et de 6 à 8 à l'international.

En tout, il compte environ soixante-dix clients réguliers pour lesquels les niveaux de salaires recherchés vont de 60 000 à 150 000 € en France et 70 000 à 200 000 € hors Hexagone.

Tout cela laisse à Daoglio une insatisfaction pour le moins ambivalente : « On travaille pour dix groupes du CAC 40. En quinze ans, nous avons mené à bien 900 missions et travaillé dans une vingtaine de pays. » Et de conclure : « Notre notoriété n'est pas à la hauteur des clients avec lesquels nous travaillons. »

En pratique

Références

Environ 38 missions par an

Clause de reprise de mission : 6 mois

Tarifs

Forfait plancher de 20 000 € pour les missions France, 25 000 € pour les missions internationales

Règlement : 40 % à la réception de l'accord, date de début de la mission, 30 % à la présentation du candidat et 30 % à la signature d'un accord avec le candidat.

CTPARTNERS

41, avenue de Friedland
75008 Paris
Tél. : 01 56 60 27 00
Fax : 01 56 60 27 37
ctparis@ctnet.com
www.ctnet.com

Création
2006
SAS au capital de 40 000 €

Responsable
Sylvain Dhenin

Consultants
Alexandra Alberti (bachelor of science), spécialiste des médias-télécoms
James Brooks, (bachelor of science en pharmacologie), spécialiste de la santé
Fabienne Delorme, spécialiste de l'industrie
Sylvain Dhenin (ESC Bordeaux)
Quitterie Dumon Sellier (Esselsca), spécialiste des « financial services »
Françoise Fiorentino (HEC), spécialiste des marchés financiers
Marine Lamy (DEA d'histoire), spécialiste des « financial services »
Séverine Leca (HEC), spécialiste des « professional services »
Alain Leclerc (docteur en pharmacie)
Florence Magne (HEC), spécialiste de l'industrie
Muriel Moreau (DESS de finances et fiscalité, Dauphine), spécialiste des marchés financiers
Anne-Hermine Nicolas (Edhec), spécialiste de la grande consommation
Solveig Romand (ISG), spécialiste des hautes technologies
Diane Segalen (DESS de finances, Dauphine), spécialiste des marchés financiers
Florence Soule de Lafont (Ensae, Master de finances à HEC et Institut français de l'actuariat)

Effectif
15 consultants

CA	11 M€
	AESC

➤ **Recrutement par approche directe** 100 %

Profils recherchés

Cadres dirigeants

Notre opinion

CTPartners, anciennement Christian & Timbers, 6e structure mondiale, avec 110 M$ de chiffre d'affaires, a débarqué en France en 2006, de même qu'à Londres et Genève. Elle a aussi, pour faire bonne mesure, ouvert des antennes en Asie.

Le bureau parisien a été confié à Sylvain Dhenin, jeune et sémillant ancien patron de Whitehead Mann Paris. Pour développer la structure, ce jeune recruteur de 37 ans a dû (su) faire son marché chez d'autres cabinets chasseurs de tête, en débauchant quelques stars d'Heidrick & Struggles, surtout, et d'Alexander Hughes.

Tout cela fait donc d'excellents chasseurs (et chasseuses) de tête pour développer cette structure, qui a su s'imposer « dans un pays où elle n'existait pas et face à des cabinets bien implantés », se réjouit Dhenin. CTPartners est ainsi passé de 5 M€ en 2006 à 11 M€ en 2007 - « un peu normal puisqu'on venait de commencer » - et a continué sa pêche aux bonnes recrues : de 10 en 2006, le nombre de consultants est passé à 15 en 2008.

La firme mise sur la qualité du travail fourni. Pour y parvenir, elle applique un processus assez rare dans le métier. « Quand une mission commence, une stratégie de recherche est définie. À 7 jours, une liste de cibles est présentée. À 14 jours, la recherche des candidats est terminée. Au bout de 40 jours, commente Dhenin, nous réalisons un audit de la mission, via un partenaire indépendant. Nous faisons alors le point avec le client sur la qualité du travail et sur sa satisfaction. À 100 jours, si la mission n'a pas été concluante, nous lançons un 2e audit. Enfin, nous faisons auditer chaque année les comptes de notre société et nous indiquons également notre taux de succès. Il est, au niveau mondial, de 81 % ». Une façon de faire qui devrait plaire aux clients, parfois échaudés par la non-transparence de la profession.

Pour une entreprise, les avantages à venir chez CTPartners sont donc nombreux : l'équipe est jeune et homogène, « répondant au rajeunissement aussi assez fort des équipes de management des entreprises ». Les processus de recrutement sont clairs et transparents. CTPartners est aussi une structure mondiale avec des bureaux intégrés, c'est-à-dire filiales d'une même société-mère, basée aux Etats-Unis. Cela permet de mener des chasses planétaires et de disposer des talents de l'ensemble de la planète. Plus de 70 % des missions sont d'ailleurs internationales.

Reste que l'entreprise est encore jeune en France. Que ce développement est mené à un train d'cnfer par de jeunes consultants. Leur mode de rémunération composé d'un fixe de 50 % et d'une variable de 50 % ne va pas, pour nous, dans le sens d'une collaboration sereine. Pour se défendre, Dhenin évoque sa réussite à faire travailler ensemble ces jeunes loups, obligés, de fait, de collaborer. Le cabinet travaille en effet beaucoup pour des fonds d'investissement, dont les membres ont aussi des besoins en recrutement, obligeant les consultants à travailler de concert.

En pratique

Références

Liste vérifiable auprès des clients
150 missions par an

Tarifs

Forfait plancher à 40 000 €
Moyenne de 100 000 € par mission

Autres implantations

Etats-Unis, Colombie, Venezuela, Chili, Pérou, Brésil, Suisse, Angleterre, Hong Kong, Chine et Singapour.

EGON ZEHNDER International

54, avenue Marceau
75008 Paris
Tél. : 01 44 31 81 00
Fax : 01 47 20 39 82
eziparis@ezi.net
www.egonzehnder.com

Création
1968
Établissement d'une société suisse

Responsable
Daniel Tournier, directeur général France

Consultants
À Paris :
Lisa Barlow (IEP, MBA Wharton) : grande consommation
Raymond Bassoulet (HEC) : service et consulting
Marie Baudron (ESCP, MBA d'Harvard) : services financiers
Philippe Compagnion (École polytechnique, Sup Télécom) : hautes technologies et télécommunication
Raphaël Czuwak (ESCP Paris, MBA Insead) : banque-assurance
Xavier Leroy (IEP, Essec) : sciences de la vie
Marc de Leyritz (IEP, MBA Insead) : services financiers
Pierre Mogenet (ingénieur, MBA) : hautes technologies et consulting
Meriem Ould Rouis (polytechnique, Insead) : industries et services
Jean-Louis Petibon (Essec) : grande consommation et luxe
Vincent Ravanas (IEP, Essec) : industrie
Hélène Reltgen (Essec, MBA) : communication, hautes technologies
Évelyne Sevin (HEC, MBA) : mode
Daniel Tournier (ESCP) : banque-assurance
Andreas Von Specht (European business school) : grande consommation, grande distribution
Séverine de Wulf (MBA Insead) : services financiers

	À Lyon : Didier Duez (HEC) : banque, entreprises régionales, industrie automobile Paul Fakhri (Ponts-et-Chaussées) : nouvelles technologies Jessica Pire (MBA Insead) : industries et services
Effectif	19 consultants
CA	17 M€ en recrutement 3 M€ en conseil 1 M€ en gouvernance d'entreprise

➤ Recrutement par approche directe 100 %

Profils recherchés

Cadres dirigeants

Notre opinion

Après 13 ans de bons et loyaux services, Jean-Louis Petibon, le dirigeant d'Egon Zehnder France, a passé la main. Mais il l'a fait, en 2008, à la Egon. Sans vague ni psychodrame, en toute concertation avec l'équipe. « Il m'a transmis le relais, mais il reste consultant chez nous », précise Daniel Tournier.

Cette façon de faire est caractéristique de la méthode Egon où les décisions sont collégiales et concertées. Cela permet d'évoluer sans faire table rase du passé.

Tournier est donc le nouveau « patron » d'Egon France. Pour *Les Échos*, qui lui ont dressé un portrait peu critique, « cinquante-sept ans, il possède tous les attributs du recruteur de haut vol. Jusqu'à la discrétion dont il entoure sa personne. Difficile en effet de faire parler de lui cet ancien banquier, diplômé de l'ESCP et tombé dans la chasse de têtes à trente-quatre ans ». « Au départ, je n'étais pas du tout attiré par ce métier, précise-t-il au quotidien des affaires. Il faut dire que j'avais été moi-même chassé quelque temps auparavant par un cabinet anglo-saxon qui manquait vraiment de professionnalisme ».

Côté recrutement, Tournier a la chance de prendre les rennes d'un attelage en pleine bourre. Egon France a fait grimper en deux ans son CA recrutement de 11,2 M€ à 17 M€. Un record. « Cela fait de notre structure française le premier cabinet de chasse de têtes du pays », estime Tournier. Nous sommes d'accord avec lui tant en chiffre d'affaire (17 M€) qu'en nombre de consultants. La méthode Egon explique ces excellents résultats. « La principale qualité d'un chasseur de tête : inspirer la confiance, expliquait l'ancien dirigeant Jean-Louis Petibon. Et on ne donne pas sa confiance à des girouettes. Nous sommes donc très fiers de proposer à nos clients un service qui est toujours le même et qui est toujours réalisé par les mêmes consultants ».

Dans les années de crise, quand il y a une baisse du CA, chaque consultant fait l'effort de baisser sa rémunération. Le cabinet amortit ainsi les principaux chocs. La baisse d'activité que la structure a connue comme toutes les autres entre 2002 et 2005 n'a donc pas entraîné de licenciements. Quand la reprise est venue, tout le monde était sur le pont pour engranger des missions.

De plus, la structure, avec une image de marque excellente, a su développer le conseil aux conseils d'administration. Cela procure un peu (avec 1 M€) d'argent. Mais surtout de nombreux contacts avec les vrais décideurs français.

« Nous sommes stables parce que Egon Zehnder France est l'une des rares firmes à être détenu à 100 % par ses partenaires. Ils sont donc tous là pour les 15 ans qui viennent », précisait il y a deux ans Petibon. Il n'y a, aujourd'hui, pas grand-chose à ajouter. Contrairement aux firmes cotées en bourse, l'impact des résultats sur la stratégie est moins fort. D'autre part, EZ recrute toujours en dehors de la profession et investit dans la formation et le développement de son personnel. Cela évite d'embaucher des « mercenaires », et cela rend difficile le licenciement des consultants, car tout le monde sait, chez EZ, qu'il faudra très longtemps avant de disposer d'un nouveau professionnel aussi opérationnel que l'ancien. Enfin, les consultants intègrent avant tout une entreprise, avant d'épouser une profession. Cela évite les chasseurs de primes. Chez Egon, personne n'est propriétaire de son candidat ou de son client. Ainsi, la rémunération de chacun n'est pas liée à ses résultats individuels, mais aux résultats globaux de l'équipe.

Sur le marché, la structure garde aussi son cap. Alors que ses concurrents essaient de descendre vers le middle management, EZ reste sur son secteur de prédilection : la chasse de très hauts cadres.

Ici, on ne recrute que des dirigeants, voire leurs seconds, pour des salaires annuels qui ne descendent pas en dessous de 92 000 €, le salaire médian avoisinant 150 000 €. Ici, on refuse d'ouvrir son Mont-Blanc à moins de 50 000 € d'honoraires pour une mission. Toutes ces raisons concourent à la très bonne réputation de ce chasseur de têtes. La profession, qui n'est jamais en retard d'une perfidie, d'un trait d'esprit ou d'une remarque assassine, ne critique jamais Egon. C'est dire s'il est respecté.

Pour Egon Zehnder, le recrutement est donc un métier de longue haleine. Bien entendu, nous sommes, ici, loin des paillettes et des opérations marketing de bon nombre de confrères. La méthode Egon n'est pas glamour. Mais si vous voulez recruter un dirigeant, c'est, à notre avis, l'un des tout meilleurs endroits de France. Car, en s'adressant à un de ses bureaux, on s'attache non seulement les services du bureau local (19 consultants en France), mais aussi ceux des 385 consultants du groupe. Un groupe qui pèse (chiffre 2007) 369,5 M€ de CA et qui se classe au quatrième rang des cabinets mondiaux. Il était sixième en 1997 avec 181,9 M$ de CA. Ce réseau est constitué de bureaux totalement intégrés, c'est-à-dire filiales de la même société mondiale (qui appartient aux consultants). Cela signifie aussi que les consultants de Paris utilisent les mêmes techniques de recrutement que ceux de New York ou de Hongkong.

Concrètement, sur chaque mission, un consultant leader est désigné, qui aura la responsabilité de la chasse et sera l'interlocuteur unique du client. Mais il s'appuiera sur l'ensemble des ressources du groupe. Ainsi les consultants d'Egon France se réunissent chaque semaine pour donner leur avis sur chaque mission en cours. Le consultant-leader peut aussi faire appel au spécialiste du secteur dans le groupe, où qu'il se trouve, Egon étant organisé par « practice » (automobile, pharmacie, luxe, etc.). En dépit de sa stabilité, EZ propose quelques nouveaux services, extérieurs à la chasse de tête. Il s'agit d'accompagnement complet pour un candidat embauché. Pour 10 000 à 15 000 € par an, les consultants d'Egon conseillent le dirigeant par rapport à son organisation et l'organisation par rapport à son nouveau dirigeant. Il propose aussi de l'évaluation de conseils d'administration.

À l'horizon 2012, EZ France voudrait disposer de 25 consultants.

En pratique

Références

Pas de liste de références clients
250 missions par an

Tarifs

Forfait plancher de 50 000 €
Règlement en trois ou quatre mensualités

Autres implantations

32, rue de la République 69002 Lyon
Tél. 04 72 41 18 50 - Fax 04 72 41 18 59

À l'international : 67 bureaux dans 37 pays

EHC RECRUTEMENT

147, avenue Paul Doumer
92500 Rueil-Malmaison
Tél. : 01 41 39 09 80
Fax : 01 41 39 09 81
contact@ehc.fr
www.ehc.fr

Création	1995 SAS au capital de 253 800 €
Responsables	Éric Hazard, président Marc Lebourg, directeur général
Consultants	noms NC
Effectif	10 consultants
CA	1,7 M€ en recrutement et 0,7 M€ en formation

➤ **Recrutement par approche directe** 40 %

➤ **Recrutement par annonces** 60 %

Spécialisation sectorielle

Biens de consommation (60 % des missions), industries/pharmacie/nouvelles technologies (40 %)

Profils recherchés

Débutants à cadres et cadres supérieurs

Notre opinion

EHC Recrutement est un cabinet de taille moyenne en pleine croissance. Son chiffre d'affaires est passé en effet de 1,6 M€ en 2005 à 1,8 M€ en 2006 puis 2,4 M€ en 2007. Et Marc Lebourg, son directeur général, mise sur 3 M€ en 2008.

Ce cabinet créé en 2000, qui fait partie d'une société proposant depuis 1995 des formations en technique de vente, en négociation grands comptes et en management, est d'abord parti sur un positionnement très commercial. Il s'est même concentré sur les fonctions de vente terrain. « Petit à petit, nous avons commencé à travailler sur des postes de middle management et de cadres », explique Lebourg, 50 ans et ancien de Mars et Kraft. Aujourd'hui, EHC compte deux consultants seniors à Paris, qui s'occupent de dénicher des candidats pour des postes supérieurs à 70 000 € annuels. Lebourg indique travailler également pour des PME françaises et aussi de grands groupes internationaux.

Preuve de son dynamisme, ce cabinet a ouvert en 2006 un bureau à Lille, où officie un consultant senior généraliste, qui s'occupe de chercher des candidats pour des postes supérieurs à 50 000 €.

EHC, pour Éthique Hommes Compétences, mise aussi beaucoup sur l'éthique, c'est-à-dire « ne pas travailler dans l'urgence, sans discrimination, et en axant la recherche sur les compétences ». Le cabinet est d'ailleurs membre de l'association A compétence égale. Ses consultants ont été formés : « Nous nous interdisons de poser des questions discriminantes et avons le courage de dire les choses, assure le directeur général. Nous sommes capables de monter au créneau face aux discriminations dont peut faire preuve un client. Avoir une éthique, c'est avoir du courage, des valeurs, et ne pas être un béni-oui-oui. »

Dans les années à venir, EHC compte développer la chasse de tête ; mais son directeur général n'est pas dupe : « On ne devient pas chasseur de tête du jour au lendemain ». Il veut aussi devenir « encore plus » généraliste, et vise un objectif de 5 M€ de chiffre d'affaires et 30 salariés en 2010. Il faudra pour cela développer la cellule de recherche, estime Lebourg : pour l'instant une personne à Paris et une autre à Lille…

En pratique

Références : 500 missions par an

Tarifs

25 % de la rémunération annuelle brute en approche directe
20 % de la rémunération annuelle brute en approche mixte
Règlement : Un tiers au début de la mission, un tiers à la présentation du candidat et un tiers à l'intégration.

Autre implantation

Immeuble Multiburo - 21, avenue le Corbusier - 59042 Lille Cedex
Tél. : 03 59 56 16 31, contact@ehc.fr

ELITIS SEARCH

32, place Saint-Georges
75009 Paris
Tél. : 01 53 20 02 00
Fax : 01 53 20 02 27
contacts@elitis.com
www.elitis.com

Création	1991 SAS au capital de 38 000 €
Responsables	Henri Neyrand, président (Essec)
Consultants	Henri Neyrand Pierre Angelica (École de Management de Lyon) François Arminjon (autodidacte) Michael Austin (Miage) Dominique Geneste (École des Psychologues Praticiens) Nicolas Grivet (Essca Angers) Anaïs Boudoine (IAE Lyon) Florence Caron-Panoffré (maîtrise de psychologie) Thibaut Chalmin (Essec) Patrick Duboisset (Miage) Sandra Baraton (DUT GEA)
Effectif	11 consultants et 9 assistants de recherche
CA	2 M€ en recrutement 1,2 M€ en conseil, formation initiale et continue (y compris l'école Euridis)
	Syndicat du Conseil en Recrutement/Syntec

➤ **Recrutement par approche directe** 100 %

Spécialisation sectorielle

Technologies de l'information et de la communication, énergies et biotech

Spécialisation fonctionnelle

Commerciaux en informatique (60 % des missions), technico-commerciaux et consultants métiers, managers

Notre opinion

Des commerciaux pour SSII, éditeurs de logiciels, opérateurs de télécommunication et de services. Telle est toujours la spécialité d'Elitis, dont le CA en recrutement poursuit sa forte progression (0,8 M€ en 2004, 1,2 M€ en 2005, 2 M€ en 2007). « Et on a bien l'intention de continuer comme ça! », assure Henri Neyrand (ex-Atos et Steria) qui entend pour cela développer l'activité biotech.

Procédant quasi exclusivement en approche directe, Elitis s'intéresse aux salaires annuels de plus de 40 K€. Destination : une cinquantaine de clients, dont 30 SSII. « Nous sommes les leaders du recrutement pour les commerciaux des NTIC avec désormais environ 16 % du marché », affirme Henri Neyrand, qui observe une convergence des métiers entre SSII et éditeurs.

« On est un cabinet de chasse avec un vrai vivier. Cela constitue notre différence ». De fait, la moitié des missions aboutissent grâce à ce vivier de 30 000 noms, qui est constamment enrichi. Les heureux élus (4 candidats présentés par poste), sont, fait original, présentés chez Elitis pour plus de confidentialité. 90 % des recruteurs acceptent cette formule et voient leurs quatre candidats au sein du cabinet pendant une demi-journée. « Notre valeur ajoutée réside aussi dans notre rapidité puisque nous nous engageons à présenter des candidats qualifiés en trois semaines ».

Disposant de ses propres outils d'évaluation des candidats (nom de code : « Dimension ciblée »), l'entreprise est une adepte des techniques de PNL et, si le client le demande de... graphologie.

Déjà implanté à Lyon et Rennes, Elitis projette d'ouvrir deux autres bureaux : à Toulouse et en Paca. Ces nouveaux sites tirent les leçons des implantations plus ou moins réussies des écoles Euridis (filiale d'Elitis). Ainsi pas de bureau en vue à Nîmes, où l'école Euridis a fermé, ni à Bordeaux où elle connaît des difficultés. Actuellement, les écoles Euridis sont au nombre de cinq, à Lyon, Rennes, Paris, Bordeaux et Lille, où des commerciaux bac +4 sont formés. En tout 200 jeunes obtiennent chaque année, à la sortie, le titre de niveau II de « chargé d'affaires en services informatiques ».

« Je me suis aperçu qu'il y avait une totale légitimité entre Euridis et Elitis Search », s'enthousiasme Neyrand qui se dit persuadé qu'« il y a une vraie motivation des entreprises à embaucher des juniors ».

Autre business développé par Elitis : l'évaluation et la formation des équipes commerciales, mais ces activités ne semblent pas la priorité du groupe.

En pratique

Références

Liste vérifiable auprès des clients
180 missions par an

Tarifs

Forfait plancher de 8 000 € avec une moyenne de 12 000 € (soit 20 % du salaire annuel)
Règlement : 30 % du forfait au début de la mission, 30 % à la présentation des candidats et 40 % à la signature du contrat par le candidat sélectionné

Autres implantations

Elitis Search Lyon :
33, rue de la République 69002 Lyon
Tél. : 04 72 41 11 11 - Fax : 04 72 41 11 12
Consultant : Michael Austin

Elitis Search Rennes :
Parc Edonia - bâtiment B, rue de la Terre Victoria 35760 Saint-Grégoire
Tél. : 02 23 25 32 65
Consultant : Nicolas Grivet

ELZÉAR EXECUTIVE SEARCH

56, rue de Londres
75008 Paris
Tél. : 01 49 70 67 00
Fax : 01 49 70 67 01
contact@elzear.com
www.elzear.com

Création	2006 SARL au capital de 16 000 €
Responsables	Franck Jullié et Thibaud de Prémare
Consultants	Franck Jullié Thibaud de Prémare Guillaume Ménager John Thompson
Effectif	4 consultants en France
CA	0,7 M€ en 2008
	Syndicat du Conseil en Recrutement/Syntec

➤ **Recrutement par approche directe** 100 %

Profils recherchés

Cadres et cadres dirigeants pour les pays du Moyen-Orient et de l'Afrique et recherche d'administrateur pour le monde du capital-risque

Notre opinion

Un peu de culture générale ne peut pas faire de mal. Elzéar est un héros de Jean Giono. Berger de son état, le personnage boise et reboise toute sa vie. « Humble, courageux, obstiné. Il possède toutes les qualités essentielles à la vie d'un honnête homme, précise

Thibaud de Prémare, dirigeant et l'un des fondateurs d'Elzéar Executive Search. C'est un homme qui m'est particulièrement sympathique. En plus, cela signifie homme chanceux en arabe ».

Après un passage chez le très noble OP Search pour Prémare et chez Michael Page pour Franck Jullié, l'autre fondateur, nos deux hommes se sont placés sur un créneau peu encombré mais qui se développe : la chasse de tête en direction des pays du Moyen-Orient et de l'Afrique.

Conseillée par de grands anciens comme Antoine Sfeir, des Cahiers de l'Orient, la structure compte aujourd'hui quatre consultants. Elle est donc spécialisée dans la recherche de cadres dirigeants à destination ou en provenance de l'Afrique et des pays arabes avec une spécificité qui fait toute la différence : le recrutement de cadres locaux en Afrique

L'équipe, jeune, (Prémard et Jullié ont 37 ans et Ménager 36 ans), est méticuleuse et réalise une chasse à l'ancienne avec une liste de 12 à 15 candidats pour une short-list de 3 personnes. « On applique une classique méthode de chasse mais dans des pays étrangers », résume Prémare. Avec pour volonté d'aider les grosses entreprises françaises à, enfin, recruter des locaux ayant des standards de formation européens. « Il faut les sortir d'une ornière "colonialiste", estime Prémare. Les hauts cadres en Afrique et dans les pays arabes sont souvent des Français expatriés. Nous voulons changer cela et en finir avec les dépenses importantes pour expatriés ».

Parallèlement, Elzéar intervient également dans la recherche d'administrateurs indépendants pour le compte de fonds de capital-investissement et d'entreprises familiales.

En pratique

Références

Liste vérifiable auprès des clients

70 missions par an

Tarifs

Forfait plancher de 20 000 €

Règlement : un tiers au début de la mission, un tiers à la présentation des candidats et un tiers à l'embauche

EQUINOX PARTNERS OCF CONSEIL

12, rue d'Astorg
75008 Paris
Tél. : 01 44 94 92 12
Fax : 01 42 66 13 21
jpguillaume@equinoxsearch.com
www.equinoxsearch.com

Création	1986 SA au capital de 45 735 €
Réseau	Equinox
Responsable	Jean-Paul Guillaume (associé)
Consultants	Geneviève Ardon (troisième cycle en psychologie) Mireille Chatel (maîtrise de droit) Gérard Chevalier (troisième cycle en management) Jean-Paul Guillaume (IEP Paris) Martine Fegly (maîtrise de lettres) Jean-Louis Vivian (expertise comptable)
Effectif	6 consultants
CA	3 M€

➤ **Recrutement par approche directe** 98 %
➤ **Recrutement par annonces** 2 %

Spécialisation sectorielle

Immobilier et BTP (50 % des missions), finance (20 %), services (20 %), aménagement du territoire (10 %)

Notre opinion

Oubliée la crise : après la mauvaise passe de 2004 où le CA du cabinet avait chuté de moitié pour tomber à 600 000 €, Equinox

Partners a remonté la pente, et avec quel empressement! 1 M€ en 2005, 3 M€ en 2007 et 5 M€ prévus en 2008. La stratégie de Jean-Paul Guillaume, son dirigeant, a donc payé. Il avait réagi en apportant du sang neuf à l'entreprise: « Ces nouveaux associés ont amené leur portefeuille de clients notamment dans les services (facility management, marketing, vente) ». Ils ont aussi donné un coup de jeune au cabinet, la conjoncture économique favorable des métiers de la finance, de l'immobilier et de l'aménagement du territoire a fait le reste. Il est vrai qu'Equinox disposait d'un solide atout à la suite de l'intégration, fin 2003, du groupe OCF Conseil spécialisé dans les fonctions corporate au sein de l'industrie et des services. Les spécialités d'origine du cabinet (le recrutement dans l'immobilier-BTP et la finance dans l'immobilier) n'ont jamais pour autant été négligées. Le cabinet y consacre encore 80 % de ses missions. Il demeure, avec Hudson, l'un des leaders français dans ces deux secteurs. 20 % du CA proviennent de missions menées à l'étranger.

Le cabinet tire également sa force de son approche à long terme du recrutement. Il propose aux entreprises une série de conseils allant de l'audit des ressources humaines à l'évaluation, au coaching ou au bilan de compétences. Equinox se bat aussi pour l'emploi des seniors: le cabinet propose ainsi un bilan agréé Fongecif aux managers de plus de 45 ans.

Pour Jean-Paul Guillaume, l'un des moteurs d'Equinox est le statut de ses consultants. Tous sont associés, et donc facilement adaptables, et motivés par l'avenir du cabinet. Celui-ci bénéficie du soutien du groupe international Equinox. Implanté dans plusieurs villes européennes (Bristol, Londres, Madrid, Munich, Milan Paris), aux États-Unis (Chicago, Los Angeles, New York, Washington DC) et en Australie (Sidney), ce dernier possède un site de recrutement (www.selectleaders.com) et une banque de données mises en commun. Ce réseau n'est pas intégré: les cabinets qui le composent sont indépendants. Equinox est leur représentant en France.

En pratique

Références

Liste vérifiable auprès des clients
100 missions par an

Tarifs
Forfait plancher de 10 000 €, moyenne par mission : 20 000 €

Autres implantations (Equinox Group)
New York, Chicago, Washington DC, Los Angeles, Londres, Bristol, Munich, Madrid, Milan, Sydney

ÉRIC SALMON & Partners

144, avenue des Champs-Élysées
75008 Paris
Tél. : 01 72 75 25 25
Fax : 01 72 75 25 26
info@ericsalmon.com
www.ericsalmon.com

Création	1990 SAS au capital de 40 000 €
Responsable	Éric Salmon
Consultants	Christian Lanis (HEC), Éric Aubert (docteur en médecine, MBA HEC), François Barbier (Centrale Lyon, Insead), Jean-Pierre Bellingard (Ensam, MBA Pennsylvania), Didier Duval (X, ENST), Albérique Jabalot (ESCP, Sciences Po), Igor Quézel-Perron (Essec), Anne Romet (HEC), Éric Salmon (INPG), Laurence Viénot, Sophie Wigniolle (HEC)
Effectif	11 consultants en France et 14 à l'étranger
CA	10,7 M€ en France et 10,1 M€ dans le reste du monde
	AESC

➤ Recrutement par approche directe 100 %

Profils recherchés

Cadres dirigeants et supérieurs

Notre opinion

Éric Salmon & Partners est selon nous le meilleur spécialiste, avec Egon Zehnder, de l'approche directe de dirigeants en France. Éric Salmon, le fondateur et dirigeant d'ESP, dont le rôle et la stature du commandeur sont parfaits, a réussi à imposer à ses consultants une rémunération qui n'est pas liée à leur chiffre d'affaires. « Ils ont un salaire fixe, un bonus et des dividendes comme partenaire. Leur bonus est calculé en fonction de la qualité et de la quantité de leurs missions. Mais il n'y a pas de lien direct avec le CA qu'ils ramènent ». De plus, un comité de rémunération planche régulièrement sur la question.

Bref, l'adage libéral qui a trop souvent cours ailleurs « you eat what you kill » ne s'accorde pas avec la philosophie de la structure. Donc, ici, les consultants sont poussés à coopérer entre eux. Ce qui crée un environnement agréable pour le client et le candidat. Ces derniers peuvent compter sur le travail en harmonie des onze consultants parisiens, d'une dizaine de chargés de recherche et d'équipes totalement intégrées à Milan, Francfort, Londres et depuis 2008 Bruxelles et Rome. Afin de « suivre le client dans son développement international », souligne Salmon.

Le maintien de Salmon & Partners s'explique par la qualité de l'équipe. Des réunions hebdomadaires des consultants parisiens assurent la cohésion. « Notre point fort est notre approche du travail en équipe selon laquelle personne n'est propriétaire de son client. Cela améliore la qualité de nos prestations. » L'esprit d'équipe et la fidélisation des consultants sont renforcés par le fait que les consultants deviennent copropriétaires du cabinet au fil du temps, avec le même nombre d'actions chacun.

ESP réalise essentiellement (à 85 % de son CA) une chasse de tête, à destination de dirigeants percevant au moins 150 000 € par an. Le cabinet est généraliste, avec des pôles d'excellence dans l'automobile, la finance, la beauté, les sciences de la vie, les services professionnels et la technologie.

La méthode insufflée par Salmon, un ancien d'Egon Zehnder - il a passé dix ans en Italie puis à Paris où il a été directeur général, membre du comité exécutif et de la direction dans la structure - est inspiré par celle d'Egon. Mais un Egon à taille humaine : même rigueur, mêmes procédures, même positionnement haut de gamme, même recherche de membres de conseils d'administration... Seule différence : un réseau international moins étendu.

Mais à l'horizon 2010, Salmon souhaite développer d'autres bureaux, en Europe de l'Est et en Espagne. Pour cela, il va recruter une dizaine de consultants. Le cabinet envisage également de développer ses activités en management assessment.

En pratique

Références

Pas de liste de références

170 missions par an en France et 200 pour le reste du monde

Tarifs

Montant plancher de 45 000 € - règlement en trois ou quatre mensualités

Autres implantations

Milan, Francfort, Londres, Rome et Bruxelles

EURO CONSULTING Partners

80, avenue de la Grande Armée
75017 Paris
Tél. : 01 40 07 93 00
Fax : 01 40 07 93 20
www.eurcopar.com

Création	2000 SARL au capital de 46 000 €
Réseau	European Executive Search Network
Responsables	Éric Bohn et Michel Dumont
Consultants	Denis Blanpain (diplômé ISG), région Nord Thierry Bohn (Essec, maîtrise de sciences et techniques d'Aménagement et diplômé en informatique), Barcelone Éric Bohn (maîtrise de sciences éco., mastère Essec), Paris Luc Chane (ingénieur en intelligence artificielle), région Est Lucille Desjonqueres (licence d'anglais et École supérieure de publicité), Paris Michel Dumont (maîtrise d'économie internationale, DECS, MBA HEC/Isa), Paris Dominique Jannet (maîtrise d'anglais), Paris Laurence Moreau (docteur en sciences), Paris Christine Morice (IEP Paris et maîtrise en droit), Paris Jacques-Louis Soubirous, Orléans Philippe Vallogia, Nantes Hervé Zlotykamien (ingénieur ESME Sudria, Essec), Paris
Effectif	9 consultants et 3 en outplacement-formation
CA	2,8 M€

➤ **Recrutement par approche directe et mixte** 100 %

Spécialisation sectorielle

Banque (20 % des missions), vente à distance (20 %), agroalimentaire (20 %), industrie (20 %) et pharmacie (10 %)

Profils recherchés

Cadres à cadres dirigeants

Notre opinion

Éric Bohn, le dirigeant d'Euro Consulting Partners est un développeur. Après un long passage dans les fonctions marketing et commerciales dans l'édition et en agroalimentaire, le fondateur d'ECP (49 ans) a intégré comme directeur général le cabinet de recrutement Taillandier. « J'avais un tempérament d'entrepreneur. Je suis tombé sur une structure à prendre. J'ai sauté sur l'occasion. Cela aurait pu être autre chose ». En 2000, Bohn et Michel Dumont (53 ans) ont voulu racheter le groupe Taillandier. L'affaire ne s'est pas faite. Les deux compères ont alors décidé de monter, à partir des bureaux Taillandier de l'Est de la France, une structure spécialisée dans l'approche directe. ECP était né.

Ce cabinet propose un recrutement par approche directe, pour des candidats dont les salaires évoluent entre 35 000 et 350 000 € brut par an. La société est généraliste avec quelques secteurs de prédilection : la banque, la vente par correspondance et l'agroalimentaire. ECP propose aussi un service d'outplacement, ainsi qu'un peu de formation en ressources humaines à destination des opérationnels (5 % de l'activité).

Le cabinet procède à une chasse classique avec « visite de l'entreprise-cliente, audit interne, rédaction d'une description de poste, évaluation du candidat par le consultant après un ou deux entretiens, contrôle des références et des diplômes, cartographie tous les 10 jours de la mission, présentation des candidats dans les 4 à 6 semaines et suivi du candidat pendant les 3 à 6 premiers mois », énumère Bohn.

Concernant les tarifs, la modicité a été quelque peu remisée au placard. Alors qu'en 2006, le prix moyen d'honoraires était de moins de 6 500 €, il s'élève aujourd'hui à 8 500 €. Il faut dire que les tarifs en chasse sont passés de 25 % du salaire de référence… à 50 %. Une forte hausse pratiquée par tous les cabinets en ces temps bénis pour eux.

ECP est en outre, indique son site Internet, « l'un des membres fondateurs de l'European Executive Search Network, réseau européen qui regroupe des partenaires dans plus de 30 pays. Avec 70 bureaux en Europe et 77 dans le monde, l'EESN est le premier réseau européen et le cinquième mondial ». Il est constitué de cabinets indépendants sans lien capitalistique entre eux. L'*Executive Recruiter News*, la bible américaine des chasseurs de tête, ne répertorie pas cette structure parmi les 20 premiers réseaux mondiaux.

Enfin, les consultants d'ECP sont rémunérés en fonction du chiffre d'affaires qu'ils ramènent. « La meilleure façon, selon Bohn, de disposer de vrais patrons qui soignent leurs clients ». Un risque, selon nous, de travailler avec des consultants qui peuvent accélérer le déroulement d'une mission, histoire de gagner plus d'argent.

Plutôt que des nouveaux consultants (l'équipe a d'ailleurs été resserrée entre 2006 et 2008, passant de 14 à 12), Bohn envisage de recruter des chargés de recherche (9 actuellement).

À noter: ce cabinet s'engage en faveur de l'emploi des personnes handicapées à travers son département Handiconsulting.

En pratique

Références

Liste vérifiable auprès des clients
330 missions par an

Tarifs

En chasse, 50 % du salaire de référence fixé au préalable et 25 à 30 % en mixte
Règlement : un tiers au début de la mission, un tiers à la présentation des candidats et un tiers à l'intégration du candidat

Autres implantations

9, place Kléber 67000 Strasbourg
Tél.: 03 88 14 38 74 - Fax: 03 88 14 38 75
1 consultant

25-29 rue de Saurupt 54000 Nancy
Tél.: 03 83 15 62 00 - Fax: 03 83 15 62 01
1 consultant

31, rue du Clou dans le Fer 51100 Reims
Tél. : 03 26 88 17 30 - Fax : 03 26 03 17 91
1 consultant

12, place St Hubert 59000 Lille
Tél. : 03 59 56 06 30 - Fax : 03 59 56 06 01
1 consultant

35, bd Griffoul-Dorval 31400 Toulouse
Tél. : 06 13 45 20 50
1 consultant

Villa Créatif 2, rue des Mûriers 69258 Lyon Cedex 09
Tél. : 06 13 45 20 50
1 consultant

Espace Charbonnière 2, allée du Grand Coquille BP 119
45803 Saint-Jean-de-Braye Cedex
Tél. : 06 88 23 16 90
1 consultant

Immeuble l'Acropole 2, rue Crucy BP 60 515 44005 Nantes Cedex 1
Tél. : 06 59 60 96 46
1 consultant

Filiale en Espagne :
C/Llacuna - 30 - 30 08 018 Barcelona
Tél. : 00 34 93 320 95 66 - Fax : 00 34 93 320 95 67
2 consultants, dirigeant : Thierry Bohn

EUROSEARCH et Associés

152, avenue de Malak
75116 Paris
Tél. : 01 47 03 15 7
Fax : 01 42 60 02 27
www.eurosearch-associes.com

Création
1965
SA au capital de 800 000 €

Réseau
ECI group (Eurosearch Consultants Int.)

Responsable
Marc Pagezy, PDG

Consultants
Anne-Marie Blayo (ESC, DESS Management des ressources humaines)
Élisabeth Borja-Foucault (Docteur en Médecine, DESS Management des ressources humaines)
Hélène Boy (DESS du langage)
Géraud Fontanié (Polytechnique, Master of Sciences de l'Université de Caroline du Nord à Chapel Hill)
Marc Laigret (École Navale, executive MBA à HEC)
Pierre-Louis Malphettes (Edhec, Master Finance d'entreprise et ingénierie financière)
Marc Pagezy (maîtrise de Droit, École Nationale des Impôts, Doctorat de Sciences Politiques)
Pierre Peyruseigt (Executive MBA à HEC, ENSIC DEA et ESSTIN ingénieur)
Gonzague Poirier-Coutansais (ICN, MBA à l'INSEAD)
Paul-Émile Taillandier (IEP Paris, maîtrise de droit)
Pascale Tempé (EPSCI, DESA Gestion des ressources humaines, maîtrise LEA)
Maryse Vassout (Executive MBA à HEC, DUFA Sciences de l'Éducation)

Effectif
12 consultants

CA
3,6 M€ en recrutement

1,4 M€ en missions
0,5 M€ en conseil

Certifié Iso 9001, AESC

- **Recrutement par approche directe** 75 %
- **Recrutement par approche mixte** 25 %

Spécialisation sectorielle

Services financiers (25 % du CA), industrie (20 %)

Profils recherchés

Dirigeants, cadres, spécialistes de haut niveau, jeunes professionnels à haut potentiel

Notre opinion

L'histoire de ce cabinet est mouvementée. En 1999, Eurosearch Consultants avait été rachetée par GRH, la société de Marc Pagezy. À l'époque, ce rapprochement avait été l'histoire de la grenouille GRH (petite notoriété, 2,4 M€ de CA avec six consultants) qui avalait le bœuf Eurosearch (groupe connu, 2,6 M€ de CA en 1996 pour dix consultants). Puis en 2004, le Groupe Eurosearch a absorbé Taillandier Conseil. Pour simplifier les choses, toutes les activités ont été regroupées, depuis début 2008, sous un nouveau nom : Eurosearch et Associés.

En recrutement, le cabinet est généraliste et couvre un grand nombre de secteurs. Il dispose de consultants spécialisés en services financiers (assurance, banque, immobilier, gestion d'actifs), services aux entreprises, industrie (automobile, BTP, énergie, défense), santé (chimie, pharmacie, biotechnologies), produits de grande consommation et distribution, média et services publics.

Eurosearch a également étendu sa palette de services. Il recherche en effet désormais des candidats pour des postes de middle management, activité autrefois dévolue à Taillandier Conseil. Il s'est donc mis aux annonces. « Le métier a changé, explique Marc Pagezy, le PDG. Certaines missions ne nécessitent pas de chasse, mais seulement l'exploitation des moteurs de recherche et des bases de données ». Pourtant, le nombre de missions réalisées par Eurosearch est passé de 300 en 2005 à 200 en 2007. Pour le président, c'est parce que le cabinet travaille « moins et mieux ». À voir, car le chiffre d'affaires en recrutement est passé de 3,8 M€ (Eurosearch + Taillandier) à… 3,6 M€. Mais le CA global est lui en hausse de 1,2 M€ (5,5 M€ en 2007 contre 4,3 M€ en 2005). Eurosearch et Associés proposent en effet, outre du recrutement, du conseil RH : diagnostics de management, évaluations individuelles, etc.

Le cabinet travaille aussi à l'international. Le Groupe Eurosearch est l'entité française d'un réseau européen de 21 bureaux présents dans 11 pays. Ces bureaux sont tous des sociétés locales indépendantes travaillant sous le même nom dans le cadre d'une licence.

Selon Pagezy, la force de son cabinet tient à son approche : il faut que les entreprises raisonnent en termes de missions et de ressources de management, car « les frontières entre recrutement et missions s'atténuent ». Le PDG s'enorgueillit enfin d'avoir obtenu la certification Iso 9001, gage que la démarche de son cabinet est « organisée et structurée ».

En pratique

Références

200 missions par an

Tarifs

33 % de la rémunération annuelle brute du candidat
Règlement : un tiers au début de la mission, un tiers à la présentation des candidats et un tiers à l'engagement du candidat

Autre implantation

Taillandier Conseil Bordeaux
Spécialisé dans les domaines des vins et spiritueux
56, rue de Tivoli. 33000 Bordeaux
Tél. : 05 56 48 67 00
boy@taillandierconseil.com

EVOLUTIC

119, boulevard Stalingrad
69100 Villeurbanne
Tél. entreprise : 04 72 69 90 20
Tél. candidat : 04 72 69 90 25
Fax : 04 72 69 90 29
candidats@evolutic.com
entreprises@evolutic.com
www.evolutic.fr

Création	1986 SA au capital de 200 000 €
Responsable	Patrick Sautard
Consultants	noms NC
Effectif	7 consultants, dont 2 associés
CA	NC

➤ **Recrutement par approche directe** 95 %
➤ **Recrutement par annonces** 5 %

Spécialisation sectorielle

Hautes technologies et informatique (gestion, industrielle, embarquée, réseaux, production et NTIC)

Profils recherchés

Cadres dirigeants, responsables d'équipes, techniciens, force commerciale

Notre opinion

Des postes de directeurs à ceux de techniciens : 80 % du CA d'Evolutic se fait dans l'informatique. Objectif de Partick Sautard à horizon 2009 : développer un réseau de concessions régionales dans le Grand Rhône-Alpes (Grenoble, Annecy, Clermont-Ferrand…), puis en Suisse dès 2010. Profils recherchés de ces partenaires qui posséderaient 5 à 34 % du capital : « des gens du cru ». Car Sautard veut des concessions de proximité de façon à être plus présent dans la vie associative (instances locales du Medef, chambres de commerce...).

Le souci, c'est que ce « plan de développement de concessions » était déjà à l'ordre du jour... en 2004 ! 2004, c'était encore le temps où Evolutic comptait une douzaine de salariés-consultants. Ils ne sont plus aujourd'hui que sept.

Depuis 2004 justement, le cabinet rhône-alpin refuse de communiquer ses tarifs et son CA (nous l'avons donc cherché par nos propres moyens : il était de 490 000 € en 2006 et de 916 000 € en 2003). Dans ces conditions, difficile néanmoins de se faire une idée précise de la « bonne progression » annoncée par Sautard pour 2008.

Côté métier, l'approche directe n'est que l'un des douze (sic) moyens de recruter du cabinet, qui dispose d'une base de données de 18 000 décideurs et de 70 000 candidats « indexés », grâce notamment à une inscription gratuite sur le site. La société développe toujours son module de « sous-traitance évolutive » qui consiste en une prise en charge globale des besoins de l'entreprise. « De nos jours, à quoi cela sert-il de recruter si l'on ne sait pas ce que la personne fera comme métier dans deux ans ? Il est simple de proposer des candidats à une entreprise, mais pour valider un poste, il faut au préalable avoir fait un diagnostic des besoins et s'être projeté à moyen terme », estime Sautard, pour qui les métiers de l'informatique ont plus besoin de gens capables de gérer les changements que de techniciens. Les diagnostics et autres animations de comités de pilotage d'entreprise occupent donc naturellement 15 % de l'activité du cabinet, « car nos clients ont besoin d'être rassurés sur le devenir de leur activité ».

En pratique

Références

100 missions par an

Tarifs

Non communiqués

Règlement : 30 % du forfait en début de mission, 20 % à la présentation des candidats et 50 % à la signature du contrat de travail.

EXEC AVENUE

33, rue Galilée
75116 Paris
Tél. : 01 44 26 00 26
contact@execavenue.com
www.execavenue.com

Création	2006 SAS au capital de 40 000 €
Responsable	Thierry Mercier, directeur général
Consultants	Thierry Mercier Yannis Mercier Anita Pouplard
Effectif	3 consultants
CA	1,15 M€
	AESC

➤ **Recrutement par approche directe** 100 %

Spécialisation sectorielle

Hautes technologies

Profils recherchés

Cadres supérieurs et dirigeants

Notre opinion

Voici un cabinet de chasse de tête mondial en formation. Les consultants débutent ainsi une belle aventure menée par Thierry Mercier, un vieux de la vieille. Ce dernier a blanchi sous le harnais des plus grands cabinets de chasse mondiaux (Neumann, Heidrick, Whitehead Mann). La structure dispose de 10 bureaux intégrés dans le monde, dont 4 en Asie, 2 aux Etats-Unis et 4 en Europe, dont Paris.

Pour le client, cela a l'intérêt de disposer de consultants qui travaillent tous pour une même entreprise. La société est spécialisée dans le recrutement de dirigeants, le C level pour chief (chef) avec une appétence particulière pour le recrutement dans les hautes technologies. De plus, en démarrage, la structure propose des tarifs raisonnables avec un prix plancher à 35 000 €.

Exec Avenue intervient pour trois grands types de clients : les groupes internationaux spécialisés hautes technologies, les sociétés en croissance financées par des fonds d'investissement et les fonds d'investissements cherchant du personnel de direction (directeur financier, secrétaire général).

Affaire à suivre…

En pratique

Références

Liste vérifiable auprès des clients
25 missions par an

Tarifs

Forfait plancher de 35 000 €.
Règlement en trois mensualités

Autres implantations

9 autres bureaux dans le monde

EXECUTIVE INTÉRIM MANAGEMENT

79, avenue Marceau
75116 Paris
Tél. : 01 53 57 34 56
Fax : 01 47 20 39 72
info.fr@eim.com
www.france-eim.com

Création	1991 SARL au capital de 144 000 €
Responsable	Jean-Jacques Bérard, gérant
Consultants	Jean-Jacques Bérard (MBA) Michel Chevalier (HEC, MBA) Dominique Langlois (ESTP, IEP, MBA) Frédéric Marquette (Centrale, MBA)
Effectif	4 consultants
CA	15 M€
	Prisme

➤ **Intérim de cadres, management de transition** 100 %

Profils recherchés

Cadres dirigeants et supérieurs

Notre opinion

Tout va pour le mieux dans le monde d'Executive Intérim Management (EIM). Le chiffre d'affaires a progressé de 3 M€ entre 2006 et 2008. De plus, le management de transition, le cœur du service offert par EIM, est en plein développement. Enfin, EIM, comme tous ces collègues de l'intérim, peut faire office de période d'essai avant d'embaucher un dirigeant. La structure est donc très courtisée.

Pour EIM qui se considère comme l'inventeur du management de transition il y a près de 20 ans, et leader de ce marché en France, le marché est très favorable. De plus son positionnement convient particulièrement bien à ses clients recherchant des intérimaires de haut vol. En effet, en pénétrant chez EIM, le client aborde le nec plus ultra de l'intérim cadres. Ici, on ne traite que la crème de la crème. Les missions concernent à 60 % des dirigeants d'entreprise, dont les salaires annuels dépassent allégrement les 100 000 €. On est loin de l'intérim traditionnel, celui des secrétaires et des techniciens... D'ailleurs, les clients ne s'y trompent pas et le CA de la société est en progrès constant depuis 2003, avec une hausse d'un million d'euros chaque année. Le client trouve également chez EIM l'un des rares réseaux de management de transition disposant de cabinets dans 14 villes du monde. Dix cabinets sont détenus en propre et quatre sont des franchises. Mais si vous recherchez un cador pour votre usine de Sydney, vous avez frappé à la bonne porte.

EIM aide ses clients à trouver en urgence un chef d'entreprise, un cadre dirigeant ou un expert : « nos clients viennent nous voir quand ils sont face à un problème aigu qu'ils doivent régler très rapidement, explique Jean-Jacques Bérard, le gérant. 50 % de nos missions concernent la gestion d'une situation critique : restructuration, cession ou acquisition. 35 % sont des missions de management du changement, comme un lancement d'une activité, un changement de stratégie ou une mutation de fonction. 15 % concernent le remplacement d'un dirigeant, suite à une maladie, un décès, etc. ».

Quel que soit le motif de l'intervention, EIM travaille toujours dans l'urgence et assure pouvoir trouver le manager du changement en quinze jours à trois semaines. Le cabinet s'appuie dans un premier temps sur un vivier d'environ 100 cadres de haut niveau ayant déjà travaillé avec lui. Le deuxième vivier est constitué de 500 spécialistes qu'il connaît et suit. Il dispose enfin d'un fichier de 6 000 noms qu'il a sélectionnés.

« Notre méthodologie est basée sur une relation triangulaire, entre le client, le manager de transition et le conseiller senior d'EIM. Une fois identifié le manager intérimaire le plus compétent pour la mission, et proposé à la société, nous apportons toute la compétence de l'équipe ». Celle-ci est constituée exclusivement d'anciens dirigeants ayant fait aussi du conseil dans de grands cabinets de stratégie. Jean-Jacques Bérard et Dominique Langlois sont des anciens de McKinsey, Michel Chevalier du Boston Consulting Group. Ce travail en triangle permet d'apporter un conseil à l'entreprise et du coaching au manager de transition. « On va ainsi plus vite qu'avec un manager seul ou un consultant seul ».

Côté tarifs, EIM pratique un coefficient de 2,5.

EIM réalise 60 % de ses missions en direction générale, 10 % en direction financière, 10 % en direction industrielle et 10 % dans des opérations de changement informatique ou logistique.

Créé en 1988 par le cabinet de chasse Egon Zehnder et le cabinet de conseil Boer & Croon, la structure s'est peu à peu détachée de ses géniteurs. Aujourd'hui, son capital est détenu à 76 % par les cadres d'EIM, qui ont racheté l'intégralité des parts d'Egon Zehnder en 2002, et à 24 % par B & C.

Le groupe compte quatorze autres bureaux: Bruxelles, Munich, New York, Londres, Singapour, Sydney, Melbourne, Milan, Amsterdam, Madrid, Barcelone, Hongkong, Stockholm et Shanghai depuis avril 2006. « Le principal changement intervenu chez EIM, conclut Bérard, c'est une adaptation toujours plus conséquente à l'internationalisation du business. Un tiers de nos missions s'effectuent dans un cadre international et nous constatons chaque année l'accentuation de cette tendance ». La firme entend encore progresser dans les trois ans à venir et ouvrir une dizaine de bureaux dans le monde. En France, Bérard désire aussi s'étoffer en intégrant deux nouveaux consultants. Le portrait-robot de l'impétrant ressemble à celui d'un mouton à cinq pattes. Le bon candidat aura été dirigeant d'une entreprise, consultant dans un cabinet en stratégie par exemple et aura eu l'habitude de travailler au niveau international.

En pratique

Références

Liste vérifiable auprès des clients ; 110 missions par an

Tarifs

Coefficient de 2,5 - Règlement: mensuel

Autres implantations

Bruxelles, Munich, New York, Londres, Singapour, Sydney, Melbourne, Milan, Amsterdam, Madrid, Barcelone, Hongkong, Stockholm, Shanghai

EXECUTIVESONLINE DIRIGEANTS INTÉRIM SOLUTIONS

17, rue du maréchal Liautey
95620 Parmain

Tél. : 01 34 73 10 72
contact@executivesonline.fr
www.executivesonline.fr

Création	2006 SARL au capital de 7 800 €
Responsable	Patrick Valent-Falanbry, gérant
Consultants	noms NC
Effectif	5 consultants
CA	NC

- **Intérim de cadres**
- **Recrutement de cadres**

Profils recherchés

Cadres dirigeants et supérieurs

Notre opinion

ExecutivesOnline est un nouvel arrivant sur le marché français. ExecutivesOnline est la marque sous laquelle opère la société Dirigeants Intérim Solutions, qui est une franchise d'une entreprise britannique lancée en 1996.

Patrick Valent-Falanbry, 58 ans, son dirigeant français, a acheté sa licence aux Britanniques pour utiliser le site internet et la base de données. EOL, la maison mère en Grande-Bretagne, est un poids lourd du recrutement et de l'intérim outre-Manche, présent dans sept pays à travers sept licences (Afrique-du-sud, Australie,

Nouvelle-Zélande, Irlande, Grande-Bretagne, Belgique et donc, France). Il recrute pour ses clients des cadres supérieurs et des dirigeants. Il réalise de l'intérim pour ce même public, et publie des rapports et des enquêtes de marché sur le recrutement des cadres dans le plus pur style de diversification à l'anglaise.

En France, Valent-Falanbry, ancien directeur général pour Lee Cooper, ancien manager de transition, souhaite suivre la voie tracée par ses collègues d'outre-Manche. Il propose donc à ses clients du recrutement de cadres de haut niveau et de l'intérim de dirigeants. En recrutement, il est généraliste, tandis qu'en intérim il travaille plus spécifiquement pour les secteurs de la pharmacie et de la métallurgie.

Le système EOL est basé sur un site Internet qui possède des données sur 42 000 cadres présélectionnés. Cela permet d'accélérer les contacts entre les clients, les consultants et les candidats. Malgré cela, la durée de la mission, selon Valent-Falanbry, est en moyenne d'un mois, soit grosso modo ce qu'annonce la concurrence. Par contre, les honoraires de EOL sont plus que raisonnables avec en recrutement 25 % du salaire annuel brut du candidat contre 33 % habituellement.

Valent-Falanbry a, enfin, un fort appétit. Il espère, d'ici 2010-2011, faire partie des trois premiers spécialistes du management de transition en France et ouvrir des bureaux en région. « J'ai un très bon modèle à suivre outre-Manche, avec la Grande-Bretagne ». C'est tout le mal que l'on lui souhaite même si le marché français est moins facile que celui de la perfide Albion.

En pratique

Références

Liste vérifiable auprès des clients
110 missions par an

Tarifs

En recrutement, 25 % du salaire annuel brut du candidat

EXPECTRA

276, avenue du président Wilson
93211 Saint-Denis-La-Plaine
Tél. : 01 49 46 56 77
expectra@expectra.fr
www.expectra.fr

Création	1999 SA au capital de 38 000 000 €
Groupe	Vedior
Responsable	Hughes Pariot, PDG
Effectif	400 salariés, nombre de consultants NC
CA	240 M€ (estimation)

➤ **Intérim de cadres**

➤ **Placement de cadres**

Spécialisation fonctionnelle

Fonction support-commercial-marketing-comptabilité-finance (40 %), ingénierie et technologies industrielles (30 % des missions), informatique et télécommunication (30 %)

Profils recherchés

Cadres moyens à cadres supérieurs

Notre opinion

L'avant-dernier dirigeant d'Expectra n'a pas fait de vieux os dans la structure. En 2006, nous avions interviewé Jérôme Maton, le jeune (38 ans) boss à l'époque. Nous avions estimé - plein d'assurance et de clairvoyance - qu'un avenir brillant s'ouvrait devant, lui tant il avait eu de la chance d'être bombardé DG en septembre 2004, juste avant la promulgation de la loi Borloo. Patatras. En 2007, il est remplacé par Hughes Pariot, toujours jeune (42 ans) nouveau PDG, diplômé de l'Edhec et ancien dirigeant de Régus, leader mondial du centre d'affaires. Avec pour mission de finaliser l'organisation d'Expectra, de le diversifier et d'en assurer la croissance. On évitera donc, pour une fois, de tirer des plans sur la comète.

Cependant, l'objectif de Pariot est de l'ordre du possible tant le marché du recrutement et de l'intérim des cadres semblent porteurs. Et tant Expectra est déjà l'un des leaders de la profession. Le PDG préfère le terme de gazelle à celui de mastodonte, mais c'est bien un poids lourd du recrutement qui est en formation avec Expectra.

La société compte maintenant près de 400 personnes et intervient sur cinq filières : les hautes technologies, l'ingénierie et le bureau d'études, la comptabilité-finance, les fonctions supports comme les ressources humaines ou le juridique et le commercial-marketing. Ce sont autant de secteurs de l'économie qui recrutent à tour de bras. Et cela depuis 2006. De plus, Expectra dispose d'un solide réseau de 28 implantations en France. Bref, c'est une machine de guerre impressionnante que nous classons parmi les grands vainqueurs de la loi Borloo permettant aux intérimaires de proposer à leurs clients du recrutement en CDI. À la promulgation de la loi en 2005, la société avait déjà compris que l'intérim des cadres allait se développer. Avait-elle aussi compris que les sociétés d'Intérim auraient un jour la possibilité de faire du recrutement ? Ont-ils eu de la chance ? Une prémonition fulgurante ? Un lobbying intense ?

Expectra est tout d'abord l'entreprise d'intérim française la plus légitime pour réaliser du recrutement de cadres. Contrairement aux Manpower et autres Kelly, la société réalise de l'intérim de cadres depuis sa création en 2000. Expectra est ainsi né de la fusion de quatre sociétés d'intérim (Soprate, Unitec, OCI et Technology et Performance), rachetées en 1999 par le groupe hollandais Vedior. Son objectif était de créer une société gérant de façon autonome l'activité intérim cadre de Vediorbis, sa filiale française.

Dès 2000, les deux maîtres mots d'Expectra ont été réactivité et anticipation. Réactivité car la société, en intérim, affirme répondre aux demandes des clients en moins de 48 heures, en leur proposant deux ou trois profils adaptés. Anticipation, car elle a des relations très étroites avec les grandes écoles afin de connaître les compétences qui seront sur le marché dans les trois ou quatre ans à venir.

Aujourd'hui, avec la possibilité de réaliser du placement-recrutement en CDI, Expectra court sur ses deux jambes. Et le chiffre d'affaire est passé de 200 millions d'euros en 2006 à 240 millions d'euros en 2008…

Ses projets sont nombreux. D'ici 2015, « nous allons privilégier la croissance externe tout en se développant en interne avec l'embauche de nombreux consultants. En 2008, nous aurons ainsi recruté 100 personnes ». dixit Pariot. Le développement devrait se poursuivre.

En pratique

Références

15 000 missions par an en intérim
3 000 placements

Tarifs

En intérim, coefficient de 2,3 à 2,5 selon la mission
Règlement : mensuel
En placement, de 18 à 25 % du salaire brut annuel du candidat

Autres implantations

28 plateaux en France

FLORIAN MANTIONE INSTITUT

1, place Paul Bec
34000 Montpellier
Tél. : 04 67 65 98 99
Fax : 04 67 64 60 43
contact@florianmantione.com
www.florianmantione.com

Création	1976 SARL au capital de 30 000 €
Responsables	Florian Mantione, président (ESC Toulouse, IEP Toulouse, licence de sciences économiques) Augustin Valero, cogérant (DESS de GRH) Loïc Douyère, cogérant (diplôme du CNAM en RH)
Consultants	noms NC
Effectif	30 consultants
CA	4 M€ en recrutement 1 M€ en conseil : audit, formation, coaching 1 M€ en outplacement

➤ **Recrutement par annonces** 80 %
➤ **Recrutement par approche directe** 20 %

Spécialisation sectorielle

Santé, vin, agroalimentaire, BTP, industrie, informatique, expertise-comptable, tourisme et collectivités territoriales

Profils recherchés

Middle-management

Notre opinion

Au royaume des cabinets de province, Florian Mantione se maintient royalement. Le cabinet montpelliérain continue de réaliser environ deux tiers de son CA en recrutement (4 M€ en 2007) et un tiers en outplacement, bilans de compétence et coaching (2 M€). Pour la petite histoire, il a connu une modification de son organisation : Florian Mantione est devenu président et a laissé la place, dans la plus pure tradition du capitalisme d'héritier, à ses deux... gendres : Augustin Valero et Loïc Douyère, qui deviennent cogérants.

Florian Mantione exerce dans neuf domaines de spécialisations (santé, agroalimentaire, BTP, vin, industrie, informatique, expertise-comptable, tourisme et collectivités territoriales). Ce dernier va constituer selon Mantione « le gros marché de demain, car les besoins des collectivités augmentent en raison de la décentralisation. Et leurs ressources financières sont plus importantes qu'auparavant ».

Le cabinet montpelliérain est également à l'origine d'un journal d'informations économiques en ligne baptisé « Infoéco.fr » : « Nous avons décidé de lancer le support dont nous rêvions puisqu'aucun de ceux disponibles ne nous satisfaisait. On y trouve par exemple les nominations, les annonces de créations, les coordonnées des entreprises, etc., et des recherches sont possibles via nos archives. Nous proposons un accès sur abonnement pour 330 € par an ».

Internet réussit d'ailleurs plutôt bien à Mantione. Ses références y sont consultables. « Nous n'indiquons pas notre adresse postale sur nos annonces presse afin d'inciter les candidats à lire sur notre site une véritable définition de fonction présentant l'entreprise, le poste et le profil recherché. Les candidats laissent leur CV en « copier-coller » et le cabinet s'engage à leur répondre sous 24 heures par mail », commente le président.

Par ailleurs, Mantione continue à affirmer son ancrage régional via des opérations locales comme les Clubs RH à Montpellier, Nîmes et Aix-en-Provence regroupant tous les acteurs de la filière. Ces derniers se réunissent une fois par mois autour d'un thème tels que la gestion du stress, le management, etc. « En région, il faut montrer patte blanche, et en communiquant on attire les clients et les candidats », philosophe Mantione qui est en train de créer une newsletter à destination des entreprises et des candidats. Le cabinet projette également d'ouvrir une agence à Nantes et espère obtenir la certification Iso 9001 version 2000.

En pratique

Références

Liste vérifiable auprès des clients
Environ 600 missions par an

Tarifs

18 % de la rémunération annuelle brute du candidat en annonce et forfait-plancher à 7200 €
30 % de la rémunération annuelle brute du candidat en chasse et forfait-plancher à 12000 €
Règlement : la moitié du forfait au début de la mission et l'autre à l'intégration du candidat

Autres implantations

En France : Nîmes, Perpignan, Aix-en-Provence, Montélimar, Lyon, Toulouse, Biarritz, Bordeaux, Paris et Clermont-Ferrand.

À l'étranger : Tunis, Casablanca, Barcelone et Milan.

FME SEARCH

3, rue Vergniaud
75013 Paris
Tél. : 01 44 16 88 00
Fax : 01 44 16 88 01
consult@fmesearch.com
www.fmesearch.com

Création	1980 SA au capital de 40 000 €
Responsables	Alain Jammet, PDG Claire Boinvilliers, DG
Consultants	noms NC
Effectif	6 consultants
CA	1,4 M€
	Syndicat du Conseil en Recrutement/Syntec

➤ **Recrutement par approche directe** 100 %

Spécialisation sectorielle

Hautes technologies (Internet, multimédia), médias-communication, industrie de la musique, éditeurs de soft et marketing direct

Notre opinion

Des éléphants roses évoluant dans un paysage indo-cambodgien : la grande fresque qui orne le bureau d'Alain Jammet n'a rien de la décoration sobre que l'on pourrait attendre d'un cabinet de recrutement. C'est que le PDG « haut en couleur » de FME Search cultive sa singularité…

Le CA de son cabinet, spécialisé dans le secteur des hautes technologies/média/communication, plafonne à 1,4 M€ depuis 2003. « Les affaires ont été moins bonnes mais ça repart », confie Jammet. Ce dernier évoque avec résignation la crise qui touche l'industrie de la musique, autrefois l'un de ses secteurs de prédilection : « Je travaillote dans la musique » résume-t-il. Il déplore que le piratage ait gelé les embauches et constate que la nouvelle loi sur les téléchargements et les amendes associées n'ont pas fait repartir le secteur. « Curieusement, nous travaillons actuellement beaucoup plus pour les capital-risqueurs... C'est un métier extraordinaire que d'acheter des entreprises en difficultés pour en faire des sociétés qui marchent ! » s'enthousiasme-t-il.

Du côté des médias, si Jammet se félicite d'être l'un des premiers de ce secteur, il déplore là aussi une conjoncture morose : « Les médias souffrent et n'ont pas fini de souffrir ». L'embellie vient de l'informatique : « L'internet est redevenu un secteur porteur, il représente 20 à 30 % de notre CA », confie le dirigeant qui met le Wifi à disposition des visiteurs du cabinet. « Là où l'on est numéro un, c'est dans l'éditeur de soft », assure-t-il.

Le cœur de métier de FME a toujours été le recrutement de cadres dans le secteur des hautes technologies, des télécoms et de l'informatique (60 % des postes proposés). Soit principalement une population d'informaticiens, d'ingénieurs « réseaux », ou encore de spécialistes des techniques de communication...

FME a la particularité de dissocier dans le travail de recruteur la partie commerciale de la recherche proprement dite. La première est assurée par Alain Jammet et Claire Boinvilliers, qui prospectent les clients. La seconde est confiée aux consultants, qui effectuent alors la chasse jusqu'à l'intégration du candidat. Ce système présente le grand avantage de permettre aux consultants de se concentrer sur ce qu'ils savent faire le mieux : rechercher des candidats.

Jammet a un credo : « loyauté, fidélité et service ». Apparemment, les clients suivent : « Nous avons une clientèle très fidèle. On travaille avec certains depuis 28 ans ! ». Parallèlement, les démarches de prospection à destination de l'Allemagne, l'Italie et l'Espagne se poursuivent, mais pas question de nouer le moindre partenariat : « Je suis partenaire avec moi-même ! commente Jammet. Je ne crois pas qu'une association soit réellement profitable. Nous nous débrouillons très bien par nous-mêmes et cette indépendance nous permet de continuer à réaliser des missions cousues main. On travaille depuis Paris ».

En pratique

Références

Liste vérifiable auprès des clients
100 missions par an

Tarifs

30 % de la rémunération brute annuelle.
Règlement : 40 % du forfait au début de la mission, 30 % un mois après et 30 % le deuxième mois

FRANÇOIS SANCHEZ CONSULTANTS

24, rue Murillo
75008 Paris
Tél. : 01 40 54 60 00
Fax : 01 40 54 60 21
panel@groupefsc.com
www.groupefsc.com

Création	1989 SA au capital de 115 000 €
Responsables	François Sanchez, PDG Jean-François Roquet, directeur général associé
Consultants-associés	François Sanchez (formation en sciences économiques) Jean-François Roquet (IEP Paris et DESS de droit public) Thierry Pique (maîtrise de psychologie)
Effectif	25 consultants et 16 chargés de recherche
CA	7,1 M€ en recrutement 2 M€ en outplacement 2,9 M€ en formation, conseil et externalisation de compétences, en particulier pour l'industrie pharmaceutique
	Syndicat du Conseil en Recrutement/Syntec

➤ **Recrutement par approche directe** 98 %

➤ **Recrutement par annonces** 2 %

Spécialisation sectorielle

Santé, chimie, pharmacie, cosmétique, parfumerie (40 % des missions), BTP (20 %), banque/assurance/services (20 %), industrie/grande distribution/luxe (20 %)

Profils recherchés

Cadres à cadres dirigeants ; toutes fonctions

Notre opinion

Quel chemin parcouru ! En 1989, cette structure comptait 2 consultants. En 2008, il y en a 25, plus 16 chargés de recherche. « J'ai une approche paysanne de mon métier, explique Jean-François Roquet, le directeur général. Nous vendons du service. Dans notre métier, l'important est la pérennité et la fidélité des consultants. » François Sanchez dispose aujourd'hui des deux. Le cabinet a 20 ans d'ancienneté et une force de frappe de 71 salariés.

« Nous faisons un métier de service qui s'apparente à un sacerdoce, explique Roquet. Il comprend beaucoup de contraintes. Les candidats ne sont libres qu'à des horaires particuliers. Un consultant ne doit pas être choqué de recevoir un coup de téléphone le samedi après-midi. Sinon mieux vaut se reconvertir. Ceux qui ne réussissent pas sont ceux qui pensent qu'il s'agit d'un métier comme un autre. »

Roquet et les siens sont les tenants d'un discours qui fait mouche dans la profession : celui de la proximité avec les candidats (« faire attendre un candidat dans une salle d'attente est une faute professionnelle ») et de la confiance avec les clients.

« L'avenir est aux structures raisonnables, estime-t-il. Dans une profession de gens excessifs qui recrutent en masse une année pour mieux licencier l'année suivante, nous voulons nous développer raisonnablement ». On ne peut que partager les vues de Roquet qui ne veut pas voir son cabinet devenir « un gros mastodonte, n'être ni la Maserati ni la Logan du recrutement, mais poursuivre son chemin ». Pour la métaphore automobile, l'espiègle directeur général choisit plutôt la Mercedes, qu'il juge « fiable, représentative d'un certain statut, reconnue, avec de la gueule, et faite pour les longs parcours sans à-coups ».

En tout cas, cette vision du métier - et son application - porte ses fruits : le chiffre d'affaires en recrutement est passé de 4,9 M€ en 2003 à 5,6 M€ en 2005 puis à 7,1 M€ en 2007. S'ajoutent comme chez beaucoup de ses confrères des prestations d'outplacement, à travers une autre société du groupe : Monceau Carrières.

En pratique

Références

400 missions par an

Tarifs

Forfait plancher de 18 000 €

Règlement : 40 % du forfait au début de la mission, 40 % à la présentation des candidats et 20 % à l'intégration.

Autre implantation

FSC Région sud :
Bâtiment 9. Parc du golf, avenue Guillibert de la Lauzière
13856 Aix-en-Provence
Tél. : 04 42 39 60 00 Fax. : 04 42 39 60 09
Contact : Xavier Guzman

FUTURESTEP

Le Monge
22, place des Vosges La Défense 5
92979 Paris La Défense Cedex
Tél. : 01 41 43 82 82
Fax : 01 41 43 82 99
info@futurestep.fr
clients@futurestep.fr
www.futurestep.fr

Création 1999 aux États-Unis et 2000 en France
SARL au capital de 30 490 €

Groupe Korn Ferry

Responsables Laurent Da Silva, DG de Futurestep France
Didier Bonnefoy, président Europe

Consultants Hubert Levesque, responsable de la practice grande consommation
David Mainguy, responsable de la practice industrie
Sébastien Stoitzner, responsable de la practice santé
Dominique Baud Bertrand, responsable de la practice banque et assurance
Jérôme Andrieu, responsable de la practice technologies
Jean-Christophe Puget, directeur du bureau de Lyon
Jean-François Jardini, vice président, practice manager Strasbourg
Laurent Reis : practice manager Lyon
Michel Tardivat, directeur administratif et financier
Michel Olari, responsable des grands projets de recrutement
Patricia Lafage : practice manager hautes technologies
Laurent Da Silva : practice manager grande consommation-santé
Gwenaëlle de la Roche Saint André, directeur marketing

Effectif 85 consultants

CA 12 M€ en recrutement, 2 M€ en conseils/évaluation

Syndicat du Conseil en Recrutement/Syntec

- **Recrutement par approche directe**
- **Recrutement par annonces**

Profils recherchés

Cadres et cadres supérieurs

Notre opinion

Futurestep est la filiale « middle management » du premier chasseur de tête au monde, Korn Ferry (*cf. présentation*). La société Futurestep, lancée en 1999 aux États-Unis, créée en France en 2000 à partir de consultants provenant de PA consulting, était à l'origine un cabinet de recrutement qui s'appuyait sur un site Internet de recrutement un peu sophistiqué.

Aujourd'hui, Futurestep est une structure dite intégrée : les bureaux nationaux sont des sociétés du groupe. Ils sont au nombre de 38, employant au total quelque 300 professionnels dans 17 pays en Europe, Asie/Pacifique et Amérique-du-Nord. FS peut donc réaliser des recrutements via ces autres entités avec une forte probabilité d'avoir le même service en France qu'aux États-Unis ou en Nouvelle-Zélande.

Doucement mais sûrement, Futurstep rattrape le chiffre d'affaires de sa maison mère. En France, c'est déjà presque fait (en 2007, 14 M€ pour FS et 15, 2 pour Korn Ferry). Et nous parions que l'élève aura dépassé le maître d'ici quelques années.

Plusieurs explications expliquent le phénomène. Le business model de Futurstep est une première. Le cabinet ratisse large et profite à plein de l'externalisation française du recrutement, phénomène qui ne peut que se développer. FS bénéficie aussi des pénuries que la France connaît au niveau de son encadrement. Enfin, sa stratégie consiste aussi à s'orienter vers des grands projets de recrutement pour offrir à ses clients la possibilité d'externaliser l'ensemble de ces procédures de recrutement. « En résumé, précise Laurent Da Silva, le très jeune (33 ans) et jargonnant dirigeant de FS France, nous sommes passés d'une approche produit avec de la chasse ou de l'annonce à une approche solution ». Dans cette façon de faire, le DRH client est un chef d'orchestre qui externalise la paye, le juridique et maintenant le recrutement. Une solution qui permet de flatter l'ego du DRH-client et de lui enlever bien des soucis.

L'externalisation du recrutement, ce nouveau service offert par FS à ses clients, représente maintenant 50 % de son chiffre d'affaires. Une vraie réussite.

Dirigé depuis 2005 par Da Silva (maîtrise de droit, mastère spécialisé de l'Essec en ressources humaines ayant débuté dans un cabinet d'avocat avant de passer par plusieurs cabinets de recrutement), Futurstep se développe rapidement. La structure est ainsi passée, de 2006 à 2008, de 60 à 85 consultants et a emménagé à La Défense pour disposer de locaux plus accueillants.

Tout est donc en place pour passer à une vitesse supérieure. Da Silva, avide, souhaite doubler son chiffre d'affaire pour 2010-2011. Avec trois fers de lance : l'externalisation de recrutement qualifié par l'entreprise (le recruitment process outsourcing, RPO), le recrutement classique, à l'unité serait-on tenté de dire - en utilisant l'approche directe ou l'annonce -, et le conseil en évolution de carrière.

En pratique

Références

Liste vérifiable auprès des clients

Tarifs

33 % du salaire annuel brut du candidat en approche directe et recherche par Internet. 25 % du salaire annuel brut du candidat en annonce. Dans le cadre de grands projets de recrutement, les négociations sont ouvertes avec la possibilité de loyer mensuel, au coup par coup ou en délégation. Règlement : en trois mensualités

Autres implantations

19, boulevard Eugène Deruelle 69003 Lyon
Tél. : 04 72 60 60 90 - Contact : Jean Christophe Puget

À l'étranger (réseau Korn Ferry Futurestep) : Atlanta, Chicago, Houston, Los Angeles, New York, San Francisco, Toronto, Princeton, Philadelphie, Boston, Amsterdam, Bergen, Birmingham, Bruxelles, Copenhague, Londres, Luxembourg, Milan, Oslo, Rome, Vienne, Zurich, Auckland, Hongkong, Kuala Lumpur, Melbourne, Singapour, Sydney, Wellington.

GRANT THORNTON DI FINANCES

58-60, rue de Prony
75017 Paris
Tél. : 01 43 18 61 61
Fax : 01 43 18 61 18
info@di-finances.com
www.grant-thornton.fr

Création	1998 SAS au capital de 50 084 €
Responsable	Jacques-Édouard Nouveau, directeur général
Consultants	Jacques-Édouard Nouveau Arnaud Gannevast Patrick Tavernier
Effectif	13 consultants (directeurs financiers experts)
CA	5,5 M€

➤ Management de transition et conseil en direction financière opérationnelle

Spécialisation fonctionnelle

Gestion administrative et financière

Notre opinion

Racheté en octobre 2006 par Grant Thornton France, un des premiers groupes français d'audit et de conseil financier et juridique (102,6 M€ de CA en 2007 en France), DI Finances propose des managers de direction administrative et financière. Jacques-Édouard Nouveau, le nouveau directeur général, insiste pour dire que son métier n'a rien à voir avec l'intérim de management et qu'il consiste à « répondre à des problématiques de conseil par rapport à des besoins d'entreprises ». Les missions peuvent être de trois ordres : directeur administratif et financier de transition à temps plein ou - et c'est une nouveauté - à temps partagé, diagnostic par organisation et optimisation du cash, ou accompagnement personnalisé des dirigeants dans la poursuite d'une mission de transition. DI Finances s'adresse aux acteurs du capital-investissement et aux grandes et moyennes entreprises.

« Nous intervenons principalement dans neuf cas de figure, énumère Nouveau. Il peut s'agir d'une croissance externe, d'une réorganisation de la direction financière, d'une sortie de groupe (spin-off), du règlement d'une crise grave, d'un développement post-LBO, d'un lancement de start-up, d'une forte croissance, de la création de filiales d'un groupe international ou de la modification de la structure capitalistique ». Les consultants de DI ont ainsi pour vocation de remplacer la direction de l'entreprise durant la période critique.

Ils sont tous salariés et ont au moins cinq ans d'expérience comme dirigeants. « Nos missions de transition sont très structurées. Au début, un diagnostic du problème est fait, puis au cours de la mission un rapport d'étape est produit, et enfin un rapport de fin de mission. »

Pour son directeur général, les points forts de DI Finances, la plus ancienne société française de management de transition, résident dans son expertise reconnue sur le marché. Les directeurs financiers sont formés tous les mois sur les nouvelles normes. Le cabinet de finances et de conseil traite environ 50 missions par an et l'adossement à Grant Thornton a également permis de bénéficier d'un réseau international. Les prestations de service à l'international représentent d'ailleurs aujourd'hui un tiers de l'activité. Une mission dure en moyenne quatre à six mois, en France comme à l'étranger.

L'activité de DI Finances est en hausse. Le chiffre d'affaires est passé de 4,6 M€ en 2006 à 5,5 M€ en 2007. Et à l'horizon 2010, le cabinet souhaiterait « doubler ses effectifs et passer à 25 à 30 directeurs financiers opérationnels », conclut Nouveau.

En pratique

Références

Liste vérifiable auprès des clients - 50 missions par an

Tarifs

Forfait sur la base d'un coût à la journée compris entre 1 250 € et 2 000 €

HAYS

26, rue de Berri
75008 Paris
Tél. : 01 71 76 77 00
Fax : 01 71 76 77 01
hps@hays.fr
www.hays.fr

Création	2001 Paris
Responsable	Tina Ling
Consultants	noms NC
Effectif	247 consultants en recrutement et 76 en travail temporaire
CA	41,8 M€

➤ **Recrutement en intérim, par approche directe, par fichier et par annonces**

Spécialisation sectorielle/fonctionnelle

BTP/immobilier, finance/comptabilité/gestion/administration de l'entreprise (droit, ressources humaines, assistanat), industrie/grande consommation/distribution.

Profils recherchés

Employés à cadres dirigeants

Notre opinion

Si Michael Page était la grande réussite des années quatre-vingt-dix, Hays sera, c'est notre opinion, celle des années 2000. Le développement de cette structure est phénoménal. qu'on en juge. Son chiffre d'affaires est passé de 13,2 M€ en 2003-2004 pour atteindre les 41,8 M€ en 2007-2008. Le cabinet double son chiffre d'affaires tous les deux ans, en étant parti de zéro en 2001.

Au niveau international, le Groupe Hays est une firme d'origine britannique remontant au XVIIe siècle. Il a commencé dans l'immobilier puis a fait du transport-logistique avant de se spécialiser totalement en 2003 dans les ressources humaines et le recrutement. Il dispose aujourd'hui d'un réseau de plus de 5700 consultants spécialisés par secteur d'activité, est présent dans 27 pays et est coté à la bourse de Londres depuis 1996.

Pour nous, la façon britannique de faire du recrutement s'est merveilleusement bien acclimatée chez nous et Tina Ling, sa blonde, jeune (42 ans) et galloise pédégère va pouvoir postuler à la direction générale du groupe tant ses résultats sont bons.

Hays est un cabinet de recrutement où les consultants travaillent d'arrache-pied pour trouver des missions auprès des entreprises et convaincre les candidats d'y travailler. « Nous offrons à nos clients un travail de qualité, commente Ling. Nous sommes extrêmement rapides. Nous pouvons proposer une short list en 48 heures grâce à nos fichiers actualisés en permanence ». Chez Hays, le client peut trouver un candidat provenant de multiples sources : la base de données du cabinet français, celles du groupe Hyas, soit 9 000 consultants répartis dans 29 pays, un mailing sur base de données, une petite annonce, une approche directe ou encore des salons de recrutement que la société peut organiser pour un client.

« Nos consultants spécialisés connaissent leur marché et leurs candidats. Nous nous faisons enfin payer au résultat. Nous prenons le risque avec notre client. Si les candidats ne sont pas bons, nous ne sommes pas payés... ». Une façon de faire qui doit donner de l'urticaire à bien des confrères français, mais qui fonctionne.

La société compte aujourd'hui 16 bureaux en France et cinq supplémentaires devraient ouvrir d'ici 2012. « Tous les grands bassins d'emploi devraient être pourvus d'un bureau Hays », précise Ling. 23 divisions spécialisées sont proposées. Bref, Hays travaille ou travaillera partout en France, sur quasi tous les secteurs et toutes les fonctions. Hays a aussi lancé une division internationale pour recruter dans les pays francophones comme le Maghreb. Et un département executive pour faire bonne mesure.

En outre, le groupe propose à ses clients de leur trouver des candidats pour un contrat à durée indéterminée ou pour un contrat en intérim. Là encore, Hays fait figure de pionnier, avec les Robert Half, Robert Walters ou autre Michael Page.

Le prix demandé peut être aussi une raison de travailler avec Hays.

Pour un poste à 40 000 € bruts par an, le coût du recrutement est de 8 000 €. Il est de 4 000 € pour un poste de 20 000 €.

Enfin, ice on the cake, Hays a développé un bureau qualité en son sein : chaque candidat et chaque entreprise rencontrés par un consultant reçoivent, depuis 2007, un questionnaire qualité pour mesurer la prestation de la structure. Qui en France peut se targuer d'un tel professionnalisme ?

Dans son développement effréné, Hays France recherche en permanence de nouveaux consultants. Ces derniers doivent avoir, qu'ils soient jeunes diplômés ou professionnels aguerris importe peu, une petite expérience en ressources humaines, en commercial ou dans des fonctions définies. Ces jeunes gens sont payés à 50 % en fixe et à 50 % en variable et peuvent s'attendre à un salaire de départ compris entre 25 000 et 40 000 €.

Le futur de Hays peut-il être contrarié par une économie française en pleine crise ? « Le marché est un peu plus dur aujourd'hui qu'il y a deux ans, conclut Ling. Nous devons appeler plus de clients pour décrocher une mission ».

En pratique

4 720 missions de recrutement par an
Placement d'intérimaire par an : 10 700

Tarifs

20 % du salaire brut par an du candidat si celui-ci ne dépasse les 52 999 € bruts par an et 25 % au-delà.

Autres implantations

Immeuble Grand Angle 4, place Barthélémy Niollon 13100 Aix en Provence - Tél. : 04 42 37 09 60

Immeuble Marivaux (4e étage) 11-17 Rue Condillac 33000 Bordeaux Tél. : 05 56 48 70 40

6, rue Jean Roisin 59800 Lille - Tél. : 03 28 04 50 56

2, rue Grolée 69002 Lyon - Tél. : 04 72 00 31 31 (BTP) ou 04 72 00 00 72 (tertiaire)

34, rue Stanislas 54000 Nancy - Tél. : 03 83 33 34 35

36, boulevard Guist'hau 44000 Nantes - Tél. : 02 51 83 16 20

Le Crystal Palace 369/371, promenade des Anglais 06200 Nice Tél. : 04 97 18 80 00

20, quai Duguay Trouin (4ème étage) 35000 Rennes
Tél. : 02 99 67 99 50

86, rue de la République 76000 Rouen - Tél. : 02 32 12 50 50

15, rue des Francs Bourgeois 67000 Strasbourg - Tél. : 03 88 22 80 80

23, rue Lafayette 31000 Toulouse - Tél. : 05 34 44 50 90

15, rue de Sully 37000 Tours - Tél. : 02 47 75 26 05

À l'international : 390 bureaux dans 27 pays

HEIDRICK & STRUGGLES

112, avenue Kléber
75784 Paris Cedex 16
Tél. : 01 44 34 17 00
Fax : 01 44 34 17 17
paris@heidrick.com
www.heidrick.com

Création 1978
Société américaine

Responsable Pascal Gibert, managing partner France

Consultants Partners : Caroline Apffel : practice information technology, CIO
Guy de Buttet : practice life sciences, information technology
Wendy Cochran : practice finance
Alain Deniau : practice industrie, real estate
Pascal Gibert : practice industrie, CFO
Sylvie Maillot : practice consumer
Barbara Valaperti : practice finance

Principals : Fabienne Delorme : practice industrie, automotive
Rosemary Groshens : practice finance
Catherine Lefebvre : practice professional services
Marika Rathle : practice consumer, luxury goods

Effectif 11 consultants

CA 11 M€ (estimation), 9,1 M€ en 2005

AESC

➤ Recrutement par approche directe 100 %

Profils recherchés

Cadres dirigeants

Notre opinion

Malgré plusieurs sollicitations, Pascal Gibert a refusé de répondre à nos questions. C'est son droit. Le vôtre est de vous demander pourquoi un des leaders de la chasse de tête préfère vivre caché alors que l'essentiel de son travail est de poser des questions aux entreprises et aux candidats...

Voici ce que nous précisions lors de notre dernière édition. Ce n'était pas particulièrement élogieux. Ceci peut expliquer cela.

Encore un nouveau dirigeant chez Heidrick & Struggles. Chaque fois que nous entreprenons une mise à jour de notre guide, nous avons à faire à un nouveau nom: en 2001, c'était Jean-Philippe Saint-Geours, en 2004, Emeric Lepoutre. Aujourd'hui, c'est Pascal Gibert. Entre-temps, début 2006, Lepoutre et deux partners sont partis. Un départ imposé et une histoire de « climat » paraît-il.

C'est donc Gibert, 51 ans, ancien dirigeant de Geodis, qui a repris la barre. Nous lui souhaitons bonne chance. Car l'entreprise n'est pas facile à gouverner entre consultants-stars et actionnaires exigeants. Le problème d'Heidrick est, en effet, structurel. Entrée en bourse, la société doit dégager des bénéfices et verser des dividendes. Dans un marché cyclique comme le recrutement, ce n'est pas toujours possible. D'où ces hauts euphoriques et ces bas synonymes de crise.

Le cabinet est, certes, toujours installé avenue Kléber, dans un écrin de verdure et d'immeubles luxueux. Mais, les principaux consultants des dernières années n'y sont plus. Difficile alors pour un client d'y retrouver ses petits. Bref, Heidrick & Struggles, qu'un confrère du magazine Forbes avait malicieusement rebaptisé « Headaches and Struggles » (maux de têtes et disputes), repart pour une énième aventure.

Mais il y a aussi des raisons d'espérer. Le cabinet s'est recentré sur son métier de base de recherche de dirigeants. Il veut aussi se lancer dans le conseil. « Il faudrait que ce service représente, à terme, 25 % du CA, précise Gibert. Nous voudrions aussi grandir en taille pour atteindre les 25 consultants ». Heidrick demeure l'un des réseaux les plus importants du monde avec une image de marque qui, paradoxalement, ne s'est pas dégradée. Celle d'un pur chasseur dont la cible est les dirigeants, PDG, directeurs et autres cadres-experts de très haut niveau, avec cinq à dix ans d'expérience dans un secteur et un salaire annuel d'au moins 120 000 €.

En général, ces cadres de haut vol ont fait une partie de leur carrière à l'international. 20 % des missions du cabinet se déroulent ainsi hors de France ou pour le compte d'une entreprise étrangère.

Sur ce créneau, la machine Heidrick & Struggles demeure l'une des meilleures du monde. En 2007, le cabinet est toujours 2e cabinet mondial avec 414,5 M€ de chiffre d'affaires. Avec la crise de 2002, un CA mondial en diminution (chute ?) de 574,2 M$ en 2001 à 317,9 en 2003 et 412, 3 en 2005, H & S s'est fait ravir sa place de leader des chasseurs de tête par son éternel rival Korn Ferry.

H & S s'appuie enfin sur son réseau de 67 bureaux (78 en 2001) répartis dans le monde entier. Il est très présent en Europe et en Amérique du Nord, mais est aussi en Asie-Pacifique (Hongkong, Singapour, Sydney, Tokyo) et en Amérique Latine (Buenos Aires, Caracas, Lima, Mexico, Santiago). C'est un réseau totalement intégré où le consultant européen dispose des mêmes outils et s'appuie sur les mêmes techniques de recrutement que son collègue américain ou asiatique. Comme toutes les structures intégrées, les bureaux dans le monde sont des filiales d'une société-mère qui, ici, est donc cotée en bourse.

En pratique

Références

Liste vérifiable auprès des clients
133 missions en 2005

Tarifs

Honoraire plancher de 45 000 € en chasse

Autres implantations

67 bureaux dans le monde

HOMMES & ENTREPRISES INTERNATIONAL

2, rue Dufrénoy
75116 Paris
Tél. : 01 42 68 04 80
Fax : 01 42 66 92 01
cv@he-int.com
www.hommesetentreprises.com

Création	1977 SA au capital de 120 000 €
Responsable	Jean-Claude Meunier
Consultants	Jean-Claude Meunier (ingénieur de l'école navale, Insead) : services professionnels et financiers, pharmacie, high-tech Valérie Truchot-Desautel (DESS de psychologie sociale, MS management social) : grande consommation, distribution Philippe de Fursac (maîtrise d'histoire) : collectivités locales Myriam Larabi Sylvain Eloit : high-tech et informatique Carine Nicolay (École de psychologues praticiens) : collectivités locales
Effectif	5 consultants
CA	2,6 M€

➤ **Recrutement par approche directe** 100 %

Spécialisation sectorielle

Industrie (30 % des missions), collectivités locales (40 %), grande consommation (15 %), professionnels et financiers (15 %)

Notre opinion

Hommes & Entreprises International, cabinet généraliste dirigé par Jean-Claude Meunier, a longtemps été le partenaire français de The Amrop Hever Group, un réseau mondial constitué de 84 indépendants répartis dans 50 pays. Ce n'est plus le cas depuis juin 2006. Meunier a fini par se lasser des nombreux problèmes structurels et des changements de noms à répétition que créait son appartenance au réseau. En effet, il existe en France deux autres sociétés répondant au nom de Hever Group : RT & A/The Amrop Hever Group à Paris et Acteurop à Lyon. Les quiproquos s'accumulaient. Les clients et les candidats s'embrouillaient à qui mieux mieux et Meunier rongeait son frein. En résumé, soit RT & A acceptait de changer de nom, soit Amrop Hommes & Entreprises International se désolidarisait. Résultat, le cabinet de Meunier a resurgi une nouvelle fois sous une nouvelle appellation…

Hormis ce détail technique et feuilletonesque, Hommes & Entreprises International réalise toujours 100 % de son chiffre d'affaires en chasse. Son cœur de cible est constitué de cadres dirigeants dont les rémunérations vont de 80 000 à 300 000 € par an.

Côté business, ce cabinet stagne quelque peu. Les chiffres d'affaires de 2003 et 2004 se sont élevés à un peu moins de 2 M€ selon le dirigeant. Et en 2006, Hommes & Entreprises International a récolté 2,5 M€, contre 2,6 M€ en 2007. Malgré tout, Meunier se veut confiant. Son cabinet compte cinq consultants (pour quatre chargés de recherche), mais devrait en accueillir deux de plus dans les prochains mois. Le secteur activités territoriales fonctionne bien, « il bénéficie en 2008 des élections municipales et devrait représenter plus de 50 % du chiffre d'affaires », précise le dirigeant, qui reconnaît que le résultat sera moins bon qu'en 2007 pour le secteur privé à cause d'une croissance moindre.

La structure s'est aussi fortement recentrée sur l'évaluation de cadres supérieurs et d'équipes de direction, et la constitution de conseils d'administration, qui représentent environ 40 % du CA global.

Pour son dirigeant, les points forts et particularités de son cabinet par rapport à ses concurrents résident principalement dans « l'organisation de déjeuners débats avec des personnalités du monde des affaires et du monde politique » et dans sa pérennité.

En pratique

Références

100 missions par an

Tarifs

Forfait plancher de 25 000 €. Moins pour un client collectivité locale.

Autre implantation

27, place Bellecour 69002 Lyon
Tél. : 04 78 92 49 50 - Fax : 04 78 37 25 04

HORTON INTERNATIONAL EUROSELECTION

3, rue Troyon
75017 Paris
Tél. : 01 53 81 74 30
Fax : 01 43 80 29 93
paris@horton-intl.com
www.horton-intl.com
www.euroselection.com

Création	1985
Responsable	Gérard Diétrich, PDG
Consultants	Chez Horton : Béatrice Julier (IAE) Pierre Cazalis de Fondouce (ingénieur, MBA) Gérard Diétrich (IEP, DES de lettres) Jeanne Faivre-D'Arcier (IEP) : santé-cosmétique Isabelle Istria (DESS Gestion, DEA communication) Chez Euroselection : Christelle Rucker (DESS de psychologie) Laurie Cottant (DESS Psychologie du travail)
Effectif	8 consultants
CA	2,2 M€
	Certifié Iso 9004

➤ **Recrutement par approche directe** (Horton International) 100 %

➤ **Recrutement par annonces** (Euroselection) 100 %
(90 % en multimédia et 10 % en presse)

Profils recherchés

Des cadres spécialisés aux cadres dirigeants pour Horton

Techniciens, cadres pour Euroselection

Notre opinion

Une même adresse: à deux pas de la place de l'Etoile, un unique PDG: Gérard Diétrich mais deux entités différentes et complémentaires... Si Horton International procède exclusivement par chasse et cible les cadres spécialisés et dirigeants, Euroselection vise le middle management et recrute surtout par annonce tout en proposant du conseil en évaluation (bilan de compétences, de carrière, etc.).

Le nombre de consultants (huit), reste stable et départ d'une collaboratrice (devenue psychanalyste!) a été immédiatement donné lieu à un recrutement. Quant au chiffre d'affaires, resté longtemps stationnaire, il a un peu bougé (2 M€ en 2005, 2,2 M€ en 2007).

Services, banque-assurance, santé, distribution, industrie et hautes technologies: voilà les spécialités d'Horton. Histoire de « parler le même langage » que ses interlocuteurs, chaque consultant a une ou plusieurs spécialités: grande distribution, santé cosmétique... Pour le reste: « On ne change pas une équipe qui gagne. Je ne suis pas boulimique! », devise Diétrich.

Le cabinet Euroselection, a quant à lui pour dominantes la recherche de cadres moyens et le secteur informatique. Spécialisé dans les postes opérationnels, il privilégie aujourd'hui les annonces internet, et a diversifié son offre avec au menu « inplacement » et les bilans de compétence (avec un agrément Fongecif). Il propose également des activités de coaching externalisés via le groupe Valori dirigé par Gérald de Bourmont, membre titulaire de la société française de coaching. Le cabinet déploie en outre toute une gamme de services dépassant le recrutement: recherche de partenaires, enquêtes de rémunérations...

Nouveauté 2008 chez Horton: Diétrich a entrepris de développer une activité d'évaluation d'équipe dirigeante de sociétés en voie d'être reprises. Cette idée est née d'un constat: « Lorsqu'un fonds d'investissement rachète une société, une analyse commerciale est faite, mais le management n'est pas évalué. C'est pourtant capital: c'est avec les dirigeants que les repreneurs vont gagner ou perdre ». La démarche semble rencontrer un certain écho: « On vient de faire une belle opération, on va continuer dans cette voie-là ».

Autre tendance: le business à l'international se développe de plus en plus. « On alimente en missions nos partenaires à l'étranger et inversement », constate Diétrich. Rappelons que Horton

International constitue l'antenne française du groupe Horton, présent dans une trentaine de pays à travers 38 bureaux.

Du côté de Horton, la chasse pour des profils très pointus, les postes « à niche » comme le CRM en marketing, le knowledge management, le supply chain et les achats, continue à bien marcher. Selon Diétrich, avec le départ des seniors, le plein-emploi guette en France. Ce phénomène, conjugué au manque de mobilité internationale des jeunes Français, ne va qu'accentuer la pénurie de candidats. Pour lui, c'est donc hors de France que viendra le salut : « Il faudra aller chercher ailleurs un certain nombre de compétences (BTP, commerciaux...). C'est un travers hexagonal que de croire que les formations étrangères ne sont pas à la hauteur ! », martèle Diétrich.

Diétrich dit miser sur la qualité - d'où une démarche de certification Iso 9004 - et sur l'offre sur-mesure. Une approche « boutique » qui lui est chère. Les clés de son succès? Un réseau solide, des clients fidèles (à 80 % les mêmes depuis 20 ans), un faible turn over et une flexibilité à toute épreuve (suivant les besoins du client Horton prend le relais d'Euroselection et inversement). Et puis il y a le réseau Horton International, né en 1978 de la volonté de plusieurs cabinets américains, européens et australiens, de créer un réseau répondant aux mêmes normes de qualité et de service à travers le monde. De nouveaux bureaux ont récemment ouvert en Chine, à Dubaï et aux Etats-Unis. D'autres projets d'ouverture sont à l'étude en Turquie, en Afrique du Sud et en Europe de l'Est. Quant à l'objectif d'intégrer le Top 10 des plus gros cabinets mondiaux d'ici 2010 : « On va y arriver. Actuellement, nous sommes déjà seizième ! », assure Diétrich.

En pratique

Références

Liste vérifiable auprès des clients, environ 100 missions par an

Tarifs

En approche directe, forfait-plancher de 20 000 €
En annonce, forfait représentant 17 % du salaire brut annuel.
Règlement : un tiers du forfait au début de la mission, un tiers à la présentation des candidats et un tiers à l'intégration.

Autres implantations

Des bureaux dans 27 pays

HUDSON

176, av. du Général de Gaulle
92522 Neuilly-sur-Seine
Tél. : 01 58 56 58 56
Fax : 01 58 56 58 61
hudson.france@hudson.com
http://fr.hudson.com

Création

Hudson : 2003 (séparation d'avec le groupe TMP)
TMP eResourcing : 2000 (fusion des cabinets indiqués)
Daniel Porte et Key Men : 1970
Cogeplan et Saniteam : 1978, Nervet-Pont Conseil : 1983
Péreire Conseil : 1992

SAS au capital de 312 158 €

Responsable

Laurent Derivery, directeur général

Effectif

100 consultants

CA

17 M€ en recrutement
4 M€ en conseil

Syndicat du Conseil en Recrutement/Syntec, OPQCM,
Syndicat du conseil en évolution professionnelle,
À Compétences Égales

- **Recrutement par approche directe** 80 %
- **Recrutement par annonces** 20 %

Notre opinion

Quelle progression ! On avait laissé Hudson, fatigué en 2006, après la longue crise de 2001-2005. Depuis, la structure a repris des forces et a développé ses missions de façon considérable. Ainsi, le CA d'Hudson est passé de 14 M€ en 2005 à 21 M€ en 2007, et 27 M€ sont attendus en 2008…

« C'était au début de la croissance interne, commente Laurent Derivery, 44 ans, Essec, ancien consultant chez Accenture puis KPMG, qui a repris la barre de la structure en mai 2005. Puis nous avons racheté en 2007 Executive Coread, qui faisait 1 M€ de chiffre d'affaires ».

Pour absorber ce fort développement, Hudson a décidé de se restructurer pour s'organiser en trois secteurs (banque-assurance-finance, santé et immobilier-construction) et neuf fonctions (dirigeant, fiance-comptabilité, juridique-fiscal, marketing-commercial, hautes technologies, conseil, ressources et développement, achat et ressources humaines). Le groupe dispose aussi d'une structure dédiée à l'externalisation du recrutement (Hudson Outsourcing Solution).

Les points forts d'Hudson sont nombreux. Le groupe exerce deux métiers qui s'interpénètrent : le recrutement (80 % de l'activité) et le conseil en ressources humaines.

En recrutement, cette grosse machine dispose maintenant de 100 consultants spécialisés par secteur d'activité. Hudson peut réaliser, selon le désir du client, de la chasse, de l'annonce, du recrutement mixte ou de l'outsourcing. Il propose aussi une série de conseils allant de l'outplacement à l'évaluation en passant par le conseil en gestion des ressources humaines (politique de rémunération, etc.).

En France, la société est présente dans six villes : Lyon, Toulouse, Strasbourg, Lille, Marseille et Nantes.

Pour le futur, Hudson souhaite développer une activité d'intérim de cadres. Cela fait trois ans que le projet est en cours, mais Derivery compte le lancer vraiment en 2009.

Pour l'avenir, les ambitions sont grandes : doubler le CA tous les trois ans, en s'appuyant sur trois métiers : 40 % du CA pour le recrutement, 40 % en conseil et 20 % en intérim.

Historiquement, Hudson est la résultante d'une série de rachats commencés à la fin des années 90. En 1999, Péreire Conseil, dirigé par Patrick Réneleau, et Cogeplan, conduit par Jean-Paul Vermès, sont acquis par TMP, ainsi que Daniel Porte Consultants et Nervet-Pont. Tout ce petit monde se retrouve, à Paris, boulevard Haussmann, dans un superbe immeuble où l'on phosphorait « ressources humaines » toute la sainte journée. La structure chapeautant le tout s'appelle alors TMP. Elle réalise du recrutement de cadres de middle management avec TMP eResourcing, de la chasse de dirigeants avec TMP Executive Search, de la communication de recrutement avec TMP Communication@work et du recrutement par Internet avec TMP Monster.com. TMP se scinde ensuite, en 2005, en plusieurs entités. La partie recrutement et conseils change de nom pour devenir Hudson Global Ressources. La partie communication de recrutement et recrutement sur Internet prend le nom de Monster (*cf. présentation dans le chapitre sur les sites de recrutement*). Et il n'y a plus eu de liens capitalistiques entre les deux (mais ils dépendent de la même société-mère, Hudson Highland Group Inc, coté à New York, au Nasdaq).

En pratique

Références

Liste vérifiable auprès des clients - 1 400 missions par an

Tarifs

Plancher en annonce : 7 500 €, plancher en approche directe : 15 000 €
Règlement : en annonce, 50 % du forfait au début de la mission et 50 % à la décision d'engagement
En approche directe, un tiers du forfait au début de la mission, un tiers à la présentation des candidats et un tiers à la décision d'engagement

Autres implantations

16 bis, rue de l'Égalité 59700 Marq en Baroeul/Lille
Tél. 03 28 33 62 62 - Fax 03 28 33 62 61
hudson.lille@hudson.com

Immeuble le Forum 33, rue Maurice Flandin 69003 Lyon
Tél. 04 72 82 02 00 - Fax 04 78 93 55 44
hudson.lyon@hudson.com

67, Cours Pierre Puget 13006 Marseille
Tél. 04 96 10 10 80 - Fax 04 96 10 10 89
hudson.marseille@hudson.com

9, rue du Couëdic 44000 Nantes
Tél. 02 40 89 63 04 - Fax 02 40 47 94 77
hudson.nantes@hudson.com

10, rue de la Mésange 67000 Strasbourg
Tél. 03 88 23 16 22 - Fax 03 88 75 68 72
hudson.strasbourg@hudson.com

Le Pré Catelan 78, Allée Jean Jaurès 31000 Toulouse
Tél. 05 61 63 30 34 - Fax 05 61 63 30 35
hudson.toulouse@hudson.com

À l'étranger : présent dans 28 pays

HUMBLOT-GRANT ALEXANDER

12, rue Boissy d'Anglas
75008 Paris
Tél. : 01 53 43 24 24
Fax : 01 53 43 24 25
contact@humblot.com
www.humblot.com

Création	1981 SA au capital de 228 675 €
Réseau	INAC
Responsable	François Humblot, PDG
Consultants	Danièle Brioschi Thierry Carlier-Lacour Évelyne de Franclieu Thierry Delvaux Jean-François Drouot L'Hermine Emmanuelle Dupont Marie-José Pomes Jean-Jacques Roseti
Effectif	26 consultants
CA	8,5 M€ en recrutement 0,5 M€ en conseil en ressources humaines
	Syndicat du Conseil en Recrutement/Syntec, certifié Afnor

- **Recrutement par approche directe** 90 %
- **Recrutement par annonces** 10 %

Profils recherchés

Middle management à cadres dirigeants

Notre opinion

Chez Humblot-Grant Alexander, la période de vaches maigres semble bel et bien de l'histoire ancienne : en trois ans, le nombre de missions ainsi que le chiffre d'affaires en recrutement ont presque doublé (de 5,5 M€ en 2006 à 9 M€ en 2008). « Nous avons dépassé notre niveau de chiffre d'affaires le plus élevé de 2000 et la progression a été de + 35 % par an trois ans de suite », se réjouit François Humblot, le PDG. Côté organisation, deux marques ont été créées pour différencier l'offre dirigeants et l'offre middle management : respectivement Grant Alexander Executive Search et Humblot Conseil en Recrutement.

Les activités banque/finance/assurances ont été beaucoup développées. La grande consommation et la distribution se sont également développées, de même que la santé. En revanche, l'activité high-tech est celle qui a été le moins développée par HGA. « Notre activité RH devient de plus en plus anecdotique, commente également Humblot, nous mettons vraiment l'accent sur le recrutement. »

BPI, le groupe conseil en ressources humaines (communication, outplacement, coaching, bilan, reclassement, etc.), détient aujourd'hui 45 % du capital. Cette prise de participation qui date de 2003 montre encore une fois la faiblesse capitalistique des cabinets de recrutement et la puissance de groupes comme Altedia, Adecco ou BPI, qui guettait depuis plusieurs années l'occasion d'en absorber. Cela étant, la synergie financière a été plus que bénéfique à HGA : BPI a joué son rôle d'actionnaire, en soutenant notamment le développement logistique et informatique du cabinet.

Les points forts de HGA sont nombreux. Le cabinet, qui a obtenu fin 2006 la certification Afnor, est un spécialiste de la chasse de tête depuis plus de vingt ans. Il réalise de moins en moins de recrutement par annonces.

HGA fait également partie du réseau mondial INAC (International Network of Associated Consultants). « Nous bénéficions désormais d'un réseau structuré qui fonctionne bien », précise Humblot. Autre changement notable : une nouvelle filiale en Belgique : Drouot Consultants, ancienne filiale d'Altedia-Drouot.

Humblot a, de plus, mis en place une politique de rémunération permettant de réaliser la difficile synthèse entre le projet collectif et l'épanouissement des collaborateurs. Les consultants de HGA perçoivent un fixe représentant 60 % de leurs rémunérations (« pour sécuriser ») et une variable de 30 % liée à leurs performances individuelles. Les 10 % restant sont fonction de la performance collective.

Signalons enfin, au plan de la vie de la profession, que François Humblot, fin politique, a été l'artisan de la délicate fusion des trois organisations professionnelles du recrutement : la CSNCR (Chambre Syndicale Nationale des Conseils en Recrutement), l'Aprocerd (Association professionnelle des conseils d'entreprise pour la recherche de dirigeants) et Syntec Recrutement, pour former le « Syndicat du Conseil en Recrutement-Syntec », dont il était le président. Il est actuellement vice-président du GSSEC (Groupement des Syndicats Syntec Études et Conseil).

En pratique

Références

Liste vérifiable auprès des clients
520 missions par an

Tarifs

Forfait moyen de 25 000 € en approche directe et de 8 000 € en annonce
Règlement : 40 % du forfait au début de la mission, 40 % à la présentation des candidats et 20 % à l'intégration

Autres implantations

17, Rue de la République 69002 Lyon
Tél. : 04 72 07 47 57 - Fax : 04 72 07 47 58
Contact : Jean-Jacques Roseti (jjroseti@humblot.com)

Tour Méditerranée 65 avenue Jules Cantini 13006 Marseille
Tél. : 04 91 14 07 14 - Fax : 04 91 91 94 50
Contact : Priscilla Lesyk (plesyk@humblot.com)

Bâtiment Antalya 119, avenue Jacques Cartier 34000 Montpellier
Tél. : 04 67 22 04 44 - Fax : 04 67 69 74 65
Contact : Emmanuelle Dupont (edupont@humblot.com)

5, esplanade Compans Caffarelli 31000 Toulouse
Tél. : 05 61 73 78 78 - Fax : 05 61 73 78 79
Contact : Marie-José Pomes (mjpomes@humblot.com)

55, cours Clémenceau 33000 Bordeaux
Tél. : 05 56 00 74 00

4, avenue Foch 59800 Lille
Tél. : 03 20 30 20 55
Contact : Sophie Lorsin Delabaère (lille@humblot.com)

« Les Cardoulines » B5 1360, route des Dolines 06560 Sophia Antipolis
Tél. : 04 92 96 96 96 - Fax : 04 92 96 04 01
Contact : Françoise Bastide (nice@humblot.com)

Filiales à Milan et Bruxelles

IAGE - Philippe Davis Consultants

Parc d'activités Burospace
Zone industrielle Villacoublay
91571 Bièvres Cedex
Tél. : 01 69 41 15 10
Fax : 01 69 41 15 83
contact@iage.fr
www.iage.fr

Création	1985 SAS au capital de 41 580 €
Responsable	Rémi Déméron
Consultants-associés	Rémi Déméron Philippe Davis (ENSEA) Dominique Nadin (EEMI) Gilles Barre (ENSIEG Grenoble et Sciences Po Paris) Thierry Boquet (ESCAE) Yves Bouvier (ESEO, IAE) Daniel Burnand Martine Dugoud-Jourde
Effectif	8 consultants
CA	1,1 M€ en recrutement 300 000 € en conseil
	Syndicat du Conseil en Recrutement/Syntec, certifié Afnor Service-Conseil en recrutement, Cercle d'Éthique des affaires,

➤ Recrutement par approche directe 100 %

Spécialisation sectorielle

Industrie, hautes technologies et services à forte valeur ajoutée technique

Profils recherchés

Cadres dirigeants, middle management, experts

Notre opinion

Succession en cours chez Iage (International Advisory Group for Entreprises). Après plus de 25 ans de métier, Philippe Davis passe la main à Rémi Démeron, président du groupe Arthur Damonn, spécialisé dans le conseil en RH, et qui a racheté son cabinet. Le successeur dc Davis (qui reste dans l'équipe) dit connaître le métier depuis quinze ans, il est d'ailleurs PDG du cabinet Gentilhomme Ressources Humaines (à Reims). Démeron semble avoir l'intention de rester dans la lignée de Davis : « Il n'y aura pas de changement majeur, on reste sur les mêmes effectifs, le même positionnement, la même stratégie, le même mode opératoire », assure-t-il.

Démeron n'entend pas « changer une formule qui marche ». Le cabinet continuera donc à pratiquer une chasse traditionnelle dans le sens noble du terme, c'est-à-dire sans recours aux annonces. Il laisse tout de même la porte ouverte à l'outil multimédia : « Au sein du groupe Damonn, il y a des bases de données importantes dont va pouvoir bénéficier Iage ». Côté CA, rien à signaler, les résultats sont stables.

Le profil des consultants chez Iage ? Des quinquagénaires spécialisés dans des secteurs de pointe, souvent anciens responsables d'entreprise. Du coup, à tout juste 43 ans, Démeron fait figure de « benjamin de l'équipe ». Davis avait su constituer une équipe aux compétences pointues. Et Démeron n'entend pas, là encore, « casser un moteur qui marche » : « lorsqu'un interlocuteur a face à lui quelqu'un qui connaît son métier, il est rassuré ». Installé sur le créneau des hautes technologies, Iage a été relativement épargné par la crise du secteur. Il faut dire que sur le marché du recrutement par annonces, la concurrence d'Internet est insignifiante. Démeron souligne que Iage a aussi des entrées dans les domaines de l'industrie et encore la banque et les services. Parallèlement au recrutement, le cabinet poursuit toujours une activité de conseil (bilans de compétences, coaching, évaluation).

Iage est affilié au Cercle d'éthique des affaires, qui impose une déontologie plus contraignante que les seules recommandations de la profession. Il est également membre du Syntec Recrutement et depuis janvier 2006 certifié Afnor. C'est le 7e cabinet français à avoir obtenu ce label. Un titre de gloire dont se félicite Démeron qui y voit « un gage de fiabilité ».

Les projets à venir? Développer l'international (Europe de l'est, Afrique, Chine) en profitant de l'assise du groupe Arthur Damonn et consolider la position sur le marché français. « Iage est encore un acteur modeste », constate Démeron.

En pratique

Références

Liste vérifiable auprès des clients
100 missions par an

Tarifs

Honoraires forfaitaires contractuels. Minimum de 15000 €.
Règlement: 40 % du forfait en début de mission, 30 % à la présentation des candidats, 30 % à l'intégration.

INTUITU PERSONAE

29, rue Drouot
75009 Paris
Tél. : 01 42 46 66 33
Fax : 01 42 46 78 33
ip@intuitu-personae.com
www.intuitu-personae.com

Création	1989 Cabinet en nom propre
Responsable	Patrick Ayache, directeur général
Consultants	Patrick Ayache (DESS de droit des affaires, Capa, DESS de gestion, MBA) Philippe Brun (DES de droits des affaires) Hélène de Monferrand (DESS CAAE, maîtrise de lettres classiques et licence en psychologie) Florence de Rostolan (DESS GRH/Droit) Alix de Challemaison (DESS GRH/Droit) Andreas Sandgren (Suédois, diplôme de droit) Nicolas Testard (Master de RH) Laurent Wang (Sup de co Rouen, DEA Philo) Miroljub Rosic (école de commerce)
Effectif	9 consultants
CA	NC

➤ **Recrutement par approche directe** 95 %

➤ **Recrutement par annonces** 5 %

Spécialisation sectorielle

Industrie et biens d'équipements (dont industrie du meuble 30 % du CA) 50 %, droit-fiscalité (dont cabinets d'avocats) 50 %

Notre opinion

Retour aux premières amours : après une incursion dans l'immobilier, Intuitu Personae (IP) s'est recentré sur le juridique.

C'est que « les temps sont durs » explique Patrick Ayache qui indique, pour 2007, un CA en baisse de 20 %. Mais, comme il aime à le répéter d'année en année : « On est toujours là ». Et puis, n'y a-t-il pas dans son bureau une plaque avec une inscription en japonais sensée porter chance ? En ce moment, pourtant, « les clients sont dans le flou », et même le feng shui n'y peut rien. Du coup, un des objectifs est de développer des contrats pluriannuels avec eux, ce qui n'est pas si facile du fait de la spécialisation d'IP. Heureusement, le cabinet dispose d'un solide réseau de clients réguliers.

Et puis il y a « le trésor », comme l'appelle Ayache : une base de données de 89 000 noms, « la plus grosse base de données de juristes de France », selon lui. Cette base est la fierté du cabinet : tous les CV y sont codifiés de manière prospective. Le cabinet ne dispose pas d'assistants de recherche pour ces tâches jugées ailleurs subalternes. Les consultants (payés à 90/10 % en fixe et suivant leurs résultats) procèdent eux-mêmes aux recherches dans une approche mixte mêlant chasse et annonces.

Le projet d'Ayache pour enrichir son trésor ? « Créer une candidathèque, un site emploi pour les juristes ». Pour ce qui est de l'actuel, IP a développé, à la demande de ses clients, un partenariat avec des sociétés d'intérim. Mais, explique Ayache, « on encourage toujours nos clients à opter pour le CDD plutôt que pour l'intérim, car cela leur coûte moins cher. » Cette activité CDD marche d'ailleurs fort au cabinet.

Pour la trentaine de clients réguliers qui le suivent depuis des années, IP ne dédaigne pas les missions de moindre calibre (secrétaires). IP a développé ses propres outils de sélection. 113 d'entre eux, destinés à déceler les potentialités techniques suivant les domaines mais aussi les traits de personnalité, ont fait l'objet d'un dépôt de propriété intellectuelle !

Si Ayache a renoncé à ses projets d'échanges de missions et de mise en commun de moyens avec des cabinets régionaux, le cabinet dispose toujours de contacts à Londres, Cologne et… Pékin, où un des consultants (franco-chinois) a déjà réussi quelques recrutements délocalisés pour le marché chinois.

À noter qu'Ayache trouve peu de grâce au Syntec (« peu représentatif, pas à la hauteur »), aussi ne se prive-t-il pas, à l'occasion, de publier points de vue et droits de réponse dans la presse pour défendre lui-même « le métier ».

En pratique

Références

Liste vérifiable auprès des clients
100 missions par an

Tarifs

Forfait plancher de 6000 € en annonce et de 12000 € en approche directe.
Règlement : 40 % au début de la mission, 30 % à la présentation du candidat, 30 % à son intégration

Autres implantations

Londres, Cologne, Pékin

JOHN STORK International ÉLYSÉES Consultants

65, rue d'Anjou
75008 Paris
Tél. : 01 42 65 26 13
Fax : 01 42 68 13 23
jsi@john-stork.com
ec@elysees-consultants.com

Création	1973 John Stork International, 1993 Élysées Consultants SARL au capital de 20 000 €
Responsable	François Grandclaude, managing-partner
Consultants-associés	François Grandclaude (Agro-INA Paris, ancien président d'une filiale d'Unilever France) Rosemarie Heitz (IEP, maîtrise de droit)
Effectif	3 consultants pour John Stork, 1 pour Élysées, 3 assistants de recherche
CA	0,47 M€ John Stork International, 0,187 M€ Élysées Consultants
	Syndicat du Conseil en Recrutement/Syntec

- **Recrutement par approche directe** (John Stork) 100 %
- **Recrutement par approche directe** (Élysées Consultants) 50 %
- **Recrutement par annonces** (Élysées Consultants) 50 %

Spécialisation sectorielle

John Stork : industrie (40 % du CA), télécoms (20 %), banque-assurance (20 %), grande consommation (10 %), audiovisuel (10 %)

Élysées Consultants : grande consommation, industrie, télécoms, cosmétiques

Spécialisation fonctionnelle

Finance (40 % des missions)

Profils recherchés

Middle management à cadres dirigeants

Notre opinion

Si John Stork International et Élysées Consultants partagent les mêmes locaux et sont, tous deux, pilotés par François Grandclaude, les deux cabinets sont deux structures bien différentes, tant en termes d'actionnariat que de cible.

John Stork est un cabinet de chasse qui recrute principalement des cadres supérieurs et dirigeants. Fondé à Londres en 1972 puis à Paris en 1973, le cabinet a pris depuis son indépendance par rapport à ses fondateurs britanniques, tout en gardant leur philosophie. Ici, les consultants effectuent eux-mêmes l'essentiel de la recherche.

Élysées Consultant est la « société sœur » de John Stork. Le cabinet a été créé en réponse à la crise du secteur du recrutement de 1993. Il s'intéresse exclusivement au middle management. Ses secteurs clés sont la grande consommation, l'industrie, le secteur cosmétiques et les télécoms. Le cabinet procède pour moitié-moitié par approche directe et par annonce. Mais Grandclaude souhaite revenir à un rapport 60-40. Un consultant junior pourrait donc être recruté… Son profil ? « Un développeur ».

Pour John Stork, un recrutement est également envisagé mais « le profil est plus ouvert », confie Grandclaude. « Chez nous, les consultants disposent d'une grande liberté et d'une rémunération claire (un pourcentage de leur CA) et ils doivent être autonomes », explique le managing partner. Le bémol ? « Lorsqu'ils partent, ils s'en vont avec leurs clients et on n'essaie pas de les leur piquer ».

Au final, John Stork réalise quatre fois le CA d'Élysées. « Ces dernières années, on a doublé notre pénétration dans les groupes du CAC 40 avec une importance croissante de la fonction financière d'entreprise », souligne Grandclaude. Il ne faut pas y voir le résultat d'une quelconque prospection. « Nous faisons essentiellement du repeat business : nous avons les mêmes clients depuis vingt ans. Quant aux nouveaux, ce sont eux qui viennent à nous! », se félicite Grandclaude, qui, discrétion oblige, se refuse à avoir un site Internet.

En pratique

Références

Liste vérifiable auprès des clients
55 missions par an (John Stork)
15 missions par an (Élysées Consultants)

Tarifs

Forfait plancher de 18 000 € pour John Stork et 7 500 € pour Élysées Consultants. En approche directe, le forfait est égal à 33 % de la rémunération annuelle brute du candidat pour John Stork et 25 % pour Élysées Consultants. En annonce, les tarifs représentent 20 % de la rémunération des candidats.
Règlement : en trois ou quatre mensualités

JOUVE & Associés

54, avenue Marceau
75008 Paris
Tél. : 01 40 70 90 00
Fax : 01 47 20 55 56
contact@jouve.associes.com
www.jouve-associes.com

Création	1986 SA au capital de 152 450 €
Responsables	Josette Sayers, associée Valérie Barthes de Ruyter, associée Sylvie de Vésinne-Larüe, associée Christine Censier, associée Marie-Pierre Rogers, associée
Consultants	Valérie Barthes de Ruyter (Polytechnique) Christine Censier (maîtrise de lettres) Silvia Cheli (doctorat de sciences politiques, Università Cattolica, Milan) Sylvie de Vésinne-Larüe (HEC) Céline Gigon (ESCP) Marie-Pierre Rogers (degree in International Commerce et MBA, GSB University of Chicago) Josette Sayers (BA de Wesleyan University-USA, CPA Paris)
Effectif	7 consultantes
CA	3,4 M€

➤ **Recrutement par approche directe** 100 %

Spécialisation sectorielle

Assurance-banque-services financiers (25 % des missions), industrie (10 %), private equity (25 %), distribution et consumer goods (30 %), et médias/presse (10 %)

Profils recherchés

Cadres supérieurs et dirigeants, patrons de fonction et experts

Notre opinion

Sérénité et professionnalisme caractérisent le cabinet Jouve & Associés. Alors que ses concurrents jouent aux montagnes russes avec leurs consultants et leur chiffre d'affaires (une année j'embauche massivement, une année je licencie), le cabinet avance tranquillement. Le CA tourne autour de 4 M€: 3 M€ en 2004, 4 M€ en 2005 et 3,4 M€ en 2007. Une légère baisse de régime qui s'explique par la maladie puis le décès de Michel Flasaquier, l'un des associés fondateurs, en mars 2007. Deux nouvelles associées ont fait leur entrée. Cela devrait permettre de repartir sur le rythme de croisière de 4 M€ par an.

Le cabinet se positionne comme l'interlocuteur privilégié de toute entreprise désirant recruter un candidat binational ou biculturel. Et c'est l'un de ses points forts. Résultat : l'international représente un tiers du business. Les deux consultantes recrutées depuis 2006 présentent le profil ad hoc : Silvia Cheli est italienne et Céline Gigon a passé cinq ans en Chine. « Nous sommes en lien avec Globe Search, un groupe de sociétés où comme chez nous les associés détiennent le capital et auxquelles nous faisons appel en cas de besoin », indique Sayers. Les relations sont régulières avec l'Allemagne, l'Angleterre, les États-Unis, le Benelux et l'Asie, Hong-Kong notamment.

Jouve met aussi en avant sa marque de fabrique : le sur-mesure. Ici, vous êtes chez un chasseur recrutant des candidats percevant au moins 110 000 € par an. Chaque mission est assurée par deux consultants qui la mènent de A à Z. Ce qui signifie que les candidats sont approchés par des consultants seniors et non par des « petites mains » maîtrisant plus ou moins bien la fonction ou le secteur (même si le cabinet dispose de quatre chargés de recherche, ces derniers ne les démarchent pas). Cette particularité méthodologique fait la fierté de la structure : « Travailler à deux permet de développer des approches complémentaires, explique Sylvie de Vésinne-Larüe, associée. Nos clients sont habitués à ce process et finissent par demander d'eux-mêmes des brainstormings croisés. Ils connaissent de mieux en mieux notre métier et nous en profitons pour essayer de les impliquer davantage dans la recherche, afin d'avoir un cheminement interactif. Souvent sceptiques au départ, ils réalisent vite qu'œuvrer de concert permet non seulement d'accélérer la recherche mais aussi d'apprendre sur la façon dont ils sont perçus ».

Bref, un contrat gagnant-gagnant qui exclut toute forme de dispersion : « Notre positionnement correspond bien à la demande de nos clients, qui viennent trouver chez nous un certain type de services, généralement pour des missions compliquées qui nécessitent de l'expertise ». Une filiale, People Capital Management, vient d'être créée sur le créneau porteur de l'assessment d'équipes dirigeantes de haut niveau. Deux associées spécialisées dans l'évaluation s'y consacrent.

Le cabinet Jouve sait rester humble dans ses ambitions. Ici, on ne cherche pas à conquérir le monde. « Nous n'avons jamais cherché à faire partie d'un grand network » insiste Sayers.

Pour toutes ces raisons, Jouve & Associés demeure encore et toujours l'un des cabinets les plus en vue au sein du microcosme parisien de la chasse de têtes. Cela tient aussi au nom. Daniel Jouve (qui n'est plus là) est longtemps resté la principale figure de la chasse de tête à l'ancienne.

En pratique

Références

Liste vérifiable auprès des clients
55 missions par an

Tarifs

Forfait-plancher de 45 000 € + frais
Règlement en trois mensualités

KELLY SERVICES KELLY SÉLECTION COMPÉTENCES RH
Recrutement

6, rue des Bateliers
92583 Clichy-la-Garenne
Tél. : 01 58 74 67 67
Fax : 01 58 74 67 27
www.kellyservices.fr

Création	1972 SA au capital de 11 000 000 €
Responsable	Marc Riou, directeur général
Effectif	15 consultants + 200 chargés de recrutement (travail temporaire et placement)
CA	229 M€

➤ **Intérim de cadres**

➤ **Recrutement de cadres**

Spécialisation fonctionnelle

Ressources humaines, comptabilité, logistique, marketing, communication, achats

Profils recherchés

Cadres moyens à supérieurs

Notre opinion

Kelly Services, numéro 5 mondial du travail temporaire, s'est implanté en France en 1972. En 2005, la filiale française a, comme ses autres camarades du travail temporaire, profité de la loi Borloo pour proposer à ses clients un service de recrutement, « placement » dans le jargon des intérimaires, à la manière des cabinets de recrutement. « Une des choses les plus extraordinaires qui soient arrivées dans le secteur depuis que je fais ce métier », souligne Marc Riou, le PDG, 50 ans, ancien commissaire dans la marine, avant d'intégrer Kelly en 1993. On le comprend: 1 200 missions ont été réalisées en 2007, contre 800 en 2006 et 400 en 2005, et le chiffre d'affaires est passé de 186 M€ en 2005 à 229 M€ en 2007… La croissance est plus particulièrement forte pour les secteurs scientifique et finance. Le marché est évidemment porteur aussi: « La croissance modérée du PIB n'empêche pas les entreprises d'avoir besoin de renouveler leurs effectifs », justifie Riou.

Il faut dire également que l'organisation a été revue. Les 93 bureaux d'intérim peuvent être spécialisés (scientifique, informatique, finance, ingénierie ou santé) ou généralistes et couvrent alors tous les postes et tous les secteurs. 15 consultants sont dédiés au placement mais désormais, dans toutes les agences régionales, les 200 chargés de recrutement peuvent être amenés à faire du travail temporaire, mais aussi du placement permanent et du recrutement en vue d'embauche. Alors qu'auparavant, des « cabinets de recrutement » Kelly Sélection étaient dédiés au placement.

Côté procédure de recrutement, Kelly mène un recrutement des plus classiques: analyse du profil, présélection des candidats, shortlist et sélection du candidat final avec le client. « Un contrôle des références est aussi systématiquement opéré à la fin de la procédure », précise Riou.

Les honoraires moyens s'élèvent à 3 500 € pour les agences généralistes et 5 000 € pour les agences spécialisées. Kelly a également mis en place un système de frais initiaux pour le client, que ce soit pour les annonces ou la recherche: entre 200 et 1 000 € en fonction du niveau et de la technicité du poste.

Pour l'intérim de cadres, le processus est aussi des plus classiques: la société analyse le poste à pourvoir et son environnement. Puis effectue par entretien une présélection des candidats. Mais, et c'est là son point fort, ces entretiens ne sont pas uniquement destinés à évaluer l'adéquation des compétences de l'intérimaire. Ils doivent aussi permettre de sonder ses véritables attentes.

À noter pour les amateurs: le groupe envisage de recruter au moins une dizaine de nouveaux consultants en agence, pour la plupart dans les grandes agglomérations françaises.

En pratique

Références

1 200 missions par an en placement

Tarifs

Coefficient en intérim : entre 2,05 et 2,5
Règlement : mensuel
Coût en placement : 15 à 25 % de la rémunération annuelle brute du candidat.

Autres implantations

93 agences régionales, dont 23 agences de spécialités

KIENBAUM EXECUTIVE Consultants

6, rue de Lisbonne
75008 Paris
Tél. : 01 56 59 12 00
Fax : 01 56 59 12 10
paris@kienbaum.com
www.kienbaum.com

Création	1996 SA au capital de 105 000 €
Groupe	Kienbaum International Consultants
Responsable	Florence Paris, directrice générale, associée (IECS Strasbourg)
Consultants	noms NC
Effectif	6 consultants, 5 chargées de recherche
CA	1,85 M€ en recrutement 0,18 M€ en diagnostics de compétence (assessment center, audit de management)
	Syndicat du Conseil en Recrutement/Syntec

➤ **Recrutement par approche directe** 96 %

➤ **Recrutement par annonces** 4 %

Profils recherchés

Cadres dirigeants et supérieurs. Forte orientation vers les postes internationaux

Notre opinion

Créée en 1996, la filiale française de Kienbaum (groupe allemand, basé près de Cologne et présenté comme le numéro 10 du recrutement dans le monde) commence à prendre de la bouteille. Florence Paris, DG et seule associée du cabinet parisien (située juste en face de la mairie du VIIIe arrondissement), ne s'en plaint pas : « Notre équipe de consultants a peu bougé et, comme nous, nos interlocuteurs ne sont plus des juniors. Nous montons en gamme avec eux ». Résultat ? Le cabinet réalise, une à deux fois par an, des projets à 80 000 à 100 000 euros d'honoraires : « Il y a dix ans on n'avait pas la légitimité pour le faire ». Le CA suit doucement mais sûrement : 1,4 M€ en recrutement en 2005, 1,85 M€ en 2007.

Selon Florence Paris, la filiale parisienne serait celle qui a la meilleure récurrence de clients de tout le groupe Kienbaum. Les consultants travaillent avec un panel régulier de 10 à 20 clients permanents, dont trois à cinq importants. Parmi les cinq chargées de recherche, deux sont considérées comme des consultantes juniors et pourraient être promues consultantes courant 2009. Deux recrutements sont par ailleurs en cours. Cependant Paris, qui dit rester « ouverte à tout », ne souhaite pas à tout prix mener une politique d'expansion par le nombre de collaborateurs. Ici, on n'impose pas de spécialisation rigide aux consultants : « notre taille nous le permet », même si au fil des années des préférences se sont établies. Généraliste, le cabinet touche aussi bien à la pharmacie, qu'au luxe ou à l'industrie au sens large (automobile, matériaux de construction).

Ce qui est présenté comme la vraie spécialité du cabinet, c'est l'international : « On chasse les candidats où ils sont, peu importe le pays », résume Florence Paris. Ainsi 60 à 70 % des projets du cabinet nécessitent une recherche à l'international. Alors, c'est toute la puissance de Kienbaum international, véritable groupe intégré avec des filiales locales, qui peut jouer à plein. Qualifiant sa méthode de chasse de rigoureuse, le bureau parisien adresse à son client un rapport de mission tous les quinze jours (voire toutes les semaines pour ceux qui sont demandeurs), afin de faire le point sur la mission en cours. En terme de prise de références, la transparence est aussi de mise avec les candidats : ce sont eux qui choisissent les 3 à 5 noms que le cabinet va contacter. Pour le reste, « on sait poser les bonnes questions pour affiner ou valider nos choix », assure Florence Paris. Le bureau parisien a aussi développé une activité d'assessment center. Les évaluations au sein des entreprises peuvent aller d'une demi-journée à trois jours. Trois consultants s'y adonnent, en plus du recrutement, mais cette activité semble plus un appoint qu'une priorité.

Du côté du groupe, la croissance affichée est en hausse de 30 % et de nouveaux bureaux ont ouverts en Europe et en Asie. Pourtant le « rêve » américain de Kienbaum ne s'est pas encore concrétisé. Une implantation aux Etats-Unis assoirait pourtant la notoriété de géant du recrutement de ce groupe, à l'origine familial, né il y a une vingtaine d'années Outre-Rhin.

En pratique

Références

93 missions par an

Tarifs

Honoraires basés sur 33 % de la rémunération annuelle brute du candidat en approche directe, 27 % pour le mixte et 25 % en annonce.
Prix plancher : 19 000 € en chasse et 12 000 € en annonce plus frais administratifs. (24 300 € en moyenne).
Règlement : un tiers du forfait est dû au début de la mission, un tiers quatre semaines après et un tiers à l'intégration.

Autres implantations

Allemagne Autriche, Brésil, Chine, Hongrie, Luxembourg, Pays-Bas, Pologne, République Tchèque, Roumanie, Royaume-Uni, Russie, Singapour, Suisse, Thaïlande.

KORN FERRY International

49, avenue des Champs-Élysées
75008 Paris
Tél. : 01 45 61 86 86
Fax : 01 45 61 86 87
paris@kornferry.com
www.kornferry.com

Création	Groupe 1969, 1974 en France Société en nom collectif
Responsable	Didier Vuchot, Managing Partner France
Consultants	Rémy Bellanger, partner (IEP, maîtrise de droit) Yannick Binvel (industrie) Anne Eugène Jean Grellet (HEC, Insead), partner Grégoire Kantardjian, (agrégé de philosophie), partner santé Nathalie Lambert (Essec), partner bien de consommation Marie-Hélène Peterlé (DESS, MBA Insead) Gaël de Roquefeuil (MBA Wharton), partner finance Kamel Soumar (maîtrise en commerce international) Kalya Téa (IEP), partner Michel Tobelem (école polytechnique) Didier Vuchot (CPA) Philippe Weber (IEP, MBA), partner
Effectif	13 consultants
CA	13,1 M€ en recrutement 2,1 M€ en conseils-évaluation
	AESC

- **Recrutement par approche directe** 85 %
- **Conseils-évaluation** 15 %

Profils recherchés

Direction générale et toutes fonctions de direction

Notre opinion

Didier Vuchot, managing partner (directeur général en français) et figure de la profession, a réussi à stabiliser le navire Korn Ferry France. Après moult péripéties, il prend la direction de la structure en 2004 et la conserve. Un exploit pour cette firme dont tant les dirigeants se sont succédé au cours des quinze dernières années. En effet, depuis notre première édition en 1996, et à chaque nouvelle édition tous les deux ans, nous avions à faire à une nouvelle tête. Le rythme s'est donc calmé pour le plus grand bien des clients.

La conjoncture entre en partie dans cette stabilité. 2006 et 2007 ont été des années exceptionnelles pour la profession en général et pour KF France en particulier. « De très belles années de marché, commente, laconique, Vuchot. Et 2008 s'annonce meilleure que prévue même si la croissance économique se ralentit et que l'arrière-plan économique mondial est peu enthousiasmant ».

Pendant cette bonne période, Vuchot en a profité pour rajeunir les équipes avec l'arrivée de trois nouveaux consultants (Nathalie Lambert, Grégoire Kantardjian et Gael de Roquefeuil) et pour se diversifier. « Nous proposons maintenant à nos clients une offre structurée en conseil-évaluation et positionnement des salariés ». Cela représente 15 % de l'activité du cabinet et Vuchot souhaite que cette part passe à 33 % d'ici 2012.

L'image de Korn Ferry explique aussi le bon chiffre d'affaires, qui a atteint 15,4 M€ en 2007 contre 14,5 en 2006 (mais 16 M€ en 2001, année exceptionnellement bonne). Car Korn Ferry International est au niveau international un des géants de la chasse de tête. Si la firme avait été détrônée en 2005, au niveau mondial, par Spencer Stuart, elle a repris son leadership en 2008 avec presque 500 M€ de CA, loin devant Heidrick & Struggles (414 M€) et Spencer Stuart (377 M€). Korn Ferry, c'est aussi plus de 70 bureaux dans 42 pays pour près de 400 consultants. C'est un groupe totalement intégré. Cela veut dire que chaque bureau est filiale de la même société mondiale, qui, dans le cas présent, est cotée en bourse.

Le process de la firme est un autre facteur de succès. Cette façon de faire, qui est appliquée dans l'ensemble des bureaux KF dans le monde, a fait ses preuves. Le cabinet fonctionne en practice avec des consultants spécialisés dans des secteurs et/ou des fonctions. KFI Paris a aussi renoncé à toute référence à l'annonce, qui est du ressort exclusif de sa filiale Futurestep (*cf. présentation*).

En pratique

Références

225 missions par an

Tarifs

Minimum de 50 000 €
Règlement : en trois mensualités

Autres implantations

70 bureaux dans 42 pays

KRENO CONSULTING

53, rue Carnot
92774 Boulogne Cedex
Tél. : 01 46 84 84 84
Fax : 01 46 84 84 99
delaporte.d@kreno.com
www.kreno.com

Création	1984 SA au capital de 430 000 €
Responsable	Dominique Delaporte, PDG
Consultants	noms NC
Effectif	20 consultants, 4 assistants de recherche
CA	1,4 M€ en recrutement, 1,4 M€ en formation, 0,7 M€ en conseil
	Syndicat du Conseil en Recrutement/Syntec, OPQCM

➤ **Recrutement par approche directe** 70 %
➤ **Recrutement par annonces** 30 %

Spécialisation sectorielle

Grande consommation (40 % des missions), luxe, santé, industrie, services

Spécialisation fonctionnelle

Marketing, commercial (60 % des missions)

Profils recherchés

Cadres confirmés à cadres supérieurs et dirigeants

Notre opinion

Kreno a été rebaptisé Kreno Consulting. Pour faire plus moderne et plus anglo-saxon ? « Pas seulement, s'amuse Dominique

Delaporte, le PDG du cabinet, c'est aussi une manière de mettre en avant le conseil, en recrutement bien sûr mais aussi en RH ». Une logique d'offre globale donc, « pour faire prendre à nos interlocuteurs du recul ». Car, « si le recrutement est une des réponses, nous sommes d'abord des gens de conseil », estime Delaporte.

Ainsi, le recrutement « pur » ne représente-t-il plus que 40 % du CA, tandis que formation et conseil s'en adjugent 60 %. « Les entreprises recrutent moins mais investissent davantage dans la formation de leurs salariés », justifie Delaporte. La demande porte notamment sur des formations en négociations, conduite de projet, management, team building ou coaching individuel.

Mise en place il y a quatre ans, la stratégie de montée en gamme se poursuit et ce, dans tous les domaines. « Aujourd'hui, nous sommes positionnés sur des missions haut de gamme, nous faisons moins de profils d'exécutants ». L'executive search a donc pris une place importante dans l'activité du cabinet (70 % du recrutement).

Crise oblige, le cabinet spécialisé dans le recrutement de techniciens supérieurs et de cadres commerciaux (chefs de secteurs, attachés commerciaux, directeurs marketing...) s'était ouvert à d'autres secteurs que celui de la grande consommation : les services, l'industrie ou encore la santé, avec une percée significative dans les laboratoires pharmaceutiques. La crise est passée, mais cette approche généraliste est restée.

Toutefois, les vingt consultants tendent à se spécialiser par secteur d'activités : « Nous n'avons pas de consultant couteau suisse ». Les méthodes de travail n'ont pas changé : le consultant chargé du recrutement accompagne toujours les candidats sélectionnés lors de leur premier entretien avec leur futur employeur. Pour Delaporte, la base de tout le processus reste avant tout l'entretien individuel avec le candidat. Le reste - du test de personnalité à l'analyse psycho-profesionnelle en passant par l'éventuelle étude graphologique si le client le demande - n'intervenant que dans la phase finale, histoire de départager les candidats retenus en short list.

Pour lutter contre la concurrence des grosses structures, Kreno s'était associé en 2002 avec quatre autres cabinets spécialisés, comme lui, dans la recherche de profils commerciaux pour créer une société, Talentup. Un rapprochement, initialement motivé par un besoin de sourcing, qui a tourné court : en juillet 2007, Kreno est sorti de Talentup. « On n'était plus en phase », résume Delaporte. Comme la candidathèque était commune, il a fallu recréer une base de données, mais Kreno s'était « préparé ». Le glas de cette aventure a permis à une autre de débuter : un partenariat « plus profond » a été établi, dès juillet 2007, avec le cabinet Variant, basé au Mans, lui aussi ex-Talentup.

Depuis 2004, Kreno, qui était l'un des principaux cabinets d'annonces en France, s'est considérablement recentré sur Internet : « En période de crise, l'entreprise préfère passer par le web parce que c'est moins cher ».

Les projets pour les années à venir ? Pas d'ouvertures à l'étranger en vue, plutôt la volonté de poursuivre sur la même lancée selon Delaporte : « On ne va pas fuir en avant. On a fait du chemin depuis deux ans et notre projet s'inscrit dans une logique de développement raisonné et raisonnable ».

En pratique

Références

220 missions par an

Tarifs

28 % de la rémunération brute annuelle des postes à pouvoir en approche directe. 22 % en annonce. Possibilité de tarifs dégressifs en cas de missions importantes.
Règlement : 34 % en début de mission, 33 % à la présentation des candidats, 33 % à l'intégration du candidat.

Autres implantations

5 avenue Beau Plan - 13012 Marseille
Tél. : 04 91 66 44 49 - info@kreno.com

229, chaussée de Charleroi - 1060 Bruxelles
Tél. : +32(0)485 220 216 - info@kreno.com

LABEILLE CONSEIL

34, boulevard Henri IV
75004 Paris
Tél. : 01 44 54 26 26
Fax : 01 44 54 26 27
contact@ labeille-conseil.fr
www.labeille-conseil.fr

Création	1993 SA au capital de 40 000 €
Responsable	Maryvonne Labeille, PDG
Consultants	Michelle Espinet Maryvonne Labeille (maîtrise en RH Paris 13) Nathalie Louvard (DESS psychologie) Thérèse Trousset (DEA droit international)
Effectif	4 consultants, 3 chargées de recherche (DESS RH) et 2 gestionnaires de base de données
CA	0,8 M€ en recrutement 0,2 M€ en gestion des ressources humaines
	Syndicat du Conseil en Recrutement-Syntec, norme NF

- **Recrutement par approche directe** 70 %
- **Recrutement par annonces/sourcing** 30 %

Spécialisation sectorielle

Hôtellerie-restauration-tourisme (40 %), distribution (40 %), agroalimentaire-environnement-propreté (20 %)

Profils recherchés

Cadres confirmés dans ces secteurs

Notre opinion

Labeille Conseil est un cabinet qui se développe doucement mais sûrement. Il travaille depuis quinze ans sur deux niches que ses consultants connaissent sur le bout des doigts : l'hôtellerie-tourisme-restauration et la distribution. Ces deux secteurs représentent 80 % du CA. S'ajoute maintenant l'agroalimentaire, avec le rachat, en 2007, du cabinet Michelle Espinet.

La fourchette des salaires des postes concernés va de 70 000 à 200 000 €.

D'ici 2010, LC souhaite embaucher encore un consultant. « Nous abordons une période de pénurie de cadres, explique Maryvonne Labeille, la présidente. C'est pourquoi nous faisons tout pour améliorer encore nos process. Nous avons renouvelé notre normalisation NF et nous avons formé nos consultants au respect de la diversité. Ces améliorations de nos pratiques vont payer à terme ».

Le cabinet est effectivement normé NF depuis 2006. Cela renforce la traçabilité des pratiques et améliore le suivi.

Enfin, Maryvonne Labeille a été élue présidente du Syndicat du Conseil en Recrutement-Syntec. Cela lui permet, à titre personnel, d'améliorer sa visibilité médiatique et, par là même, d'augmenter la notoriété de son cabinet. Cela fera aussi un grand bien à la profession. La présidente veut moderniser les pratiques du recrutement et développer la diversité des recrutements. Nous sommes de tout cœur avec elle...

En pratique

Références

Liste vérifiable auprès des clients
50 missions par an, dont une trentaine en chasse

Tarifs

Forfait plancher de 8 000 € par annonce et de 12 000 € en chasse
Règlement : par tiers

LABORD CONSULTANTS

76, boulevard Haussmann
75008 Paris
Tél. : 01 44 69 33 33
Fax : 01 42 93 46 63
contact@labord-consultants.fr
www.labord-consultants.fr

Création	1992, repris en 2006 SARL au capital de 8 000 €
Responsable	Antoine Labruyère, gérant
Consultants	Antoine Labruyère Dorothée Le Bouhëdec Aurélie de Saint-Aulaire
Effectif	3 consultants et une chargée de recherche
CA	500 000 €

➤ Recrutement par annonces et base de données

Spécialisation sectorielle

Tous les métiers de l'immobilier

Profils recherchés

Employés à cadres dirigeants de tous niveaux de poste (débutant, première expérience, confirmé)

Notre opinion

Labord Consultants : le nom du cabinet n'a pas changé… et pourtant ! Repris en 2006 par Antoine Labruyère, le cabinet fondé par Véronique Labord est, pour ainsi dire, « reparti de zéro ». Pas de rupture pour autant, toujours la même couleur fétiche : l'orange (jusqu'à la moquette !) et toujours la même spécialité : l'immobilier. Et pour cause : Antoine Labruyère, 38 ans, a été pendant six ans directeur de l'administration de biens de Century 21. À nouveau responsable, nouvelle équipe : une des consultantes vient des ressources humaines, l'autre a dirigé une agence immobilière. Surtout, le cabinet a été réorganisé par métier (copropriété, transaction immobilière, gestion locative etc.).

Conscient d'être sur un marché de niche, le cabinet revendique 150 clients fidèles, essentiellement en Ile-de-France. Un horizon qu'Antoine Labruyère songe à élargir vers les autres régions. Son ambition : développer des petites filiales avec des consultants autonomes dans les grandes villes de France, à commencer par Lyon.

Spécialisé dans tous les emplois administratifs destinés aux syndics de copropriété, administrateurs de biens, propriétaires fonciers institutionnels ou privés, le cabinet reçoit entre 70 et 150 CV par jour. Afin de bien cibler la personnalité du candidat, entretien et tests métiers se déroulent sur une demie journée. La présentation des candidats a lieu dans un délai maximum de 10 à 12 semaines pour un gestionnaire de copropriété. Le cabinet reconnaît un taux d'échec de 4 %, « essentiellement sur des missions non exclusives ». De fait, le cabinet procède à 98 % par mandats exclusifs : « On a tout de même entre trois semaines et un mois et demi de travail en amont » justifie Labruyère qui entend ainsi fidéliser ses clients. Dans cet esprit, une clause de reprise de 6 mois pour un cadre et de 4 mois pour un autre poste est prévue.

Le cabinet, qui donne aussi dans les missions de conseil et d'organisation, dit avoir mené à bien 70 missions de recrutement en 2007. Les annonces du cabinet (dont la mascotte est le renard, « qui pique les poules dans les poulaillers mal tenus » !), sont publiées sur différents sites : keljob.fr, anpe.fr, cadremploi.fr, etc. Pour certains postes en régions, le cabinet a également recours à la presse quotidienne régionale. Pas de chasse par contre, une base de données de plusieurs milliers de noms sert de vivier.

Labruyère, qui table sur un chiffre d'affaire de 650 000 euros en 2008, espère recruter un consultant avant la fin de l'année 2008. Année qui est aussi celle du retournement du marché de l'immobilier…

En pratique

Références

Liste vérifiable auprès des clients
Entre 70 et 80 missions par an

Tarifs

20 % hors taxe du salaire annuel brut, auquel s'ajoute un forfait de participation aux frais d'annonces selon le profil du poste recherché. Règlement : la moitié du forfait au début de la mission et l'autre moitié à l'engagement du candidat.

LEADERS TRUST International

50, rue Boissière
75116 Paris
Tél. : 01 53 65 74 00
Fax : 01 53 65 74 10
desk@leaderstrust.fr
www.leaderstrust.com

Création	1984 SA au capital de 100 000 €
Réseau	AltoPartners
Responsable	Gérard Sakakini, président du conseil de surveillance
Consultants	Olivier Carlander Jean-Philippe Caude Carole Deffez Sophie de Franceschi Henry Kisiel Charles Lai Véronique Le Dreff Claire de Montaigu Marie-Céline Nobileau Jean-Philippe Saint-Geours Gérard Sakakini
Effectif	11 consultants
CA	5,5 M€
	AESC

➤ **Recrutement par approche directe** 90 %
➤ **Recrutement d'administrateurs indépendants** 10 %

Spécialisation fonctionnelle

Recrutement de direction générale et d'administrateurs indépendants, évaluation de membres de conseils d'administration et de comités de direction

Profils recherchés

Cadres dirigeants

Notre opinion

Cabinet de chasse de têtes, Leaders Trust International traque en priorité le gros gibier. La société est organisée sous forme de practices (banque/finance/assurances, industrie, retail/grande consommation/distribution, life sciences, et BTP/construction/immobilier) et recrute également pour des fonctions transversales : RH, finance, juridique, achats, supply chain.

Elle se porte bien. Le chiffre d'affaires est en hausse, avec 5,5 M€ pour 4,5 M€ en 2005, « soit une augmentation de 15-20 % par an, pour 11 consultants et 7 chargées de recherche », indique Charles Lai, président du directoire. L'activité de recrutement de membres de conseils d'administration poursuit également son développement. À ce propos, le cabinet publie chaque année les résultats d'une enquête qu'il mène sur l'évaluation des conseils d'administration.

Côté international, l'adhésion de LTI au réseau de cabinets indépendants AltoPartners lui permet d'être présent dans 25 pays, « notamment dans les pays émergents comme ceux de l'Europe de l'Est, la Russie, et l'Inde, avec des consultants qui en connaissent les mœurs et la culture », explique Lai. Ce réseau, qui comprend plus d'une centaine de partners et consultants, est organisé en practices (banque/finance, grande distribution, consumer goods, retail, luxe, life sciences, nouvelles technologies, industries) et est en train de mettre en place une base de candidats commune en Europe.

Enfin, LTI vient d'être racheté aux associés fondateurs par quatre de ses consultants. Il s'agit désormais d'une société qui fonctionne sous une présidence tournante tous les deux ans entre les quatre nouveaux actionnaires : Claire de Montaigu (nouvelle présidente), Henry Kisiel, Jean-Philippe Saint-Geours et Charles Lai. « Les titres n'ont aucune espèce d'importance. Nous n'en inscrivons d'ailleurs aucun sur les cartes de visite, que ce soit pour les assistants de recherche, les documentalistes ou les consultants », signale Lai.

En pratique

Références

Liste vérifiable auprès des client
170 missions par an

Tarifs

Forfait plancher de 39 000 €
Honoraires moyens : 44 000 €

Autres implantations

Bureaux dans 25 pays

LIGHT CONSULTANTS

282, boulevard Saint-Germain
75007 Paris
Tél. : 01 53 85 22 22
Fax : 01 53 85 22 27
contact@lightconsulatnts.fr
www.lightconsultants.fr

Création	1996 Filiale du groupe Light (1989), SAS au capital de 40 000 €
Responsables	Philippe Nasciet, président Alexandra Tissot-Pages, responsable du développement Julie Mathieu, responsable du développement Christophe Tain, responsable du développement Anne Grillon, responsable du développement Marie-Hélène Dumoulin, responsable du pôle recherche
Consultants	Valérie Roué : RH, juridique, finances Hélène Labour : développement économique, urbanisme, aménagement du territoire David Masseau, responsable de l'antenne Sud-Est Alexandre Maurel : profils techniques : voirie, bâtiment… Juliette Pernel
Effectif	10 consultants et 3 chargés de recherche
CA	1,74 M€
	Syndicat du Conseil en Recrutement/Syntec, certifié Afnor

- **Recrutement par approche directe** 40 %
- **Recrutement par annonces** 60 %

Spécialisation sectorielle

Collectivités locales et territoriales, associations, entreprises publiques et parapubliques, organismes de logements sociaux, SEM

Profils recherchés

Cadres et dirigeants

Notre opinion

282, boulevard Saint-Germain : c'est dans l'immeuble même où Ségolène Royal avait établi son QG pendant la présidentielle que se trouve le cabinet Light Consultants. Inutile d'en déduire quelque position partisane que ce soit : ce grand cabinet spécialisé dans les collectivités locales se revendique comme apolitique et assure travailler pour des élus de toutes obédiences politiques, à l'exception du Front national. La proximité de l'Assemblée nationale est, à cet égard, un emplacement stratégique. Interviewer Philippe Nasciet, le PDG de Light, reste un privilège rare : cette fois encore, c'est à sa chargée de communication Marie-Hélène Dumoulin (par ailleurs responsable du pôle recherche) qu'il a confié le soin de répondre à nos questions.

Le nombre total de consultants, qui avait doublé en l'espace de deux ans, est désormais stabilisé à dix. L'organisation se veut originale avec, d'une part, les consultants seniors (« toujours en vadrouille » dixit Dumoulin) chargés de démarcher et rencontrer les clients, et d'autre part les consultants spécialisés par métier (que l'on appelle ici « les experts »). Light entend sous peu étoffer son équipe d'un responsable et d'un chargé de recherche.

Le cabinet possède une base de données constituée de près de 16 000 CV, régulièrement mise à jour, et accueille les candidats qui l'intéressent, même s'il n'a pas de poste à leur proposer. Au fil du temps, Light, qui travaille essentiellement en France et dans les Dom-Tom, s'est ainsi constitué un fichier conséquent.

Le cabinet affiche une croissance raisonnable mais continue : de 1,3 M€ en 2003, le chiffre d'affaires est passé à 1,5 M€ en 2005, et 1,74 M€ en 2007.

D'ici la fin 2008, le cabinet compte ouvrir une antenne dans le Sud-Est. Il faut davantage y voir un développement de circonstance qu'un choix stratégique : le cabinet a tout simplement adhéré au projet d'un de ses consultants, David Masseau.

Côté suivi, une enquête qualité est envoyée aux clients et candidats chaque année. Light a beaucoup développé certains services tels que le conseil en organisation, les séminaires cadres, l'accompagnement des dirigeants territoriaux avant et après les élections. Coaching, audit de candidatures et bilan de compétences sont aussi proposés.

À noter que Philippe Nasciet, qui a pris la présidence du comité Particulier Afnor, est aussi administrateur du Syntec Recrutement. Rappelons que nous avions quitté Light aux prémisses d'une collaboration avec le Syntec sur des actions à mener pour lutter contre la discrimination. Une opération « Coup de pouce » a eu lieu : Light a ainsi reçu, lors d'entretien d'une heure, des jeunes diplômés pour leur prodiguer des conseils. « On tenait à participer, même si les profils ne sont pas forcément les nôtres », explique Dumoulin. Mais cette implication n'est pas seulement ponctuelle : le cabinet est signataire de la Charte de la diversité et à ce titre les consultants effectuent « un vrai travail sur la diversité des profils proposés aux clients ».

En pratique

Références

Liste vérifiable auprès des clients
Un peu plus de 200 missions par an

Tarifs

Forfait moyen de 11 000 €

Autre implantation

Antenne dans le Sud-Est

LINCOLN Associés

50, avenue des Champs-Élysées
75008 Paris

Tél. : 01 56 59 10 20
Fax : 01 56 59 10 21
lincoln-associes@lincoln-associes.fr
www.lincoln-associes.fr

Création	1993 SA au capital de 40 000 €
Responsables	Matthieu Beaurain, PDG Gwénaël Perrot, consultant associé Arnaud Cantet, consultant associé
Consultants	noms NC
Effectif	16 consultants
CA	4,4 M€

➤ **Recrutement par approche directe** 100 %

Spécialisation sectorielle

Finance (banque/assurance, juridique et fiscal), technologie/médias/télécoms et retail

Profils recherchés

Managers, experts et dirigeants

Notre opinion

Mettre les candidats au cœur de la démarche, ne plus faire quasiment de différences entre eux et les clients. Dans un contexte où les candidats sont devenus des perles rares difficiles à dénicher, tel est le credo du cabinet Lincoln Associés, qui affiche une volonté de partir des projets de ces derniers, « un peu comme un agent », même si cela peut prendre quelques années avant de pouvoir les placer. Matthieu Beaurain, le jeune PDG de 37 ans de ce cabinet créé en 1993, insiste sur la création de « relations de confiance, de considération, sans rapport de forces, contrairement à d'autres structures qui instaurent des rapports dominant-dominé ».

Lincoln Associés est aussi l'un des fondateurs de l'association de lutte contre les discriminations et de promotion de la diversité A compétence égale. L'équipe est très impliquée, selon son PDG, dans une initiative originale: un partenariat avec un lycée professionnel de Seine-Saint-Denis où les élèves de bacs professionnels sont formés par les consultants du cabinet à la recherche de stage, d'emploi, etc.

Lincoln Associés était au départ généraliste et comptait seulement deux consultants. Avec l'arrivée en 2000 de Beaurain, ancien auditeur et consultant en finance de Robert Half, il s'est spécialisé dans quelques domaines: finance, technologie/médias/télécoms et retail, et recrute « davantage pour des postes de middle management que pour des postes de dirigeants », glisse le franc et affable président. Il est progressivement monté en puissance pour atteindre aujourd'hui une équipe de 16 consultants pour 8 chargés de recherche. Le chiffre d'affaires est plutôt élevé: 4,4 M€ en 2007, soit huit fois plus qu'en 2000 - date à laquelle Beaurain a rejoint le cabinet. Ce dernier se félicite d'ailleurs d'une augmentation « importante et régulière, contrairement à d'autres cabinets », de 20 % sur les cinq dernières années.

Enfin, Lincoln Associés travaille à l'international: 20 % des missions concernent des postes hors de France. Il est notamment très présent sur le Moyen-Orient et le Maghreb, particulièrement l'Algérie. « Nous ne possédons pas de bureau mais les consultants y travaillent deux à trois fois par mois ». En revanche, un bureau à part entière devrait prochainement voir le jour à Bruxelles.

Malheureusement, ce cabinet souffre d'un manque de notoriété sur le marché, comme le reconnaît son PDG qui souhaite remédier à cette lacune.

En pratique

Références

Liste vérifiable auprès des clients
280 missions par an

Tarifs

30 % de la rémunération annuelle brute du candidat, sauf accord-cadre ou approche mixte. Forfait plancher de 12 000 €.

Règlement : un tiers au début de la mission, un tiers à la présentation du candidat et un tiers à l'intégration.

MÆSINA International Search

20, rue Jacques Dulud
92200 Neuilly-sur-Seine
Tél. : 01 41 43 70 00
Fax : 01 46 40 77 28
maesina@maesina.com
www.maesina.com

Création	1973 SA au capital de 210 000 €
Réseau	The Saesam Partners
Responsable	Jean-Michel Azzi, PDG
Consultants	Jean-Michel Azzi (Essec) Jean-Louis Rony (Idrac, École Pratique des Hautes Études), administrateur Pascale Clément (EM Lyon) Valérie Thollot (Essec) Blandine de Campeau (Essca)
Effectif	5 consultants
CA	3,4 M€

➤ **Recrutement par approche directe** 100 %

Spécialisation fonctionnelle

Marketing-commercial, communication

Profils recherchés

Des cadres moyens aux cadres dirigeants

Notre opinion

Créé en 1973, Mæsina International Search (MIS) s'appelait à l'origine Mæsina Self Marketing, nom qui a changé en 1995 pour affirmer son caractère de chasseur de têtes et son ouverture à l'international. Il a été fondé par trois chefs de produits de Colgate sur l'idée que les spécialistes du marketing manquaient d'information sur leurs métiers et sur leurs perspectives de carrière. C'est pourquoi Mæsina était au départ une société d'études, avant de devenir un cabinet de recrutement. L'activité d'études consiste en des analyses très documentées (et reconnues) sur les politiques de rémunération dans les métiers du marketing, de la vente et de la communication.

Mæsina ne fait que de la chasse : « Nous utilisons les annonces sur Internet ainsi que les réseaux sociaux pour certains niveaux, juniors surtout, où il paraît nécessaire de compléter l'approche directe », concède Jean-Michel Azzi, le président-directeur-général.

Le cabinet recherche aussi bien des commerciaux purs (directeurs régionaux, directeurs commerciaux, vendeurs), que des profils spécialisés dans le marketing et les métiers périphériques : étude de marché, marketing direct, etc. Les candidats ont des salaires oscillant - c'est le cœur du marché - entre 40 000 et 150 000 €. Dans le premier cas, il est en concurrence avec des cabinets généralistes « mixtes » (chasse + annonce). Dans le second cas avec des cabinets de chasse de têtes de haut niveau, comme Egon Zehnder ou Heidrick & Struggles.

Côté diversification sectorielle, si la grande consommation continue à représenter 50 % du business, le cabinet a élargi son domaine d'intervention au BTP, au B to B, à la grande distribution, à la high-tech, à la banque/assurances et à la santé. Le cabinet propose aussi des évaluations des cadres en vente-marketing et, mais c'est plus rare, des audits d'organisation des départements de ces secteurs.

« Ses clients sont de moins en moins de très grands groupes, qui ont « des équipes et des systèmes qui leur permettent de ne pas perdre leurs candidatures, explique Azzi, et de plus en plus les PME, qui ont de plus en plus besoin de notre aide car leur niveau d'exigence a augmenté. Les métiers commerciaux et marketing deviennent aussi plus complexes. Notre activité de conseil prend alors toute son importance. »

Car Mæsina International Search cumule les bons points. Ses consultants sont tous tombés dans la marmite commerciale dès leur plus jeune âge (50 % des missions concernent la vente et 50 % le marketing). Ils l'ont pratiquée avant d'intégrer le cabinet (Azzi était donc chez Colgate, mais il a aussi travaillé dans l'édition). Et, en formation initiale, ils ont usé leurs pantalons sur les bancs d'une école de commerce (Pascale Clément est issue de l'École de Management de Lyon, Valérie Thollot de l'Essec, Jean-Louis Rony de l'Idrac et Blandine de Campeau est diplômée de l'École supérieure des sciences commerciales d'Angers). Fort de son développement, le cabinet recherche d'ailleurs un consultant supplémentaire.

Au niveau des méthodes, les consultants appliquent la technique classique de chasse de têtes : un « brief » est réalisé pour chaque mission, puis la recherche est lancée. Elle se fait par approche directe, avec la possibilité de consulter un fichier de plus de 60 000 noms. Les consultants sont épaulés par un staff de six chargées de recherches issues d'écoles de commerce (ou équivalent) et fortes d'une expérience professionnelle : « Nous nous appuyons essentiellement sur l'entretien téléphonique, réalisé par les chargées de recherche et qui consiste en une vraie présélection, et le face-à-face. À cela s'ajoutent éventuellement des analyses graphologiques ou des tests. »

Signalons que les consultants sont rémunérés par un fixe représentant 50 % de leurs émoluments et par deux primes annuelles (sur objectif et sur résultats).

Mæsina International Search possède des filiales à Milan et à Londres. Il est aussi présent, grâce à un réseau informel, en Allemagne, Belgique, Suisse et Espagne notamment.

Après un début de millénaire difficile, le directeur général a retrouvé le sourire. Pour contrer la crise du début des années 2000, le dirigeant du groupe avait misé sur un positionnement sectoriel accru (marketing, commercial, communication) tout en se rapprochant de deux cabinets aux spécialisations différentes : Nicholas Angell (gestion, finance, juridique et fiscal) et ACT Search (industrie, supply chain et systèmes d'information). Les trois cabinets, qui partagent le même immeuble à Neuilly, ont concrétisé leur partenariat par l'adoption d'une dénomination commune : The Saesam Partnership, devenu depuis The Saesam Partners, avec pour objectif de proposer aux entreprises une offre plus large, tout en partageant une même vision du métier et une même éthique. « L'intérêt est de faciliter la tâche des entreprises, souligne Azzi, la PME qui doit recruter différents profils n'a ainsi qu'un seul interlocuteur ».

Une démarche heureuse : MIS affiche aujourd'hui un CA 2007 de 3,4 M€ (contre 2,9 M€ en 2006), soit + 15 % sur les trois dernières années.

En pratique

Références

Liste vérifiable auprès des clients
180 missions par an

Tarifs

Forfait plancher de 20 000 € et un tiers du salaire annuel brut du poste pour les dirigeants
Forfait-plancher de 16 000 € et 27 % du salaire annuel brut du poste pour les managers intermédiaires
Règlement : 40 % des honoraires au début de la mission, 40 % à la présentation des candidats et 20 % à l'intégration

Autres implantations

Milan : 2, Via San Damiano 20122 Milano (+39 02 76 00 88 50)
Contact : Alberto Antonietti (a.antonietti@maesina.it)

Londres : 8, Buckingham Place London SW1E 6HX (+44 77 80 608 108) - Contact : Marc Highton (marc@maesina.co.uk)

M.A.I. Executive Search International

10, place Vendôme
75001 Paris
Tél. : 01 53 45 66 05
Fax : 01 53 45 66 51
mai@m-a-i.com
www.m-a-i.com

Création	1987 Paris, 1998 à Londres SARL au capital de 75 000 €
Responsable	Michel Atlan, directeur
Consultants	Michel Atlan Patricia Cohen (droit-fiscalité) Caroline Amourdedieu (droit-fiscalité) Valérie Roué (banque-finance) Amandine Tricard (médical-biologie) Leonard Courts (Londres)
Effectif	6 consultants et 3 assistantes de recrutement
CA	1,2 M€ en recrutement à Paris (720 000 € pour le bureau de Londres)

➤ **Recrutement par approche directe** 90 %

➤ **Recrutement par annonces** 10 %

Spécialisation sectorielle

Droit-fiscalité, banque-finance

Spécialisation fonctionnelle

Droit et fiscalité (80 %), bancaire-financier (10 %), médical-biologie (10 %)

Profils recherchés

Des cadres débutants aux cadres dirigeants

Notre opinion

Lorsque nous l'avions laissé, il y a deux ans, dans son bureau donnant sur la place Vendôme, juste en face du ministère de la Justice, Michel Atlan, ancien d'IBM, se disait « ouvert à tout ». Le temps et les opportunités ont fait leur œuvre: le patron de M.A.I a ouvert, en juin 2008, un bureau à Miami, « une ville de business », où Atlan reconnaît ne pas avoir encore beaucoup de recul. Depuis 2002, M.A.I Executive Search International est aussi présent à Tel Aviv, pour répondre à la forte demande du marché israélien en matière de nouvelles technologies.

Pas de quoi perdre de vue les trois pôles de spécialisation de M.A.I. à Paris. Activité caractéristique du cabinet depuis ses débuts, le bancaire-financier ne représente plus que 10 % du CA du cabinet. La délocalisation de beaucoup d'activités de marchés à Londres est passée par là... Avec un CA de 720 000 €, le bureau de Londres ne s'en porte pas plus mal, même si Atlan dit rester « vigilant ».

Largement anticipée, cette baisse d'activités a été contrebalancée par le développement du pôle juridique et fiscal, qui représente désormais 80 % de l'activité. En ligne de mire: avocats d'affaires, notaires (Atlan présente son cabinet comme leader sur ce micro-marché) et encore juristes.

Depuis septembre 2005, un troisième pôle, tourné vers le médical et la biologie, émerge. Objectif: répondre aux besoins « extraordinaires » de recrutement des cliniques privées, maisons de retraite médicalisées et autres groupes de santé. Un secteur qu'Atlan voit comme « porteur » mais où le recours à un cabinet de recrutement est loin d'être ancré dans les mentalités. En charge de ce portefeuille: une des consultantes, issue de la direction RH d'un hôpital et ex-assistante de recherche (ici on préfère parler d'« assistante en recrutement »...).

Question méthodes, M.A.I. propose à chaque fois à ses clients 5 à 8 candidats... Atlan ne croit pas aux tests Papi ou Sosie qu'il juge « ridicules ». Par contre, les tests de... graphologie sont effectués à la demande du client, mais Atlan se refuse à toute étude morphologique. Pour les cadres dirigeants, le cabinet procède systématiquement au contrôle de références professionnelles. Un quart de l'approche directe est réalisé en contingency sans retainer!

En pratique

Références

Paris: une soixantaine de missions par an, Londres: 25 à 30 missions

Tarifs

Forfait plancher pour la chasse: 25 % du salaire annuel brut du candidat pour un recrutement individuel. Possibilité de réaliser un partenariat annuel.

Règlement: un tiers du forfait est dû à la signature du mandat d'exclusivité, un tiers à la présentation du candidat et un tiers au moment de l'embauche, avec une obligation de résultat pendant la période d'essai.

Autres implantations

Londres, Tel Aviv, Miami

Groupe MANAGING

16, boulevard Tauler
67000 Strasbourg
Tél. : 03 88 36 12 00
Fax : 03 88 36 30 00
strasbourg@managing.fr
www.managing.fr

16, avenue Hoche
75008 Paris
Tél. : 01 56 43 30 00
paris@managing.fr

Création	1967 SAS au capital de 100 000 €
Réseau	People Solutions International
Responsable	Philippe Haen, président du groupe
Consultants-associés	Marc Bernardin, directeur général associé Managing Paris Jean-Louis Brunie, directeur associé Managing Carrières Xavier Simon, directeur associé Managing Lyon
Effectif	25 consultants en recrutement 7 consultants en gestion de carrières
CA	4,6 M€ en recrutement 1,4 M€ en conseil en gestion de carrières et mobilité

- **Recrutement par approche directe** 70 %
- **Recrutement par annonces** 30 %

Profils recherchés

Techniciens supérieurs à cadres dirigeants

Notre opinion

Managing est le plus vieux cabinet de Strasbourg. Créée en 1967, cette structure s'est développée pendant les années 70-80 puis a périclité en 1994. C'est à ce moment-là que Philippe Haen, vieux routier du recrutement, l'a rejoint après un passage chez Bernard Juilhet Strasbourg, Egor et Staff Consultants, « l'autre » cabinet strasbourgeois de qualité.

« Managing est toujours le premier cabinet régional à dimension nationale. Or un cabinet qui fait son expansion avec un siège en province, ce n'est pas fréquent », souligne Haen. Il annonce un CA 2007 jamais atteint de 6 M€ (contre 4,3 M€ en 2005). Le nombre de consultants est passé de 24 à 32 en deux ans, et Haen souhaite encore étendre son groupe, en particulier à Paris. « Le TGV Est a certainement contribué à doper nos résultats et à favoriser notre expansion », explique Haen qui évoque aussi la conjoncture économique favorable, dont ont bénéficié la plupart des cabinets en France. Une force qui l'a mené jusque dans le sud de la France, à Marseille où vient d'être ouverte une antenne.

Managing se veut « un cabinet généraliste sérieux où l'on aime la rigueur et pas le bling bling et où règnent, ce qui attire les entreprises, les valeurs de la province », souligne Haen sans préciser ce que sont au juste ces valeurs provinciales…

En recrutement, Managing couvre surtout l'industrie, la distribution, l'informatique, la finance et la banque.

Managing propose aussi du conseil en gestion de carrières et mobilité (bilan, outplacement, coaching, PSE, etc.) à travers Managing Carrières. À noter qu'a été créée en avril 2008 une nouvelle structure : Managing Transition, « pour des missions précises, notamment de direction d'entreprise, d'intérim de haut niveau, d'accompagnement du changement ».

Le groupe fait partie de PeopleSolutions International, un réseau indépendant de 21 membres à travers le monde. « Nous partageons avec ces membres les mêmes valeurs, les mêmes méthodes de travail et la même éthique. Et force est de constater que cette implantation européenne nous apporte de plus en plus de postes extrêmement intéressants », explique Haen.

Fait notable : Managing affiche une volonté d'anticiper les attentes des entreprises, notamment concernant les sujets sensibles comme la lutte contre la discrimination. « Nous avons un rôle d'éducateur en la matière », estime Haen. Managing a ainsi signé la charte de l'association A compétence égale, s'engageant à lutter contre toutes les formes de discriminations dans toutes les étapes du recrutement. Son prochain cheval de bataille? Inciter à l'embauche des personnes de plus de 50 ans. Bon courage.

En pratique

Références

700 missions par an

Tarifs

Forfait-plancher de 10 000 € (environ 25 % de la rémunération annuelle brute du candidat) en approche directe et 4 500 € (environ 15 % de la rémunération annuelle brute du candidat) en annonce

Autres implantations

94, rue Servient 69003 Lyon - Tél. : 04 37 48 02 18

5, place de la Joliette 13302 Marseille - Tél. : 04 26 84 57 02

2, avenue Roger Salengro 68100 Mulhouse - Tél. : 03 89 45 42 00

Villa Grégoire, 26, avenue Foch 57000 Metz - Tél. : 03 87 39 70 05

5, rue Boileau 44000 Nantes - Tél. : 02 28 00 23 00

Managing Carrières : 9, rue Schimper 67000 Strasbourg
Tél. : 03 88 36 14 00

À l'étranger :
PeopleSolutions International :
Avenue Lloyd George 11 1000 Bruxelles, Belgique
Tél. : +32 (0) 2 647 95 09 - www.peoplesolutionsintl.com

Partenariats à l'international : Allemagne, Autriche, Belgique, Bulgarie, Danemark, Espagne, Hongrie, Italie, Irlande, Luxembourg, Pays-Bas, Pologne, République Tchèque, Royaume-Uni, Roumanie, Russie, Slovaquie, Suède, Suisse, Ukraine.

MANPOWER

5-9 rue Jacques Bingen BP 53
75825 Paris Cedex 17
Tél. : 01 56 99 10 40
www.manpower.fr

Création	Manpower France 1957 SAS au capital de 50 000 000 €
Réseau	Prisme
Responsables	Françoise Gri, présidente Antonio Cericola, directeur de marchés stratégie
Effectif	400 consultants en recrutement et 22 consultants pour Manpower Professional
CA	250 M€ (intérim + recrutement de cadres)

➤ **Intérim de cadres**

➤ **Recrutement par approche directe**

Spécialisation sectorielle

Ingénierie, BTP, industrie, informatique, tertiaire (RH, achats)

Profils recherchés

Cadres dirigeants, cadres supérieurs et moyens

Notre opinion

L'ouverture du marché des CDI aux entreprises de l'intérim a bien profité à Manpower. Son chiffre d'affaires total 2007 s'élève à 250 M€ contre 100 M€ en 2005 (estimation). Sur 1 130 agences couvrant le territoire national, environ 70 sont spécialisées sur le créneau cadres. Elles n'ont pas l'exclusivité des recrutements de cette catégorie de salariés, mais contribuent grandement au chiffre d'affaires dégagé par cette activité. « La complémentarité entre agences classiques et agences spécialisées ainsi que la densité de notre réseau nous permettent de nous positionner sur ce marché porteur », précise Antonio Cericola, directeur de marchés stratégie.

Manpower Cadres procède de la même manière qu'un cabinet de recrutement, en facturant des prestations, dont le prix plancher est de 15 à 25 % du salaire annuel brut. Un tarif qui devrait augmenter, selon Cericola. En effet, « du fait de la tension sur ce marché, le temps consacré au sourcing est de plus en plus important et il faudra davantage de moyens techniques ou humains ». Pour l'intérim, le coefficient de facturation va, hors grands comptes, de 2,10 à 2,60 suivant les volumes.

Afin de développer le recrutement cadres, le géant de l'intérim embauche des consultants à tour de bras. En 2005, ils étaient 200 ; ils sont aujourd'hui 400. Des journées portes ouvertes sont organisées pour attirer les candidats recruteurs. « Il faut qu'ils soient capables de développer des portefeuilles clients de manière autonome, tout en ayant un savoir-faire en ressources humaines ».

Manpower vient également de se lancer sur le marché des cadres supérieurs à travers Manpower Professional, « une nouvelle génération » de cabinets de recrutement où « il ne s'agit plus d'approcher les candidats par l'offre mais par leurs aspirations, pour ensuite leur proposer des mises en connexion avec les entreprises qui font déjà appel à Manpower pour la partie intérim », explique Cericola. D'où des prestations de coaching, de formation à destination des précieux candidats. Côté entreprises, Cericola insiste sur la transparence en termes de recherche, de sourcing, etc. Pour la petite histoire, Manpower Professional est issu du rachat de Spirit, une société lancée par un ancien associé d'Agora Management, Fabrice de Saint-Sauveur.

En pratique

Références

Plus de 50 000 missions d'intérim cadres (de 15 jours à 18 mois)
10 000 missions en recrutement (estimation)

Tarifs

Intérim : coefficient de 2,10 à 2,60
En recrutement : tarifs NC
Règlement mensuel

Autres implantations

70 agences spécialisées dans le recrutement des cadres

MARC ANDRIEUX FORCE

36, boulevard Pasteur
63000 Clermont-Ferrand
Tél. : 04 73 29 30 31
Fax : 04 73 29 30 30
marc.andrieux.consult@wanadoo.fr
www.marc-andrieux-consult.com

Création	1990 SA au capital de 50 000 €
Réseau	Abcys
Responsable	Flavien de Laroussilhe
Consultants	Flavien de Laroussilhe (DESS de marketing) Vincent Montagut (DESS de marketing), associé Nicolas Striffling (DESS en consulting), associé Brigitte Sopelsa (maîtrise de psychologie), collaboratrice ponctuelle
Effectif	3 consultants et 2 assistantes de recherche
CA	155 000 € en recrutement 155 000 € en orientation de carrière, bilans de compétences, outplacement

- **Recrutement par annonces** 60 %
- **Recrutement par approche directe** 40 %

Profils recherchés

Cadres débutants à dirigeants, cadres de production, agents de maîtrise

Notre opinion

Désormais dirigé par Flavien de Laroussilhe, le cabinet Marc Andrieux a vu son volume de recrutement chuter de moitié depui

2001. Cette activité ne représente plus que 50 % du CA, et encore en y adjoignant les missions d'évaluation et d'aide à la décision. Cela ne s'est pas arrangé en 2007 avec le départ de Marc Andrieux. « Cela a eu un impact, on n'a pas eu la progression que l'on attendait », reconnaît de Laroussilhe. Du coup, le CA de l'activité recrutement recule de 230 000 à 155 000 euros. Pour 2008, le cabinet auvergnat veut tout de même croire qu'il fera « + 15 % ».

Laroussilhe a toujours en tête d'organiser son cabinet en trois activités égales : le recrutement, très soumis à la conjoncture, l'audit d'organisation (qui a motivé la reprise du cabinet local Force) et le reclassement. Si, historiquement, le cabinet est axé sur le reclassement à la suite de plans sociaux, Laroussilhe estime avoir, à présent, une carte à jouer en matière d'orientation de carrière et de management des RH. Toujours du reclassement, en somme, mais moins subi que choisi. « Cela va dans le sens de la pénurie de talents et de la difficulté à recruter actuellement ».

Côté recrutement justement, l'heure est « à moins d'engagements contractuels de part et d'autre ». En clair les missions d'exclusivité ne sont plus la priorité et Laroussilhe parle de monter de nouvelles offres plus souples, où il accepte d'être mis en concurrence. « Nous devons être capables de proposer des offres alternatives à l'intérim et à ceux qui vendent du CV ». Pour cela, il a rejoint fin 2005 le réseau national Abcys (créé par Paul de Marigny à Annecy), qui a pour ambition de mutualiser des moyens entre cabinets régionaux de même standing, afin de proposer une « offre différenciée ».

Côté méthodes, une vingtaine d'outils « psychos » sont utilisés par les consultants, tous associés, qui passent en moyenne une heure et demie par candidat.

La chasse directe ne représente plus qu'une dizaine de missions par an et le cabinet, qui reconnaît un taux d'échec d'un sur dix, prévoit une clause de reprise selon la période d'essai prévue par la convention collective ou convenue de gré à gré. Enfin, Marc Andrieux Force, qui se présente comme le second cabinet de la région après RH Partners, facture son travail au forfait. Sachant que, même si la conjoncture régionale n'est pas mauvaise, « lorsqu'on facture 7 000 euros pour un recrutement, on est content ».

En pratique

Références

40 missions par an

Tarifs

Forfait : de 4 500 € à 12 000 € avec une moyenne de 7 000 €
Règlement : par tiers en chasse ; par annonce entre 30 et 50 % au démarrage

MENWAY

29, rue Blanche
75009 Paris
Tél. : 01 40 17 67 00
Fax : 01 40 17 67 10
www.menway.com

Création	1978 SAS au capital de 200 000 €
Responsable	Jean-Louis Petruzzi, PDG
Consultants	noms NC
Effectif	50 consultants
CA	5 M€ en recrutement 4 M€ en mobilité et outplacement individuels et collectifs, accompagnement Plan de sauvegarde de l'emploi (PSE), bilans de compétences et coaching
	Syndicat du Conseil en Recrutement/Syntec

➤ **Recrutement par approche directe** 20 %
➤ **Recrutement par annonces** 50 %
➤ **Recrutement mixte** 30 %

Profils recherchés

Middle et top management

Notre opinion

Menway est une nouvelle fois en restructuration. Le cabinet généraliste appartient depuis mars 2008 au groupe spécialisé en ressources humaines Hominis (450 salariés, 190 M€ de CA), qui en est actionnaire à 80 %. Le reste du capital est détenu par Résalliance/Entreprises & Cités (l'ancienne Maison des Professions, une structure patronale de Lille), qui possède aussi BVA, l'institut de sondage bien connu, Synergence, une agence de communication, Quaternaire, etc. À noter également que l'ancien PDG, Bertrand Berullier, a quitté ses fonctions et n'est pas remplacé pour le moment.

Pour mémoire, la société grenobloise Menway, créée en 1990 et grande spécialiste des télécoms et de la microélectronique, avait développé juste avant la crise (février 2001), Alpway, filiale généraliste de Menway, installée à Grenoble, avec un bureau à Annecy, et Menway Sud, filiale généraliste. Menway était surtout connu pour ses filiales spécialisées dans les hautes technologies : Menway Informatique et Télécom, implantée à Paris, et Menway Microelectronics, installée au siège, à Grenoble.

Pendant la crise de 2001-2003, le cabinet Raymond Poulain Consultants a racheté Menway en 2003, ainsi que deux cabinets du Nord de la France (MGI à Amiens et Tilmont à Douai). Le groupe en a profité pour rebaptiser la holding, qui est passée de Raymond Poulain Management à Menway International. Toutes les marques (Menway, Alpway, MGI, Raymond Poulain Consultants, MGI, Tilmont Conseils) ont été conservées jusqu'en 2006.

Aujourd'hui, avec la nouvelle organisation, Menway se consacre au recrutement, beaucoup plus par annonces que par approche directe, à l'inverse de ses origines. Ses spécialités sont l'énergie, le transport (60 % des missions) et la grande consommation. « Nous comptons de nombreux psychologues, car il est important selon nous d'avoir une bonne compréhension des qualités autres que techniques des candidats », souligne également Catherine Dervaux, responsable de l'agence de Paris.

Les activités de mobilité individuelle et collective, gestion des compétences, etc., dont Raymond Poulain a été le pionnier en France dans les années quatre-vingt, sont désormais confiées à Horemis, une filiale du nouveau groupe actionnaire. « Une partie des consultants et du chiffre d'affaires va migrer vers cette structure », indique Dervaux.

Avec tous ces changements, et une moyenne de 100 000 euros de chiffre d'affaires en recrutement par consultant, le cabinet n'a plus si fière allure qu'autrefois. Certes il conserve - pour l'instant - ses onze bureaux régionaux. « Depuis que nous avons changé de nom, les candidats et les entreprises nous connaissent moins. Aussi, vis-à-vis d'elles, nous faisons toujours référence à Raymond Poulain Consultants, qui est connu et synonyme de qualité », signale Dervaux, qui ajoute que les collaborateurs comptent aussi sur le nouveau groupe pour réaliser des actions de communication. À noter également : le cabinet compte 60 consultants au total, mais certains d'entre eux interviennent à la fois en recrutement et en mobilité et outplacement…

En pratique

Références

Liste vérifiable auprès des clients
1 100 missions par an

Tarifs

Forfait plancher de 4 500 € en annonce et de 14 000 € en approche directe

Autres implantations

Dunkerque, Lille, Valenciennes, Reims, Grenoble, Aix-en-Provence, Lyon, Toulouse, Annecy et Bordeaux

Groupe MERCATOR

18, avenue Matignon
75008 Paris
Tél. : 01 72 71 85 30
Fax : 01 72 71 85 33
mercator@groupemercator.com
www.groupemercator.com

Création	1993 SARL au capital de 20 000 €
Réseau	Gow & Partners
Responsable	François Carn, gérant
Consultants	François Carn (IEP, droit) Bénédicte Brouard (maîtrise de gestion et Sciences Politiques)
Effectif	2 consultants
CA	1,5 M€ (dont 5 % en évaluation d'états-majors)
	AESC

➤ Recrutement par approche directe 100 %

Spécialisation sectorielle

Industrie (25 % du CA), banque/finance (25 %) et santé (20 %), presse-édition (10 %)

Spécialisation fonctionnelle

Métiers de la finance (25 % du CA), métiers juridiques (30 %), direction générale (20 %)

Profils recherchés

Cadres supérieurs et dirigeants

Notre opinion

Le Groupe Mercator a rejoint en novembre 2007 le réseau de cabinets indépendants Gow & Partners. François Carn, le dirigeant de Mercator, connaissait bien le réseau de Roddy Gow, un ancien de Russel Reynolds, comme lui. « Le réseau avait quinze implantations et aucune à Paris. Cela s'est fait naturellement », commente Carn. Base de données communes, échange de missions, de clients et de candidats : « le réseau fonctionne sur des critères d'efficacité et de simplification, le tout sans conflits d'intérêt », note Carn, qui apprécie la séniorité des autres consultants. Il entend d'ailleurs bien développer le réseau à travers l'Europe. Sur son agenda : Italie et Europe de l'Est.

Rappelons que Carn a travaillé aux côtés de Jean-Claude Lasanté, l'un des pionniers de la chasse de tête en France, dans les années soixante, pour finir par lui succéder à la tête de Mercator.

Si l'équipe de consultants se limite actuellement à deux personnes (une consultante étant partie faire le tour du monde à la voile...), Carn souhaite étoffer son équipe par un ou deux recrutements. Objectif ? « Couvrir des secteurs où l'on n'est pas, comme le luxe » ; des pourparlers sont en cours mais « on est opportuniste : on peut être séduit par des profils qui apportent des choses que l'on n'attendait pas », estime Carn. Car, il en est convaincu : « se limiter à un seul secteur est asséchant ». Venue de l'industrie, Bénédicte Brouard a apporté son expertise dans ce domaine, ainsi que dans le secteur financier. Mercator travaille aussi dans le domaine de la santé.

Ici, les consultants effectuent les missions de A jusqu'à Z, sans recours à des chargés de recherche qui feraient de la chasse ou expliqueraient le poste aux candidats : « On traite des missions de haut niveau ». Un créneau haut de gamme allant de paire avec une politique de prix qui, par définition, éloigne le cabinet des annonces. On ne chasse ici que des cadres dirigeants de très haut niveau, ceux dont les salaires dépassent les 110 000 €. Malgré la pression actuelle sur les tarifs, Carn tient à maintenir sa politique tarifaire car « pour nous, la meilleure politique commerciale, c'est un travail bien fait ». Mercator réalise 95 % de son CA en approche directe et 5 % en évaluation d'états-majors. En attendant, voilà plusieurs années que le cabinet plafonne à 1,5 M€ de CA.

Carn estime que c'est un devoir de recevoir le plus courtoisement possible les candidats. Ne serait-ce que vis-à-vis de la société cliente : « Pour le candidat, nous sommes la première image de ce qui sera peut-être sa future entreprise. C'est une responsabilité. » Une démarche qui est aussi dans l'intérêt, à long terme, du cabinet : « Il est évident qu'une personne que vous traitez mal en tant que candidat ne reviendra jamais vers vous comme client ! ».

Le client n'est pas en reste : « Nous nous engageons à refaire chaque mission sans honoraires supplémentaires en cas d'échec. Cette garantie fait partie de nos clauses au moment de la signature du contrat » assure Carn tout en se félicitant de n'avoir vu jouer la clause de garantie qu'une fois en trente ans de métier.

En pratique

Références

Liste vérifiable auprès des clients
25 missions par an

Tarifs

Forfait plancher de 40 000 €
Règlement en trois mensualités

Autres implantations (réseau Gow & Partners)

Londres, Genève

MERCURI URVAL

27-29, rue des Poissonniers
92522 Neuilly-sur-Seine
Tél. : 01 58 37 09 99
Fax : 01 58 37 09 98
laurence.sereederoch@mercuriurval.com
www.mercuriurval.com

Création	1980 SA au capital de 1 559 243 €
Responsables	Håkan Skoglund, président-directeur général Patrick Guyonnet, directeur général des opérations
Effectif	50 consultants
CA	11 M€ en recrutement 3 M€ en conseil
	Syndicat du Conseil en Recrutement/Syntec

➤ **Recrutement par annonces/sourcing** 85 %
➤ **Recrutement par approche directe** 15 %

Profils recherchés

Cadres débutants à cadres dirigeants

Notre opinion

Mercuri Urval a décidé, début 2008, de réorganiser ses structures. « Il fallait améliorer notre visibilité auprès de nos clients, explique Patrick Guyonnet, le directeur général des opérations. Ces derniers nous voyaient, grosso modo, comme des spécialistes du recrutement par annonces. Or, nous avons beaucoup d'autres spécificités ».

Mercuri Urval a donc créé quatre départements correspondant chacun à ces fameuses spécificités.

Le premier département est celui de la chasse de tête : l'executive search, selon Guyonnet qui pilote cette nouvelle entité ; le deuxième département, le plus important, animé par Marie-Claire Lemaitre, est celui du recrutement et de la sélection de candidats par l'annonce et pour de grands volumes de recrutement. Le troisième se consacre au développement des ressources internes et est dirigé par Nathalie Evrard-Steinberg. Il s'agit ici d'évaluer les compétences en interne, réaliser du coaching pour développer les capacités des managers. Enfin, un département de back-office, « Advalue », dirigé par Rosemarie Ponsot, s'occupe du sourcing et de la présélection des candidats.

Au sein de ces quatre départements prend place une organisation par secteur. Autrement dit, Mercuri Urval dispose de spécialistes de l'industrie, de l'énergie-environnement, de l'informatique-télécom, la santé-biotechnologie, le commerce-distribution, la banque-assurance, l'immobilier-habitat social et enfin le secteur public.

Avec cette organisation, MU entend rebooster sa structure et mieux se faire connaître. Il va d'ailleurs lancer plusieurs campagnes de publicité à destination des clients et des candidats. Il est vrai que Mercuri n'a pas la notoriété correspondant à sa taille.

On espère qu'il réussira car c'est cabinet de qualité. Auprès des clients et des candidats qui le connaissent, Mercuri (le dieu du commerce) Urval (« évaluation » en suédois) a une image de sérieux et de rigueur protestante typiquement nordique. Avec du personnel de valeur. « Pour devenir consultant Mercuri, il faut être un cadre très confirmé, n'ayant jamais pratiqué ce métier, et à qui on apprend nos méthodes ». Ces méthodes privilégient la qualité, sans négliger la quantité. Depuis la création de la société, elles consistent à développer en parallèle deux métiers qui se complètent et s'enrichissent. L'une est le recrutement, l'autre le conseil-évaluation. D'où un savant mélange composé à 85 % de recrutement et à 15 % de conseil. Ce dernier n'a donc pas été ajouté tardivement, comme chez d'autres, pour compenser une baisse du recrutement.

Les consultants sont donc à même de recruter et d'apporter du conseil en rémunération, gestion des ressources humaines, évaluation des potentiels, benchmarking, sur un secteur ou une fonction données. Ils peuvent ainsi aider les clients à définir leurs besoins en RH, à choisir leurs managers, à repérer, développer et fidéliser les hauts potentiels.

Dans une période où les départs en retraite vont être massifs, ce savoir-faire et cette longue expérience pourraient faire la différence.

La société a aussi des principes de travail précis. Ici, on exige que l'entreprise-cliente soit associée au recrutement. L'entreprise qui travaille avec elle doit s'impliquer dans le recrutement et participer aux différentes étapes. Si une entreprise veut sous-traiter entièrement le processus, le cabinet refusera la mission.

Urval déclare faire ce qu'il dit et dire ce qu'il fait. Une impression agréable dans un métier où l'on proclame aisément de grands principes sans toujours les appliquer chez soi. Exemples : chez Mercuri Urval, les consultants sont rémunérés par un fixe représentant 80 % du salaire ; ils ne sont jamais débauchés de chez un confrère ; les nouveaux reçoivent une formation sur deux ou trois ans. On comprend pourquoi plus de la moitié d'entre eux ont plus de dix ans de maison…

Mercuri Urval, cabinet « mondial », peut enfin s'appuyer sur son réseau international totalement intégré (c'est-à-dire composé de filiales d'une même société-mère), comprenant 24 bureaux, en Europe principalement, avec des têtes de pont aux Amériques, en Asie et en Océanie.

Pour 2010-2015, il « souhaite embaucher fortement avec 30 % d'effectifs en plus. Nous voulons plus de consultants, plus de jeunesse, estime Guyonnet sans renier à nos valeurs suédoises de respect de l'autre, intégrité et implication ».

Pourtant, en juin 2008, la Haute Autorité de Lutte contre les Discriminations et pour l'Égalité (Halde) a épinglé MU pour avoir snobé les plus de 45 ans dans une enquête menée via la technique du testing (envoi de faux CV). Pour arriver à ses conclusions, la Halde a envoyé à 20 entreprises 5 620 CV quasi similaires, en n'en modifiant à chaque fois que l'âge (plus de 45 ans) ou la couleur de peau. Elle compare ensuite le nombre d'entretiens obtenus par le candidat « de référence » (blanc, d'âge moyen) et par son alter ego de couleur ou plus âgé. Mercuri Urval a fermement contesté. Au-delà de l'affaire, il n'est certainement pas le cabinet de recrutement qui discrimine le plus en France : il a simplement été pris par la patrouille. À lui de s'améliorer…

En pratique

Références

Liste vérifiable auprès des clients
1 200 missions par an

Tarifs

À partir de 9 000 €. MU s'engage à fournir un devis chiffré.
En chasse, le forfait plancher est de 12 000 € avec une rémunération d'environ 30 % du salaire brut annuel du candidat.

Autres implantations

2, rue du Priez. 59042 Lille Cedex - Tél. : 03 20 15 41 40

Cité Internationale 94, quai Charles-de-Gaulle. 69463 Lyon Cedex 06
Tél. : 04 72 44 66 22

86, allée Jean Jaurès. 31000 Toulouse - Tél. : 05 61 63 17 63

À l'étranger : des bureaux dans 24 pays

MERIDIAN

4, rue Chambiges
75008 Paris
Tél. : 01 53 57 47 27
Fax : 01 53 57 47 28
meridian@meridian.fr
www.meridian.fr

Création	1994 SA au capital de 45 734 €
Responsable	Jeanine Panteix
Consultants	Michel Marhadour, associé Jeanine Panteix, associée
Effectif	2 consultants et 2 assistantes de recherche
CA	1,3 M€ (2005)
	AESC

➤ **Recrutement par approche directe** 100 %

Profils recherchés

Cadres supérieurs, dirigeants, experts

Notre opinion

Toute notre insistance n'y aura pas suffi : personne chez Meridian n'a, cette fois, pris la peine de donner suite à nos messages. Nous aurions pourtant aimé rencontrer Jeanine Panteix et Michel Marhadour, les deux associés du cabinet. En 2005, lorsque nos questions étaient encore les bienvenues, le duo nous avait confié sa stratégie, à savoir qu'il valait mieux rester petit pour satisfaire le client ! À l'époque, ils n'excluaient pourtant pas de trouver un troisième associé, mais à condition de « croître harmonieusement » et de préserver une qualité relationnelle « où l'on ne se tire pas dans les pattes comme dans de nombreux cabinets ».

En pratique

Références

60 missions en 2005

Tarifs

Forfait plancher de 27 000 €. En moyenne 33 % de la rémunération brute des candidats.

Règlement : forfait budgété en début de mission, payable en trois fois : un tiers en début de mission, un tiers à la présentation des candidats, un tiers à l'intégration du candidat.

En cas d'échec de la mission, la garantie de reprise est contractuellement d'un an.

MF & PARTNERS

43-45 rue de Naples
75008 Paris
Tél. : 01 42 25 88 00
Fax : 01 42 25 88 01
mf@mfpartners.com
www.mfpartners.com

Création	1981 SAS au capital de 40 000 €
Responsables	Michel Foutrier, président Isabelle Foutrier, directrice générale
Consultants	noms NC
Effectif	7 consultants et 3 chargés de recherche
CA	1,5 M€
	Syndicat du Conseil en Recrutement/Syntec

➤ **Recrutement par approche directe** 95 %
➤ **Recrutement par annonces** 5 %

Spécialisation sectorielle

Agroalimentaire (45 % des missions), santé-chimie-pharmacie (20 %) automobile-mécanique générale (20 %), banque-assurance (15 %)

Spécialisation fonctionnelle

Direction (30 %), industrie et technique (20 % des missions), marketing-vente (20 %) et gestion-comptabilité (20 %)

Profils recherchés

Cadres confirmés à dirigeants

Notre opinion

« Pas facile de trouver une bonne solution pour passer la main », confie Michel Foutrier dans son bureau à la vue panoramique, auquel il ne manque, dit-il, qu'une vue sur la Seine. Avec un cabinet en nom personnel, le créateur de MF Partners n'avait que deux options: céder à ses consultants ou à sa famille. Ce sera la transmission familiale, à sa fille (consultante à mi-temps de MFP) et son gendre (consultant du cabinet). La date du passage de relais est arrêtée: 2010. Les clients, eux, sont déjà dans la confidence et Michel Foutrier ne se fait pas de souci: « Il y aura fatalement une perte de clientèle mais ma fille et mon gendre en gagneront une autre. C'est aussi une question de génération. » Une transition naturelle, donc, et en douceur pour un cabinet stable tant en termes de CA que de consultants (certains ont 20 ans de maison!) ou de secteurs d'activité.

À noter que seul le bureau parisien a été conservé en propriété propre. Les autres (Lyon, Reims, Rouen) exploitent la marque MF Partners de façon indépendante avec leur propre SARL, ce qui n'est en rien un frein au travail en réseau. Par ailleurs, grâce à ses partenariats privilégiés en Grande-Bretagne, en Espagne, en Allemagne et en Italie, le cabinet MF Partners réalise 10 à 15 % de son chiffre d'affaires à l'international.

En attendant, Foutrier continue à mener la barque, avec son épouse Isabelle. Le couple, qui a fait ses débuts chez Daniel Porte, consacre l'essentiel de ses compétences au secteur agroalimentaire. « C'est un secteur extrêmement stable, explique Foutrier, puisque les gens consomment toujours, même en temps de crise. Résultat, quand tout va bien, on note peut-être une augmentation de 2 %, et quand tout va mal la chute est équivalente ».

En plus de cette politique de niche, l'arme secrète du cabinet réside dans sa longévité: « nous faisons ce métier depuis 1976 et nous avons une clientèle fidèle. Cela aide. »

Outre l'agroalimentaire, MFP a su développer quelques secteurs intéressants comme la santé-chimie-pharmacie et la banque-finance (qui connaît aujourd'hui quelques problèmes...) et, dans une moindre mesure maintenant, l'automobile-mécanique générale.

Au total, le cabinet mène 150 missions par an. Elles concernent les directions d'établissements (usines), viennent ensuite les directions générales, et enfin les commerciaux (direction commerciale, marketing et export). « L'augmentation des demandes pour des renouvellements de postes de dirigeants dans les coopératives agricoles est toujours d'actualité ». Car Michel Foutrier en est convaincu: « Le papy boum, c'est maintenant! » Et, à l'entendre, cela tombe on ne peut mieux: « Sans cela 2008 n'aurait pas été une si bonne année. »

À noter: les consultants sont uniquement rémunérés au fixe, sans part variable. Un cas relativement rare dans la profession.

En pratique

Références

Liste vérifiable auprès des clients
150 missions par an

Tarifs

Forfait à 30 % de la rémunération annuelle + frais
Règlement: 40 % du forfait au début de la mission, 40 % à la présentation des candidats et 20 % à l'intégration

Autres implantations du réseau

Le Dalpierre - 194 bis rue Garibaldi 69000 Lyon

10, rue Courmeaux 51100 Reims
Tél. 03 26 88 74 12 - Fax 03 26 88 30 48 - reims@mfpartners.com

7, rue de la Seille 76000 Rouen
Tél. 02 32 76 40 10 - Fax 02 32 76 40 11 - rouen@mfpartners.com

Partenaires à l'étranger:
Barcelone: Job Consult Management
Francfort: Baumann
Milan: Studio Vittorio Anfossi
Londres: Illingworth & Associates

MICHAEL PAGE International PAGE PERSONNEL

159, avenue Achille Peretti
92522 Neuilly-sur-Seine Cedex
Tél. clients : 01 41 92 72 72
Tél. candidats : 01 41 92 70 70
Fax : 01 55 24 99 42
relationsclients@michaelpage.fr
www.michaelpage.fr

Création	1976 au Royaume-Uni, 1986 en France SAS au capital de 41 655 €
Responsable	Fabrice Lacombe, président
Consultants	Nicolas Vermesch, directeur général de Michael Page Éric Le Touzé, directeur général Pierre-Emmanuel Dupil, directeur général Sébastien Hampartzoumian, directeur général de Page personnel Isabelle Bastide, directrice générale de Page Personnel Paul Mercier, directeur général de Michael Page Africa Julie Griffouliere, directrice marketing et communication
Effectif	300 consultants pour MP 300 pour Page Personnel
CA	65 M€ en recrutement en France ; 1,2 milliard € monde Page Personnel : 95 M€
	À Compétences Égales

- **Recrutement par annonces**
- **Recrutement par approche directe**
- **Recrutement par fichiers et Internet** (utilisés dans tous les cas)
- **Intérim**

Profils recherchés

Des employés aux cadres dirigeants

Notre opinion

L'hégémonie va plutôt bien à Michael Page. Le groupe dirigé par le jeune (39 ans) Fabrice Lacombe fait du profit. Cela, on le savait. Il a également décidé de jouer un rôle dans la société française.

Le profit tout d'abord. MP, avec un CA de 65 M€ en 2007 et 7500 recrutements par an, a définitivement écrasé la concurrence. Pour améliorer encore sa position, il a décidé de simplifier ces positionnements. C'est tellement simple que tout le monde aurait dû y penser. MP l'a fait. Son organisation est découpée en fonction du niveau de postes des candidats. Ainsi, en commençant par le haut, MP Executive Search s'occupe des missions dont le salaire brut dépasse 110 000 € par an. Selon les spécialistes, il existe environ 15 000 postes de ce type à pourvoir chaque année en France. Traditionnellement, MP n'y était pas. Dix de ses consultants y travaillent désormais à plein-temps.

« En-dessous », Michael Page traite, avec 300 consultants, les postes allant de 40 000 à 110 000 € brut par an. Alors que Page Personnel, avec 300 consultants également, s'occupe des postes allant de 20 000 à 40 000 € par an.

Sur chacune de ses marques, la structure propose de l'intérim ou du recrutement permanent. Elle est aussi divisée en secteurs. MPI dispose ainsi de spécialistes du recrutement se répartissant en 17 divisions spécialisées : ADV, achats & logistique, assurance, audit, conseil & expertise, banque, commercial, communication, distribution & commerce, finance & comptabilité, hôtellerie & tourisme, immobilier & construction, ingénieurs & techniciens, juridique & fiscal, marketing, public & parapublic, ressources humaines, santé, systèmes d'information.

Cette façon de faire a le mérite de la simplicité. Les spécialistes de la chasse, drapés dans leur suffisance, étaient persuadés qu'une même entité ne pouvait recruter son PDG et sa standardiste. Michael Page prouve le contraire.

À noter aussi que la France est aujourd'hui le premier marché de Michael Page International pour la zone Europe, Moyen-Orient, Afrique, hors Royaume-Uni, marché historique du groupe.

Rappelons que Michael Page International, créé en 1976 en Angleterre, est constitué par un réseau intégré de 166 bureaux répartis dans 28 pays. Cela signifie que chaque bureau est filiale de la même société mondiale. Présent au Royaume-Uni, en Europe Continentale, en Asie-Pacifique et en Amérique du Nord et du Sud, MPI est coté à la bourse de Londres depuis 2001. Le groupe déclare un chiffre d'affaires mondial de 1,2 milliard € en 2007.

Mais MP souhaite aller plus loin et s'investir dans les problèmes sociaux de notre société. Elle n'en manque pas. « Nous avons fait beaucoup de profit, explique Lacombe, fine lunette, yeux bleus. L'idée est aujourd'hui de renvoyer l'ascenseur et de participer à l'avancée de la société française ». Dans ce cadre, MP est membre, et principal cabinet par sa taille, de À compétences égales. Tous comme les 35 autres cabinets de cette association, MP promeut la diversité dans le recrutement et la primauté de la compétence lors d'une embauche. Leur ambition est de garantir une égalité de traitement de toutes les candidatures et d'assurer un processus de sélection centré sur la recherche de compétences. « Michael Page a compris qu'il n'y avait pas que le chiffre d'affaires dans la vie ».

Pour l'avenir, Lacombe souhaite disposer d'une structure comptant en 2015 500 consultants sur MP et 800 sur Page Personnel. Le CA devrait donc aussi doubler. MP avance et on ne voit pas qui pourrait l'arrêter.

Cette réussite fait d'ores et déjà des envieux. Le groupe d'intérim suisse Adecco « réfléchit » officiellement au rachat de MP. En septembre 2008, ce rachat a été ajourné. Jusqu'à quand ?

En pratique

Références

Liste vérifiable auprès des clients. 7 500 recrutements effectués en 2007

Tarifs

Forfait plancher de 20 à 30 % de la rémunération annuelle brute du candidat, selon le niveau du poste et les méthodes utilisées
Règlement : 20 % du forfait au début de la mission et 80 % à la fin de la mission ou 100 % au placement.

Autres implantations

Dans le monde : 166 bureaux répartis dans 28 pays

11, Cours Gambetta
13182 Aix-en-Provence Cedex 5
Accueil candidats: 04 42 91 03 00
Accueil entreprises: 04 42 91 03 10
Fax: 04 42 27 66 57

19-21, rue de Paris
59800 Lille
Accueil candidats: 03 28 04 56 20
Accueil entreprises: 03 28 04 56 00
Fax: 03 20 31 86 21

Espace Cordeliers
2, rue Président Carnot
69002 Lyon
Accueil candidats: 04 78 92 30 00
Accueil entreprises: 04 78 92 30 30
Fax: 04 78 92 84 30

4, bis rue du Général Leclerc
44000 Nantes
Accueil candidats: 02 51 17 37 00
Accueil entreprises: 02 51 17 37 10
Fax: 02 40 12 08 33

Les Alizés La Rigourdière
35510 Cesson Sévigné
Tél.: 02 99 83 05 74
Fax: 02 99 83 05 68

5, rue du Dôme
67000 Strasbourg
Accueil candidats: 03 90 22 70 00
Accueil entreprises: 03 90 22 70 10
Fax: 03 88 23 21 61

61, boulevard Lazare Carnot
31000 Toulouse
Accueil candidats: 05 34 25 56 25
Accueil entreprises: 05 34 25 56 20
Fax : 05 34 25 56 21

MPS FRANCE (ex-F2V)

20, boulevard Montmartre
75009 Paris
Tél. : 01 40 70 14 00
Fax : 01 40 70 14 09
contact@ mpsfrance.com
www.mpsfrance.com

Création	1994 SAS au capital de 40 000 €
Groupe	MPS
Responsable	Marie-Caroline Scéo, DG
Consultants	noms NC
Effectif	3 consultants en recrutement et 2 chargés de recherche
CA	0,45 M€ 0,22 M€ en prestations RH
	Syndicat du Conseil en Recrutement/Syntec, certifié Iso 9004.2

- **Recrutement par approche directe** 90 %
- **Recrutement par annonces** 10 %

Spécialisation sectorielle

Industries pharmaceutiques et vétérinaires (33 %), industrie (33 %), services, dont immobilier et bancassurance (33 %)

Profils recherchés

Cadres moyens à dirigeants

Notre opinion

Un cabinet « à taille humaine » plutôt qu'un cabinet familial : voilà comment Marie-Caroline Scéo préfère présenter MPS France (qu'elle a repris en février 2006) depuis le départ en retraite de sa belle-mère, Christiane Scéo.

L'ex-F2V a rejoint en 2002 le réseau du finlandais MPS (qui s'est longtemps développé à l'International à travers des filiales qui lui sont propres, et est aujourd'hui à la fois un franchiseur et un franchisé de compétences). Pourtant, le cabinet semble encore chercher ses marques : Marie-Caroline Scéo juge ainsi qu'il est encore « tôt » (!) pour faire un quelconque bilan, tout en se félicitant que la force du réseau apporte au cabinet une présence indirecte dans une quinzaine de pays.

C'est peut-être que l'actualité et les priorités du cabinet sont ailleurs. Un rapprochement s'est opéré en septembre 2008 avec deux autres cabinets. Le premier, basé à Levallois, fait du coaching. Le second, implanté à Montmartre et dans les locaux duquel MPS a emménagé, est spécialisé dans l'ingénierie sociale. L'idée de Scéo, avec ce double rapprochement qui s'est fait « de manière informelle » : « Offrir à nos clients une prestation globale à travers des spécialistes ». Pour l'instant, aucun lien capitalistique ne lie MPS à ces cabinets, mais à terme il pourrait y avoir « des participations croisées ».

L'ambition de réaliser, en interne, des missions de coaching appartient donc au passé : « On ne peut pas être spécialiste de tout. C'est un vrai métier. À trois consultants, ce n'était pas possible », concède Scéo.

Concernant la partie recrutement, l'influence nordique est perceptible, « car les Scandinaves sont plus ouverts que nous sur des profils hors normes ; ils n'hésitent pas à sortir des sentiers battus ». Ils sont aussi soucieux de bien connaître l'environnement et l'équipe de travail dans laquelle va être plongé le futur recruté. Du coup, quand MPS France propose une analyse d'équipe préalable, la garantie de reprise de mission en cas d'échec peut aller jusqu'à un an, contre les trois ou six mois de la période d'essai sans cette formule.

Chaque consultant dispose de son propre portefeuille de clients. Tous sont issus du secteur sur lequel il travaille : « 10 ans à la SNCF, 15 ans dans la banque, ils connaissent le monde de l'entreprise », explique Scéo qui revendique une montée en gamme des missions (moins de postes de techniciens, davantage de postes direction : DRH, DG de sites de production...).

Une consultante est dédiée au conseil en RH (repositionnement, mobilité interne…). Pour ce type de prestations, le cabinet table sur une hausse d'activités de 30 à 40 % en 2009.

En pratique

Références

Liste vérifiable auprès des clients
30 à 35 missions par an

Tarifs

33 % des rémunérations du candidat en chasse (Forfait plancher de 15750 €) et de 20 % en annonce (Forfait plancher de 5500 €)
Règlement : en chasse, 40 % du forfait est dû au début de la mission, 30 % à la présentation des candidats et 30 % à la signature.

NEUMANN INTERNATIONAL

65-67, avenue des Champs-Élysées
75008 Paris
Tél. : 01 44 20 54 00
Fax : 01 44 20 54 58
paris@neumann-inter.com
www.neumann-inter.com

Création
1971 à Vienne et 1981 en France
SA au capital de 539 000 €

Responsables
Serge Lamielle, président du directoire

Chantal Bérard, Geoffroy Desvignes, Caroline Golenko, Serge Lamielle, Marie-Christine Lobrichon, François Maechler, associés

Consultants
de Neumann Executive Search :
Chantal Bérard
Pierre Büchsenschütz
Geoffroy Desvignes
Lyne Dokes-Naggar
Caroline Golenko
Mme Dominique Holtzer
Didier Lachaud
Serge Lamielle
Marie-Christine Lobrichon
François Maechler
Vincent Miège
Gonzalo de Pedro
Marie-Hélène Sohler

de Neumann Management Solutions :
Édouard Binchet
Christophe Burgaud
Isoline Lecomte
Romain Prouvost
Perrine Schwanger
Sandra Teboul
Ngoc Tran

THE NEW WORLD
IS OPEN TO THOSE
WHO OPEN IT
As a leading human resource
and executive search consul-
tancy, Neumann Internationa
offers seamless services throug
a global organisation of 30 office
located in 20 countries. Founde
in Vienna in 1971, Neumann i
renowned for its internationa
cross-border capabilities and it
ability to develop operations i
emerging markets. A clear marke
leader in Western, Central an
Eastern Europe, it is rapidly be
coming the first port of call fo
China and the Middle East.
AUSTRIA - BULGARIA - CHINA - CROATIA - CZEC
REPUBLIC - FRANCE - GERMANY - HUNGAR
ITALY - POLAND - ROMANIA - RUSSIA - SERBI
SLOVAKIA - SLOVENIA - SPAIN - SWITZER
LAND - TURKEY - UKRAINE - UNITED KINGDO
www.neumann-inter.com
neumann
LINKING OUR TALENTS

Effectif	20 consultants
CA	9 M€ en recrutement 1 M€ en conseil
	Syndicat du Conseil en Recrutement/Syntec, AESC

- **Recrutement par approche directe** 80 %
- **Recrutement par annonces** 20 %

Spécialisation sectorielle

Grande consommation-grande distribution-luxe (35 % du CA), banques-assurance et services B to B (30 %) et industrie/logistique (35 %)

Profils recherchés

Cadres supérieurs et dirigeants

Notre opinion

Chez Neumann, la grande réforme a eu lieu en 2003. Le groupe a supprimé les différentes sociétés qui le composaient pour les remplacer par des succursales. Toute l'administration a été centralisée. But de la manœuvre : permettre aux consultants de mieux se consacrer à leur métier. « Une réorganisation réussie » dixit Serge Lamielle, président du directoire de Neumann International AG. Aujourd'hui, cinq ans plus tard, la société a recueilli les fruits de sa mutation. Entre 2005 et 2008, la croissance a été de 64 % pour le groupe et de 48 % pour la France, où le nombre de consultants n'est pourtant passé que de 17 à 20 entre 2006 et 2008, pour 12 chargés de recherche.

La nouvelle structure est composée de trois entités. La première est Neumann Executive Search (NES), qui fait de la chasse de dirigeants. « Nous réalisons des recherches pour des cadres dirigeants percevant plus de 150 000 € par an. Nous nous positionnons maintenant sur le très haut de gamme ».

La deuxième est Neumann Executive Consulting, qui fait du conseil, de l'évaluation de compétences (pour aider les comités de direction à évaluer les dirigeants), et du coaching. La firme propose aussi, via Internet, un service pour connaître les niveaux de rémunération en Europe. Son prix est de 2 500 € par pays et par an.

La troisième entité est Neumann Management Solutions, qui fait de l'approche directe en direction du middle management. Sa cible : les cadres à haut potentiel, dont les salaires varient entre 60 000 et 100 000 €. Pour trouver ces « high flyers », l'équipe de NMS utilise tous les moyens de recrutement disponibles : annonces papier, Internet, bases de données, sourcing.

Enfin, un département transversal est dédié aux grands projets. Il permet à une entreprise de recruter des équipes entières via Neumann. Exemples : recruter l'ensemble du personnel d'une usine en Europe de l'Est, ou monter une structure de discount alimentaire dans une région donnée. Neumann mobilise alors une équipe de consultants et ses moyens informatiques.

Neumann International a de nombreux atouts. Sa présence dans 20 pays européens tout d'abord, avec 90 consultants au total. Le cabinet est l'un des meilleurs spécialistes des pays de l'Est (Russie, Pologne, Hongrie, etc.). Il s'est récemment implanté en Chine avec deux bureaux (Hong Kong et Shanghai) et se développe au Moyen-Orient et en Afrique. « Nous souhaitons, à partir de nos bases fortes, devenir leader dans les pays émergents », annonce Lamielle. Neumann bénéficie d'un réseau totalement intégré avec des procédures bien réglées : chaque bureau est rattaché à une société mondiale unique, dont les consultants sont actionnaires. Quelle que soit sa situation géographique, le bureau qui réalise le recrutement assure pour chaque mission le contact de 100 personnes, le débriefing avec 50 et l'interview approfondie de 12 candidats. Tout ce travail est restitué au client, ainsi qu'une étude stratégique, économique et "ressources humaines" de son marché. In fine, le cabinet s'engage à présenter cinq candidats pour chaque mission.

En pratique

Références

Liste vérifiable auprès des clients
170 missions par an pour NES, 120 pour NMS

Tarifs

Forfait plancher de 35 000 € pour NES et 15 000 € pour NMS
En conseil : 3 500 € par jour ; règlement en trois mensualités

Autres implantations

1A, boulevard d'Anvers 67000 Strasbourg
Tél. 03 88 45 57 90 - Fax 03 88 45 57 99
30 bureaux dans 20 pays en Europe et en Asie

NICHOLAS ANGELL

18-20, rue Jacques Dulud
92200 Neuilly
Tél. : 01 47 45 94 60
Fax : 01 47 45 98 48
searchfr@nicholasangell.com
www.nicholasangell.com

Création	1974 SA au capital de 187 560 €
Réseau	Saesam Partnership
Responsables	Nicholas Angell, PDG Baudoin de Monplanet, associé Alain Catel, associé Valérie Kolloffel-Clavert (DESS d'audit), associé
Consultants	Catherine Burel-Gillmann (maîtrise de gestion Dauphine) Alain Catel (HEC) Marie-Claire Modot (maîtrise de lettres Paris 3) Baudoin de Monplanet (HEC)
Effectif	5 consultants et 5 chargés de recherche
CA	2,4 M€

➤ **Recrutement par approche directe** 100 %

Spécialisation fonctionnelle

Gestion, comptabilité et finance (75 %), RH et juridique (25 %)

Profils recherchés

Cadres dirigeants et supérieurs, experts

Notre opinion

« Notre métier était un indicateur avancé de la morosité des entreprises, de toute évidence ce n'est plus vrai aujourd'hui » devise Baudoin de Monplanet. Car « le marché est très bon ». C'est une surprise pour l'associé de Nicholas Angell : l'économie ne va pas bien mais ses affaires prospèrent. Après une année 2003 morose (1,1 M€ de CA), le cabinet a vu son chiffre d'affaires repartir à la hausse, modestement d'abord (1,5 M€ en 2004), significativement ensuite (2 M€ en 2005) et solidement enfin (2,4 M€ en 2007).

Depuis 2000, le cabinet s'est installé à Neuilly-sur-Seine, rue Jacques Dulud dans le même immeuble que Maesina (*cf. présentation*). Un rapprochement qui n'est pas seulement géographique mais qui scelle un partenariat après plusieurs années de collaboration de fait. Baptisée « Saesam Partners », l'alliance regroupe Maesina (métiers commerciaux et marketing), ACT (industrie, supply chain et systèmes d'information) et Nicholas Angell (finance, gestion). Cette alliance tripartite est « plus que jamais d'actualité » selon Monplanet : « Il y a plein de synergies possibles : comme nous avons une répartition fonctionnelle, tout l'intérêt est de se promouvoir mutuellement auprès de nos clients respectifs ». Une mutualisation qui passe aussi par un poste de commercial commun aux trois structures et encore pour la maintenance informatique.

La plus jeune des consultantes (40 ans) de Nicholas Angell a été promue associée ; Baudoin de Monplanet la présente comme « la relève ». Toujours pour préparer l'avenir, Monplanet souhaiterait embaucher un jeune consultant. Aucun bouleversement n'est prévu dans les années qui viennent, sinon augmenter le prix moyen des missions, développer le business et accentuer une approche commerciale longtemps négligée.

C'est que, créé en 1977 par Nicholas Angell, un expert-comptable britannique, le cabinet n'avait pas eu besoin jusqu'alors de forcer la démarche commerciale.

Angell est reparti vers les brumes londoniennes en 1985 pour ouvrir un bureau spécialisé sur les marchés/actions, Equity Research and Sales, Derivatives et Corporate Finance. Il ne s'occupe là-bas que de « golden boys ». Les consultants français, tous d'anciens financiers, ont repris le flambeau en France.

Si vous recherchez un contrôleur de gestion ou un directeur financier, vous êtes donc à la bonne adresse. Ici le travail est soigné et les méthodes transparentes. Monplanet tient à ne pas s'éparpiller en restant concentré sur ce qu'il sait (bien) faire: la chasse. « Lors de la crise de 93, nous avions survécu grâce à notre spécialisation, mais aussi grâce à notre savoir-faire et à la longévité de nos consultants. Nous restons fidèles à cette vision des choses car nous jouons sur la durée. Nous ne sommes pas là pour faire des "coups" ».

75 % des missions du cabinet sont consacrées aux métiers de la finance/gestion et 25 % aux ressources humaines et aux métiers juridiques.

Concernant les visées de Nicholas Angell à l'étranger, c'est le statu quo. Le rapprochement avec les deux cabinets de la rue Jacques Dulud, et notamment Maesina qui travaille en étroite collaboration avec un réseau de cabinets espagnols, anglais et italiens, constitue pourtant un atout. S'ajoutent les contacts privilégiés de Monplanet avec un cabinet allemand.

En pratique

Références

Liste vérifiable auprès des clients
120 missions par an

Tarifs

Forfait plancher de 18 000 €
Règlement: 40 % au début de la mission, 40 % à la présentation des candidats et 20 % à la signature du contrat de travail.

Autre implantation

Londres

OP SEARCH

142, avenue de Malakoff
75116 Paris
Tél. : 01 40 67 01 01
Fax : 01 40 67 01 00
ops@opsearch.fr
www.opsearch.fr

Création	1997 SARL au capital de 100 000 €
Responsable	Olivier de Préville, directeur
Consultants	noms NC
Effectif	12 consultants et 15 chargés de recherche
CA	3 M€

➤ **Recrutement par approche directe** 100 %

Profils recherchés

Middle et top management

Notre opinion

Une chasse traditionnelle. Voilà ce que propose Olivier de Préville à ses clients. « Nous réalisons uniquement de la chasse de tête. Que de la chasse. Rien que de la chasse, précise-t-il. Mais une chasse à l'ancienne. Nous ne cherchons pas nos candidats dans les annuaires des anciens élèves, ni dans d'hypothétiques bases de données ou dans un sourcing aléatoire ».

Les consultants d'OP Search approchent les cadres et autres dirigeants en poste dans 99 % des cas. « Nous identifions qui fait quoi et choisissons le meilleur. Mais nous proposons aussi à nos clients, en prime, une analyse économique et ressources humaines du marché : quel est le CA des équipes de vente, les salaires, le nombre de salariés par département… ». Ils proposent également une analyse du marché seul, un service qui coûte entre 20 000 et 40 000 €.

Pour travailler de la sorte, les consultants agissent en meute. Ils peuvent être jusqu'à six sur une mission. « Un travail classique commence chez nous par une discussion avec le client, explique de Préville. Nous identifions avec lui le profil du candidat et nous le conseillons par rapport à ses besoins. Nous mettons au minimum quatre personnes sur une mission : deux consultants et deux chargés de recherche ».

De Préville part du principe qu'une bonne chasse ne peut être menée en une semaine par un consultant travaillant sur sept missions en parallèle, comme cela arrive trop souvent dans la profession. « Conclusion, ils font du sourcing pour trouver des candidats. Nous nous refusons à bâcler ce travail. Bien sûr, avec quatre personnes par mission, toujours pour 7 missions par semaine, notre marge est quatre fois moins élevée. Mais comme nous faisons peu de commercial et que nous ne travaillons que sur des postes à salaire élevé, c'est faisable. Surtout, avec cette méthode, nos taux d'échec de missions ne dépassent pas les 2 % ».

Le cabinet présente une short-list de trois candidats, « avec systématiquement un profil atypique, qui n'aurait pas été au premier abord imaginé par le client, qui n'est pas le clone du profil précédent », souligne le patron d'OP Search, qui est membre de la charte de la diversité.

Les consultants sont des spécialistes de la chasse, pas d'un secteur donné. « Nous pouvons intervenir ainsi dans n'importe quel secteur ou fonction ». Ce système, rarissime dans la profession, semble fonctionner. Le CA d'OP Search est passé de 1 M€ en 2003 à 2,5 M€ en 2005 puis à plus de 3 M€ en 2007 selon les dires de de Préville.

OP Search se déploie également en région : il vient d'ouvrir un bureau à Lille, et des projets sont en cours dans l'Est, le Sud-Ouest et le Sud-Est en 2009. Le cabinet est donc à la recherche de nouveaux consultants.

À noter, enfin, que de Préville - il dit ne pas en être fier mais souhaite tout de même le faire savoir - loue les services d'un voiturier pour faciliter le stationnement de ses clients et candidats venant en voiture dans ce quartier fort encombré de Paris.

En pratique

Références

100 missions par an

Tarifs

30 % du salaire annuel brut
Règlement : un tiers du forfait est dû au début de la mission, un tiers à la présentation des candidats et un tiers à l'intégration

Autre implantation

Lille
Contact : Guillaume de la Débutrie
Tél. : 06 99 70 49 83 - debutrie@opsearch.fr

OPTEAMAN

Le Quintet-A
12, rue Danjou
92517 Boulogne Cedex
Tél. : 01 47 61 49 49
Fax : 01 47 61 49 47
ressources@opteaman.com
www.opteaman.com

Création	1992 SAS au capital de 37 040 €
Responsable	Philippe Cirier, PDG
Consultants	à Boulogne-Billancourt : Namia Benmansour, Patrick Blum, Philippe Cirier (DESS Gestion CAAE, maîtrise de théologie, licence de lettres), Élisabeth Deloffre, Guilaine Delzangles, Frédéric Georges, Jean-Noël Gronier (Isa), Nicolas de Kervern (école de commerce, licence de droit), Arnaud de Maison, Nathalie Périgois (DEA de droit, Institut de criminologie), Guillaume Philippe, Gernot Roeth, Sébastien Rondof à Lyon : Nathalie Fernandez, Sophie Tschiember à Lille : Philippe Frémaux, Élodie Leynaert à Bordeaux : Christophe Desbois, Sandy Mazeau, Loïc Serrault à Toulouse : Delphine Arnon, Bruno Bonnardel
Effectif	22 consultants
CA	3,7 M€ en recrutement 0,65 M€ en conseil
	Syndicat du Conseil en Recrutement/Syntec, À Compétences Égales

➤ **Recrutement par annonces/sourcing** 85 %

➤ **Recrutement par approche directe** 15 %

Spécialisation fonctionnelle

Commerciaux (40 % des missions), managers (30 %), ingénieurs (20 %)

Profils recherchés

Cadres à cadres supérieurs

Notre opinion

Alors que le recrutement est à son zénith, Opteaman a décidé de... prendre du recul et de choisir ses clients. Il propose aux entreprises de vivre une belle histoire avec lui. Pour cela, Philippe Cirier et ses équipes ont défini l'entreprise idéale avec qui ils ont envie de travailler et qui leur permettra de développer leurs qualités. « Les entreprises qui aiment travailler avec nous sont en perpétuel mouvement, explique Cirier. Leurs salariés ne sont pas considérés comme une ressource mais comme une valeur. Elles ont une culture du résultat associant résultat à court terme et à long terme. Elles possèdent une marque et une forte identité ».

Avec ces entreprises, les consultants souhaitent établir un lien étroit basé sur l'écoute et le conseil. « Nous avons constaté que les employeurs de ce type sont attirés par nos méthodes. Notre objectif est donc d'aller vers ces sociétés avec qui l'on sait que l'on va réaliser de l'excellent travail ». Bref, ils veulent travailler avec des entreprises respectant leurs salariés. On espère qu'ils en trouveront suffisamment...

« Notre force est d'utiliser les expériences acquises par un cadre dans un secteur pour les transposer dans un autre ». Bref, les entreprises à la recherche de clones (elles sont malheureusement nombreuses) peuvent passer leur chemin. Les autres trouveront ici des partenaires de qualité, à leur écoute. Le pari de Cirier est risqué. « Le marché semble refuser les cabinets généralistes comme le nôtre, reconnaît-il mais seule cette position de généraliste permet de trouver les meilleurs candidats ».

Depuis plus de dix ans, Cirier, ancien étudiant en théologie (mais aussi en gestion d'entreprise), développe donc sa petite musique, en gardant sa culture, mélange d'humanisme et de bon sens commercial. Il place le candidat au centre de ses préoccupations et développe l'idée qu'il faut avoir du plaisir pour bien travailler dans une entreprise. Ces quasi-lapalissades sont pourtant presque révolutionnaires dans le monde du recrutement.

Côté business, le CA d'Opteaman a peu augmenté depuis 2006. « J'avais le choix entre un très fort développement et l'embauche de dix consultants, ou de se consolider et de développer plus la qualité que la quantité, précise Cirier. J'ai choisi la seconde solution et en ai profité pour me restructurer et étoffer l'équipe de direction ».

Aujourd'hui, Opteaman est géré par le dirigeant historique, Cirier, et par deux directeurs généraux associés, Christophe Desbois et Philippe Frémaux. Depuis 2008, il y a donc trois associés au capital d'Opteaman. Le groupe prend ainsi un nouveau départ dans un environnement favorable mais incertain. « Je préside seul, explique Cirier. Mais nous dirigeons à plusieurs ».

Il ne faudra pas moins de trois personnes pour régler les problèmes que le recrutement pourrait connaître. « Aujourd'hui, selon Cirier, le marché du recrutement est complexe. Les entreprises recherchent beaucoup de candidats mais ont, dans le même temps, la volonté de trouver des salariés de plus en plus qualifiés. Conclusion : de moins en moins de candidats correspondent à leurs attentes ».

Par ailleurs, Opteaman se lance dans la reconversion de sportifs de haut niveau (« Carrière + by Opteaman ») et développe un programme de performances de sportifs de haut niveau dans l'entreprise (« Champion dans sa tête by Opteaman »).

De plus, il s'investit dans l'association À Compétences Égales et a formé l'ensemble de son personnel à la lutte contre les discriminations des candidats.

Le cabinet fait toujours du recrutement, de l'évaluation et de l'accompagnement-formation-conseil.

En 2015, Cirier et ses équipes ont pour ambition de devenir le leader des cabinets éthiques, être le leader qualitatif des cabinets français. Rien de moins.

En pratique

Références

Liste vérifiable auprès des clients
600 missions par an

Tarifs

Forfait plancher à 7 500 € en annonce, 12 000 € en sourcing et 15 000 € en approche directe
Règlement : 30 % du forfait au début de la mission, 30 % à la présentation des candidats et 40 % à la décision d'embauche

Autres implantations

Tour Crédit Lyonnais 129, rue Servient 69431 Lyon Cedex
Tél. 04 78 63 75 77 - Fax 04 78 63 75 78
Contact : Nathalie Fernandez

Europarc - 8 avenue Léonard de Vinci - 33600 Pessac
Tél. : 05 57 26 44 60 Fax : 05 57 26 44 61
Contact : Christophe Desbois

3, allée de la Créativité Parc des Moulins 59650 Villeneuve d'Ascq
Tél. 03 20 05 24 08 - Fax 03 20 91 73 46
Contact : Philippe Frémaux

9, rue Sébastopol - BP 21 531 - 31015 Toulouse Cedex 06
Tél. : 05 67 31 45 16 - Fax : 05 67 31 45 17
Contact : Delphine Arnon

PACT & PARTNERS International

12, rue du Faubourg Saint-Honoré
75008 Paris
Tél. : 01 53 43 83 00
Fax : 01 42 66 12 01
accueil@pactpartners.com
www.pactpartners.com

Création	1987 SA au capital de 200 000 €
Responsable	Anne Gautier, présidente
Consultants	Anne Gautier (doctorat de psychologie, maîtrise de gestion) Olivier Safir : international et biotech Céline Laroche, responsable de la Suisse Muriel Belda, responsable de l'Espagne
Effectif	4 consultants
CA	2 M€

➤ **Recrutement par approche directe** 100 %

Spécialisation sectorielle

Sciences de la vie-santé (100 %)

Profils recherchés

Cadres, cadres dirigeants et supérieurs

Notre opinion

Cap sur l'international : Madrid et Copenhague en 2006, Lausanne en 2007... Anne Gautier, la chaleureuse dirigeante de Pact & Partners International (né, on s'en souvient, de la scission de Pact en deux entités : Pact & Partners et Act & Partners International), se félicite d'avoir concrétisé ces implantations hors de l'Hexagone. Seul bémol à ce développement : le bureau de Londres, ouvert en 2003, n'est plus.

L'organisation semble parfaitement huilée : « Le responsable-pays est le contact-client mais lorsqu'il y a une mission, toute la production est faite à Paris », explique Gautier. C'est en effet dans la capitale française qu'est basée la plateforme de recherche. L'équipe de hunters (« chasseurs »), comme les appelle Gautier, est résolument cosmopolite (et féminine) : sur huit chargées de recherche, une seule est Française ! Toutes ont, au minimum, bac +4 et sont bilingues ou de langue anglaise. Pas de problème de coordination : les consultants étrangers passent environ dix jours par mois à Paris. Ce sont eux qui rencontrent les candidats et brièfent les chargées de recherche. « On a une équipe rodée, efficace et rapide », résume Gautier qui se satisfait de l'échelle européenne de son cabinet. « Pour le moment, on se stabilise, on veut s'établir solidement sur l'Europe. Pour la suite, tout est possible : les États-Unis, l'Asie... Cela peut se faire dans les deux ans... ou pas ! ». Actuellement, 65 % des missions sont réalisés à l'étranger et Gautier entend faire monter l'international à 80 % en part d'activité.

Et la France dans tout ça ? « On cherche plus à se maintenir qu'à croître », reconnaît Gautier, volontiers pessimiste quand au marché français, « où il est de moins en moins possible de développer un chiffre d'affaire ». « Comme nous sommes sur un seul secteur, en France, nous sommes vigilants aux clients que nous prenons », souligne-t-elle, avant de préciser : « à l'international, c'est différent ».

Car PPI demeure un cabinet de recrutement spécialisé dans les sciences de la vie : de la R & D et la production de l'OTC (vente directe aux officines) à la dermocosmétique, sans oublier les autres métiers du secteur santé (ressources humaines, gestion, finance, communication, etc.).

Dans le secteur de la pharmacie-santé, où il officie depuis dix-huit ans, il joue dans la cour des grands à l'instar des Egon ou autre Korn Ferry. Ici, on chasse essentiellement des directeurs généraux ou des directeurs des opérations pour les grands groupes pharmaceutiques, avec des salaires allant de 150 000 à 600 000 € par an (avec une moyenne autour de 250 000 €). « Nous recrutons pour des postes de plus en plus senior et de moins en moins nombreux. De plus, une expérience internationale est devenue quasi obligatoire, surtout dans le domaine des biotechnologies. Or, en France nous manquons de personnes présentant ce profil : peu de gens parlent des langues étrangères, alors que nous avons le plus haut niveau de formation mondial dans le domaine de la santé… ». Du coup, le cabinet chasse de plus en plus des étrangers.

Notons que le cabinet effectue également des missions en middle management. « Faire du middle management n'est pas dévalorisant, au contraire, précise Gautier. C'est même stratégique car ces cadres sont les managers de demain. Faire du "middle" permet en outre de bien connaître la philosophie d'une entreprise ». Et pour répondre toujours en amont aux attentes des entreprises, PPI propose aussi une offre d'assessment.

Avec une centaine de missions par an, PPI a donc su sortir de la crise du début des années 2000 avec les honneurs et attaquer la reprise sous le signe de la ténacité : « On ne lâche jamais, même sur les missions les plus compliquées » aime à souligner Gautier, qui peut aussi se targuer d'une disponibilité exemplaire pour les candidats, actuels ou passés, qui n'hésitent pas à solliciter son avis éclairé en cas de dilemme.

Au final, Pact & Partners demeure une belle mais encore petite machine à recruter dans le secteur des sciences de la vie.

En pratique

Références

Liste vérifiable auprès des clients
100 missions par an

Tarifs

Forfait plancher de 24 000 €
Règlement : un tiers du forfait est dû au début de la mission, un tiers à la présentation des candidats et un tiers à l'intégration du candidat

Autres implantations

Madrid, Copenhague, Lausanne

PLÉIADE International

49-51, rue d'Alleray
75015 Paris Cedex 15
Tél. : 01 45 30 32 00
Fax : 01 45 30 26 28
pleiade@pleiade.net
www.pleiade.net

Création	1990 Réseau de sept cabinets
Responsables	Marc Van Lul, coadministrateur, Lyon Michel Muller, coadministrateur, Nancy Cécile Debray, Paris rue d'Alleray Claudine Canevet, Paris rue Lafayette Nathalie Sattler, Paris Marie Laccassagne, Cholet François Dollé, Toulouse Catherine Le Guen, Bordeaux
Effectif	20 consultants
CA	NC
	La plupart des cabinets membres sont membres du Syndicat du Conseil en Recrutement/Syntec, et tous sont qualifiés OPQCM

- **Recrutement par annonces** 55 %
- **Recrutement par approche directe** 14 %
- **Recrutement mixte** 31 %

Spécialisation sectorielle

Industrie des biens intermédiaires (32 % des missions), banque-assurance (34 %), énergie-production (12 %) et transport-télécoms (12 %)

Spécialisation fonctionnelle

Commercial-marketing (39 % des missions) et direction (10 %)

Profils recherchés

Des techniciens aux cadres dirigeants

Notre opinion

Si cette fois, Marc Van Lul, dirigeant de ACD Consulting sur Lyon et Paris et administrateur de Pléiade International, a accepté de répondre à nos questions, c'est cordialement mais sans épanchement. Le refus de certains de ses partenaires d'être cités n'est sans doute pas étranger à cette réserve.

Comme son nom le suggère, Pléiade est multiple : ce réseau de petits cabinets est implanté dans six villes de France : Bordeaux, Toulouse, Nancy, Cholet, Lyon et Paris. Des accords ont aussi été passés avec plusieurs structures européennes (en Allemagne, Angleterre, République Tchèque, Suède, Espagne, Italie).

Pour Van Lul, ce réseau fonctionne par « alimentation réciproque ». À l'origine, Pléiade était un groupement d'intérêt économique (GIE), mais la crise a conduit le groupe, il y a quelques années, à opter pour un réseau d'entreprises aux structures juridiques indépendantes. Les liens entre les membres de Pléiade sont donc informels : « Il n'y a pas de structure juridique, on n'est pas une grosse machine mais simplement un réseau de personnes qui se connaissent et échangent », explique Van Lul. Cela va de pair avec des facilités pratiques telles que le partage de fichiers clients. Selon lui, Pléiade cherche à réaliser un recrutement de qualité à des tarifs intéressants. « Nous sommes des spécialisés généraliste », s'amuse Van Lul qui pense qu'à être expert d'un métier unique, on devient « consanguin »

Pour lui, l'outil numéro un reste l'entretien d'évaluation, les tests de personnalité n'ayant vocation qu'à valider le choix du consultant.

En pratique

Références

1 000 missions par an (estimation)

Tarifs

Forfait plancher en annonce de 5 200 € pour les cadres et forfait plancher en approche directe représentant 25 à 30 % de la rémunération du futur salarié.

Règlement : un tiers du forfait au début de la mission, un tiers à la présentation du candidat et un tiers à la signature du contrat d'embauche. Certains cabinets du groupe procèdent autrement : moitié du forfait au début de la mission et moitié à la fin.

Cabinets membres

Kléide
98, rue de la Reine 92100 Boulogne
Tél. : 01 49 09 14 30 - Fax : 01 46 05 53 62
Kleide@pleiade.net

ACD Consulting
49/51, rue d'Alleray 75015 Paris
Tél. : 01 45 30 32 00 - Fax : 01 45 30 26 28
Paris@Acd-Consulting.com

Sénanque
132, rue Lafayette 75010 Paris
Tél. : 01 53 24 98 80 - Fax : 01 53 24 98 81
senanque@pleiade.net

Actimum Blique
160, Avenue de Strasbourg 54000 Nancy
Tél. : 03 83 85 58 55 - Fax : 03 83 32 71 54
Contact@Blique.com

ACD Consulting
41, Cours Albert Thomas 69003 Lyon
Tél. : 04 37 56 10 30 - Fax : 04 37 56 10 38
Lyon@Acd-Consulting.com

Dollé Consultants
306, route de Launaguet 31200 Toulouse
Tél. : 05 61 57 34 34 - Fax : 05 61 57 19 20
Dolle-rh@Pleiade.net

Jeanneau-Lacassagne
2, impasse de Bourg Baudry 49300 Cholet
Tél. : 02 41 46 06 22 - Fax : 02 41 46 03 18
Jeanneau-Lacassagne@Pleiade.net

PLES CONVERGENCE

63, rue de Ponthieu
75008 Paris
Tél. : 01 58 36 18 88
Fax : 01 43 59 32 81
sylvain.lagarde@ples.net
www.ples.net

Création	2003 SARL au capital de 40 000 €
Responsable	Sylvain Lagarde
Consultants	Thorsten Flaquière, consultant associé autres : noms NC
Effectif	6 consultants
CA	1 M€

➤ **Recrutement par approche directe** 100 %

Spécialisation sectorielle

Télécoms, informatique, médias

Profils recherchés

Middle management à top management

Notre opinion

Créé en 2003, le cabinet PLES (prononcez Plaiss) est spécialisé en télécoms, informatique et média. Il mise sur la convergence de la téléphonie fixe et mobile, des solutions vidéos et autres solutions télécoms.

PLES est l'acronyme de Partage, Loyauté, Efficacité et Simplicité. Pour illustrer ces valeurs qui font la clé de son succès selon lui, le cofondateur Sylvain Lagarde, ancien ingénieur de 36 ans, souligne : « Nous partageons beaucoup d'informations avec les candidats pendant l'entretien mais aussi après ; nous leur exposons les raisons pour lesquelles ils n'ont pas été short-listés par exemple ». En ce qui concerne la simplicité, elle est perceptible dès la rencontre. Pour un dirigeant, Lagarde est habillé de manière plutôt décontractée : sans cravate ni « boutons de manchette », comme il le souligne lui-même avec humour.

Ce petit cabinet spécialisé (6 consultants pour 1 M€ de chiffre d'affaires en 2007) est en tout cas en plein développement. Le CA était de 500 000 € en 2006. Lagarde vise 1,3 M€ pour 2008.

PLES recrute tous les profils (R & D, commerciaux, etc.). Surtout pour les postes opérationnels. « Nous faisons peu de RH, de juridique et pas de board sauf pour les PME ». Le coût de mission moyen s'élève à 12 500 € en 2007.

Le cabinet se distingue surtout par sa méthodologie. « Les consultants font tout de A à Z ». Comprenez que PLES ne compte pas vraiment de chargés de recherche, qui « créent de la fainéantise, souligne Lagarde, jamais avare de plaisanteries. Je veux des personnes évolutives. Au bout de deux ans, les consultants doivent être des forces de propositions et des moteurs du cabinet. » Du coup, les jeunes recrues consultants jouent dans un premier temps le rôle de chargés de recherche, dans la mesure où ils sont coachés par un consultant senior : « Pour les missions difficiles à comprendre, il est préférable que ce soit un consultant qui appelle directement les candidats. »

En pratique

Références

Liste vérifiable auprès des clients
80 missions par an

Tarifs

Forfait de 10 000 à 17 000 € pour les profils de 3 à 10 ans d'expérience et de 17 000 à 30 000 € pour les profils plus confirmés

PLUS CADRES PLUS Nouvelles Technologies

60, rue de l'Arcade
75008 Paris
Tél. : 01 40 08 40 73/01 53 42 64 00
Fax : 01 45 22 07 36/01 53 42 64 10
contact@pluscadres.com
contact@plusnt.com
www.pluscadres.com
www.plusnt.com

Création 1970 pour Plus Intérim, 1980 pour Plus Nouvelles Technologies et 1987 pour Plus Cadres
SA au capital de 2 498 202 €

Groupe Plus SA

Responsables Florence Paul-Leblache, responsable du pôle cadres
Vincent Bourdin, responsable du pôle nouvelles technologies

Consultants Pour les fonctions tertiaires : achats/logistique/production, comptabilité-finance/gestion, ressources humaines, juridique, commercial et marketing (Plus Cadres) :
Florence Paul (DESS de droit et 3e cycle en RH)
Laurence Regnier (Graphologue)
Claudine Nicot
Catherine Fauresse (AES)
Rémi Amy (HEC)

Pour les fonctions informatiques, PAO et multimédia (Plus nouvelles technologies) :
Vincent Bourdin (DESS de droit international)
Odile Herbert (ingénieur en informatique)
Marie-Elisabeth Miannay (BTS comptabilité)

Effectif	5 consultants pour Plus Cadres et 2 consultants pour Plus Nouvelles Technologies
CA	1,4 M€ en recrutement pour Plus Cadres et 600 000 € pour Plus Nouvelles Technologies
	Prisme, certifié Iso 9002

- **Intérim de cadres**
- **Recrutement de cadres**

Spécialisation fonctionnelle

Plus Cadres : Finance-gestion-comptabilité (35 % des missions), ressources humaines (35 %) et fiscalité-juridique (25 %), communication-marketing, management de transition

Plus Nouvelles Technologies : ingénieurs études et développement et administrateurs systèmes et réseaux (45 %), cadres dirigeants en informatique (35 %) et profils non-cadres (20 %)

Profils recherchés

Cadres débutants à cadres supérieurs

Notre opinion

Depuis 2005, Plus Cadres, société d'intérim spécialisée dans les métiers du tertiaire, et Plus Nouvelles Technologies (PNT), se sont lancés, loi Borloo oblige, dans le recrutement. Avec plus ou moins de succès. Plus Cadres annonce que le recrutement représente 30 % de son CA, et la proportion est de 20 % pour PNT.

Les deux entités de Plus Intérim attendent une progression du nombre de missions de 10 % en 2008 (30 placements en CDI en 2005, puis 80 en 2007 pour Plus Cadres) et disent connaître une augmentation du niveau des postes recherchés : 100 000 € de salaire annuel maximum pour Plus Cadres et 70 000 € pour PNT. Mais Plus Cadres n'envisage pas de se renforcer et PNT recherche au moins un nouveau consultant.

Sur le plan géographique, Plus Cadres a ouvert un deuxième bureau parisien. Elle a développé une plate-forme de centres de recrutement et de départements experts, animée par des professionnels des domaines concernés (comptabilité, paie et micro-informatique). Les candidats sont donc soumis à une double expertise : une vérification effectuée par des consultants spécialisés cadres et un « contrôle technique » par les centres de recrutement sectoriels. De plus, le niveau linguistique des candidats est vérifié par les interprètes du Centre Plus International.

Notons enfin que Plus Intérim, qui propose également des formations de concepteurs de logiciels, est une filiale du groupe Plus, qui comprend trois autres entreprises : Eosconseil, qui fait de l'outplacement, Locarchives, spécialisé dans la gestion des supports d'informations d'entreprise (le premier métier du groupe fondé en 1970 par la famille Régnier), et Parker Williborg, qui est un cabinet d'études et de conseil dans les domaines de l'organisation documentaire, de la gestion électronique de documents (GED), des technologies Intranet/Internet et de l'archivage.

En pratique

Références

Plus Cadres : 500 missions par an en intérim et 80 en recrutement-CDI
Plus Nouvelles Technologies : 300 missions par an en intérim et 50 en recrutement-CDI

Tarifs

20 à 25 % du salaire annuel du candidat. Plancher à 20 %.

Autres implantations

15 agences non-cadres de Plus Cadres en Ile-de-France

Plus Cadres : 14 bis, rue Marbeuf 75008 Paris
Tél. : 01 40 70 15 10 - Fax : 01 40 70 13 67
contact-marbeuf@plusinterim.fr

Plus Cadres et Plus Nouvelles Technologies Lyon :
20, avenue du Maréchal de Saxe 69006 Lyon
Tél. : 04 37 24 55 55 - Fax : 04 37 24 08 58
contact-lyon@pluscadres.com

PROCADRES International

(ex-Quincadres)
20, avenue Franklin D. Roosevelt
75008 Paris
Tél. : 01 58 56 50 50
Fax : 01 58 56 50 51
contact@procadres.fr
www.procadres.fr

Création	1996 SA au capital de 9 000 000 €
Responsable	Olivier Spire, PDG
Consultants	noms NC
Effectif	12 consultants
CA	15 M€

- **Intérim**
- **Recrutement**
- **Management de transition**
- **Externalisation de Cvthèque**
- **Restructuration et projets RH**

Profils recherchés

Cadres moyens à dirigeants

Notre opinion

Olivier Spire, le dirigeant de Procadres International, a décidé en 2006-2007 de procéder à un aggiornamento de son entreprise. Jusqu'alors, cette dernière s'appelait Quincadres. Elle avait, grosso modo, pour but de proposer à ses clients des cadres très expérimentés dépassant les 45 ans. « En 2006, nous avons décidé de changer tout cela, raconte Spire, 62 ans, assis dans son bureau peuplé de bronzes et de couteaux marocains. Les cadres de plus de 45 ans n'ont, désormais, pas plus de problèmes que les autres membres de l'encadrement. Les départs massifs à la retraite et la moindre arrivée de jeunes diplômés ont provoqué, en France, une pénurie de cadres. Leur taux de chômage avoisine globalement les 3,5 %. Soit quasi le plein-emploi. Aujourd'hui, un cadre de plus de 45 ans au chômage souffre d'un problème de mise au point technique, de manque de mobilité géographique ou de connaissances linguistiques. Mais il n'y a plus de spécificités des cadres de plus de 45 ans ». Conclusion, selon Spire, les entreprises sont confrontées à deux problèmes. Le premier est celui d'un manque de compétences. Elles recherchent des cadres avec un bagage élevé et n'en trouvent pas. Deuxièmement, elles sont ou vont être confrontées à une crise économique majeure et ne pourront pas ou éprouveront des difficultés à financer le recrutement de leurs cadres.

Spire, l'un des meilleurs connaisseurs du recrutement en France, a donc modifié sa stratégie pour coller à ces attentes. « Notre réforme a pour but de faciliter la tâche des entreprises ; c'est pourquoi nous avons pris le nom de ProCadres International : pour les aider à trouver rapidement une solution à leurs problèmes de management, de gestion des ressources humaines et de leurs recrutements ». Et ce, quel que soit le mode de recherche ou le mode d'embauche du salarié. « Si le client, poursuit Spire, souhaite un DRH, nous pouvons le lui fournir via l'intérim, le management de transition avec Easyo, le détachement de personnel, le CDD ou le CDI ».

Côté financier, ProCadres s'est organisé pour baisser les coûts d'un recrutement via le process « Stepyo ». Il s'agit de découper le recrutement en module. L'entreprise peut ainsi s'offrir un service complet ou partiel. Pour un candidat dont le salaire est de 70 000 € brut par an, le niveau de service de l'étape 1 est constitué de la réception de cinq dossiers de candidats qualifiés. Coût pour le client : 4 950 €. Si l'entreprise s'arrête là, elle devra réaliser elle-même le choix entre ces cinq personnes. L'employeur peut aussi choisir d'aller à l'étape 2. ProCadres lui qualifie ses cinq CV, procède à des entretiens et conseille sur le choix final. Cela coûte 4 200 € de plus. L'étape 3, qui est facturée 1 800 €, permet à l'entreprise de se faire épauler par ProCadres pour l'embauche, le suivi pendant un an du candidat. L'ensemble du processus reviendra pour le client à 10950 €.

La méthodologie de recrutement de ProCadres a aussi été améliorée. Les consultants du cabinet proposent à leurs clients une traçabilité de tous le process. Via ordinateur, le client peut examiner chaque étape d'une mission: résultat des annonces, de la chasse, nom des candidats, discussion avec eux. ProCadres permet aussi à ses clients d'utiliser sa méthodologie pour gérer le flux de CV qu'une entreprise reçoit.

Avec ce système, Spire, qui avait dix ans d'avance sur ses petits camarades avec sa volonté de promouvoir l'emploi des seniors, reprend de large. Il y a fort à parier que les clients répondront positivement à toute cette offre. Spire espère, lui, fortement se développer en adoptant ce plan de bataille. Il est passé de 0 M€ de chiffre d'affaire en 1996 à 15 M€ en 2007. Il espère, en 2010, peser entre 25 et 30 M€. C'est tout le mal qu'on lui souhaite.

En pratique

Références

150 recrutements
150 missions

Tarifs

20 à 30 % du salaire annuel brut du candidat
Règlement 50 % du salaire annuel est à verser au départ de la mission, 35 % à la présentation des candidats sélectionnés et 15 % à l'intégration du candidat.

Autres implantations

ProCadres Lille: 21, avenue Le Corbusier 59042 Lille
Tél.: 03 59 56 97 14

ProCadres Rhône-Alpes: Tél.: 04 26 68 70 91

ProCadres Paca: Tél.: 04 92 98 11 61

ProCadres Strasbourg: Tél.: 03 88 23 70 35

ProCadres Nantes: Tél.: 02 72 64 41 54

PROGRESS

2, rue de la Paix
75002 Paris
Tél. : 01 53 45 16 45
Fax : 01 53 45 16 05
progress-search@progress-search.com
www.progress-search.com
www.iicpartners.com

Création	1970 SA au capital de 187 999 €
Réseau	IIC Partners
Responsable	Alain Prestat, PDG
Consultants	Martine Bournerias Frédérique Deriquehem Corinne Handelsman Éliane Schluty-Mazoyer Romain Girard Catherine Rambourdin Yves Colmou Jean-Marc Danton Armelle Forest Laurence Pegeot Sonia Sikorav
Effectif	11 consultants
CA	7,3 M€

➤ **Recrutement par approche directe** 100 %

Spécialisation sectorielle

Banque-finance (19 % des missions), assurance/immobilier (23 %), infrastructure et environnement (21 %), technologies (8 %), grande consommation (15 %) et collectivités locales et entreprises publiques (14 %)

Profils recherchés

Dirigeants, cadres supérieurs et experts

Notre opinion

Du progrès chez Progress... Alain Prestat, le PDG depuis 2004, a enfin consenti à entrouvrir sa porte. Il y a deux ans, pour la précédente édition, il avait tout bonnement refusé de nous accorder un peu de son temps. Pour 2008, il a accepté de mettre à jour quelques informations (qui dataient tout de même de 2003), mais par écrit et très succinctement. On espère que ce traitement est réservé aux journalistes et que les clients et les candidats sont rappelés plus vite.

Avec le peu dont nous disposons, il semble donc que Progress se maintienne à un bon niveau, avec 7,3 M€ de chiffre d'affaires en 2007, pour 7 M€ en 2003. Le cabinet compte 11 consultants, pour 8 chargés de recherche. Les résultats sont peu flatteurs dans un marché de l'emploi euphorique.

Pourtant, Progress est un cabinet réputé. Le groupe IIC Partners, dont Progress est le représentant français, gagne du terrain. De la 19e place mondiale en 2000, il est passé en 2003 à la 10e, puis à la 8e en 2005. Avec 55 bureaux dans le monde aujourd'hui, il conserve selon l'*Executive Recruiter News* cette 8e place en 2008 avec 137,9 M$ de chiffre d'affaires. Ce réseau est dit « non intégré ». Cela signifie que les liens entre les représentants ne sont pas capitalistiques, ni des plus resserrés. Certains cabinets se connaissent très bien tandis que d'autres peuvent s'ignorer. Inconvénient d'un tel système : la qualité n'est pas homogène. « Je ne suis pas d'accord avec cette analyse, nous répondait en 2004 René Occhiminuti, un des associés (parti depuis). Au contraire, notre réseau est composé d'entrepreneurs qui ont intérêt à ce que les missions se passent le mieux possible. Sinon, nous perdons le client. Conclusion : je suis mon client à Hong-Kong ou ailleurs. Et je m'assure que la mission se déroule parfaitement ».

Côté procédures de recrutement, le cabinet a arrêté de faire - « parce que ce n'est pas la demande des clients », justifie Prestat - ce qui faisait de lui un cabinet à part et qui constituait, selon nous, un gage de qualité pour le client : la mobilisation de deux personnes sur chaque mission de chasse ; l'une spécialiste de la fonction pour les aspects professionnels et l'autre psychosociologue d'entreprise pour les aspects de comportement et d'adaptation à la culture de l'entreprise du candidat.

Enfin, Progress continue de proposer des audits de management et des évaluations, mais a arrêté l'aide à la mobilité interne, le coaching et le team building...

En pratique

Références

200 missions par an

Tarifs

Forfait plancher de 30 000 € (chiffre 2003)
Règlement : trois mensualités à partir de la signature du contrat

Autres implantations (réseau IIC Partners)
55 bureaux dans 38 pays

RANDSTAD

1, place de Turenne
94417 Saint-Maurice Cedex
Tél. : 01 43 97 78 78
Fax : 01 43 97 78 79
searchandselection@randstad.fr
www.randstad.fr

Création	1973 en France
Groupe	Randstad NV
Responsables	Frédéric Noyer, DG Édith Martin Genet, responsable du recrutement
Effectif	780 consultants
CA	650 M€

- **Intérim**
- **Recrutement de cadres**

Spécialisation sectorielle

En intérim : industrie, BTP, tertiaire

Pour Search & Selection : banque, finance d'entreprise, ressources humaines et juridique

Notre opinion

Randstad, filiale du groupe néerlandais du travail temporaire Randstad Holding NV, a pris lui aussi le virage du recrutement de cadres. « Nous avons mis en place ce service début 2005 », précise Édith Martin Genet, directrice de division, directrice des opérations en charge des régions Nord et Sud-Ouest et du recrutement. Et depuis, l'activité est en croissance. Le nombre de recrutements a doublé en deux ans (2000 en 2007). Et le nombre de consultants suit. Ils sont désormais 780 en France, contre 680 il y a deux ans.

Randstad France est ainsi devenu, outre le spécialiste de l'intérim qu'il est depuis 1973, un cabinet de recrutement classique. Le système s'organise autour de deux départements. Le premier est la déclinaison de Randstad Intérim dans le recrutement. Il concerne tous les secteurs et toutes les fonctions. Cela va de l'ouvrier aux cadres. Il y a donc possibilité pour le client de rechercher soit un intérimaire, soit un salarié en CDI. Le deuxième département s'appelle « Randstad Search & Selection ». Cette division s'occupe du recrutement de salariés en CDI, pour des profils de 50 000 à 120 000 €, dans quatre secteurs : la banque (commerciale, de financement et d'investissement), la finance d'entreprise, les ressources humaines et le juridique. « Pour la partie Randstad Search & Selection, nous passons des annonces mais nous réalisons beaucoup d'approche directe, notamment en banque, à cause de la pénurie de candidats », précise Martin Genet. Le coût de ce service varie entre 20 et 25 % du salaire annuel brut du candidat. Soit un tarif à peu près équivalent à celui d'un cabinet de recrutement classique.

Un des atouts de Randstad est la réactivité annoncée : une semaine de délai pour la présentation des candidats en moyenne en 2007 pour la banque de réseau, deux semaines pour la banque de financement et d'investissement, et trois pour la finance. Et sa spécialisation, affirme Martin Genet : « Quand on fait un peu de tout, il n'est pas possible de trouver le mouton à cinq pattes. »

Pour 2008, l'entreprise espère développer les secteurs de la finance, des ressources humaines et du juridique. De plus, au plan international, le groupe vient de racheter son rival Vedior, devenant ainsi le n° 2 mondial du secteur. Affaire à suivre.

En pratique

Références : nombre de missions en intérim en 2005 : 506 650
Nombre de recrutements en 2007 : 2 000, dont 190 pour Randstad Search & Selection

Tarifs

Selon les profils, 15 à 20 % du salaire annuel brut du candidat pour le recrutement et 20 à 25 % dans le cadre de Randstad Search & Selection
Règlement : mensuel

Autres implantations

170 agences à Paris et en régions

Randstad Search and Selection : 19, rue du Général Foy 75008 Paris
Tél. : 01 40 82 75 70. Fax : 01 40 82 75 79

RAY & BERNDTSON

73, avenue des Champs-Élysées
75008 Paris
Tél. : 01 53 77 22 00
Fax : 01 53 77 22 09
cv@rayberndtson.fr
www.rayberndtson.com

Création	1973
Réseau	Ray & Berndtson
Responsable	Xavier Alix, managing partner
Consultants-associés	Xavier Alix (ingénieur, IEP, Harvard) : hautes technologies Yves Boissonnat (IEP, maîtrise droit) : banque-finance, conseil Bruno Cerey (école polytechnique) : technologie et télécoms Catherine Ceva (IEP, docteur en philosophie) : luxe et grande distribution Françoise de Metz-Noblat (ESCP) : grande consommation, luxe Frédérique Moreau (IEP, DESS de gestion du personnel) : automobile, industrie, services
Effectif	6 consultants
CA	8 M€

➤ **Recrutement par approche directe** 100 %

Spécialisation sectorielle

Grande consommation-luxe (35 %) et industrie-secteur automobile (35 %)

Profils recherchés

Cadres dirigeants

Notre opinion

Le chiffre d'affaires de Ray & Berndtson a peu bougé entre 2005 et 2007. Il est passé de 7,5 M€ à 8 M€. Pourtant deux consultants sont partis, dont Gael de Roquefeuil chez Korn Ferry.

Après des années 2001-2004 moroses, le cabinet du 73, avenue des Champs-Élysées voit donc la vie sous un meilleur jour. « Les affaires vont bien, commente Xavier Alix, le dirigeant historique. On ne ressent pas de crise même si le marché français reste un petit marché coincé entre un Michael Page en bas et les hauts fonctionnaires et les réseaux qui s'activent en haut… ».

Depuis 2004, R & B s'est recentré sur ce qu'il sait faire le mieux : le recrutement de dirigeants, PDG et autres cadors. Dans ce cadre, Ray est l'un des tout meilleurs cabinets de la place parisienne. Les consultants, peu nombreux, sont de qualité. R & B fait partie d'un groupe mondial composé d'une cinquantaine de cabinets indépendants (sans liens capitalistiques entre eux), qui partagent la même marque. Le CA 2007 de l'ensemble, recensé dans l'*Executive Recruiter News* de mars 2008, est de 181,1 M€, ce qui le place au sixième rang mondial. Le 5e, Russell Reynolds, est loin devant avec un CA de 326,3 M€, mais Ray & Berndtson a bien progressé dans le classement depuis trois ans. Ce qui marque le retour de la société sur le devant de la scène.

En pratique

Références

Liste vérifiable auprès des clients
100 missions par an

Tarifs

Forfait plancher de 45 000 €

Autres implantations

70 bureaux dans le monde

RESSOURCES & DÉVELOPPEMENT

62 bis, rue des Peupliers
92100 Boulogne
Tél. : 01 46 94 95 70
Fax : 01 41 41 93 59
office@redt.com
www.redt.com

Création	1982 SARL au capital de 175 000 €
Responsables	Philippe Samett, gérant : industrie, commerce, services Patrice Roos, associé : grande consommation, luxe, santé, assurances Joël Haxaire, associé : industrie et services
Consultants	Nadine Mahé des Portes : collectivités territoriales France Verneuille : commerce, industrie Jean de Trogoff : distribution, restauration Aymar de la Bretèche : banque
Effectif	7 consultants et 5 chargés de recherche
CA	1,2 M€

- **Recrutement par approche directe** 80 %
- **Recrutement par annonces sur Internet** 20 %

Profils recherchés

Cadres supérieurs à dirigeants

Notre opinion

« Pas de bouleversement », c'est le patron de Ressources & Développement, Philippe Samett, qui le dit. Les chiffres ne lui donnent pas tort : un CA de 1,2 M€ pour 2007, il était de 1,3 M€ en 2005 et s'annonce « dans les mêmes eaux » pour 2008. Le cabinet, qui se qualifie de « multispécialiste », tourne toujours avec la même équipe. L'arrivée, en 2005, d'une spécialiste des collectivités territoriales conjuguée à une augmentation des missions pour les entreprises publiques a fait monter l'activité secteur public. Elle représente désormais 20 % de l'activité du cabinet et un des objectifs pour 2009 est d'augmenter cette part. Car si, selon Samett, travailler avec l'administration n'est pas toujours évident, « c'est payant en terme de volume ».

Le gérant de Ressources et Développement croit à la spécificité du métier de chasseur de têtes. Pas question pour lui de proposer de la formation ou du conseil. Le cabinet qui a, en partie, recours à Internet pour diffuser ses offres a constaté une baisse de rendement sur ce type de diffusion. Cela n'a toutefois pas remis en cause le contrat du cabinet avec Cadremploi (coût: 12000 € à l'année). En revanche, Samett boude désormais Keljob devenu trop cher, lui préférant... l'ANPE ! « Tip top », selon lui pour les profils assimilés cadres ou agents de maîtrise.

En matière de chasse, Samett dit avoir observé un phénomène nouveau qu'il qualifie de « concurrence anormale »: un candidat est chassé, il accepte le poste proposé, en informe son employeur, qui du coup surenchérit pour le garder ! « C'est pour cela que nous sommes très vigilants sur la motivation du candidat. Celle-ci ne doit pas être uniquement financière sinon une contre-proposition suffira à le retenir ».

Le cabinet avoue un taux d'échec de 5 % (5 sur 100 missions à l'année), le plus souvent dû à un changement dans la vie personnelle du candidat ou à la fameuse « concurrence anormale ». Samett envisage toujours (mais c'était déjà le cas il y a deux ans...) d'associer un ou deux de ses consultants au capital de l'entreprise, en plus des deux qui le sont déjà aujourd'hui.

En pratique

Références

Liste vérifiable auprès des clients ; 100 missions par an

Tarifs

Entre 20 % et 30 % du salaire annuel.
Forfait plancher de 6000 € en approche directe. Moyenne de 13000 €
Règlement: deux formules: soit un tiers du forfait au début de la mission, un tiers à la présentation des candidats, un tiers à l'intégration. Soit 50 % au démarrage et 50 % à l'embauche.

Groupe RH PARTNERS

11, avenue Neil Armstrong
33700 Mérignac
Tél. : 05 56 13 37 37
Fax : 05 56 13 37 38
groupe@rh-partners.com

10, rue Pergolèse
75782 Paris Cedex 16
Tél. : 01 58 56 22 50
Fax : 01 58 56 22 51
paris8@rh-partners.com
www.rh-partners.com

Création	1993 SA au capital de 90 000 €
Responsables	Michel Gaussens, président Jean-François Battesti, directeur général Claude Vincent, directeur général adjoint
Effectif	85 consultants
CA	7,9 M€ en recrutement 2,6 M€ en conseil en organisation, gestion de carrières-mobilité
	Syndicat du Conseil en Recrutement/Syntec, Label Assurance Qualité des Services, ISO 9004.2

- **Recrutement par annonces** 75 %
- **Recrutement par approche directe** 25 %

Profils recherchés

Techniciens à cadres dirigeants

Notre opinion

Créé en 1993 suite à un désaccord de franchise avec le réseau Florian Mantione Institut, RH Partners est un cabinet généraliste travaillant principalement par annonces et dans les régions. C'est sa force et sa faiblesse.

Sa force, car il est présent dans vingt des plus grandes villes françaises, dont Paris. Et il ne compte pas s'arrêter là puisque sont envisagés des bureaux à Montpellier, Strasbourg et un bassin d'emploi qui couvrirait Chartres, Poitiers, Niort, Orléans et La Rochelle.

Sa faiblesse, car il est peu présent sur l'Ile-de-France, alors que cette région tentaculaire accapare près de 60 % des recrutements de cadres en France.

Malgré cela, l'embellie se poursuit chez RH Partners Son chiffre d'affaires a fait un bond spectaculaire, passant de 4,6 M€ en 2004 à 6,5 M€ en 2006 puis 7,9 M€ en 2007 pour la partie recrutement. Par contre, la partie conseil a souffert: le CA est passé de 2,4 M€ en 2004 à 3,5 M€ en 2006 pour revenir à 2,6 M€ en 2007, soit tout de même une baisse de près d'un million d'euros.

Les méthodes promues par RHP sont intéressantes à plusieurs points de vue. Tout d'abord, ce groupe connaît parfaitement les 20 bassins d'emploi où il est présent. Cela signifie qu'il dispose de 20 fichiers sur 20 villes. Ensuite, les procédures sont les mêmes à Quimper, Lille, Marseille ou Lyon. RHP mise aussi sur la production d'audits de recrutement écrits très complets, dont certains atteignent les 60 pages. On y précise notamment les besoins de l'entreprise et du service concerné ainsi que le type de poste ou le profil recherché. Un cahier des charges est ensuite transmis, éventuellement modifié puis validé par le client. C'est seulement à partir de ce moment que les consultants de RHP commencent à chercher les candidats. « Le nombre de psychologues au m^2 est également assez élevé », selon l'expression de Gaussens.

RHP développe en outre toute une série de conseils aux entreprises: coaching, évaluation de cadres ou conseil à la mobilité externe. Il se lance également dans le travail temporaire. « Nous avons acquis en avril 2008 une société de délégation de personnels techniques à destination de l'activité aérospatiale, que nous spécialisons peu à peu sur le marché des cadres », précise Gaussens qui « ne souhaite pas faire du travail temporaire comme les sociétés de travail temporaire » et avance de meilleures méthodes de définition du besoin des entreprises. Son président ne souhaitant « pas suivre les habitudes d'une profession qui écrase ses prix à chaque instant », le coefficient de RH Partners Interim Cadres est compris entre 2,5 et 3.

En pratique

Références

Liste vérifiable auprès des clients
1 000 missions par an, hors missions collectives

Tarifs

En Ile-de-France: 20 % de la rémunération annuelle brute du candidat en annonce, 24 % en approche mixte et 30 % en approche directe.
Dans les autres régions, 17-18 % de la rémunération annuelle brute du candidat en annonce, 22 % en approche mixte et 25 % en approche directe.
En intérim, le coefficient est compris entre 2,5 et 3.
Règlement: 50 % au début de la mission et 50 % à la présentation des candidats

Autres implantations

Centre d'Affaires Agora Bât. B - ZI des Paluds 13685 Aubagne-en-Provence Cedex - Tél.: 04 42 62 44 80- Fax: 04 42 62 40 51
marseille@rh-partners.com - contact: Laurent Savoi

2, rue Galoche 21000 Dijon
Tél.: 03 80 50 94 65 - Fax: 03 80 50 94 66
dijon@rh-partners.com - contact: Nathalie Perrin

Le Carmel 32, rue de la Vieille Monnaie 25000 Besançon
Tél.: 03 81 81 14 09 - Fax: 03 81 82 24 89
besancon@rh-partners.com - contact: Philippe Schmid

8, rue du Préfet Collignon BP 1 233 29102 Quimper Cedex
Tél.: 02 98 53 80 18 - Fax: 02 98 53 89 16
quimper@rh-partners.com - contact: Rémi Guevel

Immeuble Le Ritay - 9 rue Ritay BP 70 404 31004 Toulouse Cedex 6
Tél.: 05 62 87 87 00 - Fax: 05 62 87 87 01
toulouse@rh-partners.com - contact: Michel Gaussens

11, avenue Neil Armstrong 33700 Bordeaux Mérignac
Tél. : 05 56 13 37 37 - Fax : 05 56 13 37 38
bordeaux@rh-partners.com - contact : Dominique Roux

Les Alizés La Rigourdière 35510 Cesson-Sevigné
Tél. : 02 99 83 53 31 - Fax : 02 99 83 53 34
rennes@rh-partners.com - contact : Rémi Guevel

2, rue du Château de l'Eraudière Immeuble Le Nébraska B BP 22433
44324 Nantes Cedex 3
Tél. : 02 28 23 61 94 - Fax : 02 28 23 71 11
nantes@rh-partners.com - contact : Michel Vanoverberghe

Avenue de la Marne Centre d'Affaires du Molinel - Bât A 59290
Wasquehal - Tél. : 03 20 20 08 50 - Fax : 03 20 20 08 51
lille@rh-partners.com - contact : Olivier Vandenbossche

33 bis, bd Berthelot 63407 Chamalières Cedex
Tél. : 04 73 31 31 07 - Fax : 04 73 31 24 05
clermont@rh-partners.com - contact : Claude Vincent

7, chemin Jean-Marie Vianney 69130 Ecully
Tél. : 04 78 33 09 96 - Fax : 04 78 33 03 99
lyon@rh-partners.com - contact : Thierry Savoi

10, rue Pergolèse 75782 Paris Cedex 16
Tél. : 01 58 56 22 50 - Fax : 01 58 56 22 51
paris8@rh-partners.com - contact : Michel Gaussens

20, rue Verte 76000 Rouen
Tél. : 02 35 70 40 55 - Fax : 02 35 70 20 33
rouen@rh-partners.com - contact : Christine Hervieu

182, quai Georges V 76600 Le Havre
Tél. : 02 35 42 59 36 - Fax : 02 35 42 64 28
lehavre@rh-partners.com - contact : Christine Hervieu

14, rue du Docteur Fréry 90000 Belfort
Tél. : 03 84 22 04 41 - Fax : 03 84 21 23 81
belfort@rh-partners.com - contact : Philippe Schmid

16, square de l'Abbé Didelot 54520 Laxou
Tél. : 03 83 55 81 84 - Fax : 03 87 16 45 93
etorrebruno@rh-partners.com - contact : Éliane Torrebruno

45 avenue Léon Blum 64000 Pau
Tél. : 05 59 02 42 88 - Fax. : 05 59 02 26 03
pau@rh-partners.com - contact : Dominique Roux

52, rue de la Martinique 97390 Sainte Clotilde
Tél. : 06 92 25 17 33
reunioni@rh-partners.com - contact : Hervé Hamel

Espace Aéroservices
Ancien Aéroport du Lamentin
97232 Le Lamentin
martinique@rh-partners.com

4 route de Longwy 4 830 Rodange Luxembourg
Tél. : + 352 265 03 415 52 - Fax. : + 352 265 03 415 32
lorlux@rh-partners.com - contact : Allaoua Nedjai

Pays-Bas, Suisse, Roumanie, Brésil, Émirats Arabes Unis, Russie

ROBERT HALF INTERNATIONAL/RHI

21, boulevard Haussmann
75009 Paris
Tél. : 01 55 04 18 18
Fax : 01 55 04 21 10
www.roberthalf.fr

Création	1995 en France, 1948 pour le groupe SAS au capital de 37 008 €
Réseau	RHI
Responsable	Olivier Gélis, directeur général
Consultants	noms NC
Effectif	160 consultants
CA	100 M€ (estimation France), groupe 5 milliards $
	Prisme

- **Recrutement de cadres**
- **Intérim de cadres, intérim de non-cadres**

Spécialisation fonctionnelle

Comptabilité (40 %), finance (40 %) et banque (15 %), juridique-fiscal-assistananat (5 %)

Profils recherchés

Employés à cadres dirigeants

Notre opinion

Robert Half international France est en plein développement. « Notre chiffre d'affaires a cru de 30 % entre 2006 et 2007 et de 30 % entre 2007 et 2008 », indique Olivier Gélis, le directeur général de 45 ans. Selon nos calculs et recoupements, ce CA devrait avoisiner les 100 M€ en 2008. « Je ne commente pas ce chiffre », répond le dirigeant.

Quoi qu'il en soit, RHI a pris de l'ampleur. Gélis, arrivé en 1999, a été l'artisan de ce très fort développement. À l'aube de l'an 2000, RHI France s'appuyait sur le travail de 10 consultants. Ils sont, en 2008, 160. Il n'y avait qu'un bureau. Il y en maintenant dix…

De plus, RHI a su utiliser à plein régime la loi Borloo autorisant les entreprises de l'intérim à réaliser du recrutement permanent. Depuis le 1er septembre 2005, toutes les entités d'intérim et de recrutement/placement de Robert Half ont donc fusionné pour ne plus former qu'une seule société.

Désormais, le client ou le candidat se présente devant un guichet unique. Ce dernier peut proposer de l'intérim ou du placement en contrat à durée indéterminée. C'est le client et le consultant qui décideront quel est le meilleur moyen pour disposer d'un collaborateur.

Comme ses principaux concurrents (cf. Michael Page…), RHI a découpé son activité en fonction des salaires des candidats. 40 consultants travaillent pour des missions dont le salaire annuel dépasse les 40 000 €. Les 120 autres évoluent sur des missions moins rémunératrices.

Mis à part cette simplification qu'autorise aujourd'hui la loi, RHI demeure un spécialiste des métiers de la finance, comptabilité, juridique et fiscal ainsi que de l'assistanat. De façon exclusive. Aussi, si vous recherchez un directeur financier, un comptable ou un auditeur interne, vous êtes à la bonne adresse. Cette hyperspécialisation permet de disposer de consultants connaissant bien leur secteur. Cela a aussi pour avantage d'aller vite et de s'appuyer sur des bases de données très qualifiées et à jour. Cela permet également, en temps de crise, d'être un spécialiste des fonctions du contrôle et du chiffre, des métiers « indispensables » selon Gélis.

Le groupe dispose en France de dix bureaux, dont six en Ile-de-France (Paris, Massy, Versailles, La Défense, Vincennes, Saint-Denis), un à Lyon, un à Lille, un à Aix-en-Provence et un à Nantes. Avec le projet d'en ouvrir d'autres.

Côté process, RHI propose, en recrutement, une approche classique avec identification de besoins de l'entreprise, validation des candidats, une short list proposée en 3 à 6 semaines de 3 à 5 candidats. En intérim, la procédure est beaucoup plus rapide. En 24 ou 48 heures, 2 à 4 candidats sont présentés.

Côté tarifs, RHI n'est pas moins cher que ses concurrents, alors qu'on aurait pu penser qu'avec le sourcing généré par l'intérim et les bases de données disponibles, les prix auraient été tirés vers le bas. RHI se bat sur le créneau de la qualité, se défend, sans nous convaincre, la direction. La société offrirait un service haut de gamme, rapide. Cela expliquerait le coût...

Pour le reste, le groupe n'a pas perdu le sens du secret. Il est toujours impossible de connaître son chiffre d'affaires, le nombre de missions réalisées, le nom des consultants. Cela fait beaucoup.

Robert Half, coté à la bourse New York est présent dans 20 pays, à travers 360 bureaux intégrés.

En pratique

Références

3 800 missions de recrutement par an (estimation)

Tarifs

En intérim, 2,5 de coefficient

En recrutement permanent, fourchette de 23 à 28 % du salaire annuel brut du candidat

Règlement : tous les mois en intérim

En deux fois pour le recrutement. Un tiers au début de la mission, et deux tiers à l'intégration du candidat. Possibilité de « success fees », le client ne payant que si le candidat lui convient.

Autres implantations

En France : Massy, Versailles, La Défense, Vincennes, Saint-Denis, Lyon, Lille, Aix-en-Provence, Nantes

A l'étranger (réseau RHI) : Allemagne, Australie, Belgique, Brésil, Canada, Dubaï, Espagne, États-Unis, France, Hong-Kong, Irlande, Italie, Japon, Luxembourg, Pays-Bas, Nouvelle-Zélande, République Tchèque, Royaume-Uni, Singapour, Suisse

ROBERT WALTERS

25, rue Balzac
75008 Paris
Tél. : 01 40 67 88 00
Fax : 01 40 67 88 09
rwparis@robertwalters.com
www.robertwalters.com

Création	Groupe 1985, 1999 en France SAS au capital de 10 000 €, coté à la bourse de Londres
Réseau	Robert Walters International
Responsables	Antoine Morgaut, directeur général Europe Frédéric Ronflard, directeur général France
Consultants	noms NC
Effectif	75 consultants
CA	14 M€

- **Recrutement par approche directe**
- **Recrutement par annonces**

Spécialisation fonctionnelle/sectorielle

Banque (28 %), direction administrative et financière d'entreprise (34 %), DRH (6 %), management de transition (10 %), juridique et fiscal (10 %) et systèmes d'information (12 %)

Notre opinion

Quelle progression ! Robert Walters est assurément l'un des cabinets de recrutement français qui s'est le plus développé depuis 2005. Le chiffre d'affaires a ainsi passé de 6 M€ en 2003 à 14 M€ en 2007. Le nombre de consultants a, lui, augmenté de 50 %.

La méthode d'Antoine Morgaut est en grande partie responsable de cette croissance exponentielle. Le jeune dirigeant qui vient d'être promu directeur général Europe a su insuffler un dynamisme à ses équipes. Les consultants de RW travaillent beaucoup mais l'ambiance demeure « fun compatible ». Morgaut, ses costumes rock & roll et son allure « dandy », a su développer sans casser, déléguer, faire confiance. Il a su aussi promouvoir. Un exemple : Frédéric Ronflard, un des consultants, est devenu directeur général France. Ce dernier est un ancien du... Club Med. Il a été le second consultant embauché en 1999 par Morgaut. Bref, l'ambiance de RW est à la fois détendue et studieuse.

Le discours de Morgaut sur les candidats rassure également. Il met en avant l'accueil que le postulant doit recevoir. Et joignant le geste à la parole, on trouve dans les salles d'attente de RW du thé vert, petits gâteaux et eaux gazeuses. Ce ne sont que de petits détails mais qui font figure de symbole dans une profession qui a toujours du mal à bien accueillir les candidats.

Côté business, cette façon de faire connaît des résultats excellentissimes. Le cabinet a su développer ces métiers de base que sont la finance d'entreprise, la banque et le juridique-fiscal. Morgaut et Ronflard ont de plus lancé toute une série de nouveaux départements : l'immobilier, l'assurance, la banque de détail, les jeunes diplômés et les professions du droit. Autres practices en vue : l'ingénierie et le tourisme. Ils ont aussi ouvert deux bureaux en région (Lyon et Strasbourg). Et développé une cellule en management de transition. « Cela faisait 15 ans que nous en réalisions, commente Morgaut. Six consultants y sont maintenant dédiés. Nous intervenons dans tous les secteurs et les fonctions de direction ». Ils ont aussi mis sur pied, en 2006, un département assessment faisant, à la demande du client, de l'évaluation de cadres, des bilans de compétences, du coaching, ou de l'outplacement individuel.

Rappelons qu'à côté du recrutement, Robert Walters fait aussi de l'intérim avec Walters Intérim (*cf. présentation*).

Pour mémoire, Robert Walters France est le dernier enfant d'une success story à l'anglaise mâtinée d'américain. Ancien de Michael Page, le susnommé Robert Walters a fondé son groupe en 1985 à Londres, qui s'est ensuite étendu à Amsterdam, Bruxelles, Tokyo... La tête de pont en France a été lancée en mai 1999 par Antoine Morgaut, un ancien de Michael Page France (même s'il tient à souligner qu'il n'y a fait qu'un passage de quelques mois). L'homme n'est pas un inconnu dans la profession. Outre son passage chez Page, il a fondé en 1989 un cabinet, qui n'a pas résisté à la tourmente des années 92-93. Morgaut s'est alors expatrié à Londres où il a travaillé dans la finance à la City. Puis il est retourné sur le continent, dans le recrutement... de nouveau dans la tourmente des premières années 2000.

Au niveau mondial, Robert Walters est un groupe véritablement intégré, coté à la bourse de Londres depuis 2000, et présent dans 16 pays. Cela signifie que, grosso modo, le process de recrutement de Londres est le même que celui des bureaux asiatiques ou américains.

Robert Walters, toujours en expansion, souhaite encore croître. Sans vouloir jouer les Cassandres, ce développement tous azimuts nous rappelle de mauvais souvenirs. C'était le temps où les cabinets pensaient que les arbres grimpaient jusqu'au ciel. Or, nous savons maintenant qu'il n'en est rien. Il va donc falloir à Morgaut et Ronflard beaucoup de doigté pour conduire et digérer une telle croissance. Espérons qu'ils arriveront à mener leur barque devenue paquebot à bon port.

En pratique

Références

1 300 missions de recrutement par an (estimation)

Tarifs

25-30 % des rémunérations annuelles brutes du candidat. Forfait plancher à 12 000 €. Règlement : 33 % des honoraires sont dus au début de la mission et le solde à la signature de la lettre d'engagement.

Autres implantations

94, quai Charles de Gaulle 69006 Lyon
Tél. : 04 72 44 04 18

À l'étranger : 37 bureaux dans 16 pays

RST CONSEIL

20, rue Drouot
75009 Paris
Tél. : 01 55 35 95 96
Fax : 01 42 60 61 62
rstrecrut@rstconseil.com
www.rstconseil.com

Création	2002 SARL au capital de 20 000 €
Responsables	Rogers Teunkam et Didier Babayou, gérants
Consultants	Didier Babayou Caroline Bouleiteix Vartan Joubagnan Eugénie Otto Aurélien Pellégrino Vincent Quillien Roger Teunkam Hughes de Torquat
Effectif	8 consultants
CA	1,5 M€
	À Compétences Égales

- **Recrutement via assessment center** 80 %
- **Recrutement par approche directe** 20 %

Spécialisation fonctionnelle

Cadres de la fonction commerciale (70 %)

Notre opinion

Autant l'annoncer d'emblée. RST Conseil (Recherche et Sélection de Talents) propose une façon du recrutement dont nous partageons la philosophie. Le cabinet est un adepte de l'assessment center. Il estime - nous aussi - qu'un bon recrutement est une embauche centrée sur les compétences du candidat. Pas ses diplômes obtenus il y a quinze ou vingt ans…

Cette façon de voir est rarissime dans la profession. Tout comme le profil de son dirigeant Rogers Teunkam. Cet ancien trader, 45 ans, d'origine camerounaise, diplômé de l'université d'Angers (maîtrise de sciences économiques), a commencé à la bourse de Paris avant de s'apercevoir que l'argent devait être plus un moyen qu'une finalité. Il a donc décidé de changer de métier et est devenu consultant en recrutement, pour Mix RH, avant de monter en 2002 sa propre boutique (RST Conseil). « Nous militons contre les discriminations dans le recrutement, précise Teunkam. Cela permet aux entreprises de respecter la loi et d'élargir la cible de leurs candidats potentiels ».

Joignant le geste à la parole, RSTC propose à ses clients de monter des assessment centers pour recruter leurs commerciaux. L'idée est simple mais efficace. Les consultants du cabinet établissent un nombre de compétences essentielles pour exercer le métier du futur embauché. Lors d'une journée d'assessment (mise en situation en français), les candidats sont testés. « Le client peut ainsi oublier les diplômes. On lui explique que l'on va recruter un candidat excellent pour les missions qu'il devra effectuer au sein de son entreprise. Et comme nos candidats recrutés explosent leurs objectifs, le client finit par considérer que le diplôme n'est pas tout dans une carrière… ».

RSTC montre ainsi qu'une autre façon de recruter est possible en France. D'autant qu'il a mis en place un suivi des candidats embauchés. « Notre taux d'échec est de 6 %, indique Teunkam. Alors qu'il est de 25 % en moyenne dans la profession de commercial ».

RSTC propose aussi une chasse classique pour 30 % de ses missions. Cela concerne des recherches pour un candidat dont le salaire dépasse les 80 000 €.

Pour le futur, RSTC souhaite développer des départements Afrique-Moyen-Orient voire en Asie, et aussi ouvrir des bureaux en région et un département formation.

En pratique

Références

Liste vérifiable auprès des clients
180 missions par an

Tarifs

Forfait plancher de 18 % du salaire brut du candidat en assessment center et 25 % de ce même salaire en chasse
Règlement : 40 % au début de la mission et 60 % à l'embauche
Possibilité de success fees

RT&A/The Amrop Hever Group
LINDEN

3, avenue du Président Wilson
75116 Paris
Tél. : 01 56 62 21 21
Fax : 01 49 52 09 99
rta@amrophever.com
www.rta.fr

Création 1984
SA au capital de 220 500 €

Réseau The Amrop Hever Group

Responsables Jackie Tod, fondatrice-associée
Gérard de la Dure, associé

Consultants Gérard de la Dure (maîtrise de sciences économiques, DECS)
Peter Dolan (maîtrise de sciences politiques à New York)
Marie-Annick Flambard Guy (maîtrise de sciences humaines cliniques)
Hervé Guez (IEP - Ecofi et maîtrise de droit des affaires)
Dominique Lartigue (maîtrise de droit fiscal)
Sylvain Pène (ESCP, MBA Stanford)
Stéphane Romano (ISCOM, Marketing et Communication)
Jackie Tod (licence en littérature anglaise de l'université de Londres, licence en civilisation française à l'université Paris-Sorbonne), PDG
Jean-Marie Verdier (IEP Rennes, DESS Affaires internationales à l'IAE de Caen)

Effectif 9 consultants

CA 3,1 M€

AESC

- **Recrutement par approche directe** (RT&A) 100 %
- **Recrutement par annonces** (Linden) 100 %

Spécialisation sectorielle

Sciences de la vie, luxe, grande consommation, médias, banque/finance, juridique et fiscal, industrie, IT, assurance et professional services

Notre opinion

RTA, Rossignol Tod & Associés, est devenu RT&A/The Amrop Hever Group depuis le départ à la retraite, maintes fois reporté, de Paul Rossignol, son cofondateur historique.

Mais même orpheline, la structure a su garder le cap et annonce un CA 2007 en progression, avec quatre nouveaux consultants (le dernier a rejoint RT&A en juillet 2008) de 3,1 M€ contre 2,4 M€ en 2006. Ce dynamisme devrait se poursuivre, c'est en tout cas ce que souhaite Jackie Tod, l'autre associé-fondateur. En effet, le cabinet vient de s'associer avec son partenaire espagnol du réseau, Seeliger y Conde, qui détient désormais 51 % du capital.

RT&A concocte une chasse de têtes à la fois très franco-française-artisanale et très internationale. Très française puisque le cabinet pratique le cousu main haut de gamme. Très internationale puisque Tod est britannique et que RT&A fait partie du Amrop-Hever Group. Ce réseau, qui compte 84 bureaux à travers le monde, est à même de mener des missions sur les cinq continents. Ses membres sont cependant tous indépendants, sans lien capitalistique entre eux.

Tod envisage de passer la main dans les années à venir, et ce dans les meilleures conditions possibles. C'est-à-dire en recrutant des petits nouveaux qui prendront progressivement la relève des plus âgés. Le but est aussi de rajeunir les équipes et de transmettre le capital. « Nous pensons à "l'après". Il s'agit de sauvegarder le cabinet, souligne Tod. C'est une chance immense de faire partie du réseau Amrop Hever, qui offre le meilleur des deux mondes : nous sommes comme intégrés puisque nous pouvons compter sur le soutien de nos homologues étrangers, tout en restant parfaitement indépendants ».

Chez RT&A, on travaille dans la bonne humeur et la chaleur

humaine : « nous avons la réputation d'être conviviaux. Je suis toujours sidérée quand les gens s'étonnent de ne pas entendre crier dans les bureaux : chez nous, on rit beaucoup, c'est une autre façon d'évacuer le stress ».

Pour Tod, ce qui différencie son cabinet des autres, c'est surtout la grande place accordée aux chargés de recherche. Ils suivent des formations au sein du Amrop-Hever Group et se rendent chez les clients avec les consultants.

À noter que pour les postes en middle management, le cabinet possède une structure ad hoc, Linden, qui se consacre au recrutement par annonces de clients travaillant avec RT&A en chasse, et qu'il propose depuis fin 2006 des prestations de coaching.

En pratique

Références

Liste vérifiable auprès des clients
100 missions par an

Tarifs

Forfait-plancher de 32 000 €
Règlement en trois mensualités

RUSSELL REYNOLDS Associates

7, place Vendôme
75001 Paris
Tél. : 01 49 26 13 00
Fax : 01 42 60 03 85
dfosset@russellreynolds.com
www.russellreynolds.com

Création	1977 Société américaine
Responsable	Marc Sanglé-Ferrière, directeur général
Consultants	Laurent Amelineau (grande consommation) Carl Azar (industrie) Béatrice Ballini (grande consommation-luxe) Olivier Blin (santé) Isabelle Cami (santé) Sonia de Demandolx (services financiers) Patrice de Fournas (grande consommation) Henry de Montebello (conseils d'administration) Florence Ferraton (grande consommation) Ahmad Hassan (hautes technologies) Paul Jaeger (immobilier et services financiers) Corinne Lagache (industrie) Nicolas Manset (services financiers) Marc Sanglé-Ferrière (conseils d'administration) Nicolas Schwartz (hautes technologies) Olivier Tastet (industrie) Christophe Tellier (industrie-logistique)
Effectif	17 consultants
CA	20 M€ (estimation)
	AESC

➤ **Recrutement par approche directe** 100 %

Profils recherchés

Cadres dirigeants et administrateurs

Spécialisation sectorielle

Finance (20 %), industrie (20 %), grande consommation (20 %) et hautes technologies (20 %)

Notre opinion

Enfin. Un courant d'air frais est venu dépoussiérer, rajeunir et moderniser le cabinet Russell Reynolds Associates (RRA). La structure était la dernière en France a proposé une chasse compassée et secrète. C'est terminé. Nous en sommes ravis. Les clients et candidats devraient l'être aussi.

Il faut dire que la maison parisienne de Russell Reynolds suivait à la lettre les consignes de ses dirigeants mondiaux. Ici, on n'accordait que peu d'interviews. On ne donnait pas le chiffre d'affaires ni le nombre de missions. L'attitude était arrogante et symbolisée par une dirigeante, Brigitte Lemercier, qui trouvait malvenu que l'on puisse écrire sur ses pratiques de façon indépendante et, il est vrai, de façon pas assez révérencieuse à son goût. « Je ne vous aime pas », avait-elle conclut l'un de nos tout premiers entretiens. L'arrivée d'un nouveau dirigeant mondial (Matthew J. Wright, president and chief executive officer) de 46 ans en 2007 et le départ de Lemercier du cabinet parisien ont fait le reste. Russell recommence donc à donner des informations sur lui.

Et elles sont plutôt positives. Nous avions estimé le chiffre d'affaires du bureau parisien à 7,5 M€ en 2003. « Il avoisine les 20 millions d'euros en 2007 » commentent Nicolas Manset et Marc Sanglé-Ferrière. Le premier est le directeur général de la branche parisienne jusque début 2009 puis s'en ira au bureau RRA de Hong-Kong. Le second prendra le relais. « Nous avons aussi beaucoup grandi et nous nous sommes développés sur quatre grands secteurs: finance, industrie, grande consommation, hautes technologies. Précédemment, nous étions cantonnés dans les seules industrie et finance. C'est aujourd'hui une volonté stratégique d'être présent de façon équilibrée sur quatre secteurs. Cela nous permet de mieux connaître le marché du travail des dirigeants ».

L'équipe de RRA a aussi fortement rajeuni depuis 2006. « Notre équipe est majoritairement composée de quadras, indique Sanglé-Ferrière. Nous sommes ainsi en phase avec les hommes et les femmes qui seront les dirigeants de demain ».

Les points forts de RRA sont nombreux. Cette entreprise fait tout d'abord partie des « gros 5 » du secteur. Selon la très informée *Executive Recruiter News* de mars 2008, RRA est classé 5e cabinet mondial avec un CA global de 326,3 M€. Il dispose d'une force de frappe de 350 consultants répartis dans 39 bureaux à travers le monde. Certes, le cabinet ferme le ban de ce club des plus gros chasseurs que sont les Korn Ferry, Heidrick, Spencer Stuart, Egon Zehnder et Russell. Mais le 6e, Ray & Berndtson, est, lui, à 181 M€ de CA.

Le client a donc l'assurance de disposer d'une chasse haut de gamme. Ici, on ne recrute que des dirigeants et autres membres des conseils d'administration. Les salaires des missions proposées sont, en général, supérieurs à 100 000 € brut par an. Bref, on fraye avec du gros poisson. On s'offre aussi les services de ce cabinet pour sa méthode bien « formatée », que l'on va retrouver à l'identique à Paris, New York ou Hongkong, car ce réseau est un véritable groupe intégré (owned).

RRA est aussi une entreprise non cotée en bourse détenue par des partenaires-associés. La firme n'est donc pas soumise aux aléas de la bourse ni aux pressions d'actionnaires extérieurs. Quand ils sont aux commandes, ces derniers peuvent pousser les consultants à faire du chiffre, au détriment de la qualité. Ce n'est pas le cas chez RRA. D'autant plus que la firme a mis au point un système particulièrement astucieux pour définir les rémunérations et promotions des consultants. « Nous avons mis en place un système qui promeut la collégialité et le partage ». Chaque année, un comité exécutif, renouvelé par tiers tous les ans, se réunit et définit émoluments et avancements. « Les carrières des consultants sont gérées par ce comité, précise Sanglé-Ferrière. Et ces dernières ne se développent que si le consultant réalise un travail en équipe et de qualité. Ce sont les deux principaux critères ». Cette façon de faire incite donc les consultants à travailler en équipe car, contrairement à de nombreux concurrents, ce ne sont pas le nombre de missions ramenées qui influe directement sur leur salaire. Le client francilien cherchant un dirigeant en hautes technologies pour l'Asie aura donc toutes les chances de travailler avec les meilleurs consultants du secteur et de la région choisie. RRA dispose aussi d'une base de données mondiales de candidats potentiels.

Les deux services offerts par RRA à ses clients sont la chasse de tête de dirigeants (75 % de l'activité) et leurs évaluations (25 %). Chaque consultant s'appuie sur un chargé de recherche (il en existe un pour deux consultants au bureau de Paris), mais réalise lui-même la chasse de A jusqu'à Z.

« Nous ne sommes pas le plus gros cabinet du monde. Mais nous voulons être celui qui soit le plus influent et le plus qualitatif », conclut Sanglé-Ferrière.

En pratique

Références

Liste vérifiable auprès des clients
350 missions de recrutement par an (estimation)

Tarifs

Honoraire plancher de 45 000 € (chiffre 2001). Les dirigeants n'ont pas voulu commenter cet ancien montant. Ils ont quand même précisé que leur plancher était beaucoup plus élevé…
Règlement : en trois mensualités + solde éventuel

Autres implantations

39 bureaux : Allemagne, Argentine, Australie, Belgique, Brésil, Canada, Chine, Danemark, Espagne, États-Unis, Hong Kong, Italie, Japon, Mexique, Pays-Bas, Pologne, Royaume-Uni, Singapour…

SCALÈNES ERNOULT SEARCH

18, rue la Condamine
75017 Paris
Tél. : 01 53 42 56 00
Fax : 01 42 94 03 34
riquiqui@scalenes.com
www.scalenes.com

Création	1980 SAS au capital de 37 640 €
Responsable	Jacqueline Riquier
Consultants	Jacqueline Riquier Caroline Allain Isabelle Le Goff Carole Odjalvo Aurélie Ortiger Emmanuel Langeron Catherine Leméteil Michel Hick
Effectif	8 consultants et 4 assistants de recherche
CA	1,3 M€ en recrutement 0,6 M€ en conseil
	Syndicat du Conseil en Recrutement/Syntec

- **Recrutement par approche directe** 80 %
- **Recrutement par annonces** 20 %

Profils recherchés

Jeunes diplômés à cadres supérieurs

Notre opinion

Ça bouge chez Scalènes (les trois muscles humains du cou participant à la respiration) ! Le cabinet de Jacqueline Riquier a rejoint le groupe Nuage Blanc, dont les deux activités principales sont la communication et le conseil RH. Au sein de ce groupe se trouvait le cabinet Ernoult Search : son dirigeant, Victor Ernoult, partant à la retraite, les deux cabinets ont naturellement fusionné en février 2008.

Riquier, qui a débuté dans la fonction de recruteur à la fin des années soixante dans les secteurs de la banque et de la santé, se retrouve donc à la tête de d'une équipe de huit consultants (ils étaient cinq auparavant). Et ce n'est pas fini : deux autres recrutements sont en cours. Son ambition ? Atteindre une dizaine de consultants : « On a le potentiel clients pour cela ». Il faut dire qu'Ernoult Search, très ciblé sur les grands comptes de l'industrie, complète idéalement les secteurs d'activité de Scalènes, qui sont la banque, la santé…

Le recrutement s'effectue à des niveaux « extrêmement différents » : jeune diplômé, cadre supérieur (pour un salaire à partir de 80 000 € bruts par an), mais aussi recrutements de masse.

Chez Scalènes, c'est la patronne qui fait le commercial : « Nos consultants sont des spécialistes des ressources humaines, pas des commerciaux ».

Le fait d'être dans le giron de Nuage Blanc est perçu comme atout pour le développement du conseil : « On est en mesure d'offrir une offre globale car nous bénéficions de la synergie des autres activités du groupe : conseil en RH, communication d'entreprise, formation, assessment, coaching… ».

En pratique

Références

Liste vérifiable auprès des clients
180 missions par an

Tarifs

De 20 à 30 % du salaire annule brut du candidat.
9 000 € pour le recrutement d'un cadre.
Règlement : 40 % des honoraires sont dus au début de la mission, 30 % à la présentation du candidat et 30 % à l'intégration.

SEARCH PARTNERS International

24, rue Clément Marot
75008 Paris
Tél. : 01 47 23 74 81
Fax : 01 47 23 05 86
spi@searchpartnersint.com

Création	1993 SA au capital de 250 000 €
Responsable	Thierry Rohmer, managing partner
Consultants	Guido Foratti (MBA), associé fondateur Thierry Rohmer (Essec), associé fondateur Roberto Valagussa (MBA), associé fondateur Catherine Grand-Dewyse (maîtrise de lettres), partner Claude Gilabert (ESCP), partner
Effectif	5 consultants
CA	3,5 M€

➤ **Recrutement par approche directe** 100 %

Spécialisation sectorielle

Luxe et distribution (35 % des missions), produits de grande consommation (15 %), services (25 %), high-tech (15 %) et industrie (10 %)

Profils recherchés

Cadres supérieurs et dirigeants

Notre opinion

Composé de cinq associés, Search Partners International se maintient dans un positionnement haut de gamme. Le travail est ici très soigné et les missions réalisées de A à Z par des consultants seniors. « Nous souhaitons faire de l'artisanat haut de gamme et nous occuper des missions de nos clients personnellement », commente Thierry Rohmer, le patron du bureau français. Toute chasse est donc effectuée par les consultants en charge de la mission, sans être sous-traitée à un autre bureau. Ce qui permet de bien suivre le dossier et d'éviter toute déperdition d'informations.

Point faible, la structure n'a pas les moyens des grands noms de la chasse mondiale, ni la notoriété. Elle ne pourra grandir si elle maintient cette organisation. Et comme personne au sein de l'entreprise ne semble souhaiter changer de stratégie, SPI est un cabinet qui a peut-être atteint ses limites. D'ailleurs le CA ne fait globalement que se maintenir, même si c'est à un très bon niveau. Il est passé de 3,1 M€ en 2004 à 3,4 M€ en 2005, puis à 3,5 M€ en 2007. L'équipe a été rejointe début 2007 par Claude Gilabert, ancien dirigeant dans le secteur bancaire puis chez PPR, qui remplace Reynald Huck. L'effectif reste donc également stable (cinq consultants).

Singularité : SPI n'a toujours pas de site Internet. « Nous ne considérons pas le Net comme un outil de promotion nécessaire et ne souhaitons surtout pas en faire un lieu de candidatures spontanées. Internet ne nous servirait à rien, compte tenu de notre positionnement », explique Rohmer.

La structure réalise environ 85 missions par an pour des sociétés de taille moyenne et des groupes de grande envergure. Comme tout chasseur haut de gamme digne de ce nom, elle recherche surtout des candidats aux salaires annuels supérieurs à 100 000 €. « Nous avons une augmentation des postes importants : plus de 60 % des missions concernent des postes supérieurs à 150 000 € brut par an », précise Rohmer. SPI a connu aussi en 2007 « une très forte croissance des secteurs des services (BTP en particulier), de l'environnement et de l'entertainment ».

Search Partners International (la structure est française malgré son nom) peut se targuer d'une réelle dimension internationale. Environ deux tiers des missions sont effectuées en dehors du pays du client (pour une entreprise française cherchant un cadre pour un poste à l'étranger, ou pour une entreprise étrangère cherchant un cadre en France). SPI dispose d'une filiale à Milan, ainsi que de chargés de recherche travaillant de manière exclusive pour le cabinet à New York. Il bénéficie aussi de contacts en Grande-Bretagne, en Allemagne et en Espagne. En revanche, Rohmer n'envisage pas d'implantation en Asie, car « ce sont d'autres moyens, d'autres investissements ». Bref, pour lui, cela ne colle pas avec son positionnement de « boutique haut de gamme ». Pourtant, le cabinet s'intéresse à la Grande-Bretagne, et envisage de s'adjoindre un associé anglais. « Mais un bureau serait une conséquence et non une fin en soi ».

Enfin, SPI prévoit de développer à nouveau un secteur dont il est absent: la banque/assurance. À cause de la crise américaine « qui n'est pas terminée », Rohmer s'attend à des années 2009-2011 « malheureusement pas bonnes ». Cependant, les difficultés devraient être plus amorties qu'en 2001 car « les entreprises se sont mises dans des situations où elles ont mieux préservé leurs résultats. Et la crise présente quand même des éléments de croissance ». Que le ciel l'entende...

En pratique

Références

Liste vérifiable auprès des clients
85 missions par an

Tarifs

Un tiers de la rémunération annuelle
Règlement en trois tiers

Autres implantations

Milan, New York

SINGER & HAMILTON

40, rue La Pérouse
75116 Paris
Tél. : 01 53 64 77 77
Fax : 01 53 64 77 70
sh@singerhamilton.com
www.singerhamilton.com

Création	1989 SA au capital de 600 000 €
Responsable	Éric Singer, PDG
Consultants	Emmanuel Cazier : immobilier Patricia de Finance : fonction support Delphine Dubreuil : recherche Jérôme Hacquard : corporate finance et private equity Laurence Hagelsteen : marchés capitaux, asset management Chloë Morel : banque privée Éric Singer : banque d'investissement Walid Sinno : Dubaï, énergie et matières premières Nadia Tortel : Londres, marchés capitaux, asset management Lawrence Trefi : assurance Nathanaël Trouiller : immobilier Deniz Omer : corporate et investment banking
Effectif	9 consultants à Paris, 3 à Dubaï et 1 à Londres
CA	5,8 M€ en France, 1 M€ à Londres et 1 M€ à Dubaï

➤ **Recrutement par approche directe** 100 %

Spécialisation sectorielle

Banques, finance, assurance, immobilier

Profils recherchés

Cadres supérieurs et dirigeants, experts et spécialistes

Notre opinion

Depuis qu'Éric Singer, le dirigeant de Singer & Hamilton, est revenu à son métier de base (le recrutement dans les secteurs banque et finance, auxquels il a ajouté l'assurance et l'immobilier), l'activité du cabinet est repartie. Son CA est en progression de 2,3 M€ sur le territoire français en deux ans. Il attribue son succès à son hyperspécialisation - le cabinet est organisé par lignes de métier avec des consultants très spécialisés et pointus - et à sa très grande transparence dans le process. Le cabinet fournit en effet à chaque étape de la mission des documents formatés: définition de la fonction, suivi de la mission, analyse du marché, etc.

Dans la finance, Singer & Hamilton est l'un des tout meilleurs cabinets français. C'est pourquoi les clients acceptent de payer des honoraires élevés. « Nous sommes dans un monde de pénurie de talents: les personnes qui ont du charme, de l'intuition, de la vision, de la technicité sont extrêmement rares. Or nous sommes chargés de les trouver. Nous ne sommes même pas suffisamment chers compte tenu de la valeur ajoutée que nous apportons », estime sans complexe Singer.

S & H fournit les banques françaises en candidats pour la place de Paris et pour leurs postes à l'étranger. Il a un bureau à Londres (City oblige), et vient d'en ouvrir un à Dubaï. « Il aurait été idiot compte tenu de ce qui se passe dans ces lieux de croissance de ne pas y être. Et l'avenir des candidats passe par les marchés émergents en période de crise », souligne Singer.

Le travail des chargés de recherches est ici bien plus respecté qu'ailleurs. Leur rôle consiste à maintenir le contact avec les candidats, à étoffer la banque de données, et également à épauler les consultants, à qui ils servent de binômes sur chaque mission. « Nous les formons et ils sont rémunérés à 20 à 30 % de mieux que le marché parisien », indique Singer.

Bref, chez S & H, la qualité est le maître mot. Gageons que les valeurs véhiculées par la société (jeunesse, humour et transparence, dans un milieu où « il y a beaucoup de bluff ») alliée à la qualité de ses recrutements lui vaudront prochainement d'autres développements… Singer envisage d'ailleurs d'ouvrir un nouveau bureau à Singapour.

En pratique

Références

Liste vérifiable auprès des clients
200 missions par an en France, 30 en Grande-Bretagne et 20 à Dubaï

Tarifs

30 % des rémunérations annuelles brutes des candidats avec un plancher à 35 000 €

Autres implantations

Londres, Dubaï

SIRCA

20, avenue de l'Opéra
75001 Paris
Tél. : 01 44 55 33 55
Fax : 01 42 61 23 14
search@sirca.fr
www.sirca.fr

Création 1977
SAS au capital de 200718 €

Réseau IMD International Search & Consulting

Consultants
François Barbé (DESS finance à Dauphine, ISG)
Pascal Bohu (ESC Rouen, maîtrise de droit)
Philippe Duveau (ESC Rouen)
Albert Hiribarrondo (Centrale Paris, IEP Paris)
Thibaut Legrand (avocat)
Xavière Phisel (Edhec)
Marc de Souza (ISG et licence de droit)
Philippe Vuitteney (licence d'histoire)

Effectif 8 consultants, dont 7 consultants associés

CA 4,6 M€

Syndicat du Conseil en Recrutement/Syntec, AESC

- **Recrutement par approche directe** 90 %
- **Recrutement par annonces** 10 %

Spécialisation sectorielle

Banque-marchés financiers-assurance (33 % des missions), industrie (25 %), grande consommation, distribution et services (25 %)

Profils recherchés

Dirigeants et cadres supérieurs, experts

Notre opinion

Dommage qu'il soit si peu connu. Car Sirca est, à notre avis, l'un des tout meilleurs cabinets de chasse de tête en France. À la manière d'Egon Zehnder, cette société dit ce qu'elle fait et fait ce qu'elle dit. C'est suffisamment rare dans cette profession pour être relevé. Ici, les consultants, tous actionnaires avec progressivement la même part du capital, réalisent les chasses de têtes dans les règles du meilleur art.

Toute nouvelle mission est confiée au spécialiste le plus compétent et non, comme dans trop de cabinets, à celui qui a décroché le prospect… « Nous ne surfons pas sur les vagues du recrutement, précise Philippe Vuitteney, l'un des associés. Nous sommes des multispécialistes. Avant de devenir expert d'un secteur, nous l'étudions. Cela peut prendre trois à cinq ans et nous recherchons alors un des spécialistes de la branche. Il faut ensuite, pour l'embaucher, qu'il plaise à l'ensemble de l'équipe. Toutes nos décisions sont collégiales ». L'équipe est substantielle : 6 chargés de recherche et 2 personnes dédiées à l'identification de candidats, pour 8 consultants, dont une nouvelle recrue, Thibaut Legrand, 30 ans, avocat, depuis début 2008. Le cabinet envisage également de recruter un nouvel associé à la fin de l'année.

Sirca travaille aussi dans la durée avec ses clients. « 65 % d'entre eux le sont depuis plus de dix ans », indique Xavière Phisel, une autre associée chargée des relations avec la presse. Le cabinet les conseille. Et les consultants se mobilisent collectivement pour régler leurs problèmes, car leurs intérêts sont liés. Ils deviennent progressivement copropriétaires de Sirca avec l'ancienneté et reçoivent tous la même rémunération à la fin de l'année. Cette façon de faire (unique à notre connaissance) est un gage de qualité pour le client, qui est sûr de disposer d'une équipe soudée à son service. « Notre organisation nous permet aussi de dire aux clients que nous sommes tout comme eux des opérationnels, que nous gérons nous-mêmes notre propre société et que nous connaissons donc leurs problématiques », souligne Phisel.

Le cabinet résiste également mieux aux crises que ses concurrents. Car, comme le raconte Vuitteney, « la structure refuse de se développer de façon hallucinante dès que la situation économique est porteuse comme en 2000, mais elle résiste beaucoup mieux quand la crise arrive ». Aujourd'hui, le chiffre d'affaires de 2006-2007 est de 4,6 M€. Il était de 4,4 M€ en 2005-2006 et de 4,2 M€ en 2004-2005. Et de 4 M€ en 2000-2001, en pleine euphorie du marché.

Comme tout bon chasseur, Sirca se concentre sur son affaire: la chasse, qui représente 90 à 95 % de ses revenus. Il refuse de développer des départements dédiés à un secteur quand ce dernier est en pleine euphorie et de les fermer la crise arrivée. « Notre but est de devenir des spécialistes des secteurs que l'on traite. Il faut du temps », souligne Vuitteney. Cela empêche donc Sirca de s'autoproclamer spécialiste de la banque quand la finance va bien et des SSII quand, comme aujourd'hui, l'informatique recrute à tour de bras. Trop de cabinets s'adonnent à ce travers qui décrédibilise la profession auprès des entreprises et des candidats...

Sirca, cabinet « généraliste moyen-haut de gamme », travaille pour des recrutements aux salaires annuels oscillant entre 60 000 et 250 000 €. Surtout depuis 2008, la structure se détache « de plus en plus des postes de middle management pour des postes à très forts enjeux ».

Quoique multispécialiste, le cabinet a traditionnellement des secteurs de prédilection: la banque-assurance-marché financier et les industries/transport/BTP, auxquels sont venus s'ajouter la grande consommation, la distribution et les services.

Malgré tout son professionnalisme, Sirca reste un glorieux inconnu. C'est son seul point faible. Et ce doit être rageant pour ces professionnels aux pratiques irréprochables d'être moins célèbres que les Heidrick, Korn et autres Russell, alors qu'ils devraient être comparés, professionnellement, avec les plus grands. Mais le process de Sirca implique aussi ce développement lent confinant parfois à l'immobilisme. Reste alors aux clients de récompenser le cabinet en l'utilisant plus souvent. C'est notre vœu le plus cher.

Le réseau de Sirca pourra peut-être développer sa notoriété. Le cabinet parisien est membre du réseau international IMD. Ce dernier n'est pas non plus glamour et ne fait pas les grands titres des journaux économiques. Cependant, il progresse. Il est classé 14e réseau mondial en 2007. Il était 17e en 2003.

En pratique

Références

Liste vérifiable auprès des clients
240 missions par an

Tarifs

Forfait représentant 30 à 35 % de la rémunération en approche directe
Règlement : 40 % du forfait au début de la mission, 40 % à la présentation des candidats et 20 % à l'engagement et au plus tard un mois après la présentation.

SMBG

18-20, avenue Gabriel Péri
93100 Montreuil
Tél. : 01 48 57 97 44
Fax : 01 48 58 36 41
info@smbg.fr
www.smbg.fr
getinfo@eduniversal.com
www.eduniversal.com

Création	1994 SARL au capital de 562 528 €
Responsable	Martial Guiette, PDG
Consultants	Cécile Escape, directrice associée Monica Meza de Leon Agnès Musoz
Effectif	3 consultants
CA	NC

- **Recrutement par approche directe** 70 %
- **Recrutement par annonces** 30 %

Profils recherchés

Jeunes diplômés et jeunes cadres à haut potentiel

Notre opinion

Le conseil en orientation pour les étudiants de niveau Bac +5, voilà l'une des activités principales du cabinet SMBG. Moyennant 189 € de frais d'adhésion, la société assure ce service auprès de 1 500 jeunes à l'année. Elle élabore aussi des stratégies de formation et d'aide à l'intégration d'une école de prestige : MBA, école de commerce, et d'ingénieurs en majorité mais aussi (plus rarement) école d'art ou de journalisme. Si l'étudiant intègre une telle formation, il paie de 590 à 1 790 €. Le taux de réussite annoncé est de plus de 91 %.

Dans cette lignée, mais avec une optique internationale, SMBG a lancé en octobre 2007 le site www.eduniversal.com. Il propose une sélection des 1 000 meilleurs Business School mondiales et a pour vocation de favoriser la mobilité étudiante.

Autre activité phare du cabinet de Martial Guiette : l'édition de « guides » très promotionnels et (donc) gratuits. L'année est ainsi rythmée par la parution de trois guides, dont la rédaction mobilise une dizaine de personnes : Le Guide de la vie étudiante en septembre (dont l'édition est régionalisée), le Guide des meilleurs masters en mars et le Guide de la formation continue diplômante en juin.

Tournure récente, SMBG s'est aussi lancé l'événementiel avec « des interfaces animées de ces guides » : la seconde édition du salon des meilleurs masters aura ainsi lieu en mars 2009, tandis qu'un salon des vocations verra le jour en juin 2009.

On l'aura compris : l'activité recrutement, lancée en 2001, n'est pas vraiment la priorité de SMBG. Ce pôle a, d'ailleurs, « perdu » un consultant. Quant au site internet dédié, www.smbgrecrutment.com, il n'est plus présenté comme une vitrine. Autre signe révélateur : il est difficile de savoir avec combien d'entreprises clientes fonctionne le cabinet. 40 à 50 missions sont cependant menées à bien chaque année, SMBG ne se faisant payer qu'au succès. En fait, le cabinet se nourrit principalement du vivier fourni par les jeunes diplômés en formation : « Nous suivons leur parcours au fil des années », explique Pierrick Pichot, le communicant du groupe. Dès lors, la procédure de recrutement n'est pas tout à fait celle qu'on entend dans les cabinets « classiques ». Elle semble plus s'apparenter à une mise en relation entre entreprise et candidat. Ainsi, la présentation des candidats a-t-elle lieu dans la société, sans la présence des consultants ! Le délai de reprise de mission est de trois mois et SMBG ne s'engage pas par écrit sur un délai de présentation des candidats.

En pratique

Références : 35 à 40 missions par an

Tarifs

25 % du salaire brut annuel (plancher de 8 000 €, moyenne de 10 000 €)
Règlement : 50 % à l'embauche, 50 % à la fin de la période d'essai de trois mois

SOLIC

6, allée Gustave Eiffel
92130 Issy-les-Moulineaux
Tél. : 01 55 95 06 06
Fax : 01 55 95 06 07
ndoucerain@solic.fr
www.solic.fr

Création	1988 SAS au capital de 67 000 €
Responsables	Nicolas Doucerain, président Thierry Bonnet de la Borderie, directeur de la région grand est Michelle Laidet, directeur responsable de la région grand ouest Bertrand Milas, directeur du développement international
Consultants	noms NC
Effectif	50 consultants
CA	6,3 M€ en recrutement 3,35 M€ en conseils en RH
	Syndicat du Conseil en Recrutement/Syntec

- **Recrutement par approche directe**
- **Recrutement par annonces**

Spécialisations fonctionnelle

Systèmes d'information (30 %), gestion-finance-comptabilité (20 %), fiscal et juridique, marketing-vente (25 %), industrie.

Profils recherchés

Chefs de projets, analystes réalisateurs, responsables sécurité, directeurs des systèmes d'information, comptables, contrôleurs de gestion, gestionnaires de patrimoine, directeurs administratifs et financiers, juristes, avocats d'affaires…

Notre opinion

Encore des changements chez Solic! Et visiblement cela paye: le cabinet racheté en nom propre fin 2003 par Nicolas Doucerain annonce une croissance en hausse de 68 % (!) entre 2007 et 2008. De 2,4 M€ en 2004, le CA de la structure est passée à 3,6 M€ en 2005 et... 9,65 M€ en 2007!

Le cabinet s'est d'ailleurs vu décerné en 2006 par Bercy le titre de « Gazelle » qui récompense les 2000 entreprises plus performantes de France (en termes de croissance et d'augmentation de la masse salariale).

Que s'est-il passé depuis deux ans? Solic a étoffé sa couverture nationale: dans la région est à Besançon, et aussi dans le grand ouest, à Quimper et Vannes. « Sur le plan national, on s'est développé par acquisition de cabinets », explique Doucerain. L'international n'est pas en reste: des bureaux ont été ouverts à Alger en juin 2007 « pour attaquer le Moyen-Orient et l'Afrique ». Et puis il y a Genève, depuis janvier 2008, car « c'est en Suisse que l'on trouve les grands acteurs de l'horlogerie et de la banque ». D'ici deux ans, Solic compte encore renforcer son maillage national (dans l'est et le sud de la France) et international (Belgique, Luxembourg et certains pays du Maghreb). De par ces développements, il a bien fallu renforcer l'équipe de consultants: ils sont désormais 50 (contre 22, il y a encore deux ans!). Si l'on ajoute l'équipe commerciale, les assistantes, la direction financière etc., la société compte 92 salariés.

Inévitablement, toutes les activités ont fortement progressé et notamment la partie conseil en ressources humaines (évaluation de potentiel, bilan de compétences, formation), qui représente aujourd'hui 45 % du chiffre d'affaires global. Un choix stratégique: « Nous voulons continuer à faire monter en puissance cette partie conseil en ressources humaines jusqu'à atteindre un équilibre 50-50. On n'est pas focalisé sur le recrutement, notre objectif est d'apporter une offre globale », explique le jeune PDG. C'est notamment grâce à la formule « Formation coaching » lancée en 2004 que cette branche a prospéré. « Ce produit mêle à la fois la formation et le coaching en management de projet. Nous avons réalisé 56 formations l'année dernière et ce succès nous permet aujourd'hui de proposer des tarifs très compétitifs, puisque la formule est aujourd'hui à 7 500 euros ».

Sectoriellement parlant, le champ de compétence de Solic, traditionnellement dédié à l'informatique (qui représente toujours 30 % du CA du pôle recrutement), a été étendu à d'autres domaines : gestion-finance-comptabilité (20 %) et fiscal-juridique (10 %). Le département marketing-vente (25 %) fonctionne très fort avec une offre staff'in (qui consiste en une industrialisation du processus de recrutement pour les entreprises qui doivent procéder à plusieurs dizaines de recrutements pour un site). Un pôle industrie a aussi été développé (15 %).

Un temps envisagé, l'introduction en bourse n'est désormais plus d'actualité. Par contre, un fonds d'investissement français (Audacia) est entré au capital, en juin 2008.

Côté recrutement, Solic offre toujours une prestation complète selon une gamme de forfaits fixes qui incluent la mise en œuvre de tous les moyens disponibles pour mener à bien les missions qui lui sont confiées (annonces dans la presse et sur Internet, approche directe, salons professionnels...). C'est une agence spécialisée dans le sourcing, créée au sein de Solic, qui s'en charge. « Job Sourcing Agency est composée d'une dizaine de personnes. Elle source l'intégralité des campagnes de recrutement confiées au groupe. Quatre personnes se consacrent à la chasse pure, cinq s'occupent des CVthèques et jobboards, et deux ont en charge les annonces presse. L'équipe, basée à Nantes, présélectionne et préqualifie les candidats avant qu'ils ne passent tests et entretiens ». Le but avoué est de préparer la structure à faire face aux départs en retraite massifs...

La chasse y est toujours effectuée en binôme constitué d'un psychologue RH et d'un consultant « métier » chargés de valider l'adéquation entre la personnalité du candidat pressenti et la culture de l'entreprise qui recrute. C'est selon son PDG cette double évaluation qui fait le succès et la spécificité de Solic.

Début 2009, un nouveau portail groupe sera lancé sur internet avec outils de gestion en ligne, « un gros projet », assure Doucerain.

En pratique

Références

550 missions par an

Tarifs

Tarifs « packagés » en fonction du niveau et du nombre de postes à pourvoir : de 7 000 à 60 000 €. Ils comprennent : une annonce presse, plusieurs annonces Internet, la chasse, différents salons de recrutement, et les honoraires du cabinet. Tous les frais y sont inclus.
Règlement : 40 % à la signature du contrat, 30 % à la validation du premier candidat, 30 % à l'embauche

Autres implantations

Place François Mitterrand 1, Tour Crédit Lyonnais 59777 Euralille
Tél. 03 20 12 52 11 - Fax. 03 20 12 52 25

15, rue Charles Monselet 44000 Nantes
Tél. : 02 40 20 66 90 - Fax : 02 40 20 66 95

23, rue de la Vaite 25000 Besançon
Tél. : 03 81 47 73 90

Centre d'Affaires Delta
4, bd de Créac'h Gwen 29000 Quimper
Tél. : 02 98 53 07 08 - Fax : 02 98 53 07 68

Algérie, Suisse

SPENCER STUART

83, avenue Marceau
75116 Paris
Tél. : 01 53 57 81 23
Fax : 01 53 57 81 00
resumes@spencerstuart.com
www.spencerstuart.com

Création 1956 à Chicago, 1964 en France
SAS au capital de 40 000 €

Responsable Émeric Lepoutre, directeur général

Consultants
Peter Bogin : industrie et énergie
Marine de Boucaud : IT et santé
Jean-Pierre Catu : industrie
Michel Darnaud : santé
Yannick Hecaen : IT et santé
Émeric Lepoutre : board et legal
Anne Sophie Pillard : consumer
Henri de Pitray : board et industrie
Vincent Poggi : consumer
Dominique Potiton : finance
Bertrand Richard : finance
Hélène Vareille : industrie

Effectif 12 consultants

CA 16,5 M€

AESC

➤ **Recrutement par approche directe** 100 %

Profils recherchés

Cadres supérieurs et dirigeants

Notre opinion

Émeric Lepoutre, l'ancien patron d'Heidrick & Struggles, est en passe de réussir son pari. En arrivant il y a deux ans chez Spencer Stuart (on avait commenté cela comme le transfert de l'année), il a réussi à insuffler un nouvel air dans ce vieux cabinet. « Il a fallu changer les mentalités », commente-t-il. Pour cela, il a tout d'abord recruté de nouveaux consultants. En deux ans, plus de la moitié des effectifs (7 sur 12) a été remplacée. Ensuite, il a modifié la façon de travailler. Aujourd'hui, consultants, associés de recherche et assistants travaillent ensemble, en trinôme. Cette façon de faire est, selon nous, un gage de qualité. Il permet d'éviter de nombreuses dérives comme l'accaparement de mission par le consultant ou le manque de communication entre des équipes. Car il existe encore beaucoup de cabinets de chasse de tête qui maltraitent les assistants et autres associés de recherche, au détriment de la qualité de la chasse.

Lepoutre a donc renouvelé le bureau parisien de Spencer, mais de façon intelligente, sans faire table rase du passé, en mélangeant anciens et modernes. La chose n'était guère aisée, mais un marché du recrutement euphorique et deux doigts de diplomatie ont semble-t-il facilité les choses. Aujourd'hui, le chiffre d'affaires 2007 est excellent (16,5 M€) et celui prévu pour 2008 encore meilleur: 17,5 M€.

Ces équipes de trois personnes (consultant, associé, assistant) se répartissent en sept « practices »: grande consommation, sciences de la vie, hautes technologies, industrie, board, finance et juridique. L'équipe arrive chez le client avec consultant et associé de recherche. Le brief est pris à deux et le travail est fait à trois avec les assistants. Cela permet aussi de croiser les compétences, par exemple en associant la practice juridique et celle de l'industrie pour trouver un responsable juridique. « Cela nous a permis de développer nos affaires et d'améliorer l'ambiance et la communication entre les équipes ».

Ce discours détonne dans le monde compassé de la très haute chasse de tête. Il y a là certainement aussi un changement générationnel. Car il est temps de rajeunir les cabinets d'approche directe. Spencer est le premier à le faire. Il devrait en retirer des bénéfices substantiels. Il faut aussi une chasse moderne, ouverte, transparente, loin des officines cultivant le secret des CA, des missions, des consultants.

Côté business, Spencer est une marque éminemment prestigieuse (tout comme Egon Zehnder). Fondé en 1956 à Chicago par Spencer R. Stuart, il est en 2007 le 3e cabinet mondial, avec un CA de 377 M€. Il appartient à ses consultants, qui sont donc maîtres chez eux (Lepoutre était ulcéré par la prise de pouvoir des actionnaires dans son ancien cabinet). Il trouve ici une structure à sa mesure où le respect du client et du candidat ne sera pas entravé par la pression financière exercée par les actionnaires. La firme est un véritable groupe intégré : chaque bureau appartient à la même société mondiale, qui est dans les mains des consultants et non pas côtée en bourse.

C'est ensuite un cabinet « international ». Près de 25 % des missions arrivent par le réseau, qui compte 52 bureaux dans plus de 20 pays.

Spencer Stuart recrute de hauts potentiels, dont les salaires atteignent généralement 150 000 €. À ce niveau de profil, le cabinet n'a pas d'exclusives sectorielles. Il est aussi à l'aise dans les métiers de la santé que dans ceux de l'industrie, dans les biens de grande consommation que dans la finance... Chez Stuart, tout comme chez ses grands confrères chasseurs, la position hiérarchique dans l'entreprise compte plus que le secteur d'activité.

La société présente d'autres particularités intéressantes.

Tout d'abord, elle suit une démarche qui donne une grande place à la recherche d'informations extérieures sur le candidat. On privilégie ici les opinions venant de tiers et d'experts du secteur considéré.

Ensuite, la rémunération des consultants, qui sont tous actionnaires de l'entreprise, repose en partie sur la qualité de leur travail. Ici, un consultant indépendant extérieur fait un bilan qualité de chaque mission en interviewant le client. Sont pris en compte : la qualité de la communication du consultant vers son client, sa rapidité, sa capacité à se mobiliser quand il y a un problème, la qualité du candidat présenté, etc. Une pratique rarissime dans la profession.

En pratique

Références

Liste vérifiable auprès des clients
300 missions de recrutement par an (estimation)

Tarifs

Forfait plancher de 50 000 €.
Règlement en trois mensualités

Autres implantations

52 bureaux dans plus de 20 pays

STAFF CONSULTANTS /IMSA

27, rue Marbeuf
75008 Paris
Tél. : 01 40 70 09 01
Fax : 01 40 70 09 03

23, boulevard de l'Orangerie
67000 Strasbourg
Tél. : 03 88 24 90 00
Fax : 03 88 25 53 60
info@staff-imsa.com
www.staff-imsa.com

Création	1979 SA au capital de 264 000 €
Réseau	IMSA
Responsables	Philippe Lévy, PDG Pierre-Yves Stintzy, DG
Consultants	Philippe Lévy (juriste) Karine Lhotellier (IEP, DESS Ressources Humaines) Guy Richard (HEC) Pierre-Yves Stintzy (ingénieur École Centrale de Paris)
Effectif	4 consultants et 4 chargés de recherche
CA	NC
	Syndicat du Conseil en Recrutement/Syntec

➤ **Recrutement par approche directe** 90 %

➤ **Recrutement par annonces** 10 %

Profils recherchés

Dirigeants et cadres moyens

Notre opinion

Strasbourg, 1979 : Philippe Lévy, alors âgé de 27 ans, crée Staff Consultants. Trente ans plus tard, l'ancien néophyte se plaît à dire que c'est toujours avec le même plaisir et la même jeunesse qu'il dirige son cabinet devenu, entre-temps, une très belle machine qui a su surmonter les crises.

Pour le cabinet généraliste, qui a effectué en juillet 2007 son meilleur mois historique, le passage à vide de 2003-2004 semble oublié. La partie « conseil-évaluation », qui lui avait alors sauvé la mise, n'en est pas négligée pour autant: elle représente toujours une part significative du CA. Le forfait plancher continue d'augmenter de façon spectaculaire (après être passé de 13500 à 19000 €, il est désormais de 25000 €!): « Nos clients sont de grands groupes du CAC 40, mais aussi des entreprises à capitaux familiaux, qui peuvent employer jusqu'à 16000 personnes, explique Lévy. Nous ne pouvons pas brader nos services: face aux grands réseaux intégrés et aux cabinets qui font du mass market, notre objectif est d'apporter une prestation qui soit la plus proche possible du sur-mesure, à un prix forcément en rapport avec la qualité fournie ».

Côté suivi, les clients sont bien lotis avec un contrôle prestation tous les six mois et un contrôle qualité à un ou trois ans d'écart. Du début à la fin, la transparence est de mise, c'est vrai en terme de délais notamment. Un credo qui est en vigueur au sein de l'équipe de consultants. « La transparence est la même au niveau des candidatures reçues: il n'existe pas de concurrence entre nous et les sources sont mises en commun ».

Pour Lévy, le bon chasseur de tête est avant tout un conseiller dont le devoir est d'avertir le client s'il se fourvoie en embauchant tel ou tel candidat, au risque, s'il le faut, de s'attirer les foudres d'un ego susceptible. Ici les consultants, dont le salaire est fixe à 90 %, ne se voient pas fixer d'objectif. Il faut dire que Philippe Lévy en est convaincu: « Le mieux n'est pas forcément le plus ».

En ces temps de « situation psycho-économique difficile », le cabinet se présente, vis-à-vis des candidats, comme un accompagnateur attentionné : « Pour nous, la rencontre est essentielle. C'est pourquoi nous investissons beaucoup de temps dans nos recrutements. Nous ne sommes pas condamnés à la productivité. Nous préférons privilégier un véritable travail de fond, tant sur le plan humain que professionnel. Nous accordons beaucoup d'importance au savoir être et d'ailleurs, même si nous continuons à en produire, nos clients ne nous demandent plus de rapports... », se réjouit Lévy, épicurien avant tout.

Et puisqu'il ne s'agit pas de fabriquer des candidats mais de les chercher, le cabinet est très à l'affût des nouvelles techniques. Ainsi, ici, on n'a pas d'a priori à recourir aux sites communautaires comme Viadéo pour dénicher la perle rare.

La société est membre d'un réseau international de cabinets d'approche directe : IMSA. Ce réseau non intégré, présent dans une vingtaine de pays, compte aujourd'hui 31 bureaux. Chacun des membres est indépendant, mais il existe des procédures communes. Des partenariats ont été signés au Danemark et des négociations sont en passe d'aboutir avec l'Inde et le Brésil, même si « c'est assez compliqué », reconnaît Lévy. Staff Consultants bénéficie de la coopération des membres du réseau pour ses recrutements internationaux.

En pratique

Références

Liste vérifiable auprès des clients
80 missions par an

Tarifs

Forfait plancher de 25 000 €
Règlement : 40 % au début de la mission, 30 % à la présentation des candidats et 30 % à l'intégration du candidat

STANTON-CHASE International

Tour Gamma A
193, rue de Bercy
75012 Paris
Tél. : 01 53 02 26 90
Fax : 01 53 02 26 80
paris@stantonchase.com
www.stantonchase.com

Création	1972 SA au capital de 320 000 €
Groupe	Algoé
Responsable	Carole de Chilly, PDG
Consultants	noms NC
Effectif	7 consultants
CA	2,7 M€
	Syndicat du Conseil en Recrutement/Syntec, OPQCM, AESC

- **Recrutement par approche directe** 85 %
- **Recrutement multimédias** 15 %

Spécialisation sectorielle

Industrie (50 %), sciences de la vie (30 %) et banque et finances (15 %)

Profils recherchés

Experts, managers confirmés et dirigeants

Notre opinion

Stanton-Chase International France connaît une progression constante depuis trois ans, passant de 1,8 M€ en 2004 à 2,2 en 2005 puis 2,7 en 2007. Le staff compte toujours le même nombre de consultants depuis deux ans (sept) mais le cabinet est passé de 3 à 5 chargés de recherche, car « aujourd'hui les missions deviennent de plus en plus pointues et difficiles. Les entreprises font appel à des cabinets comme le nôtre pour des missions extrêmement compliquées où est nécessaire un véritable travail pour identifier les profils », confie sa dirigeante, Carole de Chilly.

La pression sur les prix reste forte et les exigences sur les délais importants. « Maintenant, on nous demande souvent de présenter une "short list" de candidats en quatre semaines ! Et la capacité d'y parvenir dans les temps devient un facteur clé dans le choix du prestataire. D'où la spécialisation des consultants, afin de connaître le secteur sur le bout des doigts et d'être capable de réagir très vite ».

Malgré tout, la structure tient le cap et le chemin accompli depuis ses premiers balbutiements force le respect.

La structure est née en 1993 sous le nom de IBD-Algoé, issue du rachat du cabinet parisien IBD par le groupe lyonnais Algoé. Celui-ci réunissait - et réunit toujours - plusieurs activités : le conseil en management, le conseil aux collectivités locales, la formation au management et aux techniques commerciales, la préparation à la certification, et donc du recrutement avec IBD-Algoé. Ce dernier a ensuite rejoint le réseau Stanton Chase International et le nom d'IBD a finalement été abandonné en 1999, pour laisser la place à « Algoé Recrutement », aujourd'hui également arrêté.

Le groupe Stanton-Chase International compte 65 bureaux présents dans plus de 40 pays : Dubaï, Australie, Inde, Amérique du Sud, Europe de l'Est, etc. Cette structure est composée de cabinets sans lien capitalistique, mais une holding, Stanton-Chase International/SCI, dont chaque bureau est actionnaire, a été constituée.

Le mode de rémunération des consultants comporte une partie fixe de 75 % du salaire, et une partie variable de 25 % calculée sur le résultat global de l'équipe. Ce mode de rémunération est dans le reste du réseau Stanton-Chase, le but étant de « garantir le partage de savoirs et non un travail individuel des consultants ».

Généraliste, le cabinet travaille dans tous les secteurs, avec une bonne implantation dans l'industrie : secteur industriel, grand public, produits de luxe et grande consommation (50 % des missions), la banque/finance et la santé. Il se positionne dans le recrutement haut de gamme en approche directe. Cela signifie que le candidat idéal est pour lui un cadre percevant plus de 90 000 € par an, même si le cabinet s'occupe également de profils experts assez jeunes d'une rémunération annuelle de 75 000 à 80 000 €.

Stanton-Chase International a aussi d'autres cordes à son arc : il fait de la gestion individuelle de carrière et de l'évaluation de cadres (5 % de l'activité) et prévoit de renforcer ses équipes parisiennes car « le marché est dynamique et nous pensons que nous pouvons nous permettre de nous développer encore », explique, optimiste, sa dirigeante. Le cabinet possède également un bureau à Lyon.

En pratique

Références

Liste vérifiable auprès des clients
90 missions par an

Tarifs

Forfait plancher en multimédia de 12 000 € et de 18 000 € en approche directe.
Règlement : un tiers du forfait au début de la mission, un tiers à la présentation des candidats et un tiers à la décision d'engagement

Autre implantation

9 bis, route de Champagne
69130 Lyon Ecully
Tél. : 04 72 18 13 80
Fax : 0 4 72 18 13 60
lyon@stantonchase.com

TH CONSEIL

2, chemin de la Chauderaie
69340 Francheville
Tél. : 04 78 57 94 23
Fax : 04 78 34 27 24
contact@thconseil.fr
www.thconseil.fr

Création	2004 SARL au capital de 5 000 €
Responsables	Jeannette Tisserant et Guy Tisserant, gérant
Effectif	3 consultants en recrutement
CA	50 000 € en recrutement 275 000 € en formation 275 000 € en conseils

➤ Recrutement de personnes handicapées

Profils recherchés

Salariés handicapés sur tous les secteurs et toutes les fonctions

Notre opinion

Travail et Handicap Conseil (TH Conseil) est une structure spécialisée dans le conseil, la formation et le recrutement des personnes handicapées. Créée en 2004 par Jeannette et Guy Tisserant, deux anciens sportifs (tennis de table) de haut niveau, la structure a pour ambition d'aider à l'embauche et l'insertion du public spécifique des salariés handicapés.

Le conseil représente 45 % du chiffre d'affaires de l'entreprise. Il s'agit d'expliquer aux entreprises pourquoi et comment intégrer des travailleurs handicapés. Avec un credo que Tisserant clame haut et fort : le problème des personnes handicapées est que « leurs candidatures n'arrivent pas aux recruteurs. Qu'il faut donc passer d'une logique de recrutement basée sur l'élimination à un process lié à la qualification des salariés ». Bref, quand Tisserant prêche la bonne parole pour les candidats handicapés, il permet aussi à tous les autres, via la promotion de la diversité au sein des entreprises, d'en bénéficier.

THC propose aussi des formations pour expliquer tout cela aux recruteurs. Il leur explique qu'il faut gérer les salariés handicapés de manière spécifique comme ils doivent (devraient?) le faire pour chacun de leurs salariés. « Il s'agit de faire bénéficier à une entreprise de l'enrichissement par la différence. On place ainsi les salariés dans les meilleures conditions pour qu'ils donnent le meilleur d'eux-mêmes ».

Le cabinet propose aussi à ses clients d'assurer leurs recrutements. Il s'agit ici plus de conseils en recrutement que de recrutement d'une personne à un poste précis. L'idée est de faire sortir les entreprises de leurs schémas classiques de recrutement. THC s'occupe de proposer à ses clients du personnel intéressant et de qualité. À eux de les embaucher.

L'approche de THC concerne avant tout les entreprises sensibilisées à l'insertion de professionnels handicapés. Mais elle s'applique aussi à tous les autres salariés et à toutes les entreprises. Ce qui convient aux personnes handicapées ferait beaucoup bien à tous les valides…

En pratique

Références

Liste vérifiable auprès des clients
20 missions par an

Tarifs

Forfait-plancher représentant 17 % du salaire annuel brut du candidat

TRANSEARCH International
MANAGEMENT POOL International

37-39, rue Boissière
75116 Paris
Tél. : 01 44 34 20 00
Fax : 01 44 34 20 60
paris@transearch.com
www.transearch.com

Création
1982
SA au capital de 300 000 €

Réseau
TranSearch International

Responsable
Alain Tanugi, président du groupe au niveau mondial

Consultants
TranSearch :
Daniel Arnoux (Edhec)
Arnaud de Courson
Anne Cousin
Yves Delloye (université de Louvain, MBA)
Edouard-Nicolas Dubar (ESC Lille)
Claire Floréani (HEC)
Stéphane Glowinski (Essec)
Gatien Job
Catherine Le Louarn (doct. en médecine et EMBA de HEC)
Tania Petersen
Alain Roca (HEC), directeur général
Ange-Pascale Schlumberger (IEP)
Alain Tanugi (HEC)
Dominique Willem (Edhec, licence en sciences économiques)

Management Pool International : Stéphane Mellinger

Effectif	14 consultants
CA	4,8 M€ 3 M€ en management de transition et intérim, avec Management Pool International
	AESC

- **Recrutement par approche directe**
- **Management de transition et intérim**

Profils recherchés

Cadres dirigeants et supérieurs

Notre opinion

Tout va, pour l'instant, pour le mieux au royaume TranSearch. Alain Tanugi, son dirigeant, rajeunit et féminise les cadres dans le but (avoué) d'assurer une transition en douceur en France. « Nous avons, à Paris, renouvelé la moitié des effectifs et féminisé notre structure, précise le très sage Tanugi du haut de ses 30 ans d'expérience de la chasse. Il fallait préparer l'avenir et la prise de pouvoir des nouvelles générations. J'ai préféré le faire quand tout allait bien ». Et, pour continuer dans le bon sens, TranSearch devrait recruter un consultant par an pour remplacer les départs à la retraite.

De ce fait, le CA n'a pas beaucoup évolué en deux ans. Il tourne toujours autour de 5 M€.

Côté business, l'activité chasse de tête représente toujours 90 % du CA. Ici, les candidats recherchés sont des dirigeants aux salaires supérieurs à 120 000 € par an pour TranSearch. Pour mémoire, TS dispose aussi d'une entité dédiée à la chasse de cadres du middle management percevant de 60 000 à 120 000 € brut par an (voir présentation d'Artec).

La chasse est donc le fonds de commerce de l'entreprise, qu'Alain Tanugi a dirigée de main de maître pour que ce réseau d'origine française devienne l'un des dix premiers cabinets mondiaux de chasse. Aujourd'hui, avec un CA mondial de 89,8 M€ (chiffre 2007), TranSearch se situe à la neuvième place (la dixième en 2005) du gotha des chasseurs ayant la planète comme territoire. Il dispose de 53 bureaux dans le monde répartis dans 34 pays. Ce réseau n'est pas intégré. C'est une forme de franchise où chaque bureau partage le nom de la structure, sa philosophie mais reste indépendant.

Pour le futur, TranSearch vise une des trois premières places dans chaque pays où il est présent, derrière les « Big Five » de l'approche directe (Spencer Stuart, Korn Ferry, Egon Zehnder, Heidrick & Struggles, et Russell) jugés inatteignables.

TranSearch, qui précède souvent les modes, a développé dès 2002 un cabinet d'intérim et de management de transition. Aujourd'hui, les deux structures ne font plus qu'une. Ce département s'intitule Management Pool International, et connaît une belle progression de son chiffre d'affaires (3 M€ en 2007). Il s'agit ici de trouver pour les entreprises clientes des spécialistes. MPI facture des honoraires de l'ordre de 15000 à 30000 € pour trouver le candidat ad hoc sur un problème donné. Il peut aussi proposer à ses clients la solution de l'intérim, en mettant à la disposition du client un intérimaire de luxe capable de diriger une entreprise, ou de s'occuper des ressources humaines, de la communication… Le coefficient demandé est compris entre 2,3 et 2,5, un taux classique dans le travail temporaire.

En pratique

Références

120 missions par an

Tarifs

Forfait plancher de 35000 €
Règlement en trois versements

Autres implantations

53 bureaux dans 34 pays

VENDÔME ASSOCIÉS

5, place André Malraux
75001 Paris
Tél. : 01 42 60 00 08
Fax : 01 42 61 60 09
marcadet@vendome-associes.com
www.vendome-associes.com

Création	1987 SA au capital de 136 000 €
Réseau	Finsal
Responsables	Denis Marcadet, PDG Vally Colli, associée
Consultants	Claudine Barla Vally Colli Chantal Deschamps Sylvain Dorget Carlos Gravato, Denis Marcadet
Effectif	6 consultants
CA	4,2 M€

➤ **Recrutement par approche directe** 100 %

Spécialisation sectorielle

Banque/sociétés de gestion/fonds d'investissement (90 %), métiers financiers/d'assurance/finance d'entreprises (10 %)

Profils recherchés

Cadres supérieurs et dirigeants

Notre opinion

Denis Marcadet, le PDG de Vendôme Associés, et son associée, Vally Colli, se définissent comme des « artisans du recrutement ».

Ils travaillent « exclusivement grâce au bouche à oreille pour de grands comptes nationaux et internationaux » et ne sont « pas un cabinet qui va fourguer du CV ». C'est dit.

Leur force réside dans leur spécialisation sectorielle : la banque/finance. Dans ce domaine, le cabinet est présent sur quatre grands types d'activités : les marchés financiers, les fonctions transversales support (risk management, etc.), l'asset management et la dette, la dette structurée et l'investissement. Le CA connaît une très bonne progression : 1,8 M€ en 2003, 2,4 M€ en 2005, puis 4,2 M€ en 2007…

Les consultants du cabinet sont tous issus de ces secteurs, dont ils connaissent parfaitement les métiers et coutumes : toute personne qui entre chez Vendôme a déjà recruté 300 personnes environ. L'équipe compte 6 consultants (dont Sylvain Dorget, arrivé début 2008 et spécialiste du private equity), pour 7 chargés de recherche « qui ont une dizaine d'années d'expérience ». « Chaque consultant a un pôle de spécialisation sur lequel il doit systématiquement investiguer, creuser pour ensuite le faire partager aux autres. »

Pour mener à bien ses missions, le cabinet dispose d'une base de données sur environ mille métiers référencés. Pour un poste à pourvoir, le consultant saisit le profil exigé par le client et, après croisement des critères, obtient en quelques secondes la liste des candidats correspondants.

Le cabinet cherche des candidats dont le salaire annuel dépasse les 50 000 €, « mais les missions à moins de 70 000 € par an sont quand même assez exceptionnelles », précise Marcadet. Au début, les consultants vérifient d'abord la compatibilité du besoin avec la réalité du marché. « Puis lorsque la recherche est lancée, nous nous réunissons pour mettre en commun nos idées ».

Bref, l'ambiance est ici familiale et décontractée. Mais ne vous y trompez pas, cette convivialité n'empêche pas le cabinet de fournir des prestations haut de gamme depuis plus de 20 ans. « Notre politique d'accompagnement porte ses fruits : certains clients font appel à nous depuis deux décennies et nombre d'anciens candidats devenus dirigeants ont aujourd'hui recours à nos services ».

En 2002, Vendôme a créé Finsal (Financial Search Alliance), une entité européenne basée en Belgique. Il s'agit d'un réseau de cabinets indépendants montés par d'anciens banquiers issus d'Amsterdam et du Luxembourg, ce qui, avec Paris et Bruxelles, fait un total de quatre implantations. Signalons que le réseau est également présent en Suisse, en Allemagne, en Italie et en Grande-Bretagne. « Le but est de proposer une expertise pointue dans notre domaine, explique Marcadet. Nous désirons offrir une approche très technique de nos métiers ».

En pratique

Références

Liste vérifiable auprès des clients.
80 missions par an

Tarifs

Honoraires basés sur 30 % de la rémunération annuelle du candidat ou forfait variable selon la typologie de la mission
Règlement : un tiers au début de la mission, un tiers à la présentation des candidats et un tiers à l'intégration du candidat

VIDAL ASSOCIATES

93, rue Nationale
92100 Boulogne Billancourt
Tél. : 01 48 25 01 23
Fax : 01 48 25 03 26
info@vidal-associates.com
www.vidal-associates.com

Création	1992 SARL au capital de 7 622 €
Réseau	Talentup
Responsable	Philippe Vidal
Consultants	noms NC
Effectif	17 consultants
CA	4,6 M€ (Paris, Bordeaux, Marseille, Milan)
	Syndicat du Conseil en Recrutement/Syntec

- **Recrutement par approche directe** 70 %
- **Recrutement par annonces** 30 %

Spécialisation sectorielle

Agroalimentaire (20 % environ des missions), pharmacie-chimie-santé-santé animale (20 %), distribution (15 %), électronique et informatique

Profils recherchés

Direction générale (15 %), cadres supérieurs (42 %), cadres (43 %)

Notre opinion

Pour parvenir à joindre Vidal Associates, il faut toujours faire preuve de ténacité mais au bout de quatre mois, cela finit par payer.

Ce cabinet est certainement très occupé… Il s'arrange toujours pour se placer sur les créneaux porteurs. En 1997, c'était l'agroalimentaire et les hautes technologies. Puis il a su monter le premier dans le wagon des métiers de l'Internet, avant de s'intéresser à la chimie-santé.

Son dirigeant, Philippe Vidal, a ensuite ajouté deux domaines de compétence, parfaitement en phase avec une époque qui plébiscite les « tout-en-un ». En 2005, il a créé Vidal Sport, une filiale intervenant dans le coaching et l'évaluation des joueurs de haut niveau pour les clubs et les fédérations. Alors qu'il disait miser beaucoup sur ce créneau en 2006, aujourd'hui Vidal est plus nuancé : « L'activité se développe mais pas à un rythme effréné. »

Le cabinet propose aussi, depuis 2005, la mise à disposition de personnels, à travers Reps Up : « Nous louons essentiellement des forces de vente supplétives à d'entreprises de l'électronique, de la pharmacie et de l'agroalimentaire. Cela représente environ 300 CDI », précise Vidal.

Une manne bienvenue pour le cabinet, dont l'implantation à Londres n'a pas eu le succès escompté, même si son dirigeant envisage d'autres projets à l'international. Mais il s'est rattrapé en ouvrant une filiale à Marseille en 2005. Et l'ouverture de nouveaux bureaux à Toulouse et Lyon est également prévue pour 2008 et 2009. « Les clients aiment bien les cabinets parisiens implantés en province. La proximité avec eux est importante. Nous allons continuer de nous développer en région. »

Le CA de Vidal Associates est passé de 3 M€ en 2004 à 3,8 M€ en 2005 puis 4,6 M€ en 2007. La recette de son succès ? « 80 % de travail, 10 % de talent et 10 % de chance » selon Vidal qui ne compte pas s'arrêter en si bon chemin et aimerait bien, d'ici début 2009, recruter au moins quatre consultants. À noter : les chargés de recherche travaillent surtout depuis Bordeaux (6 personnes, pour 4 à Paris, 1 à Marseille et 1 à Milan) où ils sont « plus faciles à trouver que dans la capitale ».

Parmi les secteurs qui continuent de bien marcher figure le vin. « Sans être prétentieux, si nous ne sommes pas leaders en France, nous n'en sommes pas loin. Nous faisons beaucoup de recrutements au Chili et en Argentine, qui ont d'énormes besoins, et un peu moins en Afrique du Sud et en Australie », souligne Vidal.

Les consultants de l'équipe, qui s'est renforcée avec l'arrivée de deux nouveaux professionnels, bénéficient d'une expérience opérationnelle en entreprise. Cela leur permet d'intervenir en expert sur des marchés ciblés. « Notre maîtrise reconnue des méthodologies de recrutement par annonce (« on et off line ») et par approche directe nous permet de mettre en œuvre immédiatement la stratégie de recherche la plus pertinente ».

Le cabinet propose à ses clients différents services, comme l'évaluation et les bilans de compétence, voire l'assessment center. « Mais cette activité très chronophage reste marginale : 8 à 10 % du chiffre d'affaires total ».

Vidal fait enfin partie du réseau Talentup, qui permet aujourd'hui à huit cabinets de recrutement (Vidal, Esprit RH, Technologic Search, Ax Prim, Attitudes, Repsco, Multicibles et Financial Search) de mutualiser leurs achats d'espaces dans la presse et de disposer d'une candidathèque commune.

En pratique

Références

Liste vérifiable auprès des clients
350 missions par an

Tarifs

En approche directe, 25 % environ de la rémunération annuelle brute du candidat. Forfait plancher de 11 500 €.
En annonce, forfait qui dépend du niveau de poste.
Règlement : 30 % acompte à la commande, 30 % à la présentation, 40 % à l'embauche du candidat

Autres implantations

Marseille : 165, avenue du Prado 13272 Marseille Cedex 08
Tél. : 04 91 17 90 82

Bordeaux : 6, rue Charles Lamoureux, 33000 Bordeaux
Tél. : 05 56 00 74 90

Milan : Via Santa Tecla, 4 20122 Milano. Tél. : + 39 02 86 45 53 11

WALTERS INTÉRIM

23, rue Balzac
75008 Paris
Tél. : 01 40 76 05 05
Fax : 01 40 76 05 06
wiparis@waltersinterim.com
www.waltersinterim.fr

Création	2004
Réseau	Robert Walters International
Responsable	Alain Mlanao, directeur général
Consultants	noms NC
Effectif	40 consultants
CA	16 M€

➤ Intérim de cadres

Spécialisation fonctionnelle

Chef comptable, comptable général, comptable auxiliaire, contrôleur de gestion junior, credit client, dédit manager, trésorier, juriste, fiscaliste, responsable ou gestionnaire RH, comptable banque, assurance et immobilier, middle et back-office d'établissements financiers, assistantes de direction, administration des ventes, supply chain

Notre opinion

Bonne pioche pour Walters Intérim. Début 2007, Antoine Morgaut, le dirigeant du groupe Robert Walters, a débauché, de Robert… Half, Alain Mlanao. Le jeune dirigeant (40 ans) faisait de l'excellent travail chez l'autre Robert. Il a dopé de la même façon les affaires de Walters Intérim. En deux ans, la filiale d'intérim de Robert Walters (*cf. présentation*) a doublé son chiffre d'affaires et son nombre de consultants.

Pour Mlanao, ce développement s'explique avant tout par la qualité des consultants, leur implication à convaincre les candidats. « On veut que nos consultants prennent du plaisir dans leur travail, explique-t-il. En 2009, on embauchera 60 personnes et on ouvrira deux ou trois bureaux en région ». La conjoncture, favorable, explique aussi ces résultats.

Signalons que WI est sur une niche bien précise : tout ce qui touche au sein d'une entreprise à la comptabilité, la finance et l'administration, tous secteurs confondus, avec notamment une présence significative dans le secteur financier.

Côté candidat, Walters Intérim recherche de jeunes diplômés et des plus confirmés ayant trois à cinq ans d'expérience, pour des missions dont les salaires vont de 20 000 à 40 000 € bruts par an. Tout le processus du recrutement démarre par le site Internet de la structure (www.waltersinterim.fr). Le candidat doit y déposer son CV. Ensuite, s'il correspond aux profils recherchés, un entretien est réalisé pour valider ses compétences techniques et comportementales. In fine, WI s'engage à présenter sous 48 heures une short list de trois personnes.

En pratique

Références

4 000 missions d'intérim par an

Tarifs

Le coefficient est compris entre 2,3 et 2,5 selon la difficulté de la mission
Règlement : tous les mois

WHITEHEAD MANN

112, avenue Kléber
75784 Paris Cedex 16
Tél. : 01 56 62 45 00
Fax : 01 56 62 45 10
paris@whmllp.com
www.whmllp.com

Création	1975 en Grande-Bretagne, 1999 en France
Responsable	Gérard Cléry-Melin, managing partner
Consultants	Jean-François Monteil : finance/banque Virginie Lleu : life sciences Dominique Finelli : consumer/retail/luxury goods/média et ressources humaines Annie Bingham : luxury goods/fashion Jean-Pierre Gouirand : industrie et directeurs financiers Kristen Smit : industrie et business services Mariano Gilardon : supply chain Catherine Ducros : technology Sonia d'Emilio : leadership solutions Florence Zanderer : legal Alain Giedicelli : industrie
Effectif	22 consultants
CA	4,9 M€ en recrutement et 1,6 M€ en conseil

➤ **Recrutement par approche directe** 100 %

Profils recherchés

Cadres dirigeants

Notre opinion

« Faire partie du peloton incontournable des cabinets qui comptent vraiment en terme de taille, tout en restant une petite multinationale haut de gamme ». Tel pourrait être résumé l'objectif du cabinet généraliste Whitehead Mann. Ce dernier a pourtant rencontré des difficultés. Le chiffre d'affaires est passé de 7,5 M€ en 2005 à 5 M€ en 2006, pour remonter à 6,5 M€ en 2007. Mais le managing partner de Whitehead Mann France et Europe continentale, Gérard Cléry-Melin, précise que le chiffre 2007 ne concerne qu'un exercice de neuf mois, car le cabinet a été repris en LBO avec l'aide du fonds américain Och-Ziff. Whitehead Mann semble donc remonter la pente. Avec le changement de taille et un renforcement des équipes (de 14 consultants à 22), l'ancien président d'Heidrick & Struggles International table en effet sur 11 M€ de CA en 2008 et 180 à 200 missions, contre 140 en 2007.

Au rayon des changements, le groupe Whitehead Mann a également acquis en mars 2008 LSS, un cabinet de conseil en recherche de cadres dirigeants spécialisé dans le secteur des life sciences. Une practice mode/luxe a également été créée en juin 2008.

Le cabinet est aujourd'hui organisé en six practices sectorielles (finance/banque, life sciences, consumer/retail/luxury goods, industry, technology et leadership solutions : c'est-à-dire évaluation et développement d'équipes de direction) et quatre practices fonctionnelles : board (directions générales et administrateurs indépendants), DRH, DAF/CFO (chief financial officer) et DSI/CIO (chief information officer). « Nous nous orientons beaucoup vers les fonctions et croyons davantage aux spécialités transverses qu'aux practices sectorielles », précise Cléry-Melin. Ce dernier ne compte pas s'arrêter là. Il envisage de recruter plusieurs consultants dans l'industrie, la banque/finance, et le leadership. « Si on veut devenir puissant sur un marché, il faut couvrir tous les domaines, et une très bonne coordination entre le leadership et le search », explique le conquérant dirigeant.

Parallèlement, le cabinet continue de bien vivre du private equity, malgré un « marché assez stagnant ». Il est aussi beaucoup consulté dans les domaines du retail/consumer et la finance/banque reste sa principale practice.

L'activité de coaching a aussi connu un développement considérable, puisqu'elle représente aujourd'hui 25 % du CA, et mobilise trois partners. D'où un impact sur les méthodologies : WHM utilise notamment des tests psychométriques maison, spécialement adaptés à son usage.

Whitehead Mann est un groupe d'origine britannique intégré. C'est-à-dire que ses bureaux locaux sont filiales de la même société mondiale, une configuration finalement pas si répandue que ça dans cette profession très fragmentée. Ce qui permet à sa centaine de consultants à travers le monde de travailler de la même façon.

En pratique

Références

Liste vérifiable auprès des clients
140 missions par an

Tarifs

Forfait plancher à 50 000 €
Règlement : un tiers du forfait au début de la mission, un tiers un mois plus tard et un tiers un mois après

Autres implantations

Londres, Leeds, Midlands, Edimbourg, Francfort, Singapour, Dubaï et Hong-Kong

Répertoire de tous les cabinets

NB : Les cabinets sont classés par département, selon leur code départemental. Les structures analysées en détail dans la première partie sont indiquées **en gras**.

Ain

BS CONSULTANTS : Centre d'Affaires de Valeurop 1, avenue de l'Europe 01100 Oyonnax - www.bs-consultants.fr - Tél. : 04 74 81 85 24 - bsc@bs-consultants.fr - Contact : Gilles Brunner, responsable de recrutement

CHATENAY CONSEIL : Le Chatenay 01140 Garnerans
Tél. : 04 74 04 96 46 - chatenayconseil@aol.com - Contact : Christian Petit, gérant

Aisne

AIS : 85, boulevard Jean Bouin BP 246 02105 St Quentin Cedex - www.medef-aisne.fr
Tél. : 03 23 05 89 99 - ais.conseil@wanadoo.fr - Contact : Patrick Nice, dirigeant

Alpes-Maritimes

ADC : 107, avenue Léon Bérenger 06700 St Laurent du Var
Tél. : 04 93 14 91 11 - adc-recrutement@worldonline.fr - Contact : Annie Domine, gérante

AGNUS DENISE CONSEIL : 3, avenue Pierre Navello 06300 Nice
Tél. : 04 93 56 43 34 - Contact : Denise Agnus, dirigeante

ALAIN GRÉGOIRE CONSULTANTS : 52, avenue des Alpes 06800 Cagnes Sur Mer - www.immoperformance.com - Tél. : 04 93 22 42 02 - contact.agc@wanadoo.fr
Contact : Anna Grégoire, directrice

AP RESSOURCES HUMAINES : 8, avenue du Docteur Lefebvre 06270 Villeneuve Loubet - www.ap-rh.com - Tél. : 04.93.73.81.63 - m.mouniapin@ap-rh.com
Contact : Myriam Mouniapin, consultante

AP RESSOURCES HUMAINES : 7 place Ile de Beauté 06300 Nice - www.ap-rh.com
Tél. : 04.93.73.81.63 - m.mouniapin@ap-rh.com - Contact : Myriam Mouniapin, consultante

ATHENA RESSOURCES HUMAINES : 125, avenue Eugène Donadei 06700 St Laurent du Var - www.athena-rh.com - Tél. : 04 93 14 67 20 - cv@athena-rh.com
Contact : Fabienne Puons, gérante

CAROLE GLASMAN CONSEIL : 196, avenue de Saint-Exupéry 06130 Grasse - www.cg-conseil.com - Tél. : 04 93 40 19 19 - cg@cg-conseil.com - Contact : Carole Glasman, dirigeante

CELTIUM SAS : 400, avenue de Roumanille BP 309 06906 Sophia Antipolis Cedex - www.celtium.fr - Tél. : 04 93 00 11 43 - info@celtium.fr
Contact : Christine Jaussaud, consultante

CID : 63, avenue Cyrille Besset 06100 Nice - Tél. : 04 93 52 52 98 - cid.RH@club-internet.fr - Contact : David Vaghi, directeur

EXPECTRA SOPHIA

HAYS NICE

HUMBLOT GRANT ALEXANDER

RH SERVICES SOPHIA ANTIPOLIS : Le Thélème 1503 Route des Dolines 06560 Sophia Antipolis - www.rh-services.com - Tél. : 04 92 96 96 00 - contact@rh-services.com
Contact : Gérard Bouis, directeur

RL CONSEIL : 3 Ter, rue Berlioz 06000 Nice - Tél. : 04 93 88 73 46 - rogerlanteri2@aol.com - Contact : Roger Lanteri, responsable du cabinet

TECHSELECTION : BP 292 06905 Sophia Antipolis Cedex - www.techselection.com
Tél. : 04 93 65 49 97 - contact@techselection.com - Contact : Mark Wilson, dirigeant

Ardèche

TEAMLIFE: 381, avenue de Provence 07500 Guilherand Granges
Tél.: 04 75 81 57 99 - i-huet@orange.fr - Contact: Isabelle Huet, gérante

Aube

JACQUES LORENZI CONSEIL TROYES: 1 bis, boulevard Danton 10000 Troyes
Tél.: 03 25 80 84 12 - www.jacqueslorenziconseil.com - Contact: Frédéric Mugard

JD SELECTION: 30, rue du Maréchal Foch BP 51 10302 Ste Savine Cedex
Tél.: 03 25 74 02 59 - jdselection@wanadoo.fr - Contact: Joël Dumenil, dirigeant

Ardennes

CAP RECRUTEMENT: 3, place Bozzi 08013 Charleville-Mézières Cedex
Tél.: 03 24 33 55 17 - cap.recrutement@wanadoo.fr - Contact: Stéphane Collet, directeur

Bouches-du-Rhône

ACOPAD: 41 la Canebière 13001 Marseille - www.acopad.tm.fr
Tél.: 04 91 37 41 05 - contact@acopad.tm.fr - Contact: Gérard Abbassi, DG

ADS AURIGA DÉVELOPPEMENT ET STRATÉGIE: 1, rue du Maréchal Fayolle 13004 Marseille - www.formation-de-conseils-en-management.com - Tél.: 04 91 85 09 99 - ads@cabinetauriga.com - Contact: Alain Bremond, directeur du développement

ALEXANDRE TIC MARSEILLE

AMBITIONS: 278, avenue Jean-Paul Coste 13100 Aix-en-Provence - www.cabinet-ambitions.com - Tél.: 04 42 93 15 02 - candidats.ambitions@orange.fr
Contact: Nathalie Grelat, responsable de cabinet

ARPEGIA: 11, rue Goyrand 13100 Aix-en-Provence - www.arpegia.fr
Tél.: 04 42 90 20 40 - contact@arpegia.fr - Contact: Pascal Cezard, dirigeant

AURIENCE INTERNATIONAL: 8, boulevard Herriot 13272 Marseille Cedex 08 - www.aurience-international.com - Tél.: 04 96 11 64 64 - odekerhor@aurience.fr
Contact: Olivier de Kerhor, président

ÉNERGIE RH: 115, rue Louis Armand 13852 Aix-en-Provence Cedex 3
Tél.: 04 42 60 77 51 - contact@energie-rh.fr - Contact: Martine Debette, gérante

EXPECTRA

FIL FRANCE INGÉNIERIE LOGISTIQUE: Impasse Fissiaux 208, boulevard de la Libération 13004 Marseille - www.fil.fr - Tél.: 04 91 85 42 43 - fil@fil.fr - Contact: Marc Pietra, PDG

FRAISSINET ET ASSOCIÉS MARSEILLE: 152, avenue du Prado 13008 Marseille - www.fraissinet.fr - Tél.: 04 96 10 04 10 - marseille@fraissinet.fr - Contact: Gilles Fraissinet, gérant

FRANCOIS SANCHEZ CONSULTANTS

HAYS AIX-EN-PROVENCE

HUDSON MARSEILLE

HUMBLOT GRANT ALEXANDER MARSEILLE

KRENO CONSULTING

LR CONSEIL AIX-EN-PROVENCE: Parc de la Duranne 235, rue Léon Foucault 13857 Aix-en-Provence Cedex www.lrconseil.com - Tél.: 04 42 16 22 22 - Contact: Fabrice Lascols, gérant

MANAGING MARSEILLE

MCP SELECTION MARSEILLE: 87, boulevard Tellene 13007 Marseille
Tél.: 04 91 52 96 96 - mcp@wanadoo.fr - Contact: Bernard Amsellem, directeur

MENWAYSUD

MICHAEL PAGE INTERNATIONAL AIX-EN-PROVENCE

O & M: 73, boulevard Viala 13015 Marseille - www.o-et-m.com
Tél.: 04 91 09 77 20 - contact@o-et-m.com - Contact: Françoise Alloing, dirigeante

PAC: 1, place Lieutenant Albert Durand 13014 Marseille - www.pac-recrutement.com
Tél.: 08 25 89 25 63 - contact@pac-recrutement.com - Contact: Lindo Casagrande, consultant

PATRICIA PERONA: 95, rue Saint-Jacques 13006 Marseille - Tél.: 04 91 13 44 00 - cabinetpatriciaperona@wanadoo.fr - Contact: Patricia Perona, dirigeante

PECHALAT CONSULTING: Villa Celony 1175 Montée d'Avignon 13090 Aix-en-Provence - www.pechalat-consulting.com - Tél.: 04 42 17 09 20 - pechalat@pechalat-consulting.com - Contact: Jean-Michel Pechalat, PDG

QUADRA: 235, rue Léon Foucault BP 302 13798 Aix-en-Provence Cedex - www.quadra-consultants.com - Tél.: 04 42 24 38 57 - hm@quadra-consultants.com
Contact: Henri Micheron, DG

RH SERVICES AIX-EN-PROVENCE: Actimart 1140, rue Ampère 13795 Aix-en-Provence Cedex 3 - www.rh-services.com - Tél.: 04 42 16 47 06 - contact@rh-services.com
Contact: Gérard Bouis, directeur

RIGHT MANAGEMENT AIX-EN-PROVENCE: 100, rue Pierre Duhem BP 328000 13799 Aix-en-Provence Cedex 3 www.right.fr - Tél.: 04 42 24 32 46 - Contact: Matthieu Hoet, dir.

SCOREMAN CONSULTANTS: Espace Wagner C 10, rue du Lieutenant Parayre Pole d'activités Aix En Provence 13858 Aix-en-Provence Cedex 3 - www.scoreman.fr
Tél.: 04 42 16 75 00 - rh-online@scoreman.fr - Contact: Corinne Bianquis, directrice opérationnelle

SODIE MARSEILLE: Les Baronnies - bâtiment A 58, rue Paul Langevin Technopole de Chateau Crombert 13013 Marseille - www.sodie.com - Tél.: 04 91 14 25 40 - ghiselaine.sestier@sodie.com - Contact: Ghisleine Sestier, conseiller en ressources humaines

VIDAL ASSOCIATES MARSEILLE

Calvados

BSRH: ZAE 26, rue Jean Perrin 14440 Beny Sur Mer - Tél.: 02 31 53 91 58

CRFP: 54, avenue du Maréchal de Lattre de Ta 14000 Caen - Tél.: 02 31 06 05 06 - crfp@wanadoo.fr - Contact: Jean-Marie Briquet, directeur

ENTREPRISE & PERFORMANCE RH: Campus Normandie Technologie 1, rue du Bocage 14460 Colombelles - www.eprh.fr - Tél.: 02 31 46 89 11 - recrutement@eprh.fr
Contact: Séverine Prodhomme, consultante

JMLP CONSULTANTS SA: Citis Odyssée 4, avenue de Cambridge 14200 Hérouville St Clair - www.jmlp-recruit.com - Tél.: 02 31 43 67 67 - jmlp-consultants@jmlp-recruit.com
Contact: Jean-Marc Legras, directeur

PROFILS PROGRES: 11, rue Jean Romain 14000 Caen - www.profils-progres.fr
Tél.: 02 31 85 36 00 - caen@profils-progres.fr - Contact: François Thouery, DG

Charente

COMPÉTENCES CONSEIL COGNAC: 67, avenue Victor Hugo 16100 Cognac - www.competences-conseil.com - Tél.: 05 45 36 05 81 - cognac@competences-conseil.com - Contact: François Lemonnier, directeur

PASCALE SABATHIER CONSULTANTS: 50, avenue Gambetta BP 383 16008 Angoulême Cedex - www.psabathier-consultants.com - Tél.: 05 45 95 18 66 - contact@psabathier-consultants.com - Contact: Pascale Sabathier, directrice

SCORE 16 : 11, rue de Belat 16000 Angoulême - Tél.: 05 45 94 83 67 - Contact: Véronique Brouillet, gérante

Charente-Maritime

ADÉQUATION CONSULTING: 3 Chemin des Faures 17240 St Dizant du Gua - www.adequation-consulting.com - Tél.: 05 46 49 95 98 - infos@adequation-consulting.com - Contact: Yannick Nieuwmunster, président

PRC CONSULTANTS: Escalier 2 Bassin de Bougainville 11, avenue Marcel Dassault 17300 Rochefort - www.prc-consultants.com - Tél.: 05 46 87 25 15 - prc-consultants@wanadoo.fr - Contact: Patrick Robin, dirigeant

SBL CONSEIL: 108, avenue Jean Guiton BP 5 17002 La Rochelle Cedex 1 - www.sblconseil.com - Tél.: 05 46 00 45 97 - cabinetsbl@wanadoo.fr
Contact: Sophie Becquet, directrice

Côte-d'Or

ALAIN GAVAND CONSULTANTS

CMB CONSEILS: 1, place du 30 Octobre 21000 Dijon - www.cmbconseils.com
Tél.: 03 80 65 09 39 - cabinet@cmbconseils.com - Contact: Claude Mascret, consultante

DU PARC CONSULTANTS: 8, rue Henry Chambellan 21000 Dijon - www.duparc-conseil.com - Tél.: 03 80 50 99 99 - dpc@duparc-conseil.com - Contact: Olivier du Parc, DG

ERC EUROPE RECRUTEMENT CONSEIL DIJON: 6, rue de la Vannerie 21000 Dijon
Tél.: 03 80 74 92 07 - erc.siege@erc-rhconseil.com - Contact: Fabien Croiset, directeur

EXPECTRA DIJON

GB CARRIÈRE RIGHT MANAGEMENT: 20, rue du Cap Vert 21800 Quetigny www.right.fr
Tél.: 03 80 71 08 20 - Contact: Mikael Pouille, dirigeant

PC3R: 21 Grande Rue 21590 Santenay - Tél.: 03 80 20 69 69 - pc3r@hotmail.fr
Contact: Jean-Christian Ledy, gérant

RENAISSANCE DIJON: 41, rue de la Préfecture 21000 Dijon - www.jacqueslorenziconseil.com - Tél.: 03 80 70 25 60 - jmimeur@jacqueslorenziconseil.com - Contact: Frédéric Mugard, DG

RH PARTNERS BOURGOGNE

Côtes-d'Armor

KERVADEC: 5, place de la Liberté BP 423 22004 St Brieuc Cedex 1 - www.cabinet-kervadec.com - Tél.: 02 96 33 23 88 - contact@cabinet-kervadec.com - Contact: Alain Kervadec

Doubs

ADDOS: 11 bis, rue Nicolas Bruand 25043 Besançon Cedex - www.uimm-doubs.fr
Tél.: 03 81 48 50 05 - servuimm@uimm-doubs.org - Contact: Serge Torteau, responsable recrutement

ALAIN GAVAND CONSULTANTS FRANCHE-COMTE

CABINET DORNIER: 1, avenue de l'Ile de France BP 2032 25050 Besançon Cedex - www.cabinet-dornier.com - Tél.: 03 81 52 26 38 - cabinet.dornier@wanadoo.fr
Contact: Michelle Biron, conseiller en ressources humaines

RH PARTNERS BESANÇON

SOLIC CENTRE EST

Drôme

ABC CONSULTANTS VALENCE: Othello Buro 2 3, rue Rossini 26000 Valence - www.abc-consultants.fr - Tél.: 04 75 78 03 69 - valence@abc-consultants.fr - Contact: Pascale Mattei, gérant

JEAN FRÉDÉRIC BEAU: 105 Route de Dieulefit 26200 Montelimar
Tél.: 04 75 00 77 01 - jean-fred.beau@wanadoo.fr - Contact: Jean-Frédéric Beau, directeur

Eure

CEDROF: 5 Route de Canappeville 27400 Hondouville - www.cedrof.eu
Tél.: 02 32 50 43 26 - hedan.cedrof@orange.fr - Contact: Marc Hedan, DG

TRAINING RECRUTEMENT: Sarl Ben-Ralisoa 80 allée des Chaumières 27210 Beuzeville - www.training-recrutement.fr
Tél.: 02 32 41 78 43 - training-recrutement@orange.fr - Contact: Ben Ralisoa, gérant

Finistère

ACP ATLANTIQUE: 15, rue Laennec 29000 Quimper
Tél.: 02 98 53 50 51 - acp-atlantique@wanadoo.fr - Contact: Laurent Menguy, gérant

BMC CONSULTANTS SAS: 4, rue de Salonique 29000 Quimper
Tél.: 02 98 64 87 04 - bmc-quimper@wanadoo.fr - Contact: Jean Peteul, président

CROISSANCE CAPFOR BRETAGNE: Centre d'Affaires Delta 4, boulevard de Creach Gwen 29000 Quimper - www.croissancecapfor.fr
Tél.: 02 98 53 07 08 - conseil@croissancecapfor.fr - Contact: Bruno Le Nestour, PDG

JOSEPH CARRET CONSULTANT: 38, rue Jules Collière 29200 Brest
Tél.: 02 98 41 45 33 - joseph.carret.consultant@wanadoo.fr - Contact: Joseph Carret, directeur

RH PARTNERS QUIMPER

SOLIC QUIMPER

Gard

AFL CONSULTANTS: Immeuble Perspectives - Parc Georges B 390, rue Georges Besse 30000 Nîmes - Tél.: 04 66 29 82 14 - afl.consultants@wanadoo.fr - Contact: Geneviève Seguy, directeur

FLORIAN MANTIONE INSTITUT NÎMES

GIRAUDIER CONSEIL: 11 Quai de la Fontaine 30900 Nîmes
Tél.: 08 20 02 70 42 - info@giraudierconseil.com - Contact: Éric Giraudier, directeur associé

PROSPECTIVE: 4, rue Deyron BP 21422 30017 Nîmes Cedex 1
Tél.: 04 66 21 89 47 - malletprospective@free.fr - Contact: Patrick Mallet, dirigeant

RESSOURCES INTERNES: 3, rue de Romarin 30133 Les Angles
Tél.: 04 90 25 32 05 - bernard.falco@cegetel.net - Contact: Bernard Falco, gérant

Haute-Garonne

ADVIABILIS DOMINIQUE SPERTE CONSULTANTS: 24, rue Alsace Lorraine 31000 Toulouse - Tél.: 05 34 44 50 10 - dominique.sperte@wanadoo.fr - Contact: Georges Vaccaro, responsable du cabinet

AGORRH: 5, rue Mascard 31500 Toulouse
Tél.: 05 61 39 13 60 - agorrh@yahoo.fr - Contact: Alain Zeller, directeur

ALAIN CRISTINA CONSULTANTS : Bâtiment Ariane 55, avenue Louis Breguet 31400 Toulouse - www.alain-cristina.fr
Tél. : 05 61 20 20 80 - contact@alain-cristina.fr - Contact : Alain Cristina, directeur

ALTEDIA LEE HECHT HARRISON TOULOUSE

APPORTS : Bâtiment Hermes 55, avenue Louis Breguet 31400 Toulouse - www.apports.net
Tél. : 05 61 54 29 56 - apports@apports.net - Contact : Sylvie Doret, directrice

ARC : 61, rue Pierre Cazeneuve 31200 Toulouse
Tél. : 05 61 13 01 02 - arc.recrutement@tele2.fr - Contact : Gilles Santucci, directeur

AUDITEK : Numéro 2 2 bis, boulevard Bon Repos 31000 Toulouse - www.auditek.fr
Tél. : 05 61 62 04 36 - auditek@wanadoo.fr - Contact : Marie-Laure Studnia, gérante

BECP : 1, rue du Poids de l'Huile 31000 Toulouse - www.groupe-do-it.net
Tél. : 05 34 44 15 55 - beliard@groupe-do-it.net - Contact : Bertrand Eliard, consultant associé

BERNARD CAU CONSULTANTS : 27 allée Forain François Verdier 31000 Toulouse - www.bernardcau-consultants.fr
Tél. : 05 34 31 16 16 - bernard.cau.consultants@wanadoo.fr - Contact : Bernard Cau, directeur

CAPFOR SUD OUEST

CFR CONSULTANTS : 91 Chemin de Gabardie 31200 Toulouse
Tél. : 05 34 25 47 80 - cfr@cfr-consultants.com - Contact : Olivier Montaldo, directeur

DÉCISION PLUS : 100 allée de Barcelone 31000 Toulouse - www.deltaaic.com
Tél. : 05 62 27 74 74 - decisionplus@decisionplus.fr - Contact : Jean-Louis Paolpi, directeur

DELTA RECRUTEMENT : 260, rue Léon Joulin BP 63709 31037 Toulouse Cedex 1 - www.deltarecrutement.com - Tél. : 05 61 31 25 69 - benedicte.marti@deltarecrutement.com - Contact : Bénédicte Marti, consultante

DOLLÉ CONSULTANTS : 306 Route de Launaguet 31200 Toulouse - www.pleiade.net
Tél. : 05 61 57 34 34 - dolle-rh@pleiade.net - Contact : François Dolle, gérant

EXPECTRA TOULOUSE

FLORIAN MANTIONE INSTITUT TOULOUSE

GROUPE MERLANE : BP 57650 31676 Labège Cedex - www.merlane.com
Tél. : 05 61 00 91 79 - groupe@merlane.com - Contact : Stéphane Adnet, responsable de développement

HAYS TOULOUSE

HUDSON TOULOUSE

HUMAN4UP HANDICAP : 186 Route de Rieumes 31600 Muret - www.human4up.com
Tél. : 08 26 62 83 52 - contact@human4up.com - Contact : Perreau Benoît, directeur

HUMBLOT GRANT ALEXANDER TOULOUSE

MERCURI URVAL TOULOUSE

MICHAEL PAGE INTERNATIONAL TOULOUSE

MISSION HORIZON : 16, rue Félix Lavit 31500 Toulouse - www.mission-horizon.com
Tél. : 05 61 48 77 11 - mission.conseil@wanadoo.fr - Contact : Olivier Pelras, gérant

NICOLE JUTTEAU CONSULTANTS TOULOUSE : 13, rue Marie 31500 Toulouse
Tél. : 05 61 54 89 00 - contact@njconsultants.fr - Contact : Nicole Juteau, directeur

OPTEAMAN TOULOUSE

RH PARTNERS TOULOUSE

Gironde

ABCARRIÈRES : 32, rue Genesta 33200 Bordeaux - www.abcarrieres.fr
Tél. : 05 56 99 26 77 - spont@abcarrieres.fr - Contact : Anne Bruge Ansel, directeur

ALTEDIA BORDEAUX

AP CONSEIL : ZI Le Phare - Tourmaline 2 6, rue Joule 33700 Mérignac - www.capfor.com
Tél. : 05 57 53 27 00 - a.pconseil@wanadoo.fr - Contact : Alain Philippe, consultant

ARMELLE LARRUE : 81, boulevard Pierre 1er 33110 Le Bouscat - www.al-conseils.com
Tél. : 05 56 52 40 45 - armellelarrue@al-conseils.com - Contact : Armelle Larrue, consultante

AXE ET CIBLE : 70, rue Jean-Renaud Dandicolle 33000 Bordeaux - www.axe-et-cible.fr
Tél. : 05 56 98 35 35 - contact@axe-et-cible.fr - Contact : Sonia Faugère, gérante

BR CONSULTANTS : Les Bureaux du Parc 15, rue Aristide Briand 33150 Cenon - www.br-consultants.fr - Tél. : 05 56 40 61 35 - br-consult@wanadoo.fr
Contact : Monique Patrin, directrice

CABINET GENDREAU : 22, rue Hermitage de l'Hippodrome 33320 Eysines
Tél. : 05 56 08 37 88 - cabinetgendreau@free.fr - Contact : Elisabeth Gendreau, psychologue

CIBC 33 : 15, avenue Thiers 33100 Bordeaux - www.cibc.net
Tél. : 05 57 54 25 00 - cibc33@numericable.fr - Contact : Gerald Maury, directeur

COMPÉTENCE CONSEIL : 30 Cours de l'Intendance 33000 Bordeaux - www.competences-conseil.com - Tél. : 05 56 01 22 85 - contact@competences-conseil.com
Contact : Patrice Couric, directeur gérant

EMPRISE CONSULTING : Le Bouscat - Corecom 8, boulevard Georges V 33000 Bordeaux Le Bouscat - www.corecom-search.com - Tél. : 05 56 42 44 16 - yann.lorand@corecom-search.com
Contact : Yann Lorand, président

EXPANSIAL : 53 Quai de Paludate 33800 Bordeaux - www.expansial.com
Tél. : 05 56 48 27 39 - expansial@expansial.com - Contact : Françoise Escusa, gérante consultante

EXPECTRA BORDEAUX

FC CONSULTANTS : 43 Cours de l'Intendance 33000 Bordeaux
www.scf-consultinggroup.com - Tél. : 05 56 48 26 63 - fcconsultants@wanadoo.fr
Contact : François Chidaine, directeur

FLORIAN MANTIONE INSTITUT BORDEAUX

FOB SARL : 365 bis, avenue du Maréchal de Lattre 33200 Bordeaux
Tél. : 05 57 22 10 92 - dumontierfob@wanadoo.fr - Contact : Christian Dumontier, gérant

HAYS BORDEAUX

MONIQUE LEVY CONSEIL : 30, place Pey Berland 33000 Bordeaux -
www.moniquelevyconseil.com - Tél. : 05 56 52 72 47 - contact@moniquelevyconseil.com -
Contact : Monique Levy, dirigeante

OPTEAMAN BORDEAUX

PHILEAS CONSEIL : Parc de la Devèze 10 allée des Acacias 33700 Mérignac -
www.phileasconseil.com - Tél. : 05 56 18 02 10 - phileasconseil@free.fr
Contact : Thierry Philippon, DG

PROFIL CADRES CONSEIL : rue Blaise Pascal 33370 Artigues-près-Bordeaux -
www.doms.net/profil-cadres-conseil - Tél. : 05 56 40 30 33 - profilcadres@tiscali.fr
Contact : Monique Cahen, responsable d'agence

RH PARTNERS BORDEAUX

RIGHT MANAGEMENT : 25, rue Mably 33000 Bordeaux - www.rightmanagement.fr
Tél. : 05 56 81 76 03 - bordeaux.france@right.fr - Contact : Isabelle Pontille, chargée de recrutement

SEARCH CONSULTANTS BRIAN : Les Bureaux du Lac Ii - bâtiment S 27, rue Robert Caumont 33049 Bordeaux Cedex - www.groupebs.com.fr
Tél. : 05 56 52 62 62 - groupebs@wanadoo.fr - Contact : Jean-Marie Picot, président

SUD EXPANSION PARTENAIRES : 164, avenue du Président Robert Schumann 33110 Le Bouscat - www.sud-expansion.com
Tél. : 05 56 02 02 98 - sudexpansion@gmail.com - Contact : Martine Blanc, gérant

TAILLANDIER BORDEAUX

VIDAL ASSOCIATES

Hérault

AGER : Central Parc bâtiment K2 283, rue du Pré Aux Clercs 34090 Montpellier
Tél. : 04 67 79 12 84 - Contact : Marie Nottet, dirigeante

CABANIS ET ASSOCIÉS : 13, avenue d'Assas 34000 Montpellier
Tél. : 04 99 23 24 00 - micabell@wanadoo.fr - Contact : Michèle Cabanis, dirigeante

CARRIÈRE FORMATION CONSEIL : 455, rue de l'Industrie 34000 Montpellier
Tél. : 04 67 10 57 75 - cafoco@wanadoo.fr - Contact : Frédéric Mascarade, directeur

EXPECTRA MONTPELLIER

FLORIAN MANTIONE INSTITUT MONTPELLIER

HUMBLOT GRANT ALEXANDER MONTPELLIER

PRICEWATERHOUSECOOPERS MONTPELLIER : 650, rue Henri Becquerel 34000 Montpellier - www.pwcglobal.com - Tél. : 04 67 22 84 84 - serge.aygalenq@fr.pwc.com - Contact : Serge Aygalenq, consultant

RIVIÈRE CONSULTING : 18, rue de la République 34000 Montpellier - Tél : 04 67 15 39 15
www.riviere-consulting.com - Contact : Dominique Rivière, président

Ille-et-Vilaine

ABAKA CONSEIL : Parc de Lormandière - Campus de Ker-la rue Maryse Bastie 35170 Bruz - www.abaka.fr - Tél. : 02 99 52 56 74 - abaka@abaka.fr - Contact : Elodie Guillaume, assistante

ACF : 29, avenue des Peupliers 35510 Cesson-Sévigné - www.esccot.fr
Tél. : 02 99 83 44 83 - acf@esccot.fr - Contact : Laetitia Mace, responsable administrative

ACTIS CONSULTANTS : 18, boulevard Dumaine de la Josserie BP 84128 35741 Pace Cedex - www.actis-consultants.fr - Tél. : 02 99 60 62 66 - contact@actis-consultants.fr
Contact : Gilles Clément, dirigeant consultant

ADÉQUATION C&C : Parc d'Affaires Broceliande - Bat Route de Melesse 35760 St Grégoire - www.adequation-35.com - Tél. : 02 99 23 69 72 - contact@adequation-35.fr
Contact : Françoise Thoreux, responsable

AFTEC FORMATION GROUPE FORTEAM : 23, rue Kerautret Botmel CS 36714 35067 Rennes Cedex www.aftec.fr - Tél. : 02 99 86 11 00 - Contact : Loïc Benatre, DG

ALTEDIA DROUOT

ANNE SECHAUD CONSULTANTS : 8, boulevard Volney 35700 Rennes
Tél. : 02 99 36 08 17 - anne.sechaud@worldonline.fr - Contact : Anne Sechaud, consultant

BMC CONSULTANTS SAS : 29, rue de Puits Mauger 35000 Rennes
Tél. : 02 99 35 05 55 - bmc-rennes@wanadoo.fr - Contact : Jean-François Esnée, président

CLAUDE NEVEN CONSULTANT: 16 A, rue de Jouanet 35700 Rennes
Tél.: 02 99 12 71 40 - cneven@wanadoo.fr - Contact: Claude Neven, responsable cabinet

CLOAREC CONSULTANTS: 8, rue du 7e d'Artillerie 35000 Rennes
Tél.: 02 99 65 05 06 - dominique.cloarec@wanadoo.fr - Contact: Dominique Cloarec, directeur

CPC CONSULTANTS RENNES: Bâtiment H2 Centre Alphasis 35769 St Grégoire Cedex - www.cpcconsulting.com - Tél.: 02 99 23 19 78 - cpcrecrutement@orange.fr
Contact: Georges Lagrée, gérant

DEFI RH RECRUTEMENT DE TRAVAILLEURS HANDICAPES: 1 Square René Cassin 35700 Rennes - www.defirh.fr - Tél.: 02 99 38 56 28 - gdelamoye@yahoo.fr
Contact: Gaëlle de Lamoye, consultant

ELITIS SEARCH RENNES

EXPECTRA RENNES

HAYS RENNES

MICHAEL PAGE INTERNATIONAL RENNES

OUEST RESSOURCES HUMAINES RENNES: 25, boulevard de la Liberté 35000 Rennes - www.orh.fr - Tél.: 02 99 35 02 02 - laurent.lubiere@orh.fr - Contact: Laurent Lubiere, gérant

RH PARTNERS RENNES

VOLLEKINDT ET ASSOCIÉS: 19 A, rue Duhamel 35000 Rennes - www.cvagro.fr
Tél.: 02 99 30 46 46 - contact@cvagro.fr - Contact: Patrick Vollekindt, gérant consultant

Indre-et-Loire

ACTIFORCES DÉPARTEMENT RECRUTEMENT TOURS: 20, avenue Marcel Dassault 37200 Tours - www.actiforces.com - Tél.: 02 47 48 04 00 - b.fonteneau@actiforces.com - Contact: Bernard Fonteneau, responsable du département

CFFC: Zone Industrielle N 2 18, rue Nicolas Appert FASOP 37300 Joue Les Tours
Tél.: 02 47 67 50 50 - c2fc@wanadoo.fr - Contact: Alain Maillat, DG

CLEFS SA: 38, avenue de Grammont 37000 Tours - Tél.: 02 47 38 97 12 - saclefs@orange.fr - Contact: Jean-François Pinson, PDG

EXPECTRA TOURS

HAYS TOURS

SDRH CONSULTANTS: 9, rue du Comte de Mons 37300 Joue Les Tours - www.sdrhconsultants.com - Tél.: 02 47 53 11 01 - info@sdrhconsultants.com
Contact: Daniel Bondilange, directeur

Isère

BREAM & LAANAIA: 155 Cours Berriat 38000 Grenoble - www.bream-laanaia.com
Tél.: 04 76 70 94 73 - bream-laanaia@oxatis.com - Contact: Claude Baratay, gérant

CEDIA SA: 46 Chemin du Vinay 38360 Sassenage - www.cedia-industries.com
Tél.: 04 76 26 23 86 - cedia@wanadoo.fr - Contact: Boris Chastang, directeur

CESI: 22, avenue Louis Weil 38000 Grenoble www.cesi.fr
Tél.: 04 38 70 11 80 - Contact: Sylvie Raspail, consultante

COHÉRENCE: 43, boulevard des Alpes 38240 Meylan - www.coherence.fr
Tél.: 04 76 61 62 10 - recrutement@coherence.fr - Contact: Jocelyne Garcia, consultant

EDPE: Le Mas 38440 Savas Mepin - www.edpe.fr
Tél.: 04 74 59 79 30 - jpc@edpe.fr - Contact: Jean-Pierre Condat, gérant

EURO MANAGERS CONSULTING EMC : Zone Industrielle Buisson Rond Les Triboulieres RD 517 38460 Villemoirieu - www.euromanagersconsulting.fr
Tél. : 04 37 06 15 30 - euro-managers-consulting@wanadoo.fr - Contact : Gérard Olry, directeur

EXPECTRA GRENOBLE

J VITTE ET L MOSSAN : 15, boulevard du Maréchal Leclerc 38000 Grenoble
Tél. : 04 76 42 22 51 - louis.mossan@wanadoo.fr - Contact : Louis Mossan, PDG

LEE HECHT HARRISON GRENOBLE : Parc des Ruires 3 Quinquies, rue Irène Joliot Curie 38320 Eybens - www.lhh.fr
Tél. : 04 76 25 20 72 - grenoble@lhh.com - Contact : Marie-Christine de Jouffrey

MENWAY

PARTNER S & DROUAULT : Le Saint-Georges 86, rue de la Liberté 38180 Seyssins - www.partners-drouault.com - Tél. : 04 76 70 10 99 - contactgrenoble@partners-drouault.com - Contact : Jean-Michel Bercot, directeur

RIGHT MANAGEMENT GRENOBLE : 25, avenue du Granier BP 143 38244 Meylan Cedex - www.right.fr - Tél. : 04 76 61 48 48 - grenoble.france@right.com - Contact : Sylvie Ray, consultante RH

Loir-et-Cher

GM CONSULTANTS : 122 bis, rue Michel Begon 41000 Blois - www.gmc-recrute.com
Tél. : 02 54 78 60 25 - contact@gmc-recrute.com - Contact : Gérard Maupome, dirigeant

SYLVIE PETRACCA : Zone d'Activite Cher-Sologne 1, rue du Vieux Noyer 41130 Selles Sur Cher - www.petraccarecrutement.com - Tél. : 02 54 97 37 72 - sylvie.petracca@wanadoo.fr - Contact : Sylvie Petracca, psychologue du travail

Loire

ADITO RH : 23, rue de la Résistance 42000 St-Etienne - www.adito.fr
Tél. : 04 77 49 65 00 - contact@adito.fr - Contact : Hervé Girerd, PDG

IFR HOS : Aveizieux 42330 Aveizieux - www.ifrhos.com
Tél. : 04 77 93 44 52 - ifrhos@ifrhos.com - Contact : Paul Mazenod, PDG

KERA CONSEIL : 87, rue Marengo 42000 St-Etienne
Tél. : 04 77 93 97 32 - keraconseil@wanadoo.fr - Contact : Christophe Grivolat, dirigeant

MDS CONSEIL : 23 Ter, rue Emile Clermont 42100 St-Etienne - www.mdsconseil.fr.st
Tél. : 04 77 21 06 19 - mdsconseil@free.fr - Contact : Marie-Thérèse Chambe, directrice associée

Loire-Atlantique

A XIII CONSEIL : 27 Quai de Versailles 44000 Nantes
Tél. : 02 40 20 66 88 - a-13.conseil@wanadoo.fr - Contact : Françoise Hervé, dirigeante

ACCÈS CADRES : 14, boulevard Maréchal Alphonse Juin 44100 Nantes - www.accescadres.fr
Tél. : 02 51 11 15 11 - cv@accescadres.fr - Contact : Grégoire Buffet, dirigeant

ACCETIS NANTES

ADENINE HUMAN RESSOURCES : 3, boulevard des Martyrs Nantais 44200 Nantes
Tél. : 02 40 12 06 16 - adenine@wanadoo.fr - Contact : Hélène Maugin, dirigeante

ADÉQUATION ET PERFORMANCES : Immeuble Agora 1, rue Victor Hugo 44400 Rezé - www.recrutementagro.fr - Tél. : 02 40 97 20 84 - accueil@recrutementagro.fr
Contact : Fabienne Chapeau, gérante

ALEXANDRE TIC NANTES

ALTEDIA NANTES

BACF : 4, rue Bois Joli 44200 Nantes - www.bacf.fr
Tél. : 02 40 89 99 40 - bacf@bacf.fr - Contact : Jean-Michel Rogeon, directeur

BOSSMAN SERVICES : 3, boulevard de la Loire 44200 Nantes www.bossman-consultants.com
Tél. : 02 40 35 84 85 - Contact : Christophe Menager, gérant

BR CONSEIL : 5, rue des Cadeniers 44000 Nantes
Tél. : 02 51 84 16 60 - br.conseil@wanadoo.fr - Contact : Michel Bernet Rollande, PDG

BRETAGNE ATLANTIQUE CONSEILS FORMATION : 4, rue du Bois Joli 44200 Nantes - www.bacf.fr - Tél. : 02 40 89 99 40 - bacf@bacf.fr - Contact : Jean-Michel Rogeon, gérant

BSA : 71, rue Henri Gautier 44550 Montoir-de-Bretagne - www.bsa-ouest.com
Tél. : 02 40 22 15 22 - bsa-ouest@wanadoo.fr - Contact : Patricia Billaud, responsable activité recrutement

CADR AVENIR : 1, rue d'Argentre 44000 Nantes - www.cadravenir.fr
Tél. : 02 40 48 46 66 - cv@cadravenir.fr - Contact : Gilles Foex, dirigeant

CAPFOR ATLANTIQUE

CD RH : 15, boulevard de Launay 44100 Nantes - www.cdrh.com
Tél. : 02 40 94 79 94 - infos@cdrh.com - Contact : Arnaud de Clerck, directeur

COMPÉTENCES CONSEIL NANTES CATALISIA : 4, place du Samitat 44100 Nantes - www.catalisia.com - Tél. : 02 40 18 01 04 - catalisia@wanadoo.fr - Contact : Marc Lesbre, directeur gérant

EXPECTRA NANTES

FED FINANCE NANTES : 1 rue Eugène Varlin Immeuble Les Dorides 44000 Nantes - www.fedfinance.fr - Tél. : 02 40 29 23 80 - contactnantes@fedfinance.fr
Contact : Julien Verspieren, dirigeant

FOR ACTION : Villa Maria 10 rue 44000 Nantes - www.foraction.fr
Tél. : 02 40 74 56 56 - informations@foraction.fr - Contact : Olivier Paul Dauphin, directeur associé

HAYS NANTES

HEDWIGE LEVESQUE : 113, boulevard Marcel Paul 44800 St Herblain
Tél. : 02 40 63 38 86 - Contact : Hedwige Levesque, gérante

HISSEO RH : L'Argoat rue Guglielmo Marconi 44801 St Herblain Cedex - www.hisseo.fr
Tél. : 02 40 73 07 97 - contact@hisseo.fr - Contact : Christian Ouisse, dirigeant

HUDSON NANTES

HUMAN BUILDING : 14, boulevard du Maréchal Juin 44100 Nantes - www.humanbuilding.com - Tél. : 02 51 11 16 72 - dboisdron@humanbuilding.com
Contact : David Boisdron, directeur associé

JD CONSULTANTS : Atlanpole la Chantrerie 9, rue Alfred Kastler BP 80764 44307 Nantes Cedex 3 - www.recrutement-sante.com
Tél. : 02 40 68 70 58 - info@jdconsultants.fr - Contact : Louis Desmars, dirigeant

JEAN MICHEL CATHALA CONSEILS : Immeuble Rafale C Aéropôle Nantes Atlantique 44346 Bouguenais Cedex - www.jmcathala.fr
Tél. : 02 40 05 00 52 - jmcathala@jmcathala.fr - Contact : Jean-Michel Cathala, dirigeant

MANAGING NANTES

MICHAEL PAGE INTERNATIONAL NANTES

MORENO INTERNATIONAL ATLANTIQUE: Parc de Proce 35, rue des Dervallières 44000 Nantes - www.moreno-international.fr - Tél.: 02 51 84 07 07 - infonantes@moreno-international.fr - Contact: Xavier Moreno, dirigeant

PRO HUMANIS: 1, rue Alessandro Volta BP 10736 44481 Carquefou Cedex - www.prohumanis.com - Tél.: 02 40 05 35 35 - info@prohumanis.com - Contact: Patrick Sergent, PDG

REPÈRES ET MANAGEMENT: 1, avenue Abel Gance 44300 Nantes - www.reperes-management.fr - Tél.: 02 40 14 40 24 - didier.schiller@reperes-management.fr
Contact: Didier Schiller, directeur

RIGHT MANAGEMENT: Technoparc de l'Aubinière 8 Impasse des Jades BP 33869 44338 Nantes Cedex 3 - www.right.fr
Tél.: 02 40 52 58 58 - yann.darcy@right.com - Contact: Yann Darcy, directeur

RPC ET ASSOCIÉS: 5, boulevard Guist Hau BP 50309 44003 Nantes Cedex 1 - www.rpcassocies.com - Tél.: 02 40 35 50 26 - nantes@rpcassocies.com
Contact: François Xavier Chevillard, directeur

SOLIC ATLANTIC

Loiret

AGENCE PSY FORM: Zone Industrielle 24, rue Blaise Pascal 45800 St Jean de Braye - www.agence-psyform.fr - Tél.: 02 38 22 11 33 - consultants@agence-psyform.fr
Contact: Marie-Françoise Masse Diot, gérante consultante

AVENIR ET ENTREPRISE: 26, rue de la Haute Croix 45800 St Jean de Braye - www.avenirentreprise.fr - Tél.: 02 38 21 74 14 - martine.bregent@libertysurf.fr
Contact: Martine Bregent, responsable

ENERGIA: BP 1233 45100 Orléans - Tél.: 02 38 52 17 73 - cabinet-energia@wanadoo.fr - Contact: Olivia Berthelot, dirigeante

EXPECTRA ORLÉANS

Lot

RESSOURCES & PROFILS: 58, place de la Résistance 46000 Cahors - www.ressources-profils.fr - Tél.: 05 65 30 18 77 - r-profils@ressources-profils.fr - Contact: Daniel Portal, consultant

Maine-et-Loire

CABINET WALTER GRAND OUEST: 5, avenue Pablo Picasso 49000 Angers - www.cabinet-walter.com - Tél.: 02 41 31 18 90 - charles@cabinet-walter.com - Contact: Geneviève Charles, directeur de filiale

IFORH: 12, rue Saint-Aubin 49100 Angers - www.iforh.fr
Tél.: 02 41 88 85 76 - courrier@iforh.fr - Contact: Jean-Marc Viau, gérant

JBL CONSEIL: la Créathèque 30, rue du Carteron BP 30042 49308 Cholet Cedex - www.jbl-conseil.fr - Tél.: 02 41 49 01 85 - info@jbl-conseil.fr - Contact: Jean-Baptiste Loiseau, gérant associé

JEANNEAU LACASSAGNE: 2 Impasse du Bourg Baudry 49300 Cholet - www.pleiade.net
Tél.: 02 41 46 06 22 - jeanneau.lacassagne@pleiade.net - Contact: Marie Lacassagne, dirigeant

OPC: 17, rue de la Petite Bilange 49400 Saumur - Tél.: 02 41 51 06 60 - opc@club-internet.fr - Contact: Gabriel Oppici, PDG

EPRH MANCHE: rue Franche Comte BP 311 50103 Cherbourg-Octeville Cedex - www.eprh.fr - Tél.: 02 33 88 46 45 - lerondeau@eprh.fr - Contact: Marc Lerondeau, gérant

Manche

SALABERT: 34 Quai Alexandre Iii 50100 Cherbourg
Tél.: 02 33 22 43 72 - guy.salabert@wanadoo.fr - Contact: Guy Salabert, psychologue du travail

Marne

ACTUA CONSEIL: 78 Paul Vaillant Couturier 51100 Reims - www.actuaconseil.fr
Tél.: 03 26 40 30 18 - actuaconseil@wanadoo.fr - Contact: Frédéric Bonlarron, directeur

DIMENSION RH: 10, rue Courmeaux 51100 Reims - www.mfpartners.com
Tél.: 03 26 88 74 12 - reims@mfpartners.com - Contact: Marc Royol, consultant

EURO CONSULTING PARTNERS REIMS

GENTILHOMME RESSOURCES HUMAINES REIMS: 8, rue Camille Lenoir BP 1035 51052 Reims Cedex - www.gentilhomme-rh.com - Tél.: 03 26 77 16 66 - contact@gentilhomme-rh.com - Contact: Rémi Demeron, PDG

JACQUES LORENZI CONSEIL REIMS: 30, rue Payen BP 2059 51072 Reims Cedex - www.jacqueslorenziconseil.com - Tél.: 03 26 40 10 28 - contact@jacqueslorenziconseil.com - Contact: Jacques Lorenzi, PDG

JARRY CONSEIL: 2, rue Leopold Bertot 51000 Chalons En Champagne - www.jarryconseil.fr
Tél.: 03 26 21 44 79 - jarry.conseil@wanadoo.fr - Contact: Xavier Jarry, directeur

MORENO INTERNATIONAL: 17, rue Courmeaux BP 2531 51071 Reims Cedex - www.moreno-international.fr - Tél.: 03 26 87 85 85 - info@moreno-international.fr
Contact: Xavier Moreno, PDG

Meurthe-et-Moselle

ALTEDIA NANCY

BLIQUE ACTIMUM: 160, avenue de Strasbourg 54000 Nancy - www.blique.fr
Tél.: 03 83 85 58 55 - actimum.blique@blique.com - Contact: Michel Muller, gérant

CLEG: 24, rue du Haut Bourgeois 54000 Nancy - www.cleg.fr
Tél.: 03 83 32 12 21 - cleg.inno@wanadoo.fr - Contact: Rose-Marie Gegoux, directrice

DENIS BARAN RECRUTEMENT: 49 Cours Leopold BP 3301 54014 Nancy Cedex - www.baran-recrutement.fr - Tél.: 03 83 32 49 49 - contact@baran-recrutement.fr
Contact: Denis Baran, consultant associé

FB CONSEIL NANCY: 33, rue des Quatre Eglises 54000 Nancy
Tél.: 03 83 37 39 68 - fbconseil.recrutement@wanadoo.fr - Contact: François Boisson, dirigeant

GPA CONSULTANTS NICOLE FERVILLE: 226, rue Jeanne d'Arc 54000 Nancy
Tél.: 03 83 28 23 11 - nfagpa@club-internet.fr - Contact: Nicole Ferville, dirigeante

GROUPE ADH CONSEIL: 5, rue de l'Aviation CS 10155 54602 Villers-lès-Nancy Cedex - www.adh.fr - Tél.: 03 83 96 29 29 - groupe.adh@adh.fr - Contact: Denis Heftre, dirigeant

PRH PARCOURS RESSOURCES HUMAINES: 2 allée d'Enghien 54600 Villers-lès-Nancy - www.prh.fr - Tél.: 03 83 44 11 12 - parcours@prh.fr - Contact: Étienne Lux, PDG

TURKA: 30 Ter, avenue de la Garenne 54000 Nancy
Tél.: 03 83 27 22 15 - cabinet.turka@wanadoo.fr - Contact: Bernard Turkawka, directeur

Meuse

FÉDÉRATION NATIONALE PLURIDIS CADRES: 61 Ter, rue de Saint-Michel 55200 Commercy - www.pluridis-cadres.fr - Tél.: 08 75 70 83 52 - patrick.barnas@wanadoo.fr - Contact: Patrick Barnas, directeur des ressources humaines

Morbihan

FYM CONSEIL: 15, rue Maréchal Foch 56100 Lorient - www.fym-conseil.com
Tél.: 02 97 64 87 64 - saudran@fymconseil.com - Contact: Pascal Le Liboux, PDG

SUPENERGIE: Pai du Moustoir 14, rue de l'Europe BP 70224 56402 Auray Cedex - www.supenergie.com - Tél.: 02 97 37 94 66 - info@supenergie.com - Contact: Didier Le Bras, dirigeant

Moselle

CABINET WALTER: 104 bis, rue Jean Burger 57070 St Julien Les Metz - www.cabinet-walter.com - Tél.: 03 87 76 18 00 - walter@cabinet-walter.com - Contact: Roger Walter, PDG

EXPECTRA METZ

JACQUES LORENZI CONSEIL EST: 29, place de Chambre 57000 Metz - www.jacqueslorenziconseil.com - Tél.: 03 87 17 83 77 - contact@jacqueslorenziconseil.com - Contact: Jacques Lorenzi, PDG

MORENO INTERNATIONAL: Saint-Julien-lès-Metz 15 la Tannerie BP 30027 57072 Metz Cedex 03 - www.moreno-international.fr - Tél.: 03 87 18 72 27 - infometz@moreno-international.fr - Contact: Xavier Moreno, gérant

SIS: 50, place Mazelle 57000 Metz - Tél.: 03 87 74 33 65 - siservices@wanadoo.fr
Contact: Marc Lanthiez, directeur

Nord

ACCORH SERGE BERLEM: 53, rue Jean Jaurès 59000 Lille - www.serge-berlem.com
Tél.: 03 28 55 97 07 - odr.berlem@wanadoo.fr - Contact: Serge Berlem, PDG

ADALID: Parc d'Activites la Plaine 9 allée de la Laiterie 59650 Villeneuve-d'Ascq - www.adalid.fr - Tél.: 03 20 64 77 08 - contact@adalid.fr - Contact: Henri Molenda, directeur

AGRO RECRUTEMENT CONSEIL LILLE: 3, rue du Palais de Justice 59000 Lille - www.agrorecrutement.fr - Tél.: 03 20 74 34 76 - contact@agrorecrutement.fr
Contact: Guy Brulant, gérant

ALEXANDRE TIC LILLE

ALTEDIA DROUOT

ANDRÉE RUYFFELAERE ET ASSOCIÉS: 51, boulevard de Strasbourg 59000 Lille
Tél.: 03 20 57 31 57 - aruyffelaere@nordnet.fr - Contact: Andrée Ruyffelaere, gérante

ARCHÉTYPE CONSULTING: 32, place de la Gare 59800 Lille - www.archetype-consulting.com - Tél.: 03 20 12 21 24 - info@archetype-consulting.com
Contact: Anne Catherine Lipnik, responsable commercial

ARGOS LILLE

AVANCE: 240, avenue de la République 59110 La Madeleine - www.avance-online.com
Tél.: 03 20 14 17 87 - contact@avance-online.com - Contact: Valérie Poubelle, consultante

AXAD: Parc, avenue Chemin du Lompret - 2, rue de la Carnoy 59130 Lambersart
Tél.: 03 20 92 54 80 - axad@axad.fr - Contact: Frédéric Lambin, gérant

AXE: Entrée Sud 143, boulevard de Valmy 59650 Villeneuve-d'Ascq - www.axe-conseil.fr
Tél.: 03 20 64 04 15 - yhardeman@axe-conseil.fr - Contact: Yves Hardeman, gérant

AXONE LILLE: 7 bis, avenue de la Créativité BP 50333 59666 Villeneuve-d'Ascq Cedex - www.axone-rh.fr - Tél.: 02 40 73 55 43 - alain.fusiller@axone-rh.fr - Contact: Alain Fusiller, PDG

BMV & ASSOCIÉS : 3, rue du Palais de Justice 59000 Lille - www.bmv-associes.fr
Tél. : 03 28 38 96 97 - contact@bmv-associes.fr - Contact : Guy Brulant, consultant associé

CABUSAT DEVEYT CONSULTANTS : 1, rue de Turenne 59110 La Madeleine - www.cabusat-deveyt.fr - Tél. : 03 20 63 28 10 - contact@cabusat-deveyt.fr
Contact : Éric Deveyt, dirigeant

CONVERGENCES : 36, boulevard du Général Leclerc 59100 Roubaix - www.convergence-rh.fr
Tél. : 03 20 45 03 00 - convergences@nordnet.fr - Contact : Pierre Eloy, consultant

CTC CHRISTIAN TERRIER CONSEIL : 71, rue de Paris 59800 Lille
Tél. : 03 20 13 04 60 - terrier.c@wanadoo.fr - Contact : Christian Terrier, PDG

DANIEL FERMINE CONSULTANTS : 434, avenue de Dunkerque 59130 Lambersart
Tél. : 03 20 83 47 03 - dfermine@wanadoo.fr - Contact : Daniel Fermine, dirigeant

DARCOR : Immeuble Metroport 10, place Salvador Allende BP 274 59665 Villeneuve-d'Ascq Cedex - www.darcor.fr - Tél. : 03 20 91 71 85 - darcor@darcor.fr - Contact : Étienne Cardon, DG

DIAPASON : 1 résidence Citeaux avenue Mormal 59000 Lille - Tél. : 03 20 72 01 02 - sadiapason@wanadoo.fr - Contact : Éric Blancart, consultant

EC PROFESSIONS ALAIN BINET CONSEILS : Les Arcades de Flandres 32, place Augustin Laurent 59800 Lille - Tél. : 03 20 53 31 35 - ecprofessions-conseils@wanadoo.fr
Contact : Michel Hermant, directeur

EHC LILLE

ELITHÈQUE : Ferme de la Masure 25, rue Voltaire 59290 Wasquehal - www.elitheque.eu
Tél. : 03 20 27 20 20 - elitheque@wanadoo.fr - Contact : François Deboosere, dirigeant associé

EMERGY : 288, boulevard Clémenceau 59700 Marcq En Baroeul - www.emergy.fr
Tél. : 03 20 83 04 85 - c.mortier@emergy.fr - Contact : Éric Mortier, directeur

ÉPISTÉMÊ : Parc des Moulins 9, avenue de la Créativité 59650 Villeneuve-d'Ascq - www.episteme.fr - Tél. : 03 20 65 83 92 - contact@episteme.fr - Contact : Nicole Desmet, gérante associée

EXPECTRA LILLE

FED FINANCE LILLE : 28, rue des Arts 59000 Lille - www.fedfinance.fr
Tél. : 03 28 14 11 45 - contactlille@fedfinance.fr - Contact : Julien Verspieren, dirigeant

HAYS LILLE

HOMME : Immeuble Les Caryatides 24, boulevard Carnot 59800 Lille www.homme.fr
Tél. : 03 20 21 15 15 - Contact : Philippe Van Den Bulke, président

HUDSON LILLE

HUMANOR : 16, boulevard du Général de Gaulle 59100 Roubaix
Tél. : 03 28 09 96 60 - landeau@humanor.fr - Contact : Jacques Chapulard, gérant

INTEGRA : Centre d'Affaires Molinel - Batimen avenue de la Marne BP 83 59442 Wasquehal Cedex - Tél. : 03 20 68 50 50 - conseil@integra-rh.com - Contact : Robert Chevillotte, PDG

K SERVICES : 307, avenue du Général Leclerc BP 98 59155 Faches Thumesnil - www.udimetal.fr - Tél. : 03 20 16 50 80 - f.hoizey@udimetal.fr - Contact : François Hoizey, DG

MANAGING METZ

MENWAY

MERCURI URVAL LILLE

MICHAEL PAGE INTERNATIONAL LILLE

OPTEAMAN LILLE

PROMEUROP : 17, rue Edouard Delesalle 59800 Lille
Tél. : 03 28 38 04 40 - promeurop@nordnet.fr - Contact : Xavier de Wambrechies, gérant

RAYMOND POULAIN CONSULTANTS VALENCIENNES : 22, rue de Famars 59300 Valenciennes - www.raymond-poulain.fr - Tél. : 03 27 41 36 77 - valenciennes@raymond-poulain.fr - Contact : Christine Delattre, responsable du cabinet

SOLIC LILLE

SYNTONE : 6, rue Saint-Éloi 59000 Lille - Tél. : 03 20 30 95 22 - syntone@wanadoo.fr - Contact : Bernard Dervaux, dirigeant

TRANSEARCH INTERNATIONAL LILLE

VRA VANASTEN RAUX ET ASSOCIÉS LILLE : 20, rue Gauthier de Chatillon BP 1293 59014 Lille Cedex - www.vr-a.com - Tél. : 03 28 36 13 00 - contact@vr-a.com
Contact : Jean-Marc Vanasten, directeur associé

Oise

DMF : 107, rue du Connetable BP 30424 60635 Chantilly Cedex - www.dmf-recrutement.fr
Tél. : 03 44 58 22 74 - dmf@dmf-recrutement.fr - Contact : Gérard Jandin, dirigeant

MAYDAY INTERNATIONAL : 5 7, rue des Potagers BP 20134 60500 Chantilly - www.maydayinternational.fr - Tél. : 03 44 58 17 80 - mayday.international@wanadoo.fr - Contact : Yves Caule, dirigeant

OPTIMUM : 240, avenue Marcel Dassault BP 201 60002 Beauvais Cedex
Tél. : 03 44 06 15 15 - contact@optimum-conseil.com - Contact : Alain Levy, directeur

Orne

SYNTHESE ACTION : 14, rue de Bretagne BP 277 61008 Alençon Cedex - www.synthese-action.fr - Tél. : 02 33 82 06 06 - contact@synthese-action.fr - Contact : Hélène Parenty, responsable recrutement

Pas-de-Calais

OPALE CONSULTANTS : 6, boulevard du Prince Albert 62200 Boulogne-sur-Mer www.opale-consultants.fr - Tél. : 03 21 80 99 66 - Contact : Gérard Fachon, directeur

Puy-de-Dôme

MARC ANDRIEUX CONSULTANTS

PROJECTIVE : 21, rue Fontgiève 63000 Clermont-Ferrand - www.projective.fr
Tél. : 04 73 31 00 39 - projective@projective.fr - Contact : Frédéric Pasquet, gérant

RH PARTNERS CLERMONT-FERRAND

RHEVOLUTIONS : 4, rue Gabriel Peri 63000 Clermont-Ferrand - www.rhevolutions.com
Tél. : 04 73 17 32 00 - contacts@rhevolutions.com - Contact : Bernard Noel, directeur

Pyrénées-Atlantiques

AJC RH : 8 allée Didier Daurat 64600 Anglet - www.ajc-rh.com
Tél. : 05 59 63 10 34 - anglet@ajc-rh.com - Contact : Anne Jeanjean, directrice

LAZAYRES : Erremounenia BP 14 64210 Guethary - www.cabinet.lazayres.free.fr
Tél. : 05 59 54 82 30 - cabinet.lazayres@wanadoo.fr - Contact : Jean-Loup Lazayres, dirigeant

SYNAX : Cia boulevard Marcel Dassault 64200 Biarritz - Tél. : 05 59 43 52 43 - contact@synax.fr - Contact : Monique Durier, PDG

Pyrénées-Orientales

ALPHA CONSULTANTS : 57, avenue de Belfort 66000 Perpignan - www.alpha-consultants.fr
Tél. : 04 68 55 47 50 - soler@alpha-consultants.fr - Contact : Georges Soler, gérant

CARLIT CONSULTANTS : 1, rue Adam 66000 Perpignan - www.competences-conseil.com
Tél. : 04 68 52 27 27 - carlit.consultants@wanadoo.fr - Contact : Valérie Blanchard, gérante

FLORIAN MANTIONE INSTITUT PERPIGNAN

Bas-Rhin

ACCETIS STRASBOURG : 3, Quai Kléber - Tour Sébastopol 67000 Strasbourg
Tél. : 03 88 23 71 53 - contact Francis Moritz

ALSACE INTERFACE : 76, rue Plaine des Bouchers 67100 Strasbourg
Tél. : 03 88 39 33 00 - jeanlouismarty@wanadoo.fr - Contact : Jean-Louis Marty, directeur

ALTEDIA STRASBOURG

BROCKHOFF SAS : 87, avenue des Vosges 67000 Strasbourg - www.brockhoff.fr
Tél. : 03 88 25 68 41 - conseil@brockhoff.fr - Contact : Michel Brockhoff, PDG

CONSEIL ET HOMMES : 16, rue du Travail 67000 Strasbourg - www.conseilethommes.com
Tél. : 03 88 21 51 01 - info@conseilethommes.com - Contact : Jean-Pierre Herb, directeur associé

ERC EUROPE RECRUTEMENT CONSEIL STRASBOURG : 19, boulevard de Nancy 67000 Strasbourg - www.erc-rhconseil.com - Tél. : 03 88 23 81 55 - erc.strasbourg@erc-rhconseil.com - Contact : René Reyser, consultant

EXPECTRA STRASBOURG

FRANCE CONSULT STRASBOURG : 5, rue de la Faisanderie 67832 Tanneries Cedex - www.france-consult.com - Tél. : 03 88 76 09 00 - info@france-consult.com
Contact : Michel Crombecque, gérant

HAEFFNER ET PARTNERS : 61 allée de la Robertsau 67000 Strasbourg - www.haeffner-partners.com - Tél. : 03 88 24 95 96 - contact@haeffner-partners.com
Contact : Mathieu Steinmer, gérante

HAY GROUP : 10, rue Erckmann Chatrian 67000 Strasbourg - www.haygroup.fr
Tél. : 03 88 37 15 52 - strasbourg@haygroup.com - Contact : Gérard Lehr, directeur

HAYS STRASBOURG

HEMERA CONSEIL : 18, rue Sleidan 67000 Strasbourg
Tél. : 03 88 52 16 17 - hemeracons@wanadoo.fr - Contact : Dominique Wirtz, directeur associé

HUDSON STRASBOURG

KORN FERRY FUTURESTEP

MANAGING STRASBOURG

MICHAEL PAGE INTERNATIONAL STRASBOURG

MMC MAGNIER MERRAN CONSULTANTS RH : 38, rue Oberlin 67000 Strasbourg
Tél. : 03 88 35 43 42 - m.m.c5@wanadoo.fr - Contact : Aimée Magnier, dirigeant

MRC MANAGEMENT RESSOURCES CONSEIL : 12, boulevard Jacques Preiss 67000 Strasbourg - www.mrc-axcess.com - Tél. : 03 88 25 58 00 - mrc@noos.fr - Contact : Michel Rendler, PDG

NEUMANN INTERNATIONAL

PARTENAIRE RIGHT MANAGEMENT : 6 Quai Koch 67000 Strasbourg - www.proreseau.fr
Tél. : 03 88 24 73 20 - proreseau@proreseau.fr - Contact : Daniel Moueza, consultant

PLURICONSEIL : 35, rue Goethe 67000 Strasbourg
Tél. : 03 90 41 49 40 - pluriconseil@wanadoo.fr - Contact : Françoise Picard Katz, consultante

STAFF CONSULTANTS

Haut-Rhin

ALAIN BECK CONSULTANTS : 3, boulevard de l'Europe BP 71041 68050 Mulhouse Cedex - www.alainbeck.com - Tél. : 03 84 26 35 16 - abc@alainbeck.com - Contact : Alain Beck, directeur

ALPHASEARCH : 12, avenue du Président Kennedy 68200 Mulhouse - www.alphasearch.fr
Tél. : 03 89 60 22 12 - info@alphasearch.fr - Contact : Jean-François Baechler, consultant

B SIGRIST CONSEIL : 33, rue des Trois Rois 68100 Mulhouse - www.sigrist-conseil.fr
Tél. : 03 89 36 03 54 - sigristrh@wanadoo.fr - Contact : Bernadette Sigrist Girard, consultant

CENTOR IDEP MULHOUSE : 22, rue Salvator 68100 Mulhouse - www.centoridep.com
Tél. : 03 89 66 58 00 - mulhouse@centoridep.com - Contact : Anne-Marie Bruant, directrice régionale est

DEBOVE RH : 2 A, rue de l'Aerodrome 68170 Rixheim
Tél. : 06 71 05 87 06 - thierry-marc.debove@wanadoo.fr - Contact : Thierry Marc Debove, gérant

DENIS CONSEIL : 14, rue Stanislas 68000 Colmar - www.denis-conseil.fr
Tél. : 03 89 24 90 28 - contact-info@denis-conseil.fr - Contact : Jean-Paul Denis, gérant

EXPECTRA MULHOUSE

FREMONT CONSULTANTS : 15, avenue Valparc 68440 Habsheim - www.fremont.tm.fr
Tél. : 03 89 64 12 12 - contact@fremont.tm.fr - Contact : Françoise Fremont, gérante

JLS CONSEIL CABINET : 35, avenue Aristide Briand BP 2401 68067 Mulhouse Cedex - www.jls-conseils.fr
Tél. : 03 89 32 11 49 - jls@jls-conseils.fr - Contact : Jean-Luc Schelb, dirigeant

LUTTER CONSULTANTS INTERNATIONAL : 2e étage bâtiment D - 16 Niklausbrunn Pfad 68000 Colmar - Tél. : 03 89 20 46 29 - rlutter@wanadoo.fr - Contact : Roland Lutter, gérant

MADINFOR CONSEIL : 25, avenue du Président Kennedy 68200 Mulhouse - www.madinfor-conseil.com - Tél. : 03 89 60 10 50 - contact@madinfor-conseil.com - Contact : Noël Casanova, consultante

MANAGING MULHOUSE

NAUDO WEBER CONSULTANTS : 5, rue de Paris 68240 Kaysersberg - www.naudo-weber.com - Tél. : 03 89 47 37 57 - contact@naudo-weber.com - Contact : Robert Weber, dirigeant

PIERRE KIM CONSULT : 2 Route de Gunsbach 68230 Wihr Au Val - www.pierre-kim-consult.com - Tél. : 03 88 39 13 69 - contact@pierre-kim-consult.com - Contact : Pierre Kim, dirigeant

PRORESEAU : Parc des Collines 21, rue Victor Schoelcher 68200 Mulhouse - www.proreseau.fr
Tél. : 03 89 33 28 80 - proreseau@proreseau.fr - Contact : Marc Sarwatka, gérant

Rhône

ABC CONSULTANTS LYON : 22, rue Seguin 69286 Lyon Cedex 02 - www.abc-consultants.fr
Tél. : 04 72 40 20 20 - f.valla@abc-consultants.fr - Contact : Françoise Valla, consultante

ACCETIS LYON

ACCILE : 49, rue Président Edouard Herriot 69002 Lyon - www.accile.com
Tél. : 04 72 41 06 85 - veronique@accile.com - Contact : Speltdoorn Véronique, gérante

ACD CONSULTING: 41 Cours Albert Thomas 69003 Lyon - www.acd-consulting.com
Tél.: 04 37 56 10 30 - lyon@acdconsulting.com - Contact: Marc Van Lul, directeur

ACTEON CONSEIL: 302, rue Garibaldi 69007 Lyon
Tél.: 04 72 72 01 60 - acteon@wanadoo.fr - Contact: Michel Ancelin, PDG

ACTEUROP LYON: 57, boulevard Vivier Merle 69429 Lyon Cedex 03 - www.acteurop.fr
Tél.: 04 72 68 95 95 - lyon@amropfr.com - Contact: Christine Micollet, responsable du personnel

ADM A: 76 78, rue Maurice Flandin 69003 Lyon
Tél.: 04 37 56 13 00 - contact@adma.fr - Contact: Dominique de Verneuil, gérant

ADS CONSEIL: Centre d'Affaire Benoît - bâtiment B 69, rue Gorges de Loup 69009 Lyon - www.adsconseil.com - Tél.: 04 78 83 31 67 - ads.conseil@wanadoo.fr - Contact: Gerald Helmer, directeur

ADVANCERS EXECUTIVE

ALAIN GAVAND CONSULTANTS

ALERYS: 4 Quai Jean Moulin 69001 Lyon - www.alerys.fr
Tél.: 04 72 07 43 83 - contact@alerys.fr - Contact: Jean-Christophe Deruaz, dirigeant

ALEXANDRE HUGHES

ALEXANDRE TIC LYON

ALGOÉ RECRUTEMENT (STANTON CHASE)

ALTEDIA DROUOT LYON

ALTIAM: 1, place Verrazzano CP 70616 69258 Lyon Cedex 09 - www.altiam.fr
Tél.: 04 37 47 55 20 - info@altiam.fr - Contact: Jean-Pierre Lach, PDG

AMO CONSULTANTS: 66, rue Cuvier 69006 Lyon - www.amo-consultants.fr
Tél.: 04 72 74 07 57 - conseil.rh@amo-consultants.fr - Contact: Christian Noizet, gérant

ANSELMO & ASSOCIÉS: 6 Chemin du Plat 69130 Ecully
Tél.: 04 78 33 81 22 - jp.anselmo@online.fr - Contact: Jean-Pierre Anselmo, PDG

ANTELIAS CONSULTANTS: 22, rue Seguin 69002 Lyon
Tél.: 04 78 42 40 22 - d.cabane@antelias-consultants.fr - Contact: Didier Cabane, gérant

APTIMEN LYON

ARGOS LYON

ARTEMIS CONSEIL: 31, rue Grenette 69002 Lyon - www.artemis-conseil.com
Tél.: 04 72 56 30 80 - contact@artemis-conseil.com - Contact: Geneviève Crouzet Brochier, PDG

AUTHENTIS: 27, rue de la Villette 69003 Lyon
Tél.: 04 72 13 53 22 - authentis@wanadoo.fr - Contact: Nadia Clavaud, directrice

AXES ISIS: 3, rue de l'Humilite 69406 Lyon Cedex 03
Tél.: 04 78 71 01 02 - accueil.isis@orange.fr - Contact: Yves Penot, directeur

BALLAND CONSULTANTS BC: 145, rue Vauban 69006 Lyon - www.ballandconsultants.com - Tél.: 04 72 74 00 29 - contact@ballandconsultants.com - Contact: Dominique Balland

BVRH CONSULTANTS: 47, rue Maurice Flandin 69003 Lyon - bvrh.consultants@wanadoo.fr - Contact: Bernard Vitteaut, directeur

CABINET GATIER: 32, rue Barrême 69006 Lyon
Tél.: 04 78 93 28 88 - cabinet.gatier@wanadoo.fr - Contact: Pierre Poujaud, directeur

CAPFOR GSV

CARADOT SEEMANN ASSOCIÉS: 65, rue de la République 69002 Lyon
Tél.: 04 72 77 28 28 - contact@caradot-recrutement.com - Contact: Jean-François Caradot, PDG

CASTING PLASTURGIE: Le Rodin 26, rue Louis Blanc 69006 Lyon
Tél.: 04 72 78 30 90 - Contact: Jean-Claude Martin, consultant gérant

CCLD: Bâtiment F1 213, rue de Gerland 69301 Lyon Cedex 07 - www.ccld-recrutement.com
Tél.: 04 37 45 36 40 - ldeshors@ccld-recrutement.fr - Contact: Lionel Deshors, consultant associé

CEGOS DÉPARTEMENT RECRUTEMENT LYON: Bonnel 20, rue de la Villette 69328 Lyon Cedex 03 - www.cegos.fr - Tél.: 04 72 11 35 91 - imontanaro@cegos.fr - Contact: Gilles Reboul, consultant

CESAR DE FILIPPIS CONSULTANTS: 266, rue Centrale 69250 Montanay
Tél.: 04 78 91 61 72 - cesar.defi@tele2.fr - Contact: Cesar de Filippis, dirigeant

CHANTAL GELLER & ASSOCIÉS: 16 Chemin Pierre Dupont 69130 Ecully - www.chantalgeller.fr - Tél.: 04 78 33 66 81 - cg@chantalgeller.fr - Contact: Chantal Geller, gérante

CHAPOUTIER PROM EXCEL: l'Orient 10, place Charles Beraudier 69428 Lyon Cedex 03 - www.chapoutier-promexcel.com
Tél.: 04 72 11 34 91 - chapoutier@promexcel.com - Contact: Muriel Serret, gérante

CONCORDANCES SAS: 77, rue François Mermet BP 32 69811 Tassin-la-Demi-Lune Cedex - www.concordances.com - Tél.: 04 78 34 50 27 - pbuccai@concordances.com - Contact: Pierre Buccai, président

CONSULTEC: 68, rue du Vieux-Port 69540 Irigny - www.consultec-group.com
Tél.: 04 78 86 98 66 - consultec@wanadoo.fr - Contact: Alain Groues, dirigeant

CONSULTRANS: 16, rue Victor Hugo BP 2206 69214 Lyon Cedex 02
Tél.: 04 78 38 54 44 - Contact: Christian Navarro

CORPORATYS: 4, rue du Docteur Albéric Pont 69005 Lyon - www.corporatys.com
Tél.: 04 37 41 50 13 - contact@corporatys.com - Contact: Diane Laeticia Valli, dirigeante

DDC CONSEIL: 23 quai de Bondy 69321 Lyon Cedex 05 - www.ddc-conseil.com
Tél.: 04 72 00 95 33 - ddecarne@bplorraine.fr - Contact: Dominique de Carne, consultant

DIACONSEILS: 14, rue Professeur Deperet 69160 Tassin-la-Demi-Lune
Tél.: 04 78 89 93 61 - diaconseils@wanadoo.fr - Contact: Thierry de Saint Louvent, PDG

DMC SARL: 20, rue Claude Veyron 69007 Lyon
Tél.: 04 72 72 05 50 - dmcrh@wanadoo.fr - Contact: Daniel Moinier, gérant

EAGLE CONSEIL: 97, rue Président Edouard Herriot 69002 Lyon - www.eagleconseil.com
Tél.: 04 72 77 04 65 - candidats@eagleconseil.com - Contact: Éric Bothier, partner

EGON ZEHNDER INTERNATIONAL LYON

ELITIS SEARCH LYON

EQUATION RECRUTEMENT: 23 25, rue du Commandant Faurax 69006 Lyon - www.equation-recrutement.com - Tél.: 04 72 82 32 50 - pplatel@equation-recrutement.com - Contact: Philippe Platel, directeur

ES TETE RECRUTEMENT: Le Danica 19a, avenue Georges Pompidou 69486 Lyon Cedex 03 - www.es-tete.com
Tél.: 04 72 11 50 80 - contact@es-tete.com - Contact: Berangère Mathieu, présidente

ETHIKA: 7, rue Victor Hugo 69002 Lyon - www.ethika-sens.fr
Tél.: 04 78 92 91 92 - hr@ethika.fr - Contact: Elisabeth Bailly Salins, PDG

ETO ÉTUDES ET OBJECTIFS: 27, rue Gilibert 69002 Lyon www.groupe-conseillance.com
Tél.: 04 72 41 92 08 - Contact: Anne-Marie Troy, secrétaire général

EVOLUTIC LYON

EVOLUTION RH: 3, place Aristide Briand 69003 Lyon - www.evolutionrh.com
Tél.: 01 41 81 41 81 - info@evolutionrh.com - Contact: Stéphane Deschiens, responsable

EXPECTRA LYON

EXPONENTIEL: Bâtiment G Allée Claude de Bussy 69130 Ecully - www.exponentiel.fr
Tél.: 04 72 18 04 44 - exponentiel@exponentiel.fr - Contact: Pierre Boudellon, DG

FED FINANCE LYON: 1 rue des Quatre Chapeaux 69002 Lyon - www.fedfinance.fr
Tél.: 04 72 56 35 00 - contactlyon@fedfinance.fr - Contact: Julien Verspieren, dirigeant

FORMATEC: 54, avenue Félix Faure 69422 Lyon Cedex 03
Tél.: 04 78 71 08 43 - e-formatec@wanadoo.fr - Contact: Gérard Raidelet, gérant

FRAISSINET ET ASSOCIÉS LYON: 42, rue de la Bannière 69003 Lyon - www.fraissinet.fr
Tél.: 04 37 48 08 83 - lyon@fraissinet.fr - Contact: Gilles Fraissinet, gérant

FUTURESTEP LYON

GALLOS ET ASSOCIÉS LYON: 15, boulevard Vivier Merle 69003 Lyon - www.gallos.fr
Tél.: 04 72 68 91 55 - gallos@club-internet.fr - Contact: Valérie Michel, dirigeante

GP INTERNATIONAL: 41 Quai Fulchiron 69005 Lyon - www.pleiade.net
Tél.: 04 78 42 54 58 - intgp@wanadoo.fr - Contact: Gilles Peillet, gérant consultant

GROUPE CYCLONE OPS: BP 5 69700 Ballancourt - www.btp-btp.com
Tél.: 04 78 81 04 73 - info@cycloneops.fr - Contact: Catherine Peru, dirigeante

HAYS LYON

HOMMES & ENTREPRISES INTERNATIONAL LYON

HUDSON LYON

HUMANIS CONSEIL: 4 Quai des Etroits 69321 Lyon Cedex 05 - www.humanis-conseil.com
Tél.: 04 72 56 05 70 - contact@humanis-conseil.com - Contact: Dominique Wittebolle, consultante en ressources humaines

HUMBLOT GRANT ALEXANDER LYON

IDES CONSULTANTS: 18, place Tolozan 69001 Lyon - www.ides-consultants.fr
Tél.: 04 72 10 18 00 - ides@ides-consultants.fr - Contact: Michel Gariazzo, PDG

INNOE: 3, rue de la République 69001 Lyon - www.innoe.net
Tél.: 04 72 00 76 76 - hr@innoe.net - Contact: Paul André Faure, dirigeant

KEYTAL PARIS: Tour Société Suisse 1 Bd Vivier Merle 69443 Lyon Cedex 03 - www.keytal.com - Tél.: 04.72.11.40.24 - lyon@keytal.com - Contact: Francis Rouhier, DG

KORN FERRY FUTURESTEP

KURIBAY HR CONSULTING: Le Nobel 99 Cours Gambetta 69003 Lyon - www.kuribay.fr
Tél.: 04 72 84 77 00 - contact@kuribay.com - Contact: Stéphane Jobert, directeur

LAZARE LASKIER CONSEIL: 49, rue de la République 69002 Lyon - www.lazarelaskierconseil.fr - Tél.: 04 78 92 80 10 - llc@lazarelaskierconseil.fr
Contact: Lazare Laskier, PDG

LEE HECHT HARRISON LYON: 10, rue Stella 69002 Lyon www.lhh.fr
Tél.: 04 78 28 58 08 - Contact: Dorick de Brosses, directeur

MANAGING LYON

MF PARTNERS LYON

MERCURI URVAL RHONE-ALPES

MICHAEL PAGE INTERNATIONAL LYON

MOVING CONSEIL : 4 Quai des Etroits 69321 Lyon Cedex 05
Tél. : 04 72 77 86 00 - m.hinault@movingconseil.fr - Contact : Malou Hinault, consultante associée

NEMROD RESSOURCES HUMAINES LYON : 3, place Louis Pradel 69001 Lyon - www.nemrod.fr - Tél. : 04 72 74 44 30 - nemrod@nemrod.fr - Contact : Denis Richard, PDG

OPTEAMAN LYON

PARTNER S & DROUAULT : 16, avenue Maréchal Foch 69006 Lyon
Tél. : 04 72 69 51 00 - pfilliol@partners-drouault.com - Contact : Philippe Filliol, directeur

PEOPLE AND PEOPLE : 43, rue de la République 69002 Lyon - www.peopleandpeople.fr
Tél. : 04 72 41 88 00 - contact@peopleandpeople.fr - Contact : Carine Riolo, consultante associée

PERFORMEN S RESSOURCES HUMAINES : Impasse des Etupes 69210 Savigny - www.performens.fr - Tél. : 04 74 01 14 06 - contact@performens.fr - Contact : Jean-Marc Beauvoir, PDG

PHS CONSULTANTS : 21, rue Malesherbes 69006 Lyon
Tél. : 04 72 44 99 34 - pstrohl@tiscali.fr - Contact : Philippe Strohl, directeur

PJP CONSULTANTS : 51, rue Bellecombe 69006 Lyon - www.pjp-consultants.com
Tél. : 04 37 24 72 72 - pjpouchain@pjp-consultants.com - Contact : Pierre-Jean Pouchain, dirigeant

POLYCOM : 5 bis, rue Vignet Trouve 69270 Fontaines-sur-Saône - www.polycom-recrutement.fr - Tél. : 04 72 42 11 42 - polycom@polycom-recrutement.fr
Contact : Danielle Mussard Chassot, PDG

PRICEWATERHOUSECOOPERS LYON ADVISORY : 20, rue Garibaldi 69006 Lyon - www.pwc.com - Tél. : 04 78 17 83 40 - francoise.rosse@fr.pwc.com - Contact : Françoise Rosse, consultante RH

RH PARTNERS LYON

RH PLUS LYON : 160 Route de Villefranche 69250 Curis
Tél. : 04 72 08 89 37 - vbrh@club-internet.fr - Contact : Philippe Varnier, gérant

RH PRÉSENCE : Bâtiment C 11, rue des Draperies 69450 St Cyr Au Mont d'Or - www.rhpresence.fr - Tél. : 04 72 85 62 20 - contact@rhpresence.fr - Contact : Axelle Gerin, gérante

RHOC RESSOURCES HUMAINES ORGANISATION ET CONSEIL : 18, place Tolozan 69001 Lyon - Tél. : 04 78 29 39 16 - rhoc@wanadoo.fr - Contact : Denis Bousson, PDG

RHONE-ALPES MISSIONS ET DIRIGEANTS : 20, boulevard Eugène Deruelle 69432 Lyon Cedex 03 - www.mission-dirigeants.fr - Tél. : 04 78 14 21 00 - contact@mission-dirigeants.fr - Contact : Alain Arnaud, gérant

RIGHT MANAGEMENT : Le Dauphine Part Dieu 78, rue de la Villette 69425 Lyon Cedex 03 www.right.com - Tél. : 04 72 91 21 21 - Contact : Jacques Quinio, directeur

ROBERT HALF INTERNATIONAL LYON

ROBERT WALTERS LYON

ROBERT PLOUVIER CONSEIL: 48, rue de la Thibaudière 69007 Lyon - www.robert-plouvier.com - Tél.: 04 78 58 00 90 - robert.plouvier@wanadoo.fr - Contact: Robert Plouvier, dirigeant

SCA CONSULT: 73, rue François Mermet BP 14 69811 Tassin-la-Demi-Lune Cedex - www.scaconsult.com - Tél.: 04 72 38 37 37 - lyon@scaconsult.com - Contact: Alain Bousquet, PDG

SCIENCES FORMATION: 53 Cours Albert Thomas 69003 Lyon - www.sciences-u.com
Tél.: 04 26 29 01 09 - michel.soly@sciences-u.fr - Contact: Stéphane Legal, responsable d'agence

SOLUTION RH: 3 allée des Lauriers 69480 Morance - www.solutionrh.com
Tél.: 06 26 48 59 09 - contact@solutionrh.com - Contact: Éric Hauptmann, consultant

STANTON CHASE INTERNATIONAL LYON

TAKTIK: 2, rue des Farges 69005 Lyon - www.taktik-conseil.com
Tél.: 04 78 25 18 31 - pb.taktik@wanadoo.fr - Contact: Patrick Baranger, gérant

TAPLOW CONSULTING FRANCE: 5 Cours Franklin Roosevelt 69006 Lyon - www.richelieu-consultants.com - Tél.: 04 72 44 04 44 - rroux@richelieu-consultants.com - Contact: Roland Roux de Chavanes, directeur associé

TH CONSEIL TRAVAIL HANDICAP CONSEIL

TRAJECTIS: 29, rue Charton 69600 Oullins
Tél.: 04 72 66 87 87 - trajectis@wanadoo.fr - Contact: Éric Yezeguelian, fondateur

TURIN CONSULTANTS: 14, rue Gorge de Loup 69009 Lyon
Tél.: 04 72 53 84 21 - turinconsult@wanadoo.fr - Contact: Bernard Turin, consultant

WINSEARCH: 68 Cours Lafayette 69003 Lyon - www.winsearch.fr
Tél.: 04 78 60 68 79 - info@winsearch.fr - Contact: Frédéric Pougeon, dirigeant

Sarthe

ORH: 75, boulevard Alexandre Oyon 72100 Le Mans - www.orh72.fr
Tél.: 02 43 57 47 00 - gilbert.chambon@wanadoo.fr - Contact: Gilbert Chambon, consultant

VARIANT CONSULTANTS: 27, rue des Marais 72000 Le Mans - www.variant.fr
Tél.: 02 43 50 05 90 - variant@variant.fr - Contact: Étienne Poirot Bourdain, directeur associé

Savoie

COREFOR: 14, rue de la Leysse 73000 Bassens - www.corefor.fr
Tél.: 04 79 60 56 56 - chambery@corefor.fr - Contact: Jean-Luc Plagnol, PDG

DAUPHINE SAVOIE CONSEIL: BP 9451 73094 Chambéry Cedex 9
Tél.: 04 79 70 00 41 - dscfb@wanadoo.fr - Contact: Franck Banget, directeur

Haute-Savoie

ABCYS: 40, rue de la Voute BP 30 74290 Veyrier-du-Lac - www.abcys.fr
Tél.: 04 50 60 21 92 - abcys@abcys.fr - Contact: Paul de Marigny, directeur

GROUPE OPTIM CONSEIL: 868 Route de Lornard 74410 St Jorioz - www.groupeoptim.blogspot.com
Tél.: 04 50 68 51 51 - groupeoptim@free.fr - Contact: Annie Neulinger, responsable structure

MENWAY INTERNATIONAL

RCI CONSEILS: Le Granit 4, rue du Bulloz 74940 Annecy-le-Vieux
Tél.: 04 50 64 05 01 - rci.conseils@mageos.com - Contact: Brigitte Folscheid, consultante gérante

Paris

2M RECRUTEMENT : 74, rue Falguière 75015 Paris - www.2mrecrutement.com
Tél. : 01 43 22 64 64 - contact@2mrecrutement.com - Contact : Martine Migayron, directrice

3 SANTE ASSOCIÉS : 15, rue de Madrid 75008 Paris - www.3ssante.com
Tél. : 01 40 50 06 00 - mougin3ssante@wanadoo.fr - Contact : Jean-Luc Sicnasi, dirigeant

9A PLUS : 10, rue Jules César 75012 Paris
Tél. : 01 43 40 01 12 - cblache@9aplus.com - Contact : Christine Blache, gérante

AAZ CONSEIL : 10, rue Mesnil 75116 Paris - Tél. : 01 45 04 69 56 - jenny@club-internet.fr - Contact : Josiane Agard, gérante

ABL SEARCH : 55, rue de Dunkerque 75009 Paris
Tél. : 01 42 82 03 16 - ablsearch@wanadoo.fr - Contact : Anne Blozheimer, dirigeante

ACCILE : 17 Square Edouard Vii 75009 Paris - www.accile.com
Tél. : 01 53 43 92 52 - job@accile.com - Contact : Véronique Speltdoorn, gérante

ACTIVE RECRUITMENT

ACD CONSULTING : 49 51, rue d'Alleray 75014 Paris - www.acd-consulting.com
Tél. : 01 45 30 32 00 - paris@acdconsulting.com - Contact : Marc Van Lul, directeur

ACTA RESSOURCES HUMAINES : 88, rue de Miromesnil 75008 Paris - www.acta-group.com - Tél. : 01 53 96 97 88 - actarh75@aol.com - Contact : Jean-Philippe Mouton de Villaret, dirigeant

ACTENCIA

ACTIFORCES DÉPARTEMENT RECRUTEMENT PARIS : 36, rue des Plantes 75014 Paris - www.actiforces.com - Tél. : 01 45 39 14 66 - recrute@actiforces.com - Contact : Bernard Fonteneau, responsable du département

ACTIV TOURISM : 5 bis, rue Christiani 75018 Paris - www.active-tourism.eu
Tél. : 01 45 96 03 34 - p.souterbicq@activtourism.com - Contact : Philippe Souterbicq, gérant consultant

ADDILL, PUPIER, JOUVE & PARTNERS

AD HOMINEM INTERNATIONAL

ADVANCERS EXECUTIVE

ADVISEHR : Tour Cite 3, rue de l'Arrivee 75015 Paris - www.advisehr.fr
Tél. : 01 43 27 80 60 - ll@advisehr.com - Contact : Laurent Lecardonnel, gérant associé

AEK RECRUTEMENT : 1, rue de Stockholm 75008 Paris - www.aek-recrutement.fr
Tél. : 01 44 70 72 18 - conseil@aek-recrutement.fr - Contact : Yves Kulig, directeur

AELYS RECRUTEMENT : 124 bis, avenue de Villiers 75017 Paris
Tél. : 01 44 29 26 24 - btriniac@palmer-international.com - Contact : Benoît Triniac, dirigeant

AFSD : 11, rue de Provence 75009 Paris
Tél. : 01 45 23 03 82 - Contact : Alain Famchon, DG

AGATHE TYCHE DR GUNTHER E WEISS : 12, rue de la Chaise 75007 Paris - www.agathetyche.com - Tél. : 01 45 49 07 68 - agathe.tyche@wanadoo.fr
Contact : Gunther E Weiss, DG

AGORA SEARCH

AHEAD SEARCH : 23, rue de Téhéran 75008 Paris - www.ahead-search.com
Tél. : 01 42 25 68 61 - pierre-edouard.buet@ahead-search.com - Contact : Pierre-Edouard Buet, directeur

AIMS INTERNATIONAL FRANCE

AIR CONSEIL: 3, rue du Faubourg Saint-Honoré 75008 Paris - www.airconseil.fr
Tél.: 01 47 42 13 13 - air@airconseil.fr - Contact: Séverine Vollant, dirigeante

AJ CONSEIL: 71, rue Fondary 75015 Paris - www.ajconseil.fr
Tél.: 01 53 95 26 95 - candidature@ajconseil.fr - Contact: Alain Jacob, PDG

ALAIN GAVAND CONSULTANTS PARIS

ALAIN JAMBRIN DE KERALUN CONSEIL: 106, avenue Kléber 75116 Paris - www.cyrus-partners.com - Tél.: 01 42 17 03 10 - alain.jambrin@wanadoo.fr - Contact: Alain Jambrin de Keralun, dirigeant

ALBYA: 45, rue Boissy d'Anglas 75008 Paris - Tél.: 01 40 06 07 71 - contact@albya.fr - Contact: Alix de Joussineau, gérante

ALCANE: 15, rue de la Pépinière 75008 Paris
Tél.: 01 44 69 04 04 - alcane@alcanerh.com - Contact: Brigitte Edrom, directrice

ALCIRA CONSEIL: 46, rue Richelieu 75001 Paris - www.alciraconseil.com
Tél.: 01 49 26 91 27 - candidatscontacts@alciraconseil.com - Contact: Alcira Somarriba, DG

ALEXANDER B SMITH: 68, rue Mollet 75017 Paris www.absmith.fr
Tél.: 01 53 42 32 12 - Contact: Anneka Corveler, directrice associée

ALEXANDER HUGHES

ALEXANDRE TIC PARIS

ALGOÉ RECRUTEMENT (STANTON CHASE)

ALIOTTS EXECUTIVE SEARCH: 127, rue de la Saisanrie 75116 Paris - www.aliotts.com
Tél.: 01 58 18 67 00 - rhispa@aliotts.com - Contact: Thomas Angles d'Auriac, dirigeant

ALIX BELLANGER & ASSOCIÉS (RAY & BERNDTSON)

ALMA CONSEIL: 121, rue de la Pompe 75116 Paris
Tél.: 01 47 27 08 08 - almaconseil@almaconseil.fr - Contact: Gilles Luneau, consultant gérant

ALPHA CDI: 4, rue Berryer 75008 Paris - www.alphacdi.com
Tél.: 01 58 36 13 61 - alphacdi@alphacdi.com - Contact: Joelle Dujour, président

ALPHÉE

ALTEDIA DROUOT

AMETHYSTE: 6, rue Laferrière 75009 Paris - www.amethyste.fr
Tél.: 01 40 82 91 59 - agnes.gaillard@amethyste.fr - Contact: Agnès Gaillard, PDG

AMJ SELECTION: 47, rue de Ponthieu 75008 Paris - www.amj-groupe.com
Tél.: 01 53 76 00 00 - annonce.amj@amj-groupe.com - Contact: Monique Princiaux, directrice associée

ANIMASOFT: 21, rue Henry Monnier 75009 Paris - www.animasoft.fr
Tél.: 01 40 16 10 77 - paul@animasoft.fr - Contact: Paul Dubois, dirigeant

ANTEA: 19, rue de Marignan 75008 Paris - www.antea-search.com
Tél.: 01 56 88 10 20 - fpiquet@antea-search.com - Contact: Francis Piquet, PDG

ANTHOS

APFORT: 23, rue Balzac 75008 Paris - www.apfort.com
Tél.: 01 53 53 69 93 - apfort@apfort.com - Contact: Renata Lundkwist, directrice

ARAVATI FRANCE: 203, rue de Vaugirard 75015 Paris - www.aravati.fr
Tél.: 01 55 74 76 76 - aravati@aravati.fr - Contact: Hyname Ben Aoun, directrice

ARCHIBAT ASSISTANCE : 9, rue Charlot 75003 Paris - www.archibat.com
Tél. : 01 42 71 71 01 - mp.blanc@archibat.com - Contact : Marie-Pierre Blanc, directrice générale

ARCOS AND PARTNERS : 29, rue de Miromesnil 75008 Paris - www.arcos-partners.com
Tél. : 01 47 42 03 90 - arcos@arcos-consulting.com - Contact : Rudolph Von Raesfeldt, PDG

ARNAVA : 2, rue de la Bourse 75002 Paris - www.arnava.fr
Tél. : 01 42 61 16 01 - arnava@arnavar.com - Contact : Michel Noir, PDG

ARNOLD HARTPENCE ET ASSOCIÉS : 34, rue de Penthievre 75008 Paris - www.arnold-hartpence-associes.com - Tél. : 01 56 89 18 90 - baud75@aol.com - Contact : Bruno Baudelaire, gérant

ARROWMAN EXECUTIVE SEARCH

ARTEC SEARCH AND SELECTION

ARTHUR HUNT : 75, avenue des Champs Élysées 75008 Paris - www.arthur-hunt.com
Tél. : 01 56 69 66 96 - dreyfous-ducas@arthur-hunt.com - Contact : Didier Dreyfous Ducas, directeur

ASCORE : 1, rue de Stockholm 75008 Paris
Tél. : 01 44 70 70 71 - ascore2@wanadoo.fr - Contact : Yves Kulig, consultant

ASK RH : 8, rue Armand Moisant 75015 Paris - www.askconseil.com
Tél. : 01 56 54 31 80 - ask@askconseil.com - Contact : Caroline Toussaint, chargée de recherche

AUSTIN KELLAS INTERNATIONAL

AWV FASTRAL CONSEIL : 1, rue Auguste Vacquerie 75116 Paris
Tél. : 01 47 20 06 50 - awvconseil@awv.fr - Contact : René Casimir, directeur conseil gérant

AXCESS : 8, rue de Berri 75008 Paris - www.groupeaxcess.com
Tél. : 01 53 76 86 00 - accueil@groupeaxcess.com - Contact : Bruno Hubert, directeur département recrutement

AXCESS MOBILITÉ : 8, rue de Berri 75008 Paris - www.groupeaxcess.com
Tél. : 01 53 76 86 00 - accueil@groupeaxcess.com - Contact : Jean-Christophe Lacaze, PDG

AXONE PARIS : 63, rue de Rivoli 75001 Paris - www.axone-rh.fr
Tél. : 01 42 21 49 05 - axone-paris@axone-rh.fr - Contact : Alain Susiller, PDG

BATENBORCH INTERNATIONAL SA : 14, rue de Lubeck 75116 Paris - www.batenborch.com - Tél. : 01 56 26 59 60 - info@batenborch.fr - Contact : David Sutrat, country manager

BERNARD KRIEF RESSOURCES HUMAINES : 33, boulevard Malesherbes 75008 Paris - www.bernardkrief-recrut.com - Tél. : 01 53 30 82 30 - bks@bkrh.com - Contact : Anne-Marie Haugou, PDG

BIENFAIT ET ASSOCIÉS

BOUTTIER & CO : 66, avenue Victor Hugo 75116 Paris - www.bouttier-co.com
Tél. : 01 45 01 67 93 - ibouttier@bouttier-co.com - Contact : Anne Bouttier, gérant

BOYDEN GLOBAL EXECUTIVE SEARCH

BPI : 16, rue Vivienne 75002 Paris - www.groupe-bpi.com
Tél. : 01 55 35 70 75 - nicole.kocwin@groupe-bpi.com - Contact : Nicole Kocwin, directrice associée

BR CONSULTANTS TRANSMARKETING : 30, rue du Château d'Eau 75010 Paris - www.br-consultants.com - Tél. : 01 46 51 01 07 - bernard.ruffie@wanadoo.fr - Contact : Bernard Ruffie, directeur

BRC: 43, avenue de Friedland 75008 Paris - www.brc.fr
Tél.: 01 45 61 32 35 - nbrunet@brc.fr - Contact: Monique Brunet, PDG

BSA: 2, place André Malraux 75001 Paris
Tél.: 01 42 97 47 72 - b_s_a@club-internet.fr - Contact: Jean-Pol Lallement, directeur

CABINET HF: 7, rue de Bucarest 75008 Paris
Tél.: 01 53 89 02 89 - marieguimaraes@wanadoo.fr - Contact: Marie-Lucie Guimaraes, DG

CANOPEE: 5, rue Brown Sequard 75015 Paris - Tél.: 01 44 55 37 37 - Contact: Jean-Marc Fleury

CAPT CONSEIL: 72, rue du Faubourg Saint-Honoré 75008 Paris
Tél.: 01 40 07 86 39 - capt@wanadoo.fr - Contact: Agnès Arnould, directrice

CARA CONSEIL: 29, rue de Miromesnil 75008 Paris
Tél.: 01 42 68 07 14 - cararh@wanadoo.fr - Contact: Chantal Gavot, gérante

CATENON: 20, rue Treilhard 75008 Paris - www.catenon.com
Tél.: 01 53 75 69 50 - Contact: Stéphane Lehideux, DG

CCLD: 39, rue de Châteaudun 75009 Paris - www.ccld-recrutement.com
Tél.: 01 53 25 04 40 - info@ccld-recrutement.com - Contact: Lionel Deshors, consultant associé

CE CONSULTANTS: 5, rue du Bois de Boulogne 75116 Paris - www.ceconsultants.com
Tél.: 01 45 00 17 94 - search@ceconsultants.com - Contact: Catherine Euvrard, PDG fondateur de la société

CEERH BEN MORGAN MCKAY EXECUTIVE SEARCH: 19, boulevard Malesherbes 75008 Paris - www.ceerh.com - Tél.: 01 55 27 39 79 - contact@ceerh.com - Contact: Ben Ralisoa, gérant

CEFLU: 9, rue Chaptal 75009 Paris - www.ceflu.fr
Tél.: 01 45 22 50 10 - nberre@ceflu.fr - Contact: Nicole Berre, directrice générale

CEPIG: 61, avenue Victor Hugo 75116 Paris - www.cepig.com
Tél.: 01 45 00 95 95 - cmfoix@cepig.fr - Contact: Catherine Foix, PDG

CHANTAL BAUDRON

CHAPOUTIER BAZZURRI CONSEILS: 81, rue de Clichy 75009 Paris
Tél.: 01 42 81 23 56 - pbazzurri@hotmail.com - Contact: Patrick Bazzurri, responsable cabinet

CLARE MANAGEMENT: 10, boulevard Malesherbes 75008 Paris - www.clare-management.com - Tél.: 01 58 18 32 75 - contact@clare-management.com
Contact: Claire Antoine Rousseau, DG

CLAUDE GOLDSTAUB: 26, rue du 4 Septembre 75002 Paris
Tél.: 01 42 93 42 12 - claudegoldstaub@aol.com - Contact: Claude Goldstaub, responsable du cabinet

CLEMENTINE INTERNATIONAL SA: 65, rue de Turbigo 75003 Paris - www.clementine-international.com - Tél.: 01 53 09 61 61 - fabienne@clementine-international.com
Contact: Fabienne Paris, consultante

CLM PARTNERS: 12, rue d'Astorg 75008 Paris
Tél.: 01 53 57 80 88 - contact@clm-partners.com - Contact: Claude-Jean Le Menn, directeur

CLP ASSOCIÉS: Tour Montparnasse 33, avenue du Maine BP 170 75755 Paris Cedex 15 - www.clp-associes.fr - Tél.: 01 45 38 62 62 - clp@clp-associes.fr - Contact: Jérôme Lancrenon, DG

CMA MANAGEMENT: 8, rue Armand Moisant 75015 Paris
Tél.: 01 40 64 30 60 - infos@cma-consulting.com - Contact: Thierry Pigeon, PDG

COHÉRENCE : 95, boulevard Bertier 75017 Paris - www.groupecoherence.com
Tél. : 01 47 66 84 22 - bernard.monteil@groupecoherence.com - Contact : Bernard Monteil, DG

COME : 1, rue de Caumartin 75009 Paris - www.co-me.com
Tél. : 01 42 66 36 89 - gb@co-me.fr - Contact : Gilles Bessière, directeur

CONCEPT ET SOLUTION : 14, rue de la Paix 75002 Paris - www.concept-solution.com
Tél. : 01 53 45 90 80 - spo@concept-solution.com - Contact : Gilles Bellaiche, DG

COPERS : 55, avenue Bugeaud 75116 Paris - www.copers.net
Tél. : 01 53 65 66 67 - copers@copers.net - Contact : Jean-Michel Reyt, PDG

CORECOM SEARCH : 52, boulevard de Sébastopol 75003 Paris - www.corecom-search.com
Tél. : 01 72 74 55 60 - groupeemprise@noos.fr - Contact : Christian Mennegand, directeur

CORIANCE : 2 Square du Croisic 75015 Paris - www.coriance.com
Tél. : 01 40 56 98 99 - phnowicki@coriance.com - Contact : Philippe Nowicki, dirigeant

COSMOSEARCH : 65, avenue de Suffren 75007 Paris
Tél. : 01 42 66 17 01 - cosmosearch@noos.fr - Contact : Maryvonne Noziere, directeur associé

CPA GKS CONSEIL : 13, rue de Marivaux 75002 Paris
Tél. : 01 44 77 96 96 - cpa@gks-conseil.com - Contact : Charles Emmanuel Koehrer, directeur gérant

CREATIVE SEARCH : 11, rue Chapon 75003 Paris
Tél. : 01 42 77 42 00 - crsearch@club-internet.fr - Contact : Jean-Claude de Mesmaeker, managing partner

CREATIVE VALUE : 17, boulevard Maleherbes 75008 Paris - www.creativevalue.net
Tél. : 01 53 30 91 20 - fatia@creativevalue.net - Contact : Michel David, PDG

CREDEY ET ASSOCIÉS : 10, rue de Castiglione 75001 Paris - www.credey.com
Tél. : 01 55 04 82 82 - credeyetassocies@credey.com - Contact : David Credey, directeur

CRITERE : 31, rue Boissière 75116 Paris - www.critere.com
Tél. : 01 55 37 24 00 - welcome@critere.com - Contact : Monique Labbe, PDG

CROSSWAY MANAGEMENT

CTM CONSEIL : 41, rue Lafayette 75009 Paris
Tél. : 01 53 16 16 00 - ctmparis@wanadoo.fr - Contact : Gilles Courrège, gérant

CTPARTNERS

CUBIKS : 115, rue Reaumur 75002 Paris - cubiks.fr
Tél. : 01 55 80 59 00 - cubiks.france@cubiks.com - Contact : Hervé Le Guern

CV DU NET : 42, rue du Faubourg Poissonnière 75010 Paris www.cvdunet.com
Tél. : 01 53 16 21 60 - Contact : Eude Le Gras

CYRIASELECTION : 8, rue Jean Goujon 75008 Paris
Tél. : 01 43 50 59 60 - cyriaselection@wanadoo.fr - Contact : Caroline Devisch, gérante

DANIELLE BOULOS CONSEIL : 32, rue Cortambert 75016 Paris
Tél. : 01 48 28 10 91 - dbc@dboulosconseil.fr - Contact : Danielle Boulos, directrice

DBM FRANCE : 49, avenue des Champs Élysées 75008 Paris - www.dbm.fr
Tél. : 01 56 69 34 00 - info@dbm.fr - Contact : Stéphane Bossy, PDG

DÉCISION RH : 71, rue du Faubourg Saint-Antoine 75011 Paris - www.decision-rh.com
Tél. : 01 44 75 49 30 - job@decision-rh.com - Contact : Muriel Benmussa, DG

DELTA AIC : 2, rue Jobbe Duval 75015 Paris
Tél. : 01 56 56 60 43 - jl.tixier@deltaaic.com - Contact : Jean-Louis Tixier, gérant

DÉPARTEMENT FINANCE : 4, rue de Rome 75008 Paris - www.acht.fr
Tél. : 01 44 69 96 96 - acht@acht.fr - Contact : Thomas Le Carpentier, président

DIANES : 39, rue du Général Foy 75008 Paris
Tél. : 01 53 05 97 17 - conseil@dianes.fr - Contact : Florence Clapin, directrice associée

DIGIT COMPÉTENCES : 35, rue Saint-Georges 75009 Paris - www.digit-competences.com
Tél. : 01 42 80 01 08 - recrutement@digit-competences.com - Contact : Didier Seigland, directeur

DIVERSITY CONSEIL : 142, rue Montmartre 75002 Paris - www.diversityconseil.com
Tél. : 01 53 40 86 86 - contact@diversityconseil.com - Contact : Anne Saut, dirigeante

DORENAVANT : 19, boulevard Malesherbes 75008 Paris - www.dorenavant.fr
Tél. : 01 55 27 35 53 - contact@dorenavant.fr - Contact : Sylvie Lambert, directrice

DS INTERNATIONAL : 7, avenue de la Grande Armée 75116 Paris - www.dsinternational.fr
Tél. : 01 53 64 11 11 - contact@dsinternational.fr - Contact : Brigitte Dours, directrice

DUVERGEY GUILLANNEUF ASSOCIÉS : 46 48, rue Lauriston 75116 Paris - www.dg-associes.com - Tél. : 01 53 70 67 30 - michel.guillanneuf@dg-associes.com
Contact : Michel Guillanneuf, directeur associé

DYAD HEXAGONE : Le Carre Saint-Nicolas 10, rue Saint-Nicolas 75012 Paris - www.dyad.fr
Tél. : 01 47 03 46 95 - contact@dyad.fr - Contact : Hervé Rivières, directeur du développement

EGGO CONSEILS : 10, rue de Pouy 75013 Paris - pro.wanadoo.fr/eggo.conseils
Tél. : 01 45 80 37 37 - eggoconseils@eggo.fr - Contact : Orly Dahan, gérante

EGON ZEHNDER INTERNATIONAL

ELAINOS : 27, rue Jean-Jacques Rousseau 75001 Paris - www.elainos.fr
Tél. : 01 42 96 67 67 - recrut@elainos.fr - Contact : Rémi Aubertin, directeur

ELISABETH FRENCH CONSULTANT : 58, avenue de Versailles 75016 Paris
Tél. : 01 45 25 73 69 - french.elisabeth@orange.fr - Contact : Elisabeth French, consultante en RH

ELITIS SEARCH PARIS

ÉLYSÉES CONSULTANTS

ELZEAR EXECUTIVE SEARCH

EQUATION RECRUTEMENT : 52, boulevard de Sébastopol 75003 Paris - www.equation-recrutement.com - Tél. : 01 72 74 55 35 - pplatel@equation-recrutement.com
Contact : Philippe Platel, directeur

EQUINOX PARTNERS

EQUITEAM : 33, rue de Miromesnil 75008 Paris - www.equiteam.com
Tél. : 01 44 94 07 94 - equiteam@equiteam.com - Contact : Dominique Montabrie, gérante

ERIC SALMON & PARTNERS

ESG EUROPEAN SEARCH GROUP CADREAL : 10, rue Vignon 75009 Paris - www.cadreal.com - Tél. : 01 47 42 64 04 - esginfo@esgcadreal.com - Contact : Jean-Bernard Benoist, PDG

ESPINET : 15, rue Cardinet 75017 Paris
Tél. : 01 40 53 03 00 - michelespinet@wanadoo.fr - Contact : Michel Espinet, consultant

ETC CONSEIL : 22 bis, rue Jouffroy d'Abbans 75017 Paris - www.etcconseil.fr
Tél. : 01 47 66 83 84 - candidature@etcconseil.com - Contact : Edwige Dorel, directeur

ETHNOS : 104 avenue du Président Wilson 75016 Paris - www.ethnos-recrutement.com
Tél. : 01 44 09 54 11 - candidature@cgs-ethnos.com - Contact : Éric Albrant, gérant

EURO CONSULTING PARTNERS PARIS

EUROMAN CONSEIL : 19, boulevard Malesherbes 75008 Paris - www.europeople.fr
Tél. : 08 20 82 56 12 - europeople@europeople.fr - Contact : Claude-Henri Genin, consultant

EUROMEDICA SARL : 18, rue de Marignan 75008 Paris - www.euromedica.com
Tél. : 01 49 53 05 11 - paris@euromedica.fr - Contact : Jennifer Chase, manager consultant

EUROSEARCH CONSULTANTS

EUROSELECTION

EUROSERV : 21, place Vendôme 75001 Paris - www.euroserv.fr
Tél. : 01 53 45 93 93 - candidature@euroserv.fr - Contact : Pierre Laschkar, directeur

EVOLUTION RH : 55, avenue Duquesne 75007 Paris - www.evolutionrh.com
Tél. : 01 41 81 41 81 - info@evolutionrh.com - Contact : Serge Kuntzmann, dirigeant

EVOLUTIONS : 91, rue de Rennes 75006 Paris - www.evolutions.fr
Tél. : 01 45 49 05 39 - info@evolutions.fr - Contact : Christel de Jessey, DG gérante

EWK : Ewk - Edward W Kelley & Partners 44, rue de Lisbonne 75008 Paris - www.ewkp.com
Tél. : 01 56 62 56 62 - paris.search@ewkp.com - Contact : Jean-François Monteil, managing director

EXEC AVENUE

EXECUTIVE COREAD : 223, boulevard Pereire 75017 Paris - www.executive-coread.com
Tél. : 01 45 72 94 94 - rh@executive-coread.com - Contact : Nicole Prud'Homme, DG

EXECUTIVE TRANSITION MANAGEMENT : 4, rue Quentin Bauchart 75008 Paris - www.etmmanagement.com - Tél. : 01 47 20 57 05 - etm@etmmanagement.com
Contact : François Dufourcq, gérant

EXPATRIA HUMAN RESOURCES : 15, rue Vignon 75008 Paris - www.expatria.fr
Tél. : 01 53 30 41 00 - info@expatria.fr - Contact : Claes Rasmusson, gérant

EXPECTRA

FAVEREAU ET ASSOCIÉS : 242, rue de Rivoli 75001 Paris - www.favereauetassocies.com
Tél. : 01 42 73 27 05 - info@favereau.com - Contact : Béatrice Galievsky, PDG

FC CONSEIL SA : 9, rue du Faubourg Saint-Honoré 75008 Paris - www.fcconseil.fr
Tél. : 01 42 66 66 05 - fcconseil@fcconseil.fr - Contact : Frédéric Dubloc, PDG

FED FINANCE : 51, rue de la Chaussée d'Antin 75009 Paris - www.fedfinance.fr
Tél. : 01 40 82 77 77 - contactparis@fedfinance.fr - Contact : Julien Verspieren, dirigeant

FEDER H : 32, avenue Bugeaud 75116 Paris - www.federh.com
Tél. : 01 44 34 23 23 - durand@federh.com - Contact : Bertram Durand, directeur

FELDMAN CONSEIL : 17, rue Chanzy 75011 Paris - www.feldmanconseil.fr
Tél. : 01 40 09 07 07 - gfeldman@feldmanconseil.fr - Contact : Gérard Feldman, consultante

FEMMES ET CARRIÈRES : 21, rue de la Paix 75002 Paris - www.femmesetcarrieres.com
Tél. : 01 44 51 63 33 - mail@femmesetcarrieres.com - Contact : Virginie Deryckx, consultante

FINEPRO : 23, rue Madrid 75008 Paris - www.finepro.com
Tél. : 01 76 60 66 15 - contact@finepro.com - Contact : Richard Farhi, dirigeant

FLORIAN MANTIONE INSTITUT PARIS

FLORIANE DE SAINT PIERRE ET ASSOCIÉS : 134, rue du Faubourg Saint-Honoré 75008 Paris - Tél. : 01 45 61 24 89 - contact@fspsa.com - Contact : Floriane de Saint-Pierre, PDG

FME SEARCH

FRANCOIS ARFEL CONSEIL: 10, rue Presbourg 75116 Paris
Tél.: 01 42 36 58 42 - francois.arfel-conseil@wanadoo.fr - Contact: François Arfel, fondateur

SANCHEZ CONSULTANTS

GARON EXECUTIVES: 55, rue de Prony 75017 Paris - www.garonexecutives.fr
Tél.: 01 56 33 20 00 - info@garonexecutives.fr - Contact: Robert Frank, gérant

GBO HUMAN RESOURCES: 35, rue La Boétie 75008 Paris - www.gbo.fr
Tél.: 01 45 63 08 64 - info@gbo.fr - Contact: Gilles Boquien, DG

GC CONSULTANTS SOGESEB: 46, rue Raffet 75016 Paris
Tél.: 01 64 24 52 98 - gilbert.ciavatti@wanadoo.fr - Contact: Gilbert Ciavatti, directeur gérant

GÉNÉRALE EUROPE CONSULTANTS GEC: 42, avenue Kléber 75016 Paris - www.gec.fr
Tél.: 01 53 70 44 55 - gec@gec.fr - Contact: Said Elinkichari, directeur

GIBORY CONSULTANTS: 39, rue des Mathurins 75008 Paris - www.gibory.fr
Tél.: 01 42 65 78 01 - search@gibory.fr - Contact: Amélie Chaillous, responsable recrutement

GIRAUDIER CONSEIL: 90, avenue des Champs Élysées 75008 Paris
Tél.: 08 20 02 70 42 - info@giraudierconseil.com - Contact: Éric Giraudier, directeur associé

GPB CONSEIL ORGANISATIONS RH: 4, rue du Dahomey 75011 Paris - www.gpbconseil.com - Tél.: 01 40 24 18 18 - gpb@gpbconseil.com - Contact: Alain Burger, gérant directeur associé

GROUPE BBC: 1 bis, place de Valois 75001 Paris - www.groupe-bbc.com
Tél.: 01 42 96 55 00 - groupe-bbc@groupe-bbc.com - Contact: Jacques Brusset, DG

GROUPEMENT DE l'INTERIM FRANÇAIS: 45, rue de Turbigo 75003 Paris - www.gif.fr
Tél.: 01 42 74 21 00 - gifrrh@gif.fr - Contact: Muriel Added, responsable recrutement

GUINTRAND CONSULTANTS: 32, avenue de Friedland 75008 Paris - www.guintrand.com
Tél.: 01 56 68 88 66 - contact@guintrand.com - Contact: Pierre Guintrand, consultant

HARMON CONSULTANTS: 77, rue La Boétie 75008 Paris - www.harmonc.com
Tél.: 01 75 00 06 20 - contact@harmonc.com - Contact: Éric Pouliquen, gérant

HARVEY NASH: 8, avenue Kléber 75116 Paris - www.harveynash.com
Tél.: 01 40 67 66 00 - pariscvs@harveynash.com - Contact: Elisabeth Bre, DG

HASKELL: 12, rue Pergolèse 75116 Paris
Tél.: 01 45 00 20 67 - haskell@club-internet.fr - Contact: Paul Haskell, président

HAY GROUP: 8, rue Cambacéres 75008 Paris - www.haygroup.com
Tél.: 01 70 36 11 00 - damien_barthe@haygroup.fr - Contact: Damien Barthe, directeur marketing

HAYS PARIS

HEADLINE: 3, rue de l'Arrivee 75749 Paris Cedex 15 - www.headline.fr
Tél.: 01 42 79 86 26 - joindre@headline.fr - Contact: Éric Blier, consultant associé

HEIDRICK & STRUGGLES

HEIMDALL: 16, place de la Madeleine 75008 Paris - www.heimdall.fr
Tél.: 01 44 94 81 81 - heimdall@heimdall.fr - Contact: Franck Alberola, associé

HOMMES ET ENTREPRISES INTERNATIONAL

HOREMIS: 3, rue Saint-Georges 75009 Paris - www.homme-mobilite.com
Tél.: 01 55 06 01 51 - jpfauche@horemis.fr - Contact: Jean-Philippe Fauche, DG

HORTON INTERNATIONAL

HRM : 56, rue Monceau 75008 Paris - www.hrm.fr - Tél. : 01 53 77 25 25 - contact@hrm.fr - Contact : Michel Caste Ballereau, PDG

HUGHES CASTELL : 57, rue de la Chaussée d'Antin 75009 Paris - www.hughes-castell.fr
Tél. : 01 53 76 36 11 - contact@hughes-castell.fr - Contact : Amaury de la Laurencie, directeur

HUMAN INTERNATIONAL : 14, rue Pergolèse 75016 Paris www.hcapital.com
Tél. : 01 40 19 95 95 - Contact : Desplanques, présidente

HUMBLOT GRANT ALEXANDER

IC CONSEIL : 6, rue du Docteur Finlay 75015 Paris - www.icconseil.com
Tél. : 01 34 94 98 10 - daniel.pichot@icconseil.com - Contact : Daniel Pichot, directeur

IDG CONSEILS : 2, rue Marie Benoist 75012 Paris - www.idgconseil.com
Tél. : 01 45 93 15 87 - idg@idgconseil.com - Contact : Daniel Gury, responsable du cabinet

IMPACT DÉVELOPPEMENT : 26, rue Brunel 75017 Paris
Tél. : 01 45 72 66 81 - impactdeveloppement@orange.fr - Contact : Nicole Weerts, DG

INFORMATIS TECHNOLOGY SYSTEM : 26, rue Daubenton 75005 Paris - www.informatis-ts.fr - Tél. : 01 43 37 99 22 - direction@informatis-ts.fr - Contact : Hervé Meimoun, PDG

INTERREGIONS CONSULTANTS : 3, rue Scribe 75009 Paris
Tél. : 01 47 42 40 70 - interegion@aol.com - Contact : Christian Garcia, consultant

INTERSEARCH FRANCE : 59, boulevard Exelmans 75016 Paris - www.intersearchfrance.com
Tél. : 01 53 84 74 74 - paris@intersearchfrance.com - Contact : Anne Debieuvre, général manager

INTUITU PERSONAE

JACQUES SCARINOFF & ASSOCIÉS : 38, rue Jean Mermoz 75008 Paris - www.scarinoff.com - Tél. : 01 44 94 06 30 - contact@scarinoff.com - Contact : Jacques Scarinoff, PDG

JEAN LOUIS FERREIN ET ASSOCIÉS : 32, rue de La Boétie 75008 Paris - www.jlfassocies.com - Tél. : 01 58 05 27 00 - jlferrein@jlfassocies.com
Contact : Jean-Louis Ferrein, directeur

JK ASSOCIATES CONSULTING : 57, rue d'Amsterdam 75008 Paris - www.mc-partners.com
Tél. : 01 44 53 95 63 - info@mc-partners.com - Contact : André Wilmet, dirigeant

JMB CONSEIL : 11, rue de Provence 75009 Paris
Tél. : 01 45 23 03 82 - Contact : Jean-Marie Besse, DG

JOHN STORK INTERNATIONAL

JOSEPH BEAURAIN CONSULTANTS : 27, avenue de l'Opera 75001 Paris - www.jbeaurain.com - Tél. : 01 45 25 02 02 - josephbeaurain@wanadoo.fr
Contact : Joseph Beaurain, gérant

JOSIANE AGARD DÉVELOPPEMENT : 10, avenue Mesnil 75116 Paris
Tél. : 01 45 04 69 56 - jenny@club-internet.fr - Contact : Josiane Agard, DG

JOUBLIN MC CANN : 62, avenue de Wagram 75017 Paris - Tél. : 01 47 63 09 25 - hobsons@joublin.com - Contact : Catherine Joublin Mc Cann, responsable du cabinet

JOUVE & ASSOCIÉS

JURISPARTNER : 24, rue de Penthièvre 75008 Paris - www.jurispartner.com
Tél. : 01 56 88 19 60 - christianlamy@jurispartner.com - Contact : Christian Lamy, gérant

KATE SASSON CONSEIL KS DESIGN : 21, rue Cambon 75001 Paris - www.katesasson.com
Tél. : 01 40 07 09 99 - info@katesasson.com - Contact : Kate Sasson, gérante

KEYTAL LYON : Tour de l'Horloge 4, place Louis Armand 75012 Paris - www.keytal.com
Tél. : 01.72.76.26.77 - paris@keytal.com - Contact : Francis Rouhier, DG

KHARIS CONSEIL : 36, rue de Laborde 75008 Paris - www.kharisconseil.fr
Tél. : 01 47 42 86 40 - kharisconseil@wanadoo.fr - Contact : Bertrand Courtois Suffit, associé gérant

KIENBAUM

KOBALTT : 64, rue Tiquetonne 75002 Paris - www.kobaltt.com
Tél. : 01 40 26 46 69 - a.otmane@kobaltt.com - Contact : Otmane Ahmed, directeur

KORN FERRY INTERNATIONAL

KPI KEBERS PARE INTERNATIONAL : 20, rue de la Banque 75002 Paris - www.kpi.fr
Tél. : 01 53 45 47 77 - kpi@kpi.fr - Contact : Marc Pare, PDG

LABEILLE CONSEIL

LABORD CONSULTANTS

LAMAZY RH : 30, boulevard Pasteur 75015 Paris - www.lamazy.fr
Tél. : 01 56 24 06 04 - recrutement@lamazy.fr - Contact : Laurence Zychowicz, responsable

LANG ET ASSOCIÉS : 10, rue La Boétie 75008 Paris - www.penrhyn.com
Tél. : 01 47 42 47 08 - info@lang-associes.com - Contact : Guy Lang, gérant associé

LD CONSULTANTS : 18, rue de Belzunce 75010 Paris - www.h2pconsulting.com
Tél. : 01 42 60 75 31 - ld.c@worldonline.fr - Contact : Hedwige de Pontbriand, gérante

LE CERCLE INTÉRIMAIRE PARIS GROUPE DES HOMMES ET DES MÉTIERS : 36, rue de Malte 75011 Paris - www.le-cercle-interimaire.fr - Tél. : 01 39 30 14 01 - a.added@le-cercle-interimaire.fr - Contact : Daniel Bors, directeur

LEADERS TRUST INTERNATIONAL

LEROY CONSULTANTS GROUPE BPI : 16, rue Vivienne 75002 Paris - www.leroy-consultants.com - Tél. : 01 55 35 72 18 - nathalie.serpossian@groupe-bpi.com
Contact : Nathalie Serpossian, directrice

LIGHT CONSULTANTS

LINCOLN ASSOCIÉS

LINDEN (RT & A)

LOGIE CONSULTANTS : 8, rue Jean Goujon 75008 Paris - www.entreprise-famille.com
Tél. : 01 40 74 79 19 - logieconsultants@voila.fr - Contact : Bernard Logie, gérant

LOMBARD : 16, avenue Hoche 75008 Paris - www.cabinet-lombard.com
Tél. : 01 40 76 04 36 - cablomb@club-internet.fr - Contact : Christiane Maréchal, PDG

LOUSSOUARN CONSEIL DE DIRECTION COACHING : 171, rue Saint-Honoré 75001 Paris - www.loussouarn.com - Tél. : 01 55 04 82 92 - contact@loussouarn.com
Contact : Patricia Gonzalez, DG

MAC ALLISTER : 6 Square Louis Jouvet 75009 Paris - www.mac-allister.com
Tél. : 01 78 09 59 60 - contact@mac-allister.com - Contact : Jérôme Remeur, associé

MAI EXECUTIVE SEARCH INTERNATIONAL

MAN CONSEIL : 150, rue de Charonne 75011 Paris - www.manconseil.fr
Tél. : 06 11 52 30 19 - oschil@hotmail.fr - Contact : Olivier Shil, DG

MANAGEMENT PROCESS INTELLIGENCE MPI : 14, rue Cadet 75009 Paris
Tél. : 01 43 59 99 99 - mpintel@orange.fr - Contact : Jacques Thibaud, PDG

MANAGERIA : 8, rue Saint-Martin 75004 Paris - www.manageria.fr
Tél. : 01 44 54 13 50 - infos@manageria.fr - Contact : Pierre Boulaire, PDG

MANAGING PARIS

MARKETING SEARCH : 61, avenue Marceau 75116 Paris
Tél. : 01 40 70 10 70 - marketing.search@wanadoo.fr - Contact : Camille Volker, PDG

MASARE CONSEIL DE DIRECTION : 33, rue Galilée 75116 Paris
Tél. : 01 44 43 52 72 - masareconseil@aol.com - Contact : Paul Bernaus, DG

MBC CONSULTING : 223, boulevard Pereire 75017 Paris - www.mbcconsulting.com
Tél. : 01 58 05 35 62 - bernadette.milers@mbcconsulting.com - Contact : Bernadette Milers, gérante

MEAD CONSEIL : 15, rue Erlanger 75016 Paris - www.mdfinance.com
Tél. : 01 44 30 03 45 - contact@mdconseil.com - Contact : Danielle Kapin, responsable communication

MENWAY

MERCATOR

MERCATUS FRANCE PARIS : 52, boulevard de Sébastopol 75003 Paris - www.mercatus.fr
Tél. : 01 53 01 10 55 - contact@mercatus.fr - Contact : Michel Henard, dirigeant

MERCIER & PARTNERS : 33, rue Galilée 75116 Paris - www.mercier-partners.com
Tél. : 01 44 26 00 26 - contact@mercier-partners.com - Contact : Thierry Mercier, président

MERIDIAN

MEZAL CONSEIL : 57, rue d'Amsterdam 75008 Paris
Tél. : 01 53 32 17 38 - mezal.conseil@wanadoo.fr - Contact : Evelyne Lipère, PDG

MFP MICHEL FOUTRIER PARTNERS PARIS : 43, rue de Naples 75008 Paris - www.mfpartners.com - Tél. : 01 42 25 88 00 - isabelle.foutrier@mfpartners.com
Contact : Isabelle Foutrier, DG

MG ADVANTIS : 61, rue Saintonge 75003 Paris - Tél. : 01 42 74 04 22 - v.gautier@mgadvantis.fr - Contact : Vincent Gautier, gérant associé

MGA MICHEL GARNIER ET ASSOCIÉS : 6, avenue Delcassé 75008 Paris - www.mgarecrut.com - Tél. : 01 53 76 02 02 - bienvenue@mgarecrut.com
Contact : Michel Garnier, gérant

MH CONSEILS : Centre Daumesnil 4, place Félix Eboue 75012 Paris - www.mhcmedical.com
Tél. : 01 53 94 53 00 - contact@mhcmedical.com - Contact : Jean-Marc, consultant associé

MILO RESSOURCES HUMAINES : 41, boulevard Malesherbes 75008 Paris - www.groupe-milo.com - Tél. : 01 43 12 92 00 - milo.rh@wanadoo.fr - Contact : Muriel Ortoli, DG

MIREILLE PROUST CONSULTANTS PARIS : 162, rue de Rivoli 75001 Paris - www.mireilleproust.com - Tél. : 01 47 03 33 33 - mpc@mireilleproust.com
Contact : Mireille Proust, dirigeante

ML CONSEIL : 12, rue Saint-Quentin 75010 Paris - www.mlconseil.net
Tél. : 01 40 05 57 00 - mlc@mlconseil.net - Contact : Martine Lardin, présidente

MORENO INTERNATIONAL SA PARIS : 75, avenue Parmentier 75011 Paris - www.moreno-international.fr - Tél. : 01 40 21 24 62 - info@moreno-international.fr
Contact : Xavier Moreno, PDG

MPS FRANCE

MS CONSEILS : 10, rue Richelieu 75001 Paris - www.msconseil.fr
Tél. : 01 42 61 19 18 - contacts@msconseil.fr - Contact : Michel Soyer, gérant

MT CONSEIL SAS : 20, rue de Boulainvilliers 75016 Paris - www.mtconseil.com
Tél. : 01 55 74 67 40 - contact@mtconseil.com - Contact : Marie Tresanini, présidente

MULTICIBLES: 30, rue Fabert 75007 Paris - www.multicibles.fr
Tél.: 01 44 18 36 33 - multicibles2@wanadoo.fr - Contact: Evelyne Achache, gérante

MVM: 13, Chaussée de la Muette 75016 Paris - Tél.: 01 45 01 56 05 - contact@mvmsearch.com - Contact: Jacques Michaux, directeur

N&T ENTREPRISES: 35, avenue des Champs Élysées 75008 Paris - www.nt-entreprises.com
Tél.: 01 58 36 16 16 - info@nt-entreprises.com - Contact: Jean-Louis Onimus, directeur

NACHTWEY INTERNATIONAL: 11, rue Spontini 75116 Paris - www.internationalservicegroup.com - Tél.: 06 09 57 08 88 - w.nachtwey@online.fr
Contact: Wolfgang Nachtwey, président

NEMROD RESSOURCES HUMAINES PARIS: 34, boulevard Haussmann 75009 Paris - www.nemrod.fr - Tél.: 01 48 01 47 15 - nemrod@nemrod.fr - Contact: Denis Richard, PDG

NEUMANN INTERNATIONAL

NEUMANN MANAGEMENT SOLUTIONS

OP SEARCH

OPENS: 209, boulevard Pereire 75017 Paris - www.opens.fr
Tél.: 01 47 03 30 28 - opens@opens.fr - Contact: Marjolaine Matray, directrice

ORES SEARCH: 4, rue de Marignan 75008 Paris - www.oressearch.com
Tél.: 01 40 74 05 27 - contact@oressearch.com - Contact: Cyril Accard, consultant

ORION RECRUTEMENT: 8, rue Saint-Martin 75004 Paris
Tél.: 01 44 54 89 98 - caire@orion.fr - Contact: Ghislaine Caire, DG

ORIS PARTNER: 17 Square Edouard Vii 75009 Paris - www.orispartner.com
Tél.: 01 53 43 90 44 - ohayon@orispartner.com - Contact: Michel Ohayon, consultant

PACT & PARTNERS INTERNATIONAL

PALMER INTERNATIONAL: 124 bis, avenue de Villiers 75017 Paris - www.palmer-international.com - Tél.: 01 44 29 26 26 - caubry@palmer-international.com
Contact: Christophe Aubry, DG

PARTENAIRE CONSEIL RH: 18, rue de la Pépinière 75008 Paris
Tél.: 01 53 04 01 87 - parconseilrh@aol.com - Contact: Gilbert Louer, gérant

PATRICK HAYET CONSEIL: 67, boulevard Exelmans 75016 Paris
Tél.: 01 40 71 88 32 - patrickhayet.conseil@wanadoo.fr - Contact: Patrick Hayet, dirigeant

PENNA EXECUTIVE SEARCH: 12, rue d'Astorg 75008 Paris - www.penna.fr
Tél.: 01 44 94 95 50 - julie.donatone@penna.com - Contact: Catherine de Wuls, dirigeant

PEOPLE BASE: 19, rue de la Paix 75002 Paris - www.people-base.net
Tél.: 01 53 43 03 60 - contacts@people-base.net - Contact: Cyril Bregou, directeur

PGA CONSULTANTS: 94, rue Saint Lazare 75009 Paris - www.pga-search.com
Tél.: 01 42 80 08 60 - pga@pga-search.com - Contact: Marc Pelissier, associé gérant

PIERRE KIM CONSULT: 5 Villa Dancourt 75018 Paris - www.pierre-kim-consult.com
Tél.: 01 46 06 49 44 - contact@pierre-kim-consult.com - Contact: Pierre Kim, dirigeant

PIERRE LEMAHIEU CONSEIL: 22, rue de Longchamp 75116 Paris
Tél.: 01 56 90 35 00 - pl@pl-conseil.fr - Contact: Pierre Lemahieu, directeur

PINAULDT ET ASSOCIÉS GROUPE VENDOME MANAGEMENT: 8, rue de la Paix 75002 Paris - Tél.: 01 47 03 90 20 - jacques.pinauldt@wanadoo.fr
Contact: Jacques Pinauldt, dirigeant

PL CONSULTANTS : 72, boulevard de Picpus 75012 Paris - www.pl-consultants.fr
Tél. : 01 55 78 29 29 - pl@pl-consultants.fr - Contact : Patrick Langleben, dirigeant

PLEIADE INTERNATIONAL

PLEIN CADRE : 37 39, rue Boissière 75116 Paris - Tél. : 01 44 34 20 00 - pleincad@club-internet.fr - Contact : Jean Bousser, directeur délégué

PLES CONVERGENCE

POSITIS : 25, rue Lauriston 75116 Paris - www.positis.com - Tél. : 01 44 05 15 98 - smconseil@positis.com - Contact : Anne-Marie Pasquet Paoli, gérante

PRAESTAR : 40, rue de la Montagne Sainte-Geneviève 75005 Paris - www.praestar.fr
Tél. : 01 44 07 25 00 - rh@praestar.fr - Contact : Marc Halimi, gérant

PROCADRES INTERNATIONAL

PROFIL ET PROJET : 71, rue Fondery 75015 Paris - www.conseilprofiletprojet.com
Tél. : 01 42 73 11 00 - jcolson@conseilprofiletprojet.com - Contact : José Colson, directeur associé

PROFILE INTERNATIONAL : 43, rue de Châteaudun 75009 Paris - www.pmsr.com
Tél. : 01 44 53 49 12 - paris@pmsr.com - Contact : Michèle Alguacil, DG

PROFILE RESEARCH : 32, place Saint-Georges 75009 Paris - www.profile-research.com
Tél. : 01 44 53 58 09 - profile@profile-research.com - Contact : Bouker Bouattou, responsable

PROFILS PROGRES SA : 5, rue Pierre Haret 75009 Paris - www.profils-progres.fr
Tél. : 01 40 16 98 15 - paris@profils-progres.fr - Contact : Jacqueline Scherer, directrice

PROGRESS

PROWAY EXECUTIVE SEARCH : 33, rue Saint-Augustin 75002 Paris - www.proway.fr
Tél. : 01 53 05 20 20 - info@proway.fr - Contact : Patrice Roynette, PDG

QUADRA PARIS : 5, rue Tronchet 75008 Paris - www.quadra-consultants.com
Tél. : 01 58 18 36 70 - fs@quadra-consultants.com - Contact : Henri Micheron, DG

QUATERN : 33, rue Galilée 75116 Paris - Tél. : 01 44 43 54 42 - quatern@wanadoo.fr - Contact : Sylvie Anne Agez, directrice

QUORIDGE EXECUTIVE SEARCH : 226, rue du Faubourg St Honoré 75008 Paris - www.quoridge.com - Tél. : 01 56 88 59 00 - jdb@quoridge.com - Contact : Jean du Boucher, dirigeant

R & C CONSULTANTS : 8, rue Saint-Martin 75004 Paris - www.rc-consultants.fr
Tél. : 01 44 54 89 90 - rchabrier@rc-consultants.fr - Contact : Roland Chabrier, DG

RAY & BERNDTSON

RCBF CONSULTING : 3, rue du Faubourg Saint-Honoré 75008 Paris - www.rcbf-consulting.fr - Tél. : 01 43 12 54 10 - candidat@rcbf-consulting.fr - Contact : Jérôme Bonnard, directeur

RCR RECHERCHE CONSEIL RECRUTEMENT : 2, rue Duphot 75001 Paris - www.rcrconseil.com - Tél. : 01 42 86 82 90 - rcr@rcrconseil.com - Contact : Mireille Bordet, gérante

RDB CONSEIL ET FORMATION : 29, boulevard Edgar Quinet 75014 Paris - www.rdb.fr
Tél. : 01 43 22 29 29 - rousseau@rdb.fr - Contact : Vincent Rousseau, consultant

RECRUIT TIME : 203, rue de Vaugirard 75015 Paris - www.recruit-time.com
Tél. : 01 42 73 00 10 - postmaster@recruit-time.com - Contact : Sophie Letourneau, gérante

RECRUTEMENT ET RH : 45, rue de Turbigo 75003 Paris - www.gif.fr
Tél. : 01 42 74 21 00 - gifrrh@gif.fr - Contact : Muriel Added, directrice

RH PARTNERS PARIS SPHC

RIGHT MANAGEMENT: 15, avenue d'Iena 75016 Paris - www.rightmanagement.fr
Tél.: 01 53 21 62 00 - pasquale.pichon@right.com - Contact: Laurence Monnet Vernier, DG

RIVIÈRE CONSULTING : 5, rue Tronchet 75008 Paris - www.riviereconsult.com
Tél.: 01 53 05 95 55 - contact@riviereconsult.com - Contact: Matthieu Rivière, marketing

ROBERT HALF INTERNATIONAL

ROBERT WALTERS

ROZEOR TALENTS: 10, rue Brey 75017 Paris - www.rozeor.fr
Tél.: 08 72 42 62 20 - tachnakian@rozeor.fr - Contact: Nathalie Tachnakian, directrice

RST CONSEIL

RT&A

RUSSELL REYNOLDS ASSOCIATES

SAINT-AULAIRE ET ASSOCIÉS: 14, rue de Saint Senoch 75017 Paris - www.saint-aulaire.com - Tél.: 01 47 64 42 84 - aulaire@club-internet.fr - Contact: Olivier de Saint Aulaire, directeur

SCALÈNES ERNOULT SEARCH

SCENARIO RESSOURCES: 13, rue de Liège 75009 Paris - www.gscenario.com
Tél.: 01 42 82 95 01 - ressource@gscenario.com - Contact: Michael Manthorpe, ressources humaines

SCHNELL & MORGAN: 42, avenue Montaigne 75008 Paris - www.schnell-morgan.com
Tél.: 01 72 74 11 56 - info@schnell-morgan.com - Contact: Christian Schnell, PDG

SDRH SOCIÉTÉ POUR LE DEVENIR DES RESSOURCES HUMAINES: 34, boulevard Malesherbes 75008 Paris - www.sdrh.paris.fr
Tél.: 01 42 66 07 89 - sdrh.paris@wanadoo.fr - Contact: Edouard Zeitoun, DG

SEARCH PARTNERS INTERNATIONAL

SELECOM: 54, avenue Hoche 75008 Paris
Tél.: 01 46 37 46 82 - selecom1@aol.com - Contact: Nicole Benoît, dirigeante

SELECTING RH: 30, rue Cambacéres 75008 Paris - www.selectingrh.net
Tél.: 01 40 06 03 90 - jcrabian@noos.fr - Contact: Jean-Claude Rabian, PDG

SELECTIVE EXECUTIVE ASSISTANTS: 91, rue du Faubourg Saint-Honoré 75008 Paris - www.executive-assistants.com - Tél.: 01 44 71 35 16 - selective.vidal@wanadoo.fr
Contact: Sibyl Vidal, managing partner

SENANQUE: 132, rue La Fayette 75010 Paris - www.pleiade.net
Tél.: 01 53 24 98 80 - senanque@pleiade.net - Contact: Florence Millet, dirigeante

SEREF CONSULTANTS: 6, rue des Immeubles Industriels 75011 Paris - www.serefconsultants.com - Tél.: 01 53 27 66 00 - recrutement@serefconsultants.com - Contact: Françoise Pouget, gérante

SERVIR INTERNATIONAL: 10, rue Royale 75008 Paris
Tél.: 01 44 55 03 44 - servir@libertysurf.fr - Contact: Arnaud du Fayet de la Tour, DG

SINGER ET HAMILTON

SIRCA

SM CONSEIL: 25, rue Lauriston 75016 Paris - www.smconseil.com
Tél.: 01 45 63 56 00 - smconseil@positis.com - Contact: Étienne Deroure, directeur associé

SOGENOR SELECTION: 37, rue la Fayette 75009 Paris
Tél.: 01 53 20 06 20 - sogenor@wanadoo.fr - Contact: Marie-Cécile Menard, directrice

SOMIA PARTNERS: 12, rue du Faubourg Saint-Honoré 75008 Paris - www.aces-international.com - Tél.: 01 53 43 83 13 - contact@aces-international.com
Contact: Alain Somia, DG

SPENCER STUART

SPENGLERFOX: 68, rue du Faubourg Saint-Honoré 75008 Paris - www.spenglerfox.com
Tél.: 01 53 43 62 79 - paris@spenglerfox.com - Contact: Mark Soden, DG

STAFF CONSULTANTS IMSA PARIS

STAN LE SCOLAN RH: 42, avenue Montaigne 75008 Paris - www.stan-le-scolan.com
Tél.: 01 72 74 12 13 - stan.le.scolan@stan-le-scolan.com - Contact: Stan Le Scolan, PDG

STANTON CHASE INTERNATIONAL

STILL WORKING: 125, boulevard Diderot 75012 Paris www.stillworking.fr
Tél.: 01 43 44 19 08

SWITCH SAS: 20, avenue Rapp 75007 Paris
Tél.: 06 08 55 25 08 - olivier@dusserre.com - Contact: Pierre Vinot, président

SYDNEY FAROUZE CONSEIL: 30, rue Galilée 75016 Paris
Tél.: 01 47 20 15 10 - sydney.farouze.conseil@wanadoo.fr - Contact: Sydney Farouze, gérant

SYLVIE DROUARD & ASSOCIÉS: 36, rue de Laborde 75008 Paris
Tél.: 01 44 70 77 30 - sda@drouard-associes.com - Contact: Sylvie Drouard, présidente

SYSINTER: 94, rue Saint Lazare 75009 Paris - www.sysinter.fr
Tél.: 01 44 63 19 00 - sysinter@sysinter.fr - Contact: Marilise Afioni, ressources humaines

TAILLANDIER CONSEIL

TALENCES: Tour Montparnasse 33, avenue du Maine 75755 Paris Cedex 15 - www.talences.com - Tél.: 01 45 80 08 56 - contact@talences.com - Contact: Frédérique Plard, consultante

TEAM PARTNERS GROUP: 25, rue de Tolbiac 75013 Paris www.team-partners.com
Tél.: 01 53 94 75 00 - Contact: Isabelle Chamoreau, responsable recrutement

THALES SERVICE CONSULTING: 6, rue de la Tremoille 75008 Paris www.groupe.com
Tél.: 01 53 67 80 55 - Contact: Claude Masia, DG

THELIA CONSEIL: 17 Square Edouard 7 75009 Paris
Tél.: 01 53 43 50 93 - aduwat@theliaconseil.com - Contact: Annelise Duwat, dirigeante

THIERRY CAUCHOIS INTERNATIONAL: 55, avenue Marceau 75116 Paris - www.thierrycauchoisintl.com - Tél.: 01 46 94 68 63 - thierry-cauchois@wanadoo.fr
Contact: Thierry Cauchois, président

TOWERS PERRIN: 21, rue Balzac 75008 Paris www.towers.com
Tél.: 01 53 93 13 00 - Contact: Philippe Poincloux, DG

TPA: 54, boulevard Saint-Michel 75006 Paris - www.tpa-recrute.com
Tél.: 01 43 26 19 20 - recrute@tpa-recrute.com - Contact: Patrice Trotignon, co-gérant

TPH CONSULTANTS: 91, rue du Faubourg Saint-Honoré 75008 Paris
Tél.: 01 44 71 36 11 - phesnard@tiscali.fr - Contact: Patrick Hesnard, consultant gérant

TRANSEARCH INTERNATIONAL

TRANSITION CARRIÈRES: 18, rue de la Pépinière 75008 Paris - www.transitioncarrieres.com
Tél.: 01 53 04 37 00 - transition.carrieres@wanadoo.fr - Contact: Marie-Catherine Beltran, DG

TWINCORP: 5 bis, rue Keppler 75116 Paris - www.twincorp.net
Tél.: 01 47 20 92 02 - twincorp@wanadoo.fr - Contact: Dina Sarmini, gérante

UMANUM: 67, rue de Tocqueville 75017 Paris - www.umanum.com
Tél.: 01 47 63 93 78 contact@umanum.com - Contact: Florent Laïk, directeur associé

VALTEC AXELBOSS CONSULTANTS: 80, avenue Marceau 75008 Paris - www.valtec.com
Tél.: 01 53 57 71 00 - recrutement@axelboss.com - Contact: Jean-Claude Turri, DG

VELLA CONSEIL: 75, boulevard Haussman 75008 Paris - www.vella-conseil.com
Tél.: 01 42 68 52 92 - jpv@vella-conseil.com - Contact: Jean-Paul Vella, gérant

VENDOME ASSOCIÉS

VRA VANASTEN RAUX ET ASSOCIÉS PARIS: 149, rue Saint-Honoré 75001 Paris - www.vr-a.com - Tél.: 01 42 96 88 21 - contact@vr-a.com - Contact: Jean-Marc Vanasten, dir.

WANTHEAD FRANCE: 88, avenue des Ternes 75017 Paris - www.wanthead.com
Tél.: 01 56 68 12 12 - wanthead@wanthead.com - Contact: Pier Del, manager consultant

WATTEAU NEPLAZ & ASSOCIÉS: 18, avenue Franklin Roosevelt 75008 Paris - www.watteau-neplaz.fr - Tél.: 01 44 94 89 00 - contact@watteau-neplaz.fr
Contact: Josette Watteau, présidente

WGC: 26 bis, rue Traversière 75012 Paris - www.williamgrey.com
Tél.: 01 53 95 39 39 - a.belarbi@wgc.fr - Contact: Sophie Tassin, responsable de bureau

WHITEHEAD MANN

YC CONSEILS SA: 82, rue Saint Lazare 75009 Paris - www.ycconseils.com
Tél.: 01 42 85 16 00 - ycairati@aol.com - Contact: Yvan Cairati, président

YVES KERNEVEZ CONSULTANTS EMA PARTNERS: 25, rue Marbeuf 75008 Paris - www.ema-partners.com - Tél.: 01 44 43 00 90 - emafrance2@wanadoo.fr - Contact: Yves Kernevez, PDG

YVES MARIE CONSULTANTS YMC: 242, rue de Rivoli 75001 Paris
Tél.: 01 47 03 66 44 - yves.marie@wanadoo.fr - Contact: Yves Marie, gérant

Seine-Maritime

ACTENCIA

CQFC: 465, rue de Paris 76300 Sotteville-lès-Rouen - monsite.wanadoo.fr/cqfc
Tél.: 02 35 72 72 22 - sarl.cqfc@wanadoo.fr - Contact: Romain Gaveau, responsable consultant

IRH CONSEIL: 57, avenue de Bretagne 76100 Rouen - www.irhconseil.com
Tél.: 02 32 18 04 36 - irhrouen@wanadoo.fr - Contact: Roger Soupa, dirigeant

MEDIATION CONSEIL: 1690, rue Aristide Briand 76650 Petit-Couronne - www.mediationconseil.com - Tél.: 02 35 68 87 60 - mediationconseil@mediationconseil.com - Contact: Virginie Tiercelin, co gérante

MF PARTNERS

RH PARTNERS LE HAVRE

RH PARTNERS ROUEN

VAKOM: 38, rue Bouquet 76108 Rouen Cedex - www.vakom.fr
Tél.: 02 32 10 59 20 - accueil@vakom.fr - Contact: Jean-Louis Fel, gérant

Seine-et-Marne

A1 CONSEILS: BP 29 77381 Combs La Ville Cedex
Tél.: 06 18 44 53 93 - a1conseils@aol.com - Contact: Dominique Wilmes, dirigeant

ABCD PLUS: 52 Quai Auguste Prevost 77500 Chelles - www.abcdplus.com
Tél.: 01 64 21 03 64 - abcdplus@abcdplus.com - Contact: Marie-Aude Briard, directrice

INGÉNIERIE DÉCISION: Zone d'Activite de l'Orme Brise 5 bis, rue de l'Orme Brise 77310 Pringy - www.ingenierie-decision.com - Tél.: 01 60 65 47 47 - letheule@ingenierie-decision.com - Contact: Jean-Luc Letheule, directeur

MA2I: Le Triptyque 12, avenue Ampère 77420 Champs-sur-Marne - www.ma2i.fr
Tél.: 01 64 73 44 44 - ma2i@ma2i.fr - Contact: Michel Aurat, dirigeant

PROFILS ET CARRIÈRES: 36, rue Bancel 77007 Melun Cedex - www.cci77.cci.fr
Tél.: 01 64 52 69 33 - profils.carrieres@cci77.cci.fr - Contact: Virginie Georgel, responsable

Yvelines

ABCD RESSOURCES HUMAINES: 1 Parc des Fontenelles 78870 Bailly - www.abcdrh.com
Tél.: 01 34 62 90 73 - tdurand@abcdrh.com - Contact: Thierry Durand, directeur associé

ACI ALLIANCES CONSEILS INTERNATIONAL: 9 Square Gay Lussac 78330 Fontenay Le Fleury - www.alliances-conseils.fr - Tél.: 01 39 42 09 09 - contact@alliances-conseils.fr - Contact: Olivier Cruchot, directeur

BERNARD GALONNIER CONSULTANTS: 35, rue des Chantiers 78000 Versailles
Tél.: 01 30 88 46 45 - b.g.c@wanadoo.fr - Contact: Bernard Galonnier, directeur

BOTH: 57, boulevard de la République 78401 Chatou Cedex
Tél.: 01 30 71 27 82 - both-recrutement@both.fr - Contact: Cécile Adier, responsable recrutement

CAREDAS CONSULTANTS: 34, rue du Général Leclerc 78000 Versailles - www.caredas.fr
Tél.: 01 39 25 01 00 - caredas@wanadoo.fr - Contact: Philippe Jamois, gérant

CARRIÈRES CONSEIL CONSULTANTS: 23, place Saint-Jacques 78200 Mantes-la-Jolie
Tél.: 01 34 77 05 26 - ccc.carrieres@wanadoo.fr - Contact: Amélie Montredon, gérante

CEBS CONSEIL: 13, rue Saint-Honoré 78000 Versailles
Tél.: 01 39 53 72 79 - Contact: Étienne Cattier, directeur

CHRISTIAN LEROYER CONSULTANTS: 24, rue Jean Duplessis 78150 Le Chesnay - www.christianleroyerconsultants.fr - Tél.: 01 39 66 16 47 - christianleroyer@wanadoo.fr - Contact: Christian Leroyer, directeur fondateur

D2M: Parc des Erables - bâtiment 2 66 Route de Sartrouville 78230 Le Pecq - www.d2m.biz
Tél.: 01 30 09 24 80 - office@d2m.biz - Contact: Éric Blanchard, gérant

EMPLOIS CONNEXION CHR: BP 44 78170 La Celle St-Cloud - www.hotelrestojob.com
Tél.: 01 30 82 09 04 - celine.audrey@hotelresto-job.com - Contact: Celine Audrey, directrice

EVA BACH CONSULTANTS: Château de la Petite Jonchère 78380 Bougival
Tél.: 01 39 18 61 22 - eva.bach.consultants@wanadoo.fr - Contact: Eva Bach, PDG

GLC DELTA COMPÉTENCES: 10, rue de l'Ermitage 78000 Versailles - www.delta-competences.com - Tél.: 01 39 66 03 67 - info@delta-competences.com - Contact: Guy Lorrain, gérant

HOLOGONE: 4 Parc des Fontenelles 78870 Bailly
Tél.: 01 30 80 56 20 - antoine.ferte@hologone.fr - Contact: Antoine Ferte, directeur

I&D SEARCH: 21 Grande rue 78640 St Quentin Yvelines - www.id-rh.com
Tél.: 06 60 57 04 54 - pech@id-rh.com - Contact: Olaf Pech, gérant

INTERFACES & DÉVELOPPEMENTS I&D SEARCH: 21 Grande rue 78640 St Quentin Yvelines - www.id-rh.com - Tél.: 06 60 57 04 54 - pech@id-rh.com - Contact: Olaf Pech, gérant

ISOP: 9, boulevard du Roi 78000 Versailles - Tél.: 01 39 20 06 73 - assistanteisop@isop.fr - Contact: Sylvie Loiseau, directrice

ITC PERFORMANCE: 20 Quater, rue Schnapper 78100 St-Germain-en-Laye www.itcinternational.net - Tél.: 01 39 04 60 40 - Contact: Antoine Jude, directeur associé

KLAUS W HERTERICH: 3 Chemin du Haut du Trou Martin 78380 Bougival Tél.: 06 80 13 62 93 - herterich.paris@wanadoo.fr - Contact: Klaus W Herterich, directeur

MP CTS: 41, avenue Alfred de Musset 78110 Le Vésinet Tél.: 01 34 80 04 90 - Contact: Sophie Meritet, gérant

OC CONSEIL: 17, rue de Pontoise 78100 St-Germain-en-Laye Tél.: 01 39 04 08 40 - occonseil@wanadoo.fr - Contact: Olivier Chaumette, gérant

OZANNE CONSEIL: 137, boulevard de la Reine 78000 Versailles - www.ozanneconseil.com Tél.: 01 72 77 70 60 - contact@ozanneconseil.com - Contact: Flore Ozanne, gérante

PHARMELIS: 12, rue Georges Blandon 78430 Louveciennes - www.pharmelis.com Tél.: 09 50 34 51 58 - contact@pharmelis.com - Contact: Gurvan Le Roux, gérant

TAUZIA THIBERVILLE & ASSOCIÉS TTA: 30 bis, rue du Vieil Abreuvoir 78100 St-Germain-en-Laye - www.tta-search.com - Tél.: 01 34 51 30 04 - g.thiberville@tta-search.com - Contact: Georges Thiberville, gérant

Deux-Sèvres

CP CONSEIL: Immeuble Montaigne 13, avenue de la République 79000 Niort - www.cp-conseil.fr - Tél.: 05 49 24 45 55 - cp-conseil@cp-conseil.fr - Contact: Raoul Pinel, gérant

NCC: 158, rue de Bellune BP 1082 79010 Niort Cedex Tél.: 05 49 24 71 78 - contact@ncconsultants.fr - Contact: Nicole Negri, gérante

PASCALE SABATHIER CONSULTANTS: 171, rue de Saint-Symphorien 79000 Niort - www.psabathier-consultants.com - Tél.: 05 49 32 10 53 - p.sabathier-niort@wanadoo.fr - Contact: Pascale Sabathier, directrice

PLURICONSULTANTS: 113, rue des Marais 79000 Niort - www.groupeforce.com Tél.: 05 49 33 60 57 - jlpiot@groupeforce.com - Contact: Jean-Louis Piot, gérant

Somme

ARGOS AMIENS

AU CONSEIL EN RH: 4, place Notre Dame 80000 Amiens - www.auconseil.fr Tél.: 03 22 91 59 60 - auconseil@auconseil.fr - Contact: Annie Uhlrich, directrice

OBJECTIF: 13, rue Chevalier de la Barre BP 80011 80520 Woincourt Tél.: 03 22 60 21 60 - objectif@vimeu.fr - Contact: Stanislas Renahy, secrétaire général

Tarn

ALPHA CONSEIL: 37, rue Mahuzies 81100 Castres - www.alpha-conseil.fr Tél.: 05 63 59 77 34 - alpha-conseil@alpha-conseil.fr - Contact: Jean-Philippe Toutut, directeur

JACQUES MOUTON CONSEIL: 23 bis Chemin de la Rouquette 81990 Puygouzon - www.jmoutonconseil.com - Tél.: 05 63 38 35 26 - jacques-mouton-conseil@wanadoo.fr - Contact: Jean-Luc Mouton, gérant

MERCATUS FRANCE: Domaine des Payroulies 81500 Villeneuve-lès-Lavaur - www.mercatus.fr - Tél.: 05 63 58 77 11 - contact@mercatus.fr - Contact: Michel Henard, gérant

Tarn-et-Garonne

ADDPE AGIR EMPLOI CIBC : 67 Faubourg Lacapelle 82000 Montauban
Tél. : 05 63 66 51 37 - info@cibc82.com - Contact : Sophie Clamens, directrice

Var

CABINET CATHERINE CASTELLANI : 620, rue David 83200 Toulon
Tél. : 04 94 09 07 09 - c2g83@wanadoo.fr - Contact : Catherine Castellani, directrice

Vaucluse

ABC CONSULTANTS AVIGNON : Site Agroparc 20, rue Lawrence Durrell BP 1231 84911 Avignon Cedex 9 - www.abc-consultants.fr - Tél. : 04 90 87 07 07 - avignon@abc-consultants.fr - Contact : Jean-François Maindiaux, consultant

ADÉQUATION CONSEIL : 180, boulevard Jean-Baptiste Pecout 84120 Pertuis - www.adn.adnformation.com - Tél. : 04 90 79 05 45 - secretariat@adnformation.com Contact : Juliette Souquet, directrice

ROBERT MOREAU CONSULTANTS PACA : 63 Route de Lyon 84000 Avignon
Tél. : 04 90 82 74 48 - groupe.moreau@wanadoo.fr - Contact : Marc Moreau, gérant

Vendée

ADR : 12, rue de la Clartière 85440 Talmont St Hilaire
Tél. : 02 51 22 12 77 - alineadr@club-internet.fr - Contact : Aline Dupré, chargée de recherche

ARCFOR CONSULTANTS : Parc Actilonne BP 9005 85102 Les Sables d'Olonne Cedex - www.arcfor-consultants.com - Tél. : 02 51 21 16 80 - contact@arcfor-consultants.com Contact : Alain Rivier, gérant

MARKETING ACTION CONSEIL : 45, rue des Ajoncs 85150 La Mothe Achard
Tél. : 02 51 05 62 94 - marketing.action.conseil@wanadoo.fr - Contact : Georges Tire, directeur

Vienne

MULTICIBLES : 13, rue des Ecossais 86000 Poitiers - www.multicibles.fr
Tél. : 05 49 60 12 88 - info@multicibles.fr - Contact : Evelyne Achache, gérante

Haute-Vienne

ESPACE CARRIÈRES : 20 Cours Jourdan 87000 Limoges www.espace-carrieres.com
Tél. : 05 55 77 18 62 - Contact : Marie Thomasset, dirigeante

PHILIPPE BARANGER CONSULTANT : 21, boulevard Georges Perin 87000 Limoges - www.pbconseilrh.com - Tél. : 05 55 32 25 40 - philippe.baranger@pbconseilrh.com - Contact : Philippe Baranger, consultant

Vosges

VEGA CONSULTANT : Zone d'Activite Hellieule 2 8, rue Antoine Saint-Exupéry BP 142 88104 St Die Des Vosges Cedex - www.vega-consultant.net - Tél. : 03 29 55 39 40 - recrutement@vega-consultant.net - Contact : Nelly Gaxatte Mandray, PDG

Yonne

AFR : 44, avenue de la Paix 89000 St Georges Sur Baulche
Tél. : 03 86 46 52 18 - alain.fouque@wanadoo.fr - Contact : Alain Fouque, dirigeant

Territoire de Belfort

ACORE CONSEILS : Espace Vauban 7, boulevard Richelieu 90000 Belfort
Tél. : 03 84 58 13 30 - acore.conseils@wanadoo.fr - Contact : Éric Simonin, gérant

ALAIN BECK CONSULTANTS: Groupe Abc Synergie 1, rue de Morimont 90000 Belfort - www.alainbeck.com - Tél.: 03 84 26 35 16 - abc@alainbeck.com - Contact: Alain Beck, directeur

MGC: 4, place Schuman BP 235 90004 Belfort Cedex
Tél.: 03 84 28 04 36 - mgc2@wanadoo.fr - Contact: Michèle Guibard, gérante

Essonne

ACTERIA CONSEIL: 9, boulevard des Coquibus 91000 Evry - www.acteria.fr
Tél.: 01 69 91 13 05 - evry@acteria.fr - Contact: Pierre-Pascal Gaudet, responsable recrutement

ALEPH CONSEIL: 101, avenue Victor Hugo 91550 Paray-Vieille-Poste - ebellaiche@aol.com - Contact: Esther Bellaiche, gérante

ARNAUD DÉVELOPPEMENT: BP 80202 91192 Gif-sur-Yvette Cedex - www.arnaudev.org
Tél.: 01 60 12 52 52 - info@arnaudev.org - Contact: Christian Lecomte, dirigeant fondateur

ASYMPTOTES CONSEIL: 5, rue Guy Moquet 91400 Orsay - www.asymptotesconseil.fr
Tél.: 01 69 86 98 98 - contact@asymptotesconseil.fr - Contact: Colette Lucas, PDG

F6 RECRUTEMENT: 87 Route de Grigny 91137 Ris-Orangis
Tél.: 01 69 02 00 13 - f6recrutement@wanadoo.fr - Contact: Jean-José Ferretti, gérant

IAGE

SARH: 2 Route de la Noue 91190 Gif-sur-Yvette - www.sarh-recrutement.com
Tél.: 01 60 12 40 71 - sarh@club-internet.fr - Contact: Sophie Goudot, gérante associée

THERMO CONSEILS: 10, rue de la Croix Martre 91120 Palaiseau - www.anthorpy.org
Tél.: 01 60 13 52 76 - contact@anthorpy.org - Contact: Philippe Dupay, directeur

Hauts-de-Seine

1001TALENTS

ABERDYN: 2, rue Eugène Et Armand Peugeot 92563 Rueil-Malmaison Cedex - www.aberdyn.fr - Tél.: 01 47 52 10 10 - aberdyn@aberdyn.fr - Contact: Frédéric Cornet

ACCETIS INTERNATIONAL

ACE CONSEIL: 17, rue des Grandes Terres 92500 Rueil-Malmaison - www.ace-conseil.com
Tél.: 01 47 77 00 00 - ace-conseil@wanadoo.fr - Contact: Christophe Cros, gérant

ACT SEARCH: 20, rue Jacques Dulud 92521 Neuilly-sur-Seine Cedex - www.act-search.com
Tél.: 01 41 43 73 40 - contact@act-search.com - Contact: Pierre Herrbach, gérant consultant

ACTION CONSEIL PLUS: Tour Neptune Cedex 20 92086 Paris La Défense Cedex
Tél.: 01 47 78 01 60 - action.conseil.plus@wanadoo.fr - Contact: Pierre-Philippe Griziaux, gérant consultant

ACUITE CONSEIL: 120, avenue Charles de Gaulle 92522 Neuilly-sur-Seine Cedex - www.acuite-conseil.com - Tél.: 01 46 40 37 67 - hoffmann.recrutement@wanadoo.fr
Contact: Jean-Pierre Hoffmann, PDG

AHER CONSULTANTS: 23 Quai Carnot 92212 St Cloud - www.aher-international.com
Tél.: 08 25 82 54 82 - contact@aher-international.com - Contact: Thierry Aubert, directeur

AJC ARIANE: 4, rue Louise Michel 92300 Levallois-Perret - www.ajcariane.com
Tél.: 01 47 57 59 00 - info@ajcariane.com - Contact: Lucien Lebeaux, PDG

AJILON FRANCE: 102 104, avenue Edouard Vaillant 92514 Boulogne-Billancourt Cedex
www.ajilon.fr - Tél.: 01 41 31 57 57 - Contact: Philippe Roncati, PDG

ALISTER GORDON: 122, avenue Charles de Gaulle 92200 Neuilly-sur-Seine - www.alistergordon.com - Tél.: 01 55 61 97 00 - contact@alistergordon.com
Contact: Luc de Viry, président

ALTER EGO SOLUTIONS: 16, rue Louis Rouquier 92300 Levallois-Perret - www.alterego-solutions.com - Tél.: 01 47 57 05 05 - marine.deluze@alterego-solutions.com
Contact: Marine de Luze, DG

ALTIGA PHARMA

ANTENOR: 88, avenue du Général Leclerc 92514 Boulogne-Billancourt Cedex - www.antenor.fr - Tél.: 01 46 99 66 88 - antenor@antenor.fr - Contact: Pierre-Yves Battisti, dir.

ANTON RESEARCH: 113, avenue Charles de Gaulle 92200 Neuilly-sur-Seine - www.antonresearch.com - Tél.: 01 53 62 05 05 - drh-sourcing@antonresearch.com
Contact: Christophe Zambelli, PDG

ASFOREC: la Défense 1 13, place des Dominos 92400 Courbevoie
Tél.: 01 46 98 52 33 - asforec2@wanadoo.fr - Contact: Didier Chipot, gérant

ATTITUDES

AURES CONSEIL: 171 bis, avenue Charles de Gaulle 92200 Neuilly-sur-Seine - www.auresconseil.com - Tél.: 01 46 24 73 06 - contact@auresconseil.com
Contact: Françoise Faligan, directrice

BERNARD JULHIET: Tour Pacifique 11 Cour Valmy 92977 Paris La Défense Cedex - www.bernardjulhiet.com - Tél.: 01 40 99 23 00 - a.thibault@bernardjulhiet.com
Contact: Alain Thibault, président

BERNARD RIQUIER CONSEIL: 95 bis, rue de Bellevue 92100 Boulogne-Billancourt - www.riquier.com - Tél.: 01 55 38 99 99 - brc@riquier.com - Contact: Bernard Riquier, PDG

BOSSFIELD

BOUISSET LAFFORGUE ET ASSOCIÉS: 35, rue Danton 92300 Levallois-Perret - www.bouisset-lafforgue.com - Tél.: 01 47 48 18 17 - contact@bouisset-lafforgue.com
Contact: Catherine Lafforgue, dirigeant

C3T CONSULTANTS PROCESS CONSULTANTS: 70, rue Anatole France 92300 Levallois-Perret - www.process-consultants.fr - Tél.: 01 41 05 62 90 - entreprise@ifcv.fr
Contact: Arnaud Moulin, directeur du développement

CEGOS UNITE RESSOURCES HUMAINES ET MANAGEMENT: Immeuble Vivaldi
19, rue René Jacques 92798 Issy Moulineaux Cedex 9 - www.cegos.fr
Tél.: 01 55 00 90 00 - recrutement@cegos.fr - Contact: Annick Allegret, managing director

CHP CABINET HENRI PHILIPPE: 2 bis, rue Michelet 92441 Issy-les-Moulineaux Cedex - www.cabinethenriphilippe.com - Tél.: 01 46 48 96 96 - contact@cabinethenriphilippe.com - Contact: Philippe Sergent, PDG

CIME F CHAMPEYROL: 105, rue Houdan 92330 Sceaux
Tél.: 01 46 60 10 10 - f.champeyrol@wanadoo.fr - Contact: François Champeyrol, dirigeant

CIRCULAR SEARCH: 73, rue de Sevres 92100 Boulogne-Billancourt - www.circular-search.fr
Tél.: 01 49 66 65 88 - benedicte.galano@circular-search.fr - Contact: Rémi Lamblin, DG

CLEAS: la Défense 2 42 Terrasse de l'Iris 92400 Courbevoie - www.discerner.fr
Tél.: 01 47 73 05 23 - cleas@discerner.fr - Contact: Benoît Lequeux, DG

CREACTION CONCEPT FORMATION: 9, rue Casteres 92110 Clichy - www.creaction-concept.fr - Tél.: 01 47 39 02 02 - accueil@creaction-concept.fr - Contact: Michel David, DG

CRPI: 50, rue Marcel Dassault 92100 Boulogne-Billancourt - www.plandecarriere.fr
Tél.: 01 46 10 41 16 - claude.charles@wanadoo.fr - Contact: Claude Charles, gérant

DGO DIRECTION ET GESTION DES ORGANISATIONS: 22, rue Amiral Courbet 92270 Bois-Colombes - dgo-management.com - Tél.: 01 47 84 11 20 - dgo2@wanadoo.fr
Contact: Marc Legraverend, DG

DIAGNOR : 3, rue de Verdun 92100 Boulogne-Billancourt
Tél. : 01 41 10 90 06 - diagnor@wanadoo.fr - Contact : Sophie de Gorostarzu, responsable

DISCERNER SEARCH CLEAS : la Défense 2 42 Terrasse de l'Iris 92400 Courbevoie - www.discerner.fr - Tél. : 01 47 73 05 23 - search@discerner.fr - Contact : Benoît Lequeux, directeur

DP & L : 93, rue Rouget de Lisle 92150 Suresnes - www.dp-et-l.com
Tél. : 01 39 25 05 30 - dpl@wanadoo.fr - Contact : Didier Provost, PDG

EDEN CONSEIL : 79, avenue Edouard Vaillant 92100 Boulogne-Billancourt - www.eden.conseil.com - Tél. : 01 46 10 47 39 - eden.conseil@wanadoo.fr - Contact : Cathy Slais, gérante

EFFICHERCHE : 35 Cours Michelet 92060 Paris La Défense Cedex
Tél. : 01 47 73 90 90 - contact@efficherche.com - Contact : Hervé Paulien, PDG

EHC

EMAIL VISION : 42, rue Médéric 92110 Clichy www.emailvision.com
Tél. : 01 41 27 27 17

EUROWIN CONSULTING GROUP : 65, rue Martre 92110 Clichy - www.eurowin-consulting.com - Tél. : 01 47 30 40 19 - contact@eurowin-consulting.com
Contact : Philippe Arsac, PDG

EXPECTRA

FD ASSOCIATES : 20, rue Jacques Dulud 92521 Neuilly-sur-Seine Cedex - www.fdassociates.com - Tél. : 01 41 43 71 90 - jobcontact@fdassociates.com
Contact : Franck Duval, gérant associé

FINANCIAL SEARCH : 37 bis, rue de Villiers 92200 Neuilly-sur-Seine
Tél. : 01 70 38 67 95 - Contact : Jérémie Leroux, dirigeant

FIND JOB : 16, rue Henri Barbusse 92110 Clichy - www.findjob.fr
Tél. : 01 49 68 05 64 - jmd@findjob.fr - Contact : Jean-Marc Descamps, gérant

FUTURESTEP

GLOBAL LINK PARTNERS : 66, rue de Chezy 92200 Neuilly-sur-Seine - www.globallp.com
Tél. : 01 47 47 16 28 - glp@globallp.com - Contact : Véronique Peller, gérante consultante

GROUP NUAGES BLANCS : 30, rue Troyon 92316 Sevres Cedex - www.ernoultsearch.fr
Tél. : 01 72 29 50 50 - ernoult.search@ernoultsearch.fr - Contact : Victor Ernoult, directeur

GROUPE CONCOMITANCE : 56, rue de Paris 92100 Boulogne-Billancourt - www.concomitance.com - Tél. : 01 78 16 52 30 - c.petit@concomitance.com
Contact : Yann Barbizet, président

GROUPE DO IT : 129, avenue Charles de Gaulle 92200 Neuilly-sur-Seine - www.starter-conseil.com - Tél. : 01 46 43 13 13 - contact@starter-conseil.com - Contact : Luc Gourtel, responsable cabinet

GROUPE JEAN-PIERRE TRICARD : 20, rue Billancourt 92100 Boulogne-Billancourt - www.jptricard.com - Tél. : 01 41 31 51 51 - recrutement@jptricard.fr - Contact : Sylvie Tricard, responsable d'activité conseil en RH

GROUPEMENT INDUSTRIE ET EXPANSION : 32, avenue Foch 92420 Vaucresson
Tél. : 01 47 95 04 46 - groupement.ie@free.fr - Contact : Gérard Dalibard, directeur

GSA GTF : 3, rue des Quatre Cheminees 92514 Boulogne-Billancourt Cedex - www.groupegtf.fr
Tél. : 01 47 61 96 31 - gtf@starnet.fr - Contact : Franck Sinabian, président

HEALTHCARE AND TECHNOLOGY INTERNATIONAL HTI : 1, rue Garnier 92200 Neuilly-sur-Seine - www.hti-consulting.com
Tél. : 01 46 24 14 00 - cv@hti-paris.com - Contact : Edith Howard, managing director

HEVEA CONSEIL : 137, avenue de la Celle Saint-Cloud 92420 Vaucresson - www.hevea-conseil.com - Tél. : 01 47 41 61 32 - maxheron@hevea-conseil.com - Contact : Max Heron, responsable du cabinet consultant

HUDSON FRANCE

ICA : 181, rue de la Porte Jaune 92380 Garches - www.ica.fr
Tél. : 01 47 01 93 50 - ica@ica.fr - Contact : Mai Nguyen Guérin, gérante

IDEM : 7, place Jules Guesde 92100 Boulogne-Billancourt - www.agence-idem.fr
Tél. : 01 58 17 10 10 - info@agence-idem.fr - Contact : Emmanuel Parsy, gérant

INIT GROUPE BERNARD RIQUIER CONSEIL : 95 bis, rue de Bellevue 92100 Boulogne-Billancourt - www.riquier.com - Tél. : 01 55 38 99 99 - brc@riquier.com
Contact : Olivier Ballu, directeur associé

IT HEAD SEARCH : 14e étage 15e étage la Grande Arche Paris Nord 92044 Paris La Défense Cedex - www.it-head-search.fr - Tél. : 01 40 90 31 60 - client-fr@it-head-search.com
Contact : Bastian Jurgen, directeur associé

ITGS HR : 18, rue du Château 92200 Neuilly-sur-Seine - www.itgshr.fr
Tél. : 01 55 62 06 70 - arochard@itgshr.fr - Contact : Alain Rochard, directeur

JBM SEARCH : 24, rue Jacques Ibert 92300 Levallois-Perret
Tél. : 01 47 82 25 95 - jbm.search@neuf.fr - Contact : Jacques Barbe, directeur consultant

JP CONSULTANT : 50, rue Marcel Dassault 92100 Boulogne-Billancourt - www.jpconsultant.fr - Tél. : 01 46 10 41 22 - jpconsultant@consultant.fr - Contact : Jean Paris, dirigeant

K PERSONNA : Tour Pacifique 11 Cour Valmy 92977 Paris La Défense Cedex - www.kpersonna.fr - Tél. : 01 40 99 23 90 - secretariat@kpersonna.fr - Contact : Alain Thibault, président

KLEIDE : 98 Route de la Reine 92100 Boulogne-Billancourt - www.pleiade.net
Tél. : 01 49 09 14 30 - kleide@pleiade.net - Contact : Nathalie Sattler, gérante

KORRIGAN KAY : 183, avenue du Roule 92200 Neuilly-sur-Seine www.korrigan.com - Contact : Karine Batcave, gérante

KRENO CONSULTING

LS & ALMEO PARTNERS : 120, avenue Charles de Gaulle 92522 Neuilly-sur-Seine Cedex
Tél. : 01 72 92 05 20 - contact@almeopartners.fr - Contact : Patrick Lesueur, gérant

MAESINA INTERNATIONAL SEARCH

MBO O CADRES : 9 bis, rue Henri Martin 92100 Boulogne-Billancourt - www.m-b-o.com
Tél. : 01 46 43 32 60 - sourcing@ocadres.com - Contact : Francis Simon, dirigeant

MENSA CONSEILS : 41, avenue Albert 1er 92500 Rueil-Malmaison - www.mensa-conseils.com - Tél. : 01 47 49 85 61 - mensa.conseils@wanadoo.fr - Contact : Françoise Fabre, directrice

MERCURI URVAL

METAGOGIE : Face Au 9 Quai du 4 Septembre l'Admiral 92100 Boulogne-Billancourt
Tél. : 01 41 31 94 94 - rh@metagogie.net - Contact : Christine Froment, consultante sénior

MICHAEL PAGE INTERNATIONAL NEUILLY

MONTANER & ASSOCIÉS : 90, rue Anatole France 92300 Levallois-Perret - www.efficadre.fr
Tél. : 01 46 24 84 15 - contact@montanerassocies.fr - Contact : Claire Chaptal, PDG

MRI WORLDWIDE: 19, rue de Sevres 92100 Boulogne-Billancourt - www.mri.fr
Tél.: 01 55 38 96 96 - info@airelle.fr - Contact: Richard Lecomte, DG

NICHOLAS ANGELL

NK CONSEIL: 112, rue de Paris 92100 Boulogne-Billancourt - www.nkconseil.com
Tél.: 01 41 31 51 30 - info@nkconseil.com - Contact: Nicole Kamerzac, gérante

NORMA CONSEIL RH: 37 bis, rue de Villiers 92200 Neuilly-sur-Seine - www.norma-conseilrh.com - Tél.: 01 53 57 68 00 - accueil@norma-conseilrh.com - Contact: Jean-Christophe Le Feuvre, DG

ODM MEDIA MEDIS: 2, place du Village 92230 Sannois
Tél.: 01 41 21 41 10 - vidal.philippe@promedis.fr - Contact: Josiane Fleuriot, consultante

OPTEAMAN

PAGE PERSONNEL

PARTNER INTÉRIM: 11, rue Bailly 92200 Neuilly-sur-Seine - www.partnerinterim.com
Tél.: 01 47 45 90 36 - hsavy@partnerinterim.com - Contact: Hervé Savy, dirigeant

PERSONALIS: 293, boulevard Saint-Denis 92400 Courbevoie - www.personalis-web.com - Tél.: 01 41 88 91 57 - contact@personalis-web.com - Contact: Guillaume Verney Carron, gérant

PERSONANCE: 7, rue de la Croix du Val 92190 Meudon - www.personance.com
Tél.: 01 46 23 04 59 - contact@personance.com - Contact: Françoise Bernet, DG

PRAXEOS MANAGEMENT: 13, rue Jean-Jaurès 92807 Puteaux La Défense - www.praxeos.com - Tél.: 01 41 45 69 00 - pm@praxeos.com - Contact: Valery Corrabo, consultant

PRAXION: 27, avenue des Champs Pierreux 92735 Nanterre Cedex - www.praxion.com
Tél.: 01 47 21 05 05 - contact@praxion.com - Contact: Jean-Marc Meillaud, DG

PREMIÈRE LIGNE NEUILLY: 57, avenue Charles de Gaulle 92200 Neuilly-sur-Seine - www.premiereligne.fr - Tél.: 01 41 92 98 98 - premiere-ligne@wanadoo.fr
Contact: Pascal Le Fichant, directeur associé

PRICEWATERHOUSECOOPERS PARIS EXECUTIVE SEARCH AND SELECTION: 63, rue de Villiers 92208 Neuilly-sur-Seine Cedex www.pwcrecrute.com
Tél.: 01 56 57 60 25 - Contact: Isabelle Grevez, responsable

PROFIL PARTENAIRE: 86 Grande Rue 92310 Sevres - www.profilpartenaire.fr
Tél.: 01 46 29 90 00 - contact@profilpartenaire.fr - Contact: Jean-Come Meunier, directeur associé

PRORESEAU PARIS: 98 Route de la Reine 92100 Boulogne-Billancourt - www.proreseau.fr
Tél.: 01 41 31 13 63 - proreseau@proreseau.fr - Contact: Marc Sarwatka, consultant

RESSOURCES ET DÉVELOPPEMENT

SMOL CONSEIL RH: 50, rue Marcel Dassault 92100 Boulogne-Billancourt - www.smolconseilrh.fr - Tél.: 01 46 10 96 27 - jpsmol@smolconseilrh.fr
Contact: Jean-Pierre Smol, dirigeant

SOLIC

START PEOPLE: 114, rue Gallieni 92514 Boulogne-Billancourt Cedex - www.startpeople.fr
Tél.: 01 46 99 14 14 - virginie.beguin@startpeople.fr - Contact: Virginie Beguin, consultante

STEVEN ANDREWS EUROPE: 18, rue du Château 92200 Neuilly-sur-Seine - www.stevenandrews.com - Tél.: 01 46 37 89 89 - contact@stevenandrews.com
Contact: Stéphane Chabert, dirigeant

TECHNOLOGIC SEARCH: 37 bis, rue de Villiers 92200 Neuilly-sur-Seine - www.technologicsearch.com - Tél.: 01 70 38 67 95 - contact@technologicsearch.com
Contact: Jérémie Le Roux, dirigeant

THEMATIS CONSEIL: 52, rue d'Aguesseau 92100 Boulogne-Billancourt - www.thematisconseil.com - Tél.: 01 46 99 16 99 - o.fossecave@thematisconseil.com
Contact: Olivier Fossecave, gérant

UMANIA: 293, boulevard Saint-Denis 92400 Courbevoie www.umania.fr
Tél.: 01 47 93 16 08 - Contact: Rabiaa Arbane, gérant

VIDAL ASSOCIATES

XAVIER PIETTRE ET FRANCOIS PARELLE: 120, avenue Charles de Gaulle 92200 Neuilly-sur-Seine - www.piettre-consultant.com - Tél.: 01 46 40 37 50 - info@piettre-consultant.com - Contact: Xavier Piettre, directeur

XCELL EXECUTIVE SEARCH: 31, avenue Jean-Baptiste Clément 92100 Boulogne-Billancourt www.xlmanager.com - Tél.: 01 47 30 30 30 - Contact: Marc-Henri Pitty, gérant

Seine-Saint-Denis

ARCANES CONSEILS: 8, rue Victor Hugo BP 10 93114 Rosny-sous-Bois Cedex - www.arcanes-conseils.com - Tél.: 01 48 12 61 90 - arcanes@arcanes-conseils.com - Contact: Chantal Mantez, dirigeante

SMBG

Val-de-Marne

ANTARES INFORMATIQUE: 13, rue de Chevilly 94800 Villejuif - www.antaresinformatique.fr - Tél.: 01 42 11 15 30 - antaresinf@aol.com
Contact: Axel Tasnieres, consultant associé

CATHERINE COLO: 2, rue Durget 94160 St Mande
Tél.: 01 48 08 81 95 - c.colo@logicsystems.fr - Contact: Catherine Colo, consultant RH

DP CONSEIL RESSOURCES HUMAINES: 72 Quai des Carrières 94220 Charenton-le-Pont - www.denisperezconseil.com - Tél.: 01 45 18 08 68 - denisper@clubinternet.fr
Contact: Denis Clément Perez, directeur

EUREKA CHOISY LE ROI: 29, avenue de la République 94600 Choisy-Le-Roi
Tél.: 01 58 42 22 00 - secretariat.choisy@cabinet-eureka.fr - Contact: Philippe Pasquier, gérant

EURO PARTNER: 6 Quai Bir Hakeim 94410 St Maurice www.euro-partner-plus.com
Tél.: 01 48 86 90 86 - Contact: Peter Koren, gérant

EVOLUTION RH: 2, rue de Paris 94100 St Maur Des Fosses - www.evolutionrh.com
Tél.: 01 41 81 41 81 - info@evolutionrh.com - Contact: Serge Kuntzmann, dirigeant

EXPECTRA

PHARM EMPLOI: 82, avenue de Paris 94300 Vincennes - www.pharm-emploi.com
Tél.: 01 43 28 43 43 - contact@pharm-emploi.com - Contact: Armand Gremeaux, dirigeant

RS MANAGEMENT: 142, avenue de Paris 94300 Vincennes - www.rs-management.com
Tél.: 01 43 74 73 22 - roger.sasportas@rs-management.com - Contact: Roger Sasportas, dir.

Val d'Oise

AXEME CONSEIL: 10 allée de la Bellardière 95220 Herblay - www.axemerh.com
Tél.: 06 71 04 02 53 - contact@axemerh.com - Contact: Christine Horvais, consultante

DLCF: 8, place du Ponceau 95000 Cergy - www.dlcf.fr
Tél.: 01 30 30 60 06 - contact@dlcf.fr - Contact: Dominique Leca, dirigeant

EXPECTRA

GCI CONSEIL: 1 Route de Saint-Leu 95600 Eaubonne - www.gci-conseil.com
Tél.: 01 39 59 54 44 - contact@gci-conseil.com - Contact: Guy Dorsner, directeur

INTER MISSIONS: 3 Chemin de la Dime 95700 Roissy-en-France - www.intermissions.fr
Tél.: 01 34 29 80 21 - consultants@intermissions.fr - Contact: Albert Verrecchia, directeur associé

ODP CONSEIL: 15, rue Pas Perdu 95800 Cergy
Tél.: 01 34 32 11 11 - mulotsomecom@infonie.fr - Contact: Francis Mulot, gérant

PF CONSEIL: Bâtiment 4 Bach 17, avenue Gabriel Peri 95500 Gonesse
Tél.: 01 39 85 32 31 - pf-conseil@wanadoo.fr - Contact: Patricia Fovet, dirigeant

RENFORCE: 54, rue de Nogent 95290 L'Isle-Adam - www.renforce.com
Tél.: 01 34 69 63 14 - conseil@renforce.com - Contact: Philippe Thivolle, dirigeant

SCMS: 16, rue Waldeck Rousseau 95880 Enghien-les-Bains
Tél.: 01 39 89 75 14 - Contact: Alain Goujon, gérant

SCRIBA CONSEIL: 4 Ruelle des Clos 95000 Cergy
Tél.: 01 30 38 84 42 - scriba.conseil@wanadoo.fr - Contact: Evelyne Bourdin, consultant

Monaco

EXPECTRA MONACO

Index général

Index des sociétés d'intérim pratiquant du recrutement

Index des cabinets d'approche directe*

*Cabinets dont l'activité en chasse de têtes dépasse 80 % du chiffre d'affaires

Index par secteur d'activité*

Hautes technologies, informatique, télécoms

Banque, assurance, finance

*Cabinets ayant des spécialisations sectorielles marquées

Luxe, mode

Santé, pharmacie, chimie

Collectivités locales, services publics

Immobilier-BTP

Distribution, biens de grande consommation

Industrie

Agro-alimentaire

Services, conseil, avocats...

Médias, communication

Hôtellerie-tourisme-restauration

Logistique, transports

Index par fonction de l'entreprise

Gestion, comptabilité, finances

Ressources humaines

Production, R & D

Informatique

Juridique, fiscal

Marketing, vente

sepec
L'imprimerie spécialisée dans le livre

Achevé d'imprimer sur les presses de la
SEPEC
1 rue de Prony - 01960 PERONNAS

www.sepec.com

Tél : +33 (0)4 37 62 11 06

Dépôt légal : Décembre 2008

IMPRIM'VERT®